VERLAG
ÖSTERREICH

Lukas Feiler
Nikolaus Forgó

EU-DSGVO

EU-Datenschutz-Grundverordnung

2017

Kurzkommentar

VERLAG
ÖSTERREICH

RA Dr. Lukas Feiler, SSCP CIPP/E
leitet das IT-Team bei der Wirtschaftskanzlei Baker & McKenzie,
Fellow des Stanford-Vienna Transatlantic Technology Law Forums

Univ.-Prof. Dr. Nikolaus Forgó
Institut für Rechtsinformatik, Leibniz Universität Hannover

Das Werk ist urheberrechtlich geschützt.
Die dadurch begründeten Rechte, insbesondere die der Übersetzung, des Nachdruckes, der Entnahme von Abbildungen, der Funksendung, der Wiedergabe auf fotomechanischem oder ähnlichem Wege und der Speicherung in Datenverarbeitungsanlagen, bleiben, auch bei nur auszugsweiser Verwertung, vorbehalten. Die Wiedergabe von Gebrauchsnamen, Handelsnamen, Warenbezeichnungen usw. in diesem Buch berechtigt auch ohne besondere Kennzeichnung nicht zu der Annahme, dass solche Namen im Sinne der Warenzeichen- und Markenschutz-Gesetzgebung als frei zu betrachten wären und daher von jedermann benutzt werden dürfen.

Produkthaftung: Sämtliche Angaben in diesem Fachbuch/wissenschaftlichen Werk erfolgen trotz sorgfältiger Bearbeitung und Kontrolle ohne Gewähr. Eine Haftung der Autoren oder des Verlages aus dem Inhalt dieses Werkes ist ausgeschlossen.

© 2017 Verlag Österreich GmbH, Wien
www.verlagoesterreich.at
Gedruckt in Deutschland

Satz: büro mn, 33613 Bielefeld, Deutschland
Druck: Strauss GmbH, 69509 Mörlenbach, Deutschland

Gedruckt auf säurefreiem, chlorfrei gebleichtem Papier

Bibliografische Information der Deutschen Nationalbibliothek
Die Deutsche Nationalbibliothek verzeichnet diese Publikation in der Deutschen Nationalbibliografie; detaillierte bibliografische Daten sind im Internet über http://dnb.d-nb.de abrufbar.

ISBN 978-3-7046-7580-4 Verlag Österreich

Vorwort

Mit der Datenschutz-Grundverordnung der Europäischen Union ist im Frühjahr 2016 die umfassende EU-weit einheitliche Neuregelung des Datenschutzrechts verabschiedet worden. In schwierigen politischen Zeiten in Europa und der Welt ist sie ein wichtiger Schritt in eine globalisierte und digitalisierte Lebens- und Marktrealität, die uns alle bereits heute umgibt. Die rasante Vernetzung und die umfassende Digitalisierung in allen Wirtschaftszweigen stellen eine große Chance für Innovation und Wachstum dar. Gleichzeitig werfen sie aber auch grundlegende Fragen der Regulierung in einem immer stärker grenzüberschreitend funktionierenden Markt auf. Die fragmentierte Rechtslage im digitalen Markt sorgt dabei nicht nur für Bürokratiekosten und Rechtsunsicherheit auf Seiten der Unternehmen. Auch Verbraucherinnen und Verbraucher verlieren zunehmend das Vertrauen in die Gültigkeit und Durchsetzbarkeit ihrer Rechte und Interessen. Dieser Vertrauensverlust trifft alle Marktteilnehmer, auch jene, die bereits heute einen hohen Standard befolgen. Dies gilt insbesondere beim Datenschutz, dem im Leben der Menschen eine immer größere Bedeutung zukommt. An der Schwelle zur Kompletterfassung ihres Alltags wollen sie darauf vertrauen können, dass ihre persönlichen Daten nicht zweckentfremdet werden oder zu einer negativen oder gar ungerechtfertigten Ungleichbehandlung führen. Es ist daher entscheidend, dass alle Unternehmen, Verbände und Behörden in Zukunft weitgehend den gleichen Regelsatz zum Datenschutz auf dem Binnenmarkt der EU befolgen und je nach ihrer wirtschaftlichen Bedeutung auch mit entsprechend scharfen Sanktionen bei Regelverletzungen rechnen müssen. Und zwar ganz gleich, wo sie ihren Sitz haben.

Immer häufiger sorgt das bisherige, fragmentierte Datenschutzrecht auch für Wettbewerbsverzerrungen. Können oder wollen doch nicht alle Unternehmen von heute auf morgen ihren Unternehmenssitz nach Irland oder Großbritannien verlegen, wo der Datenschutz lockerer geregelt und die Aufsichtsbehörden zurückhaltender sind. Hiermit wird die Datenschutz-Grundverordnung nun Schluss machen. Sie sorgt nicht nur für einheitliche unmittelbar anwendbare Bestimmungen zum Datenschutz sondern schafft auch einen vollständig neuen Durchsetzungsmechanismus. Künftig werden die Aufsichtsbehörden aller EU-Mitgliedstaaten gemeinsam über grenzübergreifende (Streit-)Fragen des Datenschutzrechts entscheiden. Vor allem bei der Durchsetzung des Datenschutzes wird hierdurch eine höhere Kohärenz und Rechtssicherheit im gesamten Binnenmarkt der EU geschaffen. Das ist der große Erfolg der Neuregelung, die ohne Zweifel auch ein Kompromiss war. Denn 28 noch immer unterschiedliche Rechtsordnungen und -kulturen durch einen einheitlichen, verbindlichen Rechtskatalog – sowohl bei den Rechten und Pflichten zum Datenschutz als auch bei der Durchsetzung durch Behörden und Gerichte – zu ersetzen, ist eine Mammutaufgabe und erfordert von allen Beteiligten, dass sie sich von ihrem gewohnten Umfeld lösen und auf ein komplett neues Terrain einlassen müssen. Ohne Zweifel wird diese Aufgabe weiter anhalten: Die neuen Bestimmungen müssen nun auf neue Entwicklungen angewendet und in ihrem Lichte weiterentwickelt werden. Hierbei sind vor allem Behörden und Gerichte gefragt, die die weitgehend technikneutralen Grundsätze interpretieren müssen.

Die Datenschutz-Grundverordnung erhält dabei schon vor ihrem Anwendungszeitpunkt am 25. Mai 2018 enorme Aufmerksamkeit, auch über die EU hinaus. Denn als größter gemeinsamer Binnenmarkt der Welt wird die Europäische Union ihre über Jahre gewachsenen Vorstellungen des Datenschutzes auch im globalen Marktumfeld durchsetzen wollen und können. Sie setzt damit aus Sicht der Verbraucherinnen und Verbraucher, aber auch im Sinne ihrer eigenen digitalen Wirtschaft einen Datenschutz-Goldstandard für den Weltmarkt. Schon heute beginnt ein Wettlauf um neue Technologien, die einen starken Datenschutz und ein hohes Maß an Verbraucherkontrolle mit den Möglichkeiten von Big Data-Anwendungen und dem Internet der Dinge verknüpfen. Der neue Rechtsrahmen liefert damit nicht nur mehr Kohärenz und Durchsetzbarkeit beim Datenschutz, er löst wichtige Impulse auf dem digitalen Markt aus und sorgt dafür, dass der Schutz personenbezogener Daten in das Zentrum wichtiger Alltagsentscheidungen bei Unternehmen und Behörden einerseits sowie bei Bürgerinnen und Bürgern andererseits rückt. Der vorliegende Kurzkommentar stellt dabei eine hervorragende Möglichkeit dar, sich in den künftig EU-weit unmittelbar geltenden Datenschutzbestimmungen der DSGVO zu orientieren und eine erste rechtliche Einordnung der Bestimmungen zu erhalten.

Hamburg/Brüssel,   *Jan Philipp Albrecht,* MdEP
den 18.9.2016   Berichterstatter des Europäischen Parlaments
                                für die Datenschutz-Grundverordnung

Inhaltsübersicht

Abkürzungsverzeichnis XVII

Verzeichnis der Erwägungsgründe
der Datenschutz-Grundverordnung XXI

DSG 2000–DSGVO Mini-Wörterbuch XXIII

**Eine Praxiseinführung
in die Datenschutz-Grundverordnung**   1

**Text der Datenschutz-Grundverordnung
und Kommentar**   43

Kapitel I
Allgemeine Bestimmungen 45

Kapitel II
Grundsätze 87

Kapitel III
Rechte der betroffenen Person 125

Kapitel IV
Verantwortlicher und Auftragsverarbeiter 173

Kapitel V
Übermittlungen personenbezogener Daten
an Drittländer oder an internationale Organisationen 241

Kapitel VI
Unabhängige Aufsichtsbehörden 269

Inhaltsübersicht

Kapitel VII
Zusammenarbeit und Kohärenz 297

Kapitel VIII
Rechtsbehelfe, Haftung und Sanktionen 329

Kapitel IX
Vorschriften für besondere Verarbeitungssituationen 355

Kapitel X
Delegierte Rechtsakte und Durchführungsrechtsakte 373

Kapitel XI
Schlussbestimmungen 383

Stichwortverzeichnis 389

Inhaltsverzeichnis

Abkürzungsverzeichnis XVII

Verzeichnis der Erwägungsgründe
der Datenschutz-Grundverordnung XXI

DSG 2000–DSGVO Mini-Wörterbuch XXIII

**Eine Praxiseinführung
in die Datenschutz-Grundverordnung**   1

1. Einleitung 1
2. Die wichtigsten Compliance-Schritte
   bis zum Geltungsbeginn am 25. Mai 2018 1
3. Grundlegende Begriffe der DSGVO 2
4. Der Geltungsbereich der DSGVO 4
   - 4.1. Der sachliche Anwendungsbereich –
     Welche Datenverarbeitungen sind erfasst? 4
   - 4.2. Der persönliche Anwendungsbereich –
     Für wen gilt die DSGVO? 5
   - 4.3. Der räumliche Anwendungsbereich –
     Wo gilt die DSGVO? 6
5. Das Verhältnis zu nationalen Datenschutzgesetzen 6
6. Die Grundsätze der Datenverarbeitung 8
7. Erforderlichkeit einer Rechtsgrundlage
   für jede Datenverarbeitung 10
   - 7.1. Voraussetzungen für eine wirksame Einwilligung 12
8. Informationspflichten und Privacy Notices in der Praxis 14
9. Betroffenenrechte 17
10. Profiling und automatisierte Einzelentscheidungen 19
11. Datenschutz-Compliance-Programm 20
    - 11.1. Organisatorische Maßnahmen
      einschließlich Datenschutzstrategien 20
    - 11.2. Technische Maßnahmen einschließlich
      Privacy by Design und Privacy by Default 20

12. Führung eines Verzeichnisses der Verarbeitungstätigkeiten ... 21
13. Privacy Impact Assessment und
    verpflichtende Konsultation der Behörde 23
14. Der Datenschutzbeauftragte 25
15. Datensicherheit 27
    15.1. Verpflichtende Datensicherheitsmaßnahmen 27
    15.2. Pflicht zur Data Breach Notification 28
16. Verpflichtende Vereinbarungen
    zwischen gemeinsam Verantwortlichen 30
17. Verpflichtungen im Fall von Outsourcing 31
18. Internationale Datenübermittlungen 33
    18.1. Weder melde- noch genehmigungspflichtige
          Übermittlungen 33
    18.2. Meldepflichtige Übermittlungen 35
    18.3. Genehmigungspflichtige Übermittlungen 35
19. Internationale behördliche Zuständigkeit 36
20. Geldbußen und andere Sanktionen 38
21. Zivilrechtliche Haftung und
    private Rechtsdurchsetzung 40

Text der Datenschutz-Grundverordnung und Kommentar 43

Kapitel I
Allgemeine Bestimmungen 45

Artikel 1 Gegenstand und Ziele 45
Artikel 2 Sachlicher Anwendungsbereich 50
Artikel 3 Räumlicher Anwendungsbereich 55
Artikel 4 Begriffsbestimmungen 61

Kapitel II
Grundsätze 87

Artikel 5 Grundsätze für die Verarbeitung
           personenbezogener Daten 87
Artikel 6 Rechtmäßigkeit der Verarbeitung 94
Artikel 7 Bedingungen für die Einwilligung 106

Artikel 8	Bedingungen für die Einwilligung eines Kindes in Bezug auf Dienste der Informationsgesellschaft	109
Artikel 9	Verarbeitung besonderer Kategorien personenbezogener Daten	112
Artikel 10	Verarbeitung von personenbezogenen Daten über strafrechtliche Verurteilungen und Straftaten	121
Artikel 11	Verarbeitung, für die eine Identifizierung der betroffenen Person nicht erforderlich ist	122

Kapitel III
Rechte der betroffenen Person 125

Abschnitt 1 Transparenz und Modalitäten 125

Artikel 12	Transparente Information, Kommunikation und Modalitäten für die Ausübung der Rechte der betroffenen Person	125

Abschnitt 2 Informationspflicht und Recht auf Auskunft zu personenbezogenen Daten 130

Artikel 13	Informationspflicht bei Erhebung von personenbezogenen Daten bei der betroffenen Person	130
Artikel 14	Informationspflicht, wenn die personenbezogenen Daten nicht bei der betroffenen Person erhoben wurden	136
Artikel 15	Auskunftsrecht der betroffenen Person	143

Abschnitt 3 Berichtigung und Löschung 147

Artikel 16	Recht auf Berichtigung	147
Artikel 17	Recht auf Löschung („Recht auf Vergessenwerden")	147
Artikel 18	Recht auf Einschränkung der Verarbeitung	152
Artikel 19	Mitteilungspflicht im Zusammenhang mit der Berichtigung oder Löschung personenbezogener Daten oder der Einschränkung der Verarbeitung	156
Artikel 20	Recht auf Datenübertragbarkeit	156

Abschnitt 4 Widerspruchsrecht und automatisierte Entscheidungsfindung im Einzelfall 160

Artikel 21	Widerspruchsrecht	160

| Artikel 22 | Automatisierte Entscheidungen im Einzelfall einschließlich Profiling | 163 |

| Abschnitt 5 | Beschränkungen | 169 |
| Artikel 23 | Beschränkungen | 169 |

Kapitel IV
Verantwortlicher und Auftragsverarbeiter ... 173

| Abschnitt 1 | Allgemeine Pflichten | 173 |

Artikel 24	Verantwortung des für die Verarbeitung Verantwortlichen	173
Artikel 25	Datenschutz durch Technikgestaltung und durch datenschutzfreundliche Voreinstellungen	177
Artikel 26	Gemeinsam für die Verarbeitung Verantwortliche	181
Artikel 27	Vertreter von nicht in der Union niedergelassenen Verantwortlichen oder Auftragsverarbeitern	182
Artikel 28	Auftragsverarbeiter	185
Artikel 29	Verarbeitung unter der Aufsicht des Verantwortlichen oder des Auftragsverarbeiters	191
Artikel 30	Verzeichnis von Verarbeitungstätigkeiten	192
Artikel 31	Zusammenarbeit mit der Aufsichtsbehörde	195

| Abschnitt 2 | Sicherheit personenbezogener Daten | 196 |

Artikel 32	Sicherheit der Verarbeitung	196
Artikel 33	Meldung von Verletzungen des Schutzes personenbezogener Daten an die Aufsichtsbehörde	201
Artikel 34	Benachrichtigung der von einer Verletzung des Schutzes personenbezogener Daten betroffenen Person	205

| Abschnitt 3 | Datenschutz-Folgenabschätzung und vorherige Konsultation | 208 |

| Artikel 35 | Datenschutz-Folgenabschätzung | 208 |
| Artikel 36 | Vorherige Konsultation | 216 |

| Abschnitt 4 | Datenschutzbeauftragter | 221 |

| Artikel 37 | Benennung eines Datenschutzbeauftragten | 221 |
| Artikel 38 | Stellung des Datenschutzbeauftragten | 225 |

Inhaltsverzeichnis

Artikel 39   Aufgaben des Datenschutzbeauftragten 227

Abschnitt 5 Verhaltensregeln und Zertifizierung 228

Artikel 40   Verhaltensregeln 228
Artikel 41   Überwachung der genehmigten Verhaltensregeln ... 233
Artikel 42   Zertifizierung 235
Artikel 43   Zertifizierungsstellen 237

Kapitel V
Übermittlungen personenbezogener Daten
an Drittländer oder an internationale Organisationen 241

Artikel 44   Allgemeine Grundsätze der Datenübermittlung 241
Artikel 45   Datenübermittlung auf der Grundlage
             eines Angemessenheitsbeschlusses 244
Artikel 46   Datenübermittlung vorbehaltlich
             geeigneter Garantien 250
Artikel 47   Verbindliche interne Datenschutzvorschriften 255
Artikel 48   Nach dem Unionsrecht nicht zulässige
             Übermittlung oder Offenlegung 259
Artikel 49   Ausnahmen für bestimmte Fälle 260
Artikel 50   Internationale Zusammenarbeit
             zum Schutz personenbezogener Daten 267

Kapitel VI
Unabhängige Aufsichtsbehörden 269

Abschnitt 1 Unabhängigkeit 269

Artikel 51   Aufsichtsbehörde 269
Artikel 52   Unabhängigkeit 270
Artikel 53   Allgemeine Bedingungen für die Mitglieder
             der Aufsichtsbehörde 272
Artikel 54   Errichtung der Aufsichtsbehörde 274

Abschnitt 2 Zuständigkeit, Aufgaben und Befugnisse 275

Artikel 55   Zuständigkeit 275
Artikel 56   Zuständigkeit der federführenden Aufsichtsbehörde

278

Inhaltsverzeichnis

Artikel 57	Aufgaben	287
Artikel 58	Befugnisse	290
Artikel 59	Tätigkeitsbericht	295

Kapitel VII
Zusammenarbeit und Kohärenz ... 297

Abschnitt 1 Zusammenarbeit ... 297

Artikel 60	Zusammenarbeit zwischen der federführenden Aufsichtsbehörde und den anderen betroffenen Aufsichtsbehörden	297
Artikel 61	Gegenseitige Amtshilfe	301
Artikel 62	Gemeinsame Maßnahmen der Aufsichtsbehörden	303

Abschnitt 2 Kohärenz ... 305

Artikel 63	Kohärenzverfahren	305
Artikel 64	Stellungnahme Ausschusses	305
Artikel 65	Streitbeilegung durch den Ausschuss	309
Artikel 66	Dringlichkeitsverfahren	314
Artikel 67	Informationsaustausch	316

Abschnitt 3 Europäischer Datenschutzausschuss ... 316

Artikel 68	Europäischer Datenschutzausschuss	316
Artikel 69	Unabhängigkeit	318
Artikel 70	Aufgaben des Ausschusses	318
Artikel 71	Berichterstattung	323
Artikel 72	Verfahrensweise	323
Artikel 73	Vorsitz	324
Artikel 74	Aufgaben des Vorsitzes	325
Artikel 75	Sekretariat	325
Artikel 76	Vertraulichkeit	327

Kapitel VIII
Rechtsbehelfe, Haftung und Sanktionen ... 329

| Artikel 77 | Recht auf Beschwerde bei einer Aufsichtsbehörde | 329 |
| Artikel 78 | Recht auf wirksamen gerichtlichen Rechtsbehelf gegen eine Aufsichtsbehörde | 330 |

Artikel 79	Recht auf wirksamen gerichtlichen Rechtsbehelf gegen Verantwortliche oder Auftragsverarbeiter	333
Artikel 80	Vertretung von betroffenen Personen	336
Artikel 81	Aussetzung des Verfahrens	338
Artikel 82	Haftung und Recht auf Schadenersatz	340
Artikel 83	Allgemeine Bedingungen für die Verhängung von Geldbußen	344
Artikel 84	Sanktionen	352

Kapitel IX
Vorschriften für besondere Verarbeitungssituationen 355

Artikel 85	Verarbeitung und Freiheit der Meinungsäußerung und Informationsfreiheit	355
Artikel 86	Verarbeitung und Zugang der Öffentlichkeit zu amtlichen Dokumenten	357
Artikel 87	Verarbeitung der nationalen Kennziffer	359
Artikel 88	Datenverarbeitung im Beschäftigungskontext	360
Artikel 89	Garantien und Ausnahmen in Bezug auf die Verarbeitung zu im öffentlichen Interesse liegenden Archivzwecken, zu wissenschaftlichen oder historischen Forschungszwecken und zu statistischen Zwecken	363
Artikel 90	Geheimhaltungspflichten	370
Artikel 91	Bestehende Datenschutzvorschriften von Kirchen und religiösen Vereinigungen oder Gemeinschaften	371

Kapitel X
Delegierte Rechtsakte und Durchführungsrechtsakte 373

Artikel 92	Ausübung der Befugnisübertragung	373
Artikel 93	Ausschussverfahren	380

Kapitel XI
Schlussbestimmungen 383

Artikel 94	Aufhebung der Richtlinie 95/46/EG	383
Artikel 95	Verhältnis zur Richtlinie 2002/58/EG	384

Inhaltsverzeichnis

Artikel 96	Verhältnis zu bereits geschlossenen Übereinkünften	385
Artikel 97	Berichte der Kommission	386
Artikel 98	Überprüfung anderer Rechtsakte der Union zum Datenschutz	387
Artikel 99	Inkrafttreten und Anwendung	387

Stichwortverzeichnis 389

Abkürzungsverzeichnis

aA	anderer Ansicht
aaO	am angegebenen Ort
ABGB	Allgemeines Bürgerliches Gesetzbuch
ABl	Amtsblatt der Europäischen Gemeinschaften bzw der Europäischen Union
Abs	Absatz
aF	alte Fassung
aM	anderer Meinung
Anm	Anmerkung
ArbVG	Arbeitsverfassungsgesetz
arg	argumento (folgt aus)
Art	Artikel
AVRAG	Arbeitsvertragsrechts-Anpassungsgesetz
BGH	Bundesgerichtshof
bzw	beziehungsweise
dh	das heißt
DSB	Datenschutzbehörde
DSG 2000	Datenschutzgesetz 2000
DSGVO	Datenschutz-Grundverordnung
DSK	Datenschutzkommission
DS-RL	Richtlinie 95/46/EG des Europäischen Parlaments und des Rates vom 24. Oktober 1995 zum Schutz natürlicher Personen bei der Verarbeitung personenbezogener Daten und zum freien Datenverkehr (Datenschutz-Richtlinie)
ECG	E-Commerce-Gesetz
EDSA	Europäischer Datenschutzausschuss
EGMR	Europäischer Gerichtshof für Menschenrechte
E-GovG	E-Government-Gesetz
EU	Europäische Union

Abkürzungsverzeichnis

EuGH	Europäische Gerichtshof
EuGVVO	Verordnung (EU) Nr 1215/2012 des Europäischen Parlaments und des Rates vom 12. Dezember 2012 über die gerichtliche Zuständigkeit und die Anerkennung und Vollstreckung von Entscheidungen in Zivil- und Handelssachen
EvBl	Evidenzblatt der Rechtsmittelentscheidungen (Jahr/Nummer); abgedruckt in der ÖJZ
EWR	Europäischer Wirtschaftsraum
f	folgende
ff	fortfolgende
Fn	Fußnote
gem	gemäß
GRC	Charta der Grundrechte der Europäischen Union
hA	herrschende Ansicht
hL	herrschende Lehre
Hrsg	Herausgeber
idF	in der Fassung
idgF	in der geltenden Fassung
ieS	im engeren Sinn
IP	Internet Protocol
IPRG	IPR-Gesetz
iS	im Sinne
iSd	im Sinne des (der)
iVm	in Verbindung mit
iwS	im weiteren Sinn
iZm	im Zusammenhang mit
iZw	im Zweifel
jusIT	Zeitschrift für IT-Recht, Rechtsinformation und Datenschutz
Kap	Kapitel
Kapn	Kapiteln
KSchG	Konsumentenschutzgesetz

leg cit	legis citatae
lit	litera
MR-Int	Medien und Recht International
mwN	mit weiteren Nachweisen
nF	neue Fassung
NGO	Nichtregierungsorganisation
Nr	Nummer
oä	oder ähnliche
OGH	Oberster Gerichtshof
ÖJZ	Österreichische Juristen-Zeitung (Jahr, Seite)
PStSG	Polizeiliches Staatsschutzgesetz
RL	Richtlinie (EU)
RL-BA	Richtlinien für die Ausübung des Rechtsanwaltsberufes und für die Überwachung der Pflichten des Rechtsanwaltes und des Rechtsanwaltsanwärters
Rn	Randnummer
Rom I-VO	Verordnung (EG) Nr 593/2008 des Europäischen Parlaments und des Rates vom 17. Juni 2008 über das auf vertragliche Schuldverhältnisse anzuwendende Recht (Rom I)
Rom II-VO	Verordnung (EG) Nr. 864/2007 des Europäischen Parlaments und des Rates vom 11. Juli 2007 über das auf außervertragliche Schuldverhältnisse anzuwendende Recht (Rom II)
Rs	Rechtssache
Rsp	Rechtsprechung
Rz	Randziffer
s	siehe
sog	sogenannt, -e, -er, -es
SPG	Sicherheitspolizeigesetz
StPO	Strafprozessordnung
StVG	Strafvollzugsgesetz

TK-DS-RL	Richtlinie 2002/58/EG des Europäischen Parlaments und des Rates vom 12. Juli 2002 über die Verarbeitung personenbezogener Daten und den Schutz der Privatsphäre in der elektronischen Kommunikation idF der Richtlinie 2009/136/EG
uä	und ähnliche
ua	unter anderem
UAbs	Unterabsatz
uE	unseres Erachtens
usw	und so weiter
uU	unter Umständen
uva	und viele andere
va	vor allem
VfGH	Verfassungsgerichtshof
VfSlg	Sammlung der Erkenntnisse und Beschlüsse des VfGH
vgl	vergleiche
VO	Verordnung (EU)
vs	versus (gegen)
VStG	Verwaltungsstrafgesetz 1991
VwGH	Verwaltungsgerichtshof
VwSlg	Sammlung der Erkenntnisse und Beschlüsse des VwGH
Z	Ziffer
zB	zum Beispiel
zT	zum Teil

Verzeichnis der Erwägungsgründe der Datenschutz-Grundverordnung

Erwägungsgründe 1–14	45	Erwägungsgrund 110	258
Erwägungsgründe 15–21	51	Erwägungsgründe 111–114	262
Erwägungsgründe 22–25	56	Erwägungsgrund 115	259
Erwägungsgründe 26–37	66	Erwägungsgrund 116	267
Erwägungsgrund 38	110	Erwägungsgrund 117	269
Erwägungsgrund 39	88	Erwägungsgründe 118–120	271
Erwägungsgründe 40–50	96	Erwägungsgrund 121	273
Erwägungsgründe 51–56	115	Erwägungsgründe 122–123	275
Erwägungsgrund 57	122	Erwägungsgründe 124–128	279
Erwägungsgründe 58–59	127	Erwägungsgrund 129	293
Erwägungsgrund 60	131	Erwägungsgründe 130–131	281
Erwägungsgründe 61–62	138	Erwägungsgründe 132–134	289
Erwägungsgründe 63–64	144	Erwägungsgrund 135	305
Erwägungsgründe 65–66	149	Erwägungsgrund 136	310
Erwägungsgrund 67	153	Erwägungsgründe 137–138	315
Erwägungsgrund 68	157	Erwägungsgrund 139	317
Erwägungsgründe 69–70	161	Erwägungsgrund 140	326
Erwägungsgründe 71–72	164	Erwägungsgrund 141	329
Erwägungsgrund 73	170	Erwägungsgrund 142	337
Erwägungsgründe 74–77	173	Erwägungsgrund 143	331
Erwägungsgrund 78	178	Erwägungsgrund 144	339
Erwägungsgrund 79	181	Erwägungsgrund 145	334
Erwägungsgrund 80	183	Erwägungsgründe 146–147	341
Erwägungsgrund 81	188	Erwägungsgrund 148	347
Erwägungsgrund 82	193	Erwägungsgrund 149	353
Erwägungsgrund 83	197	Erwägungsgründe 150–151	348
Erwägungsgrund 84	211	Erwägungsgrund 152	353
Erwägungsgrund 85	202	Erwägungsgrund 153	355
Erwägungsgründe 86–88	206	Erwägungsgrund 154	358
Erwägungsgründe 89–93	211	Erwägungsgrund 155	361
Erwägungsgründe 94–96	217	Erwägungsgründe 156–163	364
Erwägungsgrund 97	222	Erwägungsgrund 164	370
Erwägungsgründe 98–99	231	Erwägungsgrund 165	371
Erwägungsgrund 100	236	Erwägungsgründe 166–167	374
Erwägungsgründe 101–102	241	Erwägungsgründe 168–169	380
Erwägungsgründe 103–107	246	Erwägungsgründe 170–172	383
Erwägungsgründe 108–109	252	Erwägungsgründe 173	384

DSG 2000–DSGVO Mini-Wörterbuch

DSG 2000	DSGVO	DSGVO auf Englisch
Auftraggeber	Verantwortlicher	controller
Betroffener	betroffene Person	data subject
Datei	Dateisystem	filing system
Daten	personenbezogene Daten	personal data
Datenanwendung	Verarbeitungstätigkeit	processing activity
Datenschutzbehörde	Aufsichtsbehörde	supervisory authority
Dienstleister	Auftragsverarbeiter	processor
Übermittlung und Überlassung	Übermittlung	transfer
Richtigstellung	Berichtigung	rectification
Verwendung	Verarbeitung	processing
Zustimmung	Einwilligung	consent

Eine Praxiseinführung
in die Datenschutz-Grundverordnung

1. Einleitung

Die Datenschutz-Grundverordnung (DSGVO) stellt eines der ambitioniertesten legistischen Projekte der Europäischen Union der vergangenen Jahre dar. Sie wird mit 25. Mai 2018 die EU-Datenschutzrichtlinie ersetzen und die nationalen Datenschutzgesetze der 28 Mitgliedstaaten weitgehend obsolet machen. Nur Organisationen, die frühzeitig beginnen, ihre Verträge, Geschäftsprozesse und IT-Lösungen an die DSGVO anzupassen, werden mit Geltungsbeginn am 25. Mai 2018 ein vertretbares Compliance-Niveau erreicht haben.

Dass die DSGVO ernst zu nehmen ist, verdeutlichen nicht zuletzt die harschen Strafen von bis zu 20 Millionen Euro oder 4 % des weltweiten Konzernjahresumsatzes. Datenschutz wird so zu einem der größten Compliance-Risikofelder und damit notwendigerweise zu einer Priorität für jede Geschäftsleitung.

Die vorliegende Praxiseinführung dient dazu, sich rasch einen Überblick über die DSGVO oder einzelne ihrer Bereiche zu verschaffen. Hinsichtlich der Details verweist sie durch Angabe der entsprechenden Norm der DSGVO bzw einer Randziffer der Kommentierung des jeweiligen Artikels auf den Kommentarteil des vorliegenden Werkes.

2. Die wichtigsten Compliance-Schritte bis zum Geltungsbeginn am 25. Mai 2018

Die Geltung der DSGVO beginnt am **25. Mai 2018** (Art 99 Abs 2). Um bis dahin ein Mindestmaß an Compliance mit der DSGVO herzustellen, müssen Verantwortliche und Auftragsverarbeiter bereits frühzeitig Compliance-Schritte setzen.

Für Verantwortliche lassen sich die wichtigsten bis zum 25. Mai 2018 umzusetzenden ersten Compliance-Schritte wie folgt zusammenfassen:
1) Implementierung der Grundlagen eines **Datenschutz-Compliance-Programms** (siehe Kap 11) einschließlich der Bestellung eines **Daten-**

schutzbeauftragten, soweit dies im konkreten Fall zweckmäßig oder verpflichtend ist (siehe Kap 14),
2) Erstellung eines **Verzeichnisses der Verarbeitungstätigkeiten** (siehe Kap 12),
3) Prüfung der Rechtsgrundlage der jeweiligen Datenverarbeitung (siehe Kap 7), insbesondere der neuen Anforderungen an eine wirksame Einwilligung (siehe Kap 7.1),
4) Entwicklung DSGVO-konformer **Datenschutzerklärungen** (siehe Kap 8) und
5) Prüfung der Rechtsgrundlage für **internationale Datenübermittlungen** (siehe Kap 18).

Für Auftragsverarbeiter sind die wichtigsten ersten Compliance-Schritte bis zum 25. Mai 2018:
1) Bestellung eines **Datenschutzbeauftragten**, soweit dies im konkreten Fall verpflichtend oder zweckmäßig ist (siehe Kap 14),
2) Erstellung eines **Verzeichnisses von Verarbeitungstätigkeiten** (siehe Kap 12),
3) Implementierung **angemessener Sicherheitsmaßnahmen** (siehe Kap 15.1),
4) Sicherstellung, dass **Subauftragsverarbeiter** nur mit der vorherigen gesonderten oder allgemeinen, schriftlichen Genehmigung des Verantwortlichen herangezogen werden (Art 28 Abs 2) und
5) Sicherstellung, dass **internationale Datenübermittlungen** nur unter Einhaltung der Voraussetzungen der DSGVO erfolgen (siehe Kap 18).

Die oben genannten Maßnahmen werden keine vollständige Compliance mit der DSGVO garantieren, helfen jedoch, die personellen und finanziellen Ressourcen eines Verantwortlichen oder Auftragsverarbeiters auf zentrale Aspekte zu fokussieren.

Für größere Organisationseinheiten wird es zudem vorab erforderlich sein, eine grundsätzliche Bewertung der regulatorischen Risiken nach der DSGVO vorzunehmen, um einen effizienten Ressourceneinsatz zu ermöglichen.

3. Grundlegende Begriffe der DSGVO

Die DSGVO findet ausschließlich auf **personenbezogene Daten** Anwendung (siehe Kap 4.1). Diese sind definiert als alle Informationen, die sich auf eine identifizierte oder identifizierbare **natürliche** Person beziehen, welche wiederum als **betroffene Person** bezeichnet wird (Art 4 Nr 1).

Eine Teilmenge der personenbezogenen Daten sind **sensible Daten** (auch „besondere Kategorien personenbezogener Daten"). Hierbei handelt es sich nach Art 9 Abs 1 um personenbezogene Daten betreffend die rassische und ethnische Herkunft, politische Meinungen, religiöse oder weltanschauliche Überzeugungen, Gewerkschaftszugehörigkeit, das Sexualleben oder die sexuelle Orientierung sowie Gesundheitsdaten iSd Art 4 Nr 15 und genetische Daten iSd Art 4 Nr 13. Darüber hinaus zählen auch Sozialversicherungsnummern (vgl Art 4 Rz 35) sowie biometrische Daten (zB Fingerabdrücke oder Gesichtsbilder), die zur eindeutigen Identifizierung einer natürlichen Person verarbeitet werden (Art 9 Rz 3), zu den sensiblen Daten.

Normadressaten der DSGVO sind Verantwortliche und Auftragsverarbeiter (vgl Art 3 Rz 4). Die DSGVO definiert den Begriff des **Verantwortlichen** als natürliche oder juristische Person, die allein oder gemeinsam mit anderen über die Zwecke und Mittel der Verarbeitung von personenbezogenen Daten entscheidet (Art 4 Nr 7).

Auftragsverarbeiter ist demgegenüber eine natürliche oder juristische Person, die personenbezogene Daten im Auftrag eines Verantwortlichen verarbeitet, dh selbst nicht über Zwecke und Mittel der Datenverarbeitung entscheidet (Art 4 Nr 8). Lagert beispielsweise ein Unternehmen den Betrieb seiner Kundendatenbank an einen IT-Dienstleister aus, so agiert das Unternehmen weiterhin als Verantwortlicher, während der IT-Dienstleister als Auftragsverarbeiter fungiert.

Das **Verarbeiten** personenbezogener Daten ist denkbar weit definiert und umfasst jegliche Handhabung personenbezogener Daten, beginnend mit ihrer Erhebung, über das Ordnen, Verändern, Auswerten, Abfragen, Übermitteln und Gespeichert-Halten bis hin zum Löschen oder Vernichten (Art 4 Nr 2).

Der Begriff **Übermitteln** wird in der DSGVO häufig gebraucht, jedoch nicht definiert. Es kann hierunter die Offenlegung gegenüber einem anderen Verantwortlichen oder einem Auftragsverarbeiter bzw Subauftragsverarbeiter verstanden werden (siehe Art 44 Rz 1).

Der Begriff **Aufsichtsbehörde** bezeichnet die Datenschutzbehörde in jedem Mitgliedstaat.

Für jene Leser, welche nach Übersetzungen der Rechtsbegriffe des DSG 2000 in die Terminologie der deutschen und englischen Fassung der DSGVO suchen, wird auf das **DSG 2000–DSGVO Mini-Wörterbuch** am Anfang dieses Werkes (Seite XXIII) verwiesen.

4. Der Geltungsbereich der DSGVO

Im Folgenden wird beschrieben, für welche Tätigkeiten die DSGVO gilt (Kap 4.1), für wen die DSGVO gilt (Kap 4.2) und wo sie gilt (Kap 4.3).

4.1. Der sachliche Anwendungsbereich – Welche Datenverarbeitungen sind erfasst?

Grundsätzlich gilt die DSGVO für jegliche Verarbeitung personenbezogener Daten. Wie oben unter Punkt 3 ausgeführt, sind personenbezogene Daten alle Informationen, die sich auf eine **identifizierte oder identifizierbare natürliche Person** beziehen. Ob eine natürliche Person identifizierbar ist, muss **objektiv** beurteilt werden, sodass nicht nur auf die rechtlichen und tatsächlichen Möglichkeiten des Verantwortlichen, sondern auch auf die Möglichkeiten Dritter abzustellen ist (Art 4 Rz 3). So ist eine IP-Adresse eines Nutzers für den Betreiber einer Website auch dann ein personenbezogenes Datum, wenn zwar nicht der Betreiber, jedoch der Internet-Access-Provider des Nutzers einen Personenbezug herstellten könnte (so auch die Ansicht des Generalanwalts zur Rechtslage vor der DSGVO, vgl EuGH, C-582/14 – *Breyer*; die Entscheidung des Gerichtshofs steht derzeit noch aus).

Beziehen sich die Daten auf **juristische Personen,** sind sie nur dann personenbezogen iSd DSGVO, wenn der Firmenwortlaut der juristischen Person den Namen einer natürlichen Personen enthält (Art 4 Rz 1). Daten, welche sich auf verstorbene Personen beziehen, sind ebenso wenig personenbezogen iSd DSGVO (Art 4 Rz 2).

Die DSGVO gilt grundsätzlich nur für **elektronisch verarbeitete Daten.** Für manuell (in der Regel auf Papier) verarbeitete Daten gilt die DSGVO nur, wenn die Daten in einem Dateisystem gespeichert sind oder dort gespeichert werden sollen (Art 2 Abs 1). Ein Dateisystem ist eine strukturierte Sammlung personenbezogener Daten, die nach bestimmten Kriterien zugänglich sind (Art 4 Nr 6), wie zB eine nach Namen geordnete Personalaktenverwaltung. Einzelne Papierakten unterliegen jedoch nicht der DSGVO (Art 2 Rz 4).

Als Rechtsakt der Union findet die DSGVO außerhalb des Anwendungsbereichs des Unionsrechts (zB im Bereich der nationalen Sicherheit) keine Anwendung (Art 2 Abs 2 lit a). Weiters gilt die DSGVO nicht für den Bereich der Gemeinsamen Außen- und Sicherheitspolitik (GASP; Art 2 Abs 2 lit d) sowie für die Bereiche der Strafrechtspflege, des Strafvollzugs und der öffentlichen Sicherheit (Art 2 Abs 2 lit d; hier ist die

Richtlinie (EU) 2016/680 einschlägig, welche insbesondere in der StPO, dem SPG, dem PStSG und dem StVG umzusetzen sein wird).

Schließlich gilt die DSGVO nicht bei der Verarbeitung von personenbezogenen Daten durch natürliche Personen zur Ausübung ausschließlich persönlicher oder familiärer Tätigkeiten („**Household Exemption**"; Art 2 Abs 2 lit c). Hierzu zählt insbesondere die zu privaten Zwecken erfolgende Nutzung sozialer Netzwerke (Art 2 Rz 7).

4.2. Der persönliche Anwendungsbereich – Für wen gilt die DSGVO?

Normadressaten der DSGVO sind sowohl Verantwortliche als auch Auftragsverarbeiter (siehe Kap 3 zur Definition dieser Begriffe).

Nach der DS-RL war die Rolle des Auftragsverarbeiters attraktiv, da diesen nur untergeordnete regulatorische Pflichten trafen. Der wirtschaftliche Nachteil der Rolle des Auftragsverarbeiters bestand und besteht freilich darin, die personenbezogenen Daten nicht für eigene Zwecke verwenden zu dürfen. Wer personenbezogene Daten zu eigenen Zwecken verwenden und so aus ihnen einen wirtschaftlichen Wert schöpfen wollte (Stichwort „**Dateneigentum**"), musste hingegen die Rolle des Verantwortlichen für sich beanspruchen, was mit erheblichen zusätzlichen Pflichten verbunden war.

Diese Gleichung ändert die DSGVO insofern, als Auftragsverarbeiter – ebenso wie Verantwortliche – nunmehr primäre Normadressaten sind, erheblichen regulatorischen Pflichten unterworfen werden (siehe einleitend Kap 2 oben) und insbesondere denselben Geldbußen ausgesetzt sind (siehe Kap 20). Durch diese tendenzielle Annäherung der Verantwortlichkeit von Verantwortlichen und Auftragsverarbeitern treten daher die wirtschaftlichen Vorteile der Verantwortlichenstellung in den Vordergrund. Viele Unternehmen, die sich bisher ausschließlich auf eine Auftragsverarbeiterstellung beschränkt haben, werden daher zunehmend versuchen, eine Stellung als Verantwortlicher zu erlangen. Dies bedeutet jedoch nicht nur, dass regulatorische Pflichten hinsichtlich der Rechtsgrundlage der Datenverarbeitung, wie insbesondere der Einwilligung der Betroffenen (siehe Kap 7) und der Transparenz (siehe Kap 8) einzuhalten sind, sondern auch, dass bestehende Verträge mit Kunden, Abnehmern und allenfalls Betroffenen zu überarbeiten sind, um diese neue regulatorische Realität zu reflektieren.

4.3. Der räumliche Anwendungsbereich – Wo gilt die DSGVO?

Die DSGVO findet jedenfalls auf Verantwortliche und Auftragsverarbeiter Anwendung, welche ihren **Sitz in der EU bzw dem EWR** (vgl Art 3 Rz 5) haben. Auftragsverarbeiter in der EU unterliegen sogar dann der DSGVO, wenn sie für Verantwortliche tätig sind, die nicht der DSGVO unterliegen (Art 3 Rz 4).

Weiters gilt die DSGVO auch dann, wenn der Verantwortliche bzw Auftragsverarbeiter seinen Sitz zwar nicht in der EU bzw dem EWR hat, jedoch eine Niederlassung (zB eine Tochtergesellschaft) in der EU oder dem EWR hat und die Datenverarbeitung **im Rahmen der Tätigkeiten dieser Niederlassung** erfolgt. Ein solcher Fall liegt zB vor, wenn die US-Konzernmutter die personenbezogenen Daten der Kunden einer österreichischen Tochtergesellschaft verarbeitet, um die Verkaufsaktivitäten der Tochtergesellschaft zu unterstützen (vgl Art 3 Rz 2).

Um sicherzustellen, dass Wirtschaftsakteure ohne Niederlassung in der EU bzw dem EWR, welche auf dem europäischen Markt tätig werden, denselben Wettbewerbsbedingungen wie europäische Unternehmen unterliegen, gilt die DSGVO auch für Verantwortliche und Auftragsverarbeiter ohne Niederlassung in der Union, wenn diese ihre **Waren oder Dienstleistungen entgeltlich oder unentgeltlich in der EU bzw dem EWR anbieten** (Art 3 Abs 2 lit b).

Weiters findet die DSGVO auch auf Verantwortliche und Auftragsverarbeiter ohne Niederlassung in der Union Anwendung, die das Verhalten betroffener Personen in der Union **beobachten** (Art 3 Abs 2 lit b). Dies gilt insbesondere für sog Online-Advertising-Networks, welche das Surf-Verhalten von Internetnutzern protokollieren, um personenbezogene Online-Werbung ausliefern zu können.

5. Das Verhältnis zu nationalen Datenschutzgesetzen

Grundsätzlich gilt, dass die DSGVO wie jede EU-Verordnung unmittelbar anwendbar ist und daher nicht durch nationales Recht umgesetzt werden darf. Das DSG 2000 wird daher in seiner jetzigen Form nach dem 25. Mai 2018 nicht fortbestehen.

Außerhalb des Anwendungsbereichs der DSGVO (siehe Kap 4) bleibt es dem nationalen Gesetzgeber jedoch überlassen, Regelungen zu treffen. Bei der Frage des Datenschutzes für juristische Personen ist allerdings zu hoffen, dass der österreichische Gesetzgeber von dieser

Möglichkeit nicht Gebrauch machen wird. Denn der ohnedies bereits gegebene (§§ 123f StGB, §§ 11f UWG) und in Umsetzung der Geschäftsgeheimnis-RL (2016/943/EU) noch zu präzisierende Schutz von Geschäftsgeheimnissen stellt bereits ein hinreichendes Regelungsinstrument dar, sodass es eines nationalen Sonderwegs mit zweifelhafter systematischer Einordnung des auch datenschutzrechtlichen Schutzes juristischer Personen nicht bedarf.

Hiervon unabhängig gibt es zahlreiche Regelungsfragen im Anwendungsbereich der DSGVO, für welche die DSGVO keine oder keine abschließende Antwort vorsieht, sondern durch **Öffnungsklauseln** bewusst und kompromisshaft eine legislative Zuständigkeit der Mitgliedstaaten begründet und damit Unterschiede innerhalb der Mitgliedstaaten zulässt. Dies ist insbesondere bei folgenden Regelungsfragen der Fall (vgl Art 92 Rz 4):

– Ab welchem Alter kann ein Minderjähriger wirksam in die Verarbeitung seiner personenbezogenen Daten einwilligen? (Art 8 Abs 1 UAbs 2)
– Wann ist eine wirksame Einwilligung in die Verarbeitung sensibler Daten ausgeschlossen? (Art 9 Abs 2 lit a)
– Unterliegt die Verarbeitung von genetischen Daten, biometrischen Daten oder Gesundheitsdaten zusätzlichen Beschränkungen? (Art 9 Abs 5)
– Dürfen personenbezogene Daten über strafrechtliche Verurteilungen und Straftaten überhaupt verarbeitet werden? (zB im Rahmen einer Whistleblowing-Hotline; Art 10)
– Sind automatisierte Entscheidungen und Profiling, welche für den Abschluss oder die Erfüllung eines Vertrages mit der betroffenen Person nicht erforderlich sind, auch ohne Einwilligung der betroffenen Person zulässig? (Art 22 Abs 2 lit b)
– Unterliegen die Betroffenenrechte zusätzlichen Beschränkungen? (Art 23)
– Müssen nur bestimmte oder alle Verantwortlichen und Auftragsverarbeiter einen Datenschutzbeauftragten bestellen? (Art 37 Abs 4)
– Können gegen Behörden und öffentliche Stellen Geldbußen verhängt werden? (Art 83 Abs 7)
– Können Datenschutzorganisationen im Namen der Betroffenen Schadenersatz begehren? (Art 80 Abs 1)
– Können Datenschutzorganisationen auch ohne Auftrag eines Betroffenen gegen einen Verantwortlichen oder Auftragsverarbeiter mit Klage vorgehen? (Art 80 Abs 2)

Darüber hinaus räumt die DSGVO den Mitgliedstaaten eine nahezu unbeschränkte Regelungskompetenz für den **Beschäftigungskontext** ein (Art 88) und überlässt es weiters den Mitgliedstaaten weitgehend, die Verarbeitung personenbezogener Daten zu journalistischen, wissenschaftlichen, künstlerischen oder literarischen Zwecken zu regeln (Art 85) sowie einen Ausgleich zwischen einem Recht auf Zugang zu amtlichen Dokumenten und dem Datenschutz zu finden (Art 86).

Im Ergebnis wird es daher notwendig sein, die DSGVO stets mit dem jeweils anwendbaren nationalen „DSGVO-Umsetzungsgesetz" in Zusammenschau zu lesen, weshalb die DSGVO auch als „**hinkende Verordnung**" bezeichnet wird (zum Begriff vgl *Constantinesco*, Das Recht der Europäischen Gemeinschaften, Band I: Das institutionelle Recht [1977] 562). Das sich stellende Problem ist, dass die DSGVO **keinerlei Kollisionsrecht** enthält und damit die Frage offen lässt, wann das Recht welches Mitgliedstaates anzuwenden ist.

Hierbei handelt es sich uE um eine planwidrige Lücke, welche in **Analogie zur Zuständigkeitsordnung** der DSGVO (siehe hierzu Kap 19) zu schließen ist. Besteht daher für einen Verantwortlichen oder Auftragsverarbeiter eine federführende Zuständigkeit einer bestimmten Aufsichtsbehörde nach Art 56, so ist grundsätzlich nur das DSGVO-Umsetzungsgesetz dieses Mitgliedstaates anwendbar (siehe ausführlich Art 92 Rz 5).

6. Die Grundsätze der Datenverarbeitung

Die DSGVO normiert folgende Grundsätze, welche bei jeder Verarbeitung personenbezogener Daten einzuhalten sind (Art 5 Abs 1):

– **Rechtmäßigkeit** (Art 5 Abs 1 lit a): Personenbezogene Daten müssen auf rechtmäßige Weise verarbeitet werden, was bedeutet, dass eine Rechtsgrundlage für die Verarbeitung vorhanden sein muss (siehe Kap 7).
– **Treu und Glauben** (Art 5 Abs 1 lit a): Die Verarbeitung personenbezogener Daten darf nur nach Treu und Glauben erfolgen, was insbesondere bei der Durchführung von Interessensabwägungen zu berücksichtigen ist (vgl zB Art 6 Abs 1 lit f).
– **Transparenz** (Art 5 Abs 1 lit a): Personenbezogene Daten müssen in einer für die betroffene Person nachvollziehbaren Weise verarbeitet werden. Dieser Grundsatz wird durch die in der DSGVO normierten Informationspflichten konkretisiert (siehe Kap 8).

Grundsätze der Datenverarbeitung **Einführung**

- **Zweckbindung** (Art 5 Abs 1 lit b): Erstens dürfen personenbezogene Daten nur erhoben werden, wenn spätestens zum Zeitpunkt der Erhebung ein eindeutiger und legitimer Zweck festgelegt wurde (Grundsatz der **Zweckfestlegung**). Dies kann insbesondere durch eine Dokumentation der Verarbeitungszwecke im Verzeichnis der Verarbeitungstätigkeiten (siehe Kap 12) erfolgen. Im Übrigen ergibt sich aus der Anforderung der Legitimität der Verarbeitungszwecke, dass sonstige Rechtsvorschriften (zB das Konsumentenschutzrecht oder § 107 TKG 2003) bei einer datenschutzrechtlichen Prüfung mittelbar ebenso zu berücksichtigen sind. Das zweite Element des Zweckbindungsgrundsatzes besteht darin, dass die erhobenen Daten – vorbehaltlich der Einwilligung der betroffenen Person (Art 6 Rz 13) – nur zu Zwecken weiterverarbeitet werden dürfen, welche mit den ursprünglich festgelegten Zwecken vereinbar sind (**Zweckbindung ieS**). Ob eine Vereinbarkeit der Zwecke gegeben ist, muss anhand einer Reihe von Kriterien geprüft werden, welche in Art 6 Abs 4 normiert sind. Ist der neue Zweck mit dem alten (ursprünglichen) Zweck vereinbar, so ist die Verarbeitung zulässig, ohne dass eine andere Rechtsgrundlage (zB eine neuerliche Einwilligung) erforderlich wäre (vgl Art 6 Rz 15). Allerdings ist die betroffene Person über den neuen Verarbeitungszweck zu informieren (Art 13 Abs 3 und Art 14 Abs 4).
- **Datenminimierung** (Art 5 Abs 1 lit c): Art und Umfang der verarbeiteten Daten müssen den Verarbeitungszwecken angemessen sein sowie auf das für die Zwecke notwendige Maß beschränkt sein. Hierbei handelt es sich um die datenschutzrechtliche Ausprägung des allgemeinen Verhältnismäßigkeitsgrundsatzes. Ein unzulässiger Datenerhebungsexzess liegt beispielsweise vor, wenn zu dem Zweck, das von jedem Mitarbeiter verbrauchte Datenvolumen zu dokumentieren, nicht nur die Größe der heruntergeladenen Dateien, sondern auch der Dateiname und die Uhrzeit jedes Downloads protokolliert wird.
- **Richtigkeit** (Art 5 Abs 1 lit d): Personenbezogene Daten müssen sachlich richtig und, wenn dies für den Verarbeitungszweck erforderlich ist, auf dem neuersten Stand sein.
- **Speicherbegrenzung** (Art 5 Abs 1 lit e): Personenbezogene Daten dürfen nur solange gespeichert werden, wie dies für die festgelegten Verarbeitungszwecke erforderlich ist. Nach Ablauf dieser Frist sind die Daten entweder zu löschen oder zu anonymisieren. Mit dem Grundsatz der Speicherbegrenzung wäre es zB nicht vereinbar, die

Dokumentation zu einem Vertragsverhältnis zum Zweck der Abwehr allfälliger Ansprüche des Kunden gespeichert zu halten, wenn alle denkbaren Ansprüche bereits verjährt sind.
- **Integrität und Vertraulichkeit** (Art 5 Abs 1 lit f): Entgegen seinem Namen erfordert dieser Grundsatz nicht nur angemessene Maßnahmen zum Schutz der Integrität und Vertraulichkeit der Daten, sondern auch zum Schutz ihrer Verfügbarkeit sowie der Rechtmäßigkeit ihrer Verarbeitung. Eine treffendere Bezeichnung des Grundsatzes des Art 5 Abs 1 lit f wäre daher „Sicherheit und Rechtmäßigkeit" (vgl Art 5 Rz 11).

Diese Grundsätze der Datenverarbeitung werden durch den Grundsatz der **Rechenschaftspflicht** („Accountability") ergänzt, wonach der Verantwortliche erstens Compliance-Maßnahmen zu implementieren hat, welche die Einhaltung der oben genannten Grundsätze sicherstellen, und zweitens die Einhaltung dieser Grundsätze nachweisen können muss (Art 5 Abs 2). Beim zweiten Element der Rechenschaftspflicht handelt es sich um keine (mit der Unschuldsvermutung ohnedies nicht vereinbare) Beweislastregelung, sondern eine materielle Nachweispflicht, deren Verletzung nach der DSGVO jedoch nicht mit einer Geldbuße bedroht ist, sondern von der zuständigen Aufsichtsbehörde lediglich zwangsweise durchgesetzt werden kann (Art 5 Rz 13).

7. Erforderlichkeit einer Rechtsgrundlage für jede Datenverarbeitung

Nach der Regelungssystematik der DSGVO ist jegliche Verarbeitung personenbezogener Daten verboten, es sei denn, einer der in Art 6, 9 und 10 abschließend geregelten Ausnahmetatbestände bietet eine entsprechende Rechtsgrundlage für die Datenverarbeitung. Bei der Prüfung der Zulässigkeit einer Datenverarbeitung muss daher eine konkrete Rechtsgrundlage für die Datenverarbeitung bejaht werden, widrigenfalls es bei der Unzulässigkeit der Verarbeitung bleibt.

Um eine potentiell anwendbare Rechtsgrundlage zu identifizieren, muss zunächst eine Differenzierung anhand der Art der personenbezogenen Daten erfolgen.

Handelt es sich um personenbezogene **Daten über strafrechtliche Verurteilungen und Straftaten** oder damit zusammenhängende Sicherungsmaßregeln (zB im Fall einer Whistleblowing-Hotline), so gilt

Erforderlichkeit einer Rechtsgrundlage **Einführung**

gemäß Art 10, dass die Rechtsgrundlage grundsätzlich im nationalen Recht zu suchen ist.

Im Fall von **sensiblen Daten** (zum Begriff siehe Kap 3) muss eine Rechtsgrundlage in Art 9 und im Fall von **sonstigen personenbezogenen Daten** in Art 6 gefunden werden.

Art 6 sieht für die Verarbeitung personenbezogener Daten folgende mögliche Rechtsgrundlagen vor:
- die schlüssige oder ausdrückliche **Einwilligung** der betroffenen Person (Art 6 Abs 1 lit a);
- die Erforderlichkeit für die Erfüllung eines mit der betroffenen Person geschlossenen **Vertrages** oder für die Durchführung vorvertraglicher Maßnahmen auf Anfrage der betroffenen Person (Art 6 Abs 1 lit b);
- die Erforderlichkeit für die Erfüllung einer **gesetzlichen Verpflichtung** des Verantwortlichen (Art 6 Abs 1 lit c);
- die Erforderlichkeit zum Schutz **lebenswichtiger Interessen** der betroffenen Person oder eines Dritten (Art 6 Abs 1 lit d);
- die Erforderlichkeit für eine Aufgabe, die im **öffentlichen Interesse** liegt oder in Ausübung öffentlicher Gewalt erfolgt (Art 6 Abs 1 lit e) oder
- **überwiegende berechtigte Interessen** des Verantwortlichen (Art 6 Abs 1 lit f).

Für sensible Daten sieht Art 9 folgenden im Ergebnis eingeschränkten Katalog möglicher Rechtsgrundlagen vor:
- **ausdrückliche Einwilligung** der betroffenen Person (Art 9 Abs 2 lit a):
- Erforderlichkeit für die Erfüllung von Pflichten oder die Ausübung von Rechten auf dem Gebiet des **Arbeits- und Sozialrechts**, wozu auch Rechte und Pflichten gehören, die sich aus Kollektivverträgen oder Betriebsvereinbarungen ergeben (Art 9 Abs 2 lit b; Art 9 Rz 11);
- Erforderlichkeit zum Schutz **lebenswichtiger Interessen** der betroffenen Person oder eines Dritten, ohne dass die betroffene Person ihre Einwilligung erteilen kann (Art 9 Abs 2 lit c);
- Verarbeitung von Mitgliederdaten durch politisch, weltanschaulich, religiös oder gewerkschaftlich ausgerichtete **Organisationen ohne Gewinnerzielungsabsicht** (Art 9 Abs 2 lit d);
- die personenbezogenen Daten wurden von der betroffenen Person offensichtlich **öffentlich gemacht** (Art 9 Abs 2 lit e);

- Notwendigkeit zur **Geltendmachung, Ausübung oder Verteidigung von Rechtsansprüchen** oder Erforderlichkeit bei Handlungen der Gerichte im Rahmen ihrer justiziellen Tätigkeit (Art 9 Abs 2 lit f);
- sonstige Grundlage im nationalen Recht oder Unionsrecht und Erforderlichkeit aus Gründen eines erheblichen **öffentlichen Interesses** (Art 9 Abs 2 lit g);
- Erforderlichkeit für Zwecke des **Gesundheits- oder Sozialwesens** auf der Grundlage des Unionsrechts, des nationalen Rechts oder eines Vertrages mit einem Angehörigen eines Gesundheitsberufs (Art 9 Abs 2 lit h);
- Erforderlichkeit aus Gründen des öffentlichen Interesses im Bereich der **öffentlichen Gesundheit** auf der Grundlage des Unionsrechts oder des nationalen Rechts (Art 9 Abs 2 lit i) und
- Erforderlichkeit für im öffentlichen Interesse liegende **Archivzwecken,** für wissenschaftliche oder historische **Forschungszwecke** oder für **statistische Zwecke,** auf Grundlage des Unionsrechts oder des nationalen Rechts (Art 9 Abs 2 lit j).

Eine in der Praxis besonders bedeutende und in der DSGVO sehr detailliert geregelte Rechtsgrundlage ist jene der Einwilligung der betroffenen Person. Diese Rechtsgrundlage wird im folgenden Kap daher näher beleuchtet.

7.1. Voraussetzungen für eine wirksame Einwilligung

Eine wirksame Einwilligung muss freiwillig, für den bestimmten Fall und in informierter Weise erfolgen (vgl Art 4 Nr 11). Die DSGVO stellt weiters klar, dass eine Einwilligung jederzeit mit Wirksamkeit für die Zukunft widerrufen werden kann (Art 7 Abs 3).

Eine Einwilligung ist **freiwillig,** wenn die betroffene Person eine echte oder freie Wahl hat und somit in der Lage ist, die Einwilligung zu verweigern oder zurückzuziehen, ohne Nachteile zu erleiden (Art 4 Rz 23). Dies ist zB nicht der Fall, wenn einem Arbeitnehmer mit Kündigung gedroht wird, sollte er seine Einwilligung vorenthalten oder widerrufen.

Eine freie Einwilligung setzt weiters voraus, dass – soweit dies unter Berücksichtigung der Umstände angebracht ist – die Einwilligung **für einzelne Verarbeitungsvorgänge gesondert** erteilt oder vorenthalten werden kann (vgl Art 4 Rz 23; Prinzip der gesonderten Einwilligungen). Praktisch gesprochen bedeutet dies, dass bei der Gestaltung von Einwilligungserklärung betreffend einer Mehrzahl von Verarbeitungsvorgängen für jeden Verarbeitungsvorgang eine eigene Checkbox vorhanden sein sollte (zB eine Checkbox für die Verarbeitung der Kontaktdaten zu Zwecken der Zusendung von Werbung und eine andere Checkbox für die Verarbeitung der Bonitätsdaten zu Zwecken der Entscheidung über die Vertragskonditionen).

Eine weitere Voraussetzung einer freien Einwilligung ist schließlich, dass die Erfüllung eines Vertrages oder die Erbringung einer Dienstleistung nicht von einer Einwilligung abhängig gemacht wird, die für die Vertragserfüllung bzw Dienstleistungserbringung nicht erforderlich ist (vgl Art 4 Rz 23 und Art 7 Abs 4). Dieses **einwilligungsbezogene Koppelungsverbot** scheint das Geschäftsmodell von kostenlos im Internet angebotenen Diensten in Frage zu stellen, welche sich durch die Auswertung der Nutzerdaten finanzieren. Allerdings ist uE zu berücksichtigen, dass in jener Konstellation, in der die Erteilung der Einwilligung erst die wirtschaftlichen Voraussetzungen für die unentgeltliche Zurverfügungstellung der Waren oder Dienstleistungen schafft, von einer (wirtschaftlichen) Erforderlichkeit der Einwilligung auszugehen ist und in diesem Fall das einwilligungsbezogene Koppelungsverbot daher nicht zur Unwirksamkeit der Einwilligung führt (vgl Art 7 Rz 11). Ist die Einwilligung tatsächlich weder aus rechtlichen noch aus technischen oder wirtschaftlichen Gründen für die Vertragserfüllung bzw Dienstleistungserbringung erforderlich, so kann uE jedenfalls dadurch eine wirksame Einwilligung erlangt werden, dass die Waren oder Dienstleistungen in zwei Varianten angeboten werden: erstens unter der Voraussetzung der Erteilung der Einwilligung und zweitens gegen ein angemessenes Entgelt. Die Vertragserfüllung bzw Dienstleistungserbringung ist diesfalls nicht von der Einwilligung abhängig, da der Kunde frei ist, sich für die zweite (entgeltliche) Variante zu entscheiden.

Das Erfordernis, dass die Einwilligung **für den bestimmten Fall** erteilt wird, bedeutet, dass eine pauschale Einwilligung ohne Angabe des genauen Zwecks der Verarbeitung nicht wirksam ist (Art 4 Rz 24).

Dass eine Einwilligung **in informierter Weise** erteilt wird, bedeutet, dass die betroffene Person in Kenntnis der Sachlage handeln muss, dh zumindest die Identität des Verantwortlichen und die Verarbeitungszwecke kennt sowie über sein Recht auf jederzeitigen Widerruf der Einwilligung (vgl Art 7 Abs 3) aufgeklärt wurde. Die Erfüllung der Informationspflichten (siehe Kap 8) ist uE hingegen keine Voraussetzung für eine wirksame Einwilligung (siehe Art 4 Rz 25).

Eine Einwilligungserklärung kann im Übrigen auch Teil allgemeiner Geschäftsbedingungen (**AGB**) sein. Allerdings hat das Ersuchen um

Einwilligung in verständlicher und leicht zugänglicher Form in einer klaren und einfachen Sprache so zu erfolgen, dass es von den anderen Sachverhalten klar zu unterscheiden ist (Art 7 Abs 2). Dies entspricht im Wesentlichen den Anforderungen des § 864a ABGB und § 6 Abs 3 KSchG.

Eine besondere Regelung enthält die DSGVO für das einwilligungsfähige Alter von **Kindern** in Bezug auf Online-Dienste (Dienste der Informationsgesellschaft iSd Art 4 Nr 25), die ihnen direkt angeboten werden (Art 8 Abs 1). Das einwilligungsfähige Alter wird grundsätzlich mit sechzehn Jahren festgesetzt, kann nach nationalem Recht jedoch auf bis zu 13 gesenkt werden (zur Problematik des fehlenden Kollisionsrechts siehe bereits Kap 5). Wird der Online-Dienst direkt einem Kind angeboten, und hat das Kind das einwilligungsfähige Alter noch nicht erreicht, so muss der Diensteanbieter angemessene Anstrengungen unternehmen, um sich zu vergewissern, dass die Einwilligung durch den Träger der elterlichen Verantwortung erteilt wurde (Art 8 Abs 2). Richtet sich das Dienstangebot hingegen nicht an Kinder, was insbesondere durch eine Altersabfrage im Rahmen des Registrierungsprozesses dokumentiert werden kann, müssen uE keine derartigen Maßnahmen implementiert werden (vgl Art 8 Rz 10).

Einwilligungen, die **vor dem Geltungsbeginn der DSGVO am 25. Mai 2018 erteilt** werden, stellen nur dann eine gültige Rechtsgrundlage nach der DSGVO dar, wenn sie den Anforderungen der DSGVO entsprochen haben (Erwägungsgrund 171 Satz 3). Allerdings waren die von der Rsp des OGH an eine wirksame Zustimmung nach dem DSG 2000 gestellten Anforderungen bereits so streng, dass in den meisten Fällen eine Fortgeltung der Einwilligungen problemlos sein wird (Art 4 Rz 29).

Abschließend ist darauf hinzuweisen, dass der Verantwortliche die Beweislast für die Erteilung der Einwilligung trägt (Art 7 Abs 1). In praktischer Hinsicht sollte die Erteilung einer jeden Einwilligung daher entsprechend protokolliert werden.

8. Informationspflichten und Privacy Notices in der Praxis

Um für betroffene Personen transparent zu machen, welche ihrer Daten von wem unter welchen Umständen verarbeitet werden, sieht die DSGVO umfangreiche Informationspflichten für Verantwortliche vor.

Werden die personenbezogenen Daten bei der betroffenen Person erhoben (vgl Art 13 Rz 2), so ist diese spätestens zum Zeitpunkt der

Informationspflichten und Privacy Notices **Einführung**

Datenerhebung zu informieren (Art 13 Abs 1). Erfolgt die Datenerhebung hingegen nicht bei der betroffenen Person, so muss die Informationserteilung spätestens ein Monat nach der Datenerhebung bzw im Falle der Datenverarbeitung zum Zweck der Kommunikation mit der betroffenen Person oder zum Zweck der Offenlegung an einen Dritten spätestens zum Zeitpunkt der ersten Mitteilung oder ersten Offenlegung erfolgen (Art 14 Abs 3).

Unabhängig davon, ob die personenbezogenen Daten bei der betroffenen Person erhoben wurden, hat der Verantwortliche über Folgendes zu informieren:

– Name bzw Firmenwortlaut und Kontaktdaten des **Verantwortlichen** (Art 13 Abs 1 lit a; Art 14 Abs 1 lit a);
– Kontaktdaten des **Datenschutzbeauftragten** (Art 13 Abs 1 lit b; Art 14 Abs 1 lit b);
– **Verarbeitungszwecke und Rechtsgrundlage** der Datenverarbeitung (Art 13 Abs 1 lit c; Art 14 Abs 1 lit c);
– die **Empfänger** oder Kategorien von Empfängern (Verantwortliche ebenso wie Auftragsverarbeiter; Art 13 Abs 1 lit e; Art 14 Abs 1 lit e);
– Im Falle von Übermittlungen an Verantwortliche oder Auftragsverarbeiter in einem **Nicht-EU/EWR-Staat** (Art 13 Abs 1 lit f; Art 14 Abs 1 lit f): ob ein Angemessenheitsbeschluss der Europäischen Kommission für das Drittland vorliegt und im Falle, dass ein solcher nicht vorliegt, ein Verweis auf die Garantien, welche die Übermittlung rechtfertigen (zB abgeschlossene Standardvertragsklauseln) und wie eine Kopie der Garantien zu erhalten ist (zB eine E-Mail-Adresse oder eine URL);
– die **Speicherdauer** oder, falls dies nicht möglich ist, die Kriterien für die Festlegung dieser Dauer (Art 13 Abs 2 lit a; Art 14 Abs 2 lit a);
– soweit die Rechtsgrundlage der Verarbeitung ein überwiegendes berechtigtes Interesse nach Art 6 Abs 1 lit f ist: das vom Verantwortlichen oder einem Dritten verfolgte **berechtigte Interesse** (Art 13 Abs 1 lit d; Art 14 Abs 2 lit b);
– das Bestehen der **Betroffenenrechte** auf Auskunft, Berichtigung, Löschung, Einschränkung der Verarbeitung, Widerspruch und Datenübertragbarkeit (Art 13 Abs 2 lit b; Art 14 Abs 2 lit c);
– soweit die Verarbeitung auf Grundlage der Einwilligung der betroffenen Person erfolgt: das Bestehen des Rechts, die Einwilligung jederzeit zu **widerrufen** (Art 13 Abs 2 lit c; Art 14 Abs 2 lit d);
– das Bestehen eines **Beschwerderechts** bei einer Aufsichtsbehörde (Art 13 Abs 2 lit d; Art 14 Abs 2 lit e) und

Einführung

– soweit eine **automatisierte Entscheidungsfindung einschließlich Profiling** nach Art 22 erfolgt: dass eine derartige Verarbeitung erfolgt und Informationen über die involvierte Entscheidungslogik sowie die Tragweite und die angestrebten Auswirkungen der Entscheidung (Art 13 Abs 2 lit f; Art 14 Abs 2 lit g).

Zusätzlich ist über Folgendes zu informieren, wenn die personenbezogenen Daten bei der betroffenen Person erhoben werden (vgl Art 13 Rz 2):
– ob die Bereitstellung der Daten durch die betroffene Person **erforderlich oder verpflichtend** ist und welche Folgen die Nichtbereitstellung hätte (Art 13 Abs 2 lit e).

Werden die Daten hingegen nicht bei der betroffenen Person erhoben, so ist zusätzlich über Folgendes zu informieren:
– die **Kategorien der verarbeiteten personenbezogenen Daten** (Art 14 Abs 1 lit d) und
– soweit verfügbar (vgl Art 14 Rz 28): die **Quelle**, aus welcher die personenbezogenen Daten stammen sowie ob es sich um eine öffentlich zugängliche Quelle handelt (Art 14 Abs 2 lit f).

Die oben genannten Informationen sind in präziser, transparenter, verständlicher und leicht zugänglicher Form in einer klaren und einfachen Sprache an betroffene Personen zu übermitteln (Art 12 Abs 1). Die Informationspflichten hinsichtlich der auf einer öffentlichen Website vorgenommenen Datenverarbeitungen können insbesondere durch eine Datenschutzerklärung erfüllt werden, die durch einen entsprechenden Link auf jeder Seite aufrufbar ist.

Angesichts des Umfangs der zu erteilenden Informationen stellt sich jedoch die Frage, wie eine Datenschutzerklärung – auch als Privacy Notice bezeichnet – übersichtlich und leicht verständlich gestaltet werden kann. Hierzu hat sich in der Praxis das Prinzip der „**Layered Privacy Notice**" durchgesetzt (vgl Art 12 Rz 1):
– Layer 1 – Kurzhinweis: Zunächst erhält die betroffene Person nur einen sehr kurz gefassten Hinweis über die Verarbeitung ihrer personenbezogenen Daten, verbunden mit der Möglichkeit, detailliertere Informationen zu erhalten (zB über einen Link).
– Layer 2 – Zusammenfassung: Wünscht die betroffene Person detailliertere Informationen, so erhält sie eine Zusammenfassung der Datenschutzerklärung, welche die unter Berücksichtigung der kon-

kreten Umstände wichtigsten Punkte der Datenschutzerklärung enthält. Die Zusammenfassung verweist außerdem auf die Möglichkeit, die vollständige Datenschutzerklärung zu erhalten (zB wiederum über einen Link).
- Layer 3 – Vollständige Datenschutzerklärung: Nur auf dieser Ebene erhält die betroffene Person die vollständige Information.

9. Betroffenenrechte

Neben dem Recht auf Information (siehe Kap 8) und den Rechten gegen automatisierte Entscheidungen und Profiling (siehe Kap 10) normiert die DSGVO folgende Rechte betroffener Personen gegenüber Verantwortlichen:
- das Recht auf **Auskunft** (Art 15): Die betroffene Person hat das Recht, innerhalb einer einmonatigen Frist, welche um weitere zwei Monate erstreckt werden kann (Art 12 Abs 3), (i) eine Bestätigung darüber zu erhalten, ob sie betreffende personenbezogene Daten verarbeitet werden (Art 15 Abs 1 Halbsatz 1); (ii) einen wesentlichen Teil jener Informationen zu erhalten, welche der Verantwortliche ohnedies in der Datenschutzerklärung offenlegen muss (im Detail siehe Art 15 Abs 1 lit a bis h und Abs 2) und (iii) eine Kopie der verarbeiteten personenbezogenen Daten zu erhalten (Art 15 Abs 3 und Abs 4);
- das Recht auf **Datenübertragbarkeit** (Art 20): Die betroffene Person hat gegenüber einem Verantwortlichen – nicht jedoch einem Auftragsverarbeiter (siehe Art 20 Rz 3) – das Recht, sie betreffende personenbezogene Daten in einem strukturierten, gängigen und maschinenlesbaren Format zu erhalten sowie zu erwirken, dass die Daten direkt vom Verantwortlichen an einen anderen Verantwortlichen übermittelt werden (Art 20 Abs 1 und 2). Dieses Recht auf Datenübertragbarkeit besteht allerdings nur, soweit
  (i) die betroffene Person die fraglichen Daten dem Verantwortlichen bereitgestellt hat,
  (ii) die Verarbeitung auf der Einwilligung der betroffenen Person (Art 6 Abs 1 lit a oder Abs 9 Abs 2 lit a) oder der Erforderlichkeit für die Erfüllung eines mit der betroffenen Person geschlossenen Vertrages (Art 6 Abs 1 lit b) beruht und
  (iii) die Verarbeitung mithilfe automatisierter Verfahren (dh elektronisch) erfolgt.
Auch darf die Ausübung des Rechts die Rechte und Freiheiten anderer Personen nicht beeinträchtigen (Art 20 Abs 4), was insbesondere

bei auf sozialen Netzwerken geteilten Inhalten zu komplizierten Abgrenzungsfragen führen dürfte.
- das Recht auf **Berichtigung** (Art 16): Sind die personenbezogenen Daten unrichtig oder unvollständig, hat die betroffene Person das Recht auf unverzügliche Berichtigung bzw Vervollständigung der Daten;
- das Recht auf **Löschung** (Art 17): Die betroffene Person hat das Recht auf unverzügliche Löschung der sie betreffenden Daten, wenn die Verarbeitung in Verletzung der DSGVO erfolgt, insbesondere weil die betroffene Person ihre zuvor erteilte Einwilligung widerrufen oder berechtigterweise einen Widerspruch eingelegt hat; in weiterer Folge hat der Verantwortliche, wenn er die personenbezogenen Daten öffentlich gemacht hat, soweit technisch und organisatorisch möglich, dafür zu sorgen, dass ebenfalls verantwortliche Dritte informiert werden, dass die betroffene Person die Löschung dieser Daten (samt Links, die zu ihnen führen) verlangt hat („Recht auf Vergessenwerden", Art 17 Abs 2);
- das Recht auf **Einschränkung der Verarbeitung** (Art 18): Die betroffene Person hat das Recht, dass die sich auf sie beziehenden personenbezogenen Daten von der weiteren Verarbeitung ausgeschlossen werden, wenn die betroffene Person ihr Recht auf Berichtigung oder Widerspruch ausgeübt hat, der Verantwortliche hierüber aber noch nicht entschieden hat;
- das Recht auf **Widerspruch** (Art 21): Die betroffene Person hat das Recht, gegenüber dem Verantwortlichen Widerspruch einzulegen, wenn:
  (i) die Rechtsgrundlage der Verarbeitung ein **überwiegendes berechtigtes Interesse** ist (Art 6 Abs 1 lit f) und der Verantwortliche nicht nachweisen kann, dass auch im konkreten Fall der betroffenen Person die Interessen des Verantwortlichen oder eines Dritten überwiegen oder die Verarbeitung der Geltendmachung, Ausübung oder Verteidigung von Rechtsansprüchen dient – diesfalls führt die Einlegung des Widerspruchs zur Unzulässigkeit der weiteren Datenverarbeitung;
  (ii) personenbezogene Daten zu Zwecken der **Direktwerbung** verarbeitet werden (zB durch Profiling), wobei es auf eine Interessensabwägung nicht ankommt (Art 21 Abs 2) – in diesem Fall führt die Einlegung des Widerspruchs mit der Wirkung eines „Opt-Out" zur Unzulässigkeit der weiteren Verwendung für Zwecke der Direktwerbung (Art 21 Abs 3) oder

(iii) personenbezogene Daten zu wissenschaftlichen oder historischen **Forschungszwecken oder zu statistischen Zwecken** verarbeitet werden, es sei denn, die Verarbeitung ist zur Erfüllung einer im öffentlichen Interesse liegenden Aufgabe erforderlich (Art 21 Abs 6).

10. Profiling und automatisierte Einzelentscheidungen

Automatisierte Entscheidungen, die im Einzelfall getroffen werden (vgl Art 22 Rz 2) und gegenüber der betroffenen Person rechtliche Wirkung entfalten oder sie in ähnlicher Weise erheblich beeinträchtigen (vgl Art 22 Rz 4), sind nach Art 22 DSGVO nur sehr eingeschränkt zulässig. Als Beispiel wäre eine automatisierte Kündigung eines Versicherungsvertrages zu nennen, die erfolgt, weil der Boardcomputer des versicherten Fahrzeuges ein riskantes Fahrverhalten festgestellt hat.

Zu diesen Entscheidungen zählt die DSGVO auch **Profiling**, worunter jede Art der automatisierten Datenverarbeitung zu verstehen ist, die erfolgt, um persönliche Aspekte der betroffenen Person (zB Arbeitsleistung, wirtschaftliche Lage, Gesundheit, persönliche Vorlieben, Interessen, Zuverlässigkeit, Verhalten oder Aufenthaltsort) zu bewerten oder vorherzusagen (siehe Art 4 Nr 4).

Automatisierte Einzelentscheidungen im oben beschriebenen Sinne – einschließlich Profiling – sind nur unter folgenden kumulativen Voraussetzungen zulässig:

1) die betroffene Person hat **ausdrücklich eingewilligt** (Art 22 Abs 2 lit c), es liegt eine **gesetzliche Grundlage** vor (Art 22 Abs 2 lit b) oder die Entscheidung ist für den Abschluss oder die Erfüllung eines **Vertrages** zwischen dem Verantwortlichen und der betroffenen Person erforderlich (Art 22 Abs 2 lit a);
2) außer im Falle einer gesetzlichen Grundlage (Art 22 Abs 2 lit b) gewährt der Verantwortliche der betroffenen Person zumindest das **Recht auf Erwirkung des Eingreifens** einer Person seitens des Verantwortlichen, auf Darlegung des eigenen Standpunkts und auf Anfechtung der Entscheidung (Art 22 Abs 3);
3) die Entscheidung erfolgt **nicht auf Grundlage sensibler Daten**, es sei denn, die betroffene Person hat in die Verarbeitung ihrer sensiblen Daten zu diesem Zweck ausdrücklich eingewilligt oder es liegt für die Verarbeitung eine gesetzliche Grundlage vor (Art 22 Abs 4);
4) die betroffene Person wird rechtzeitig (siehe Kap 8 oben) über die automatisierte Entscheidungsfindung, die involvierte Entscheidungs-

logik sowie die Tragweite und die angestrebten Auswirkungen **informiert** (Art 13 Abs 2 lit f bzw Art 14 Abs 2 lit g).

Da eine automatisierte Einzelentscheidung in vielen Fällen weder für Vertragsabschluss oder -erfüllung notwendig ist noch durch eine gesetzliche Grundlage gedeckt ist, wird der ausdrücklichen Einwilligung der betroffenen Person in der Praxis eine besondere Bedeutung zukommen.

11. Datenschutz-Compliance-Programm

Als Ausfluss der **Rechenschaftspflicht** nach Art 5 Abs 2 („Accountability") ist jeder Verantwortliche nach Art 24 verpflichtet, angemessene technische und organisatorische Maßnahmen zu implementieren, um die **Einhaltung der DSGVO sicherzustellen** und diese Einhaltung auch **nachweisen zu können** (siehe Kap 6 oben).

11.1. Organisatorische Maßnahmen einschließlich Datenschutzstrategien

Zu den organisatorischen Maßnahmen zählt als Mindestmaß (siehe Art 24 Abs 2) die Verabschiedung von **Datenschutzstrategien** (in der Praxis auch als „Data Protection Policies" bezeichnet).

In praktischer Hinsicht sollten diese Datenschutzstrategien zunächst die vom Verantwortlichen im Bereich des Datenschutzes verfolgten Ziele sowie die internen Rollen und Verantwortlichen festlegen. Soweit ein Datenschutzbeauftragter zu bestellen ist bzw freiwillig bestellt wird (siehe Kap 14), sollte dies bei der Ausgestaltung der datenschutzrechtlichen Organisationsstruktur berücksichtigt werden.

Hierauf aufbauend sollten detailliertere Datenschutzstrategien erlassen werden, welche bestimmte Arten von Daten (zB Mitarbeiter-, Kunden- oder Lieferantendaten) oder bestimmte Sachfragen adressieren (zB Regelung der Speicherdauer durch eine „Data Retention Policy" oder der Vorgehensweise bei einer Sicherheitsverletzung durch eine „Incident Response Policy").

11.2. Technische Maßnahmen einschließlich Privacy by Design und Privacy by Default

Zusätzlich zu den oben genannten organisatorischen Maßnahmen haben Verantwortliche technische Compliance-Maßnahmen zu implementieren.

Im Unterschied zu den zur Gewährleistung der Datensicherheit zu implementierenden Maßnahmen (siehe Kap 15.1), verfolgen technische Compliance-Maßnahmen insbesondere das Ziel, die Rechtmäßigkeit der Datenverarbeitung zu gewährleisten und datenschutzrechtliche Risiken proaktiv zu mindern.

Die DSGVO sieht zwei technische Maßnahmen vor, welche jedenfalls zu implementieren sind: Datenschutz durch Technik („Privacy by Design") und Datenschutz durch datenschutzfreundliche Voreinstellungen („Privacy by Default").

Datenschutz durch Technik (Art 25 Abs 1) erfordert, dass technische Maßnahmen implementiert werden, welche die Datenschutzgrundsätze (siehe Kap 6) umsetzen. Hierzu zählt zB, dass Art und Umfang der erhobenen personenbezogenen Daten minimiert werden und die Daten so bald als möglich pseudonymisiert werden (vgl Art 25 Rz 3). Datenschutz durch Technik kann beispielsweise auch dadurch erfolgen, dass Abfragen aus einer Datenbank, welche mit den festgelegten Verarbeitungszwecken unvereinbar wären, durch technische Mittel unterbunden werden (zB indem in einem rollenbasierten Autorisierungssystem jener HR-Benutzerrolle, welche für die Entscheidung über Kündigungen zuständig ist, eine Abfrage anhand des Religionsbekenntnisses unmöglich gemacht wird).

Datenschutz durch datenschutzfreundliche Voreinstellungen (Art 25 Abs 2) bedeutet, dass der Verantwortliche Voreinstellungen treffen muss, wonach nur personenbezogene Daten verarbeitet werden, deren Verarbeitung für den jeweiligen bestimmten Verarbeitungszweck erforderlich ist. Insbesondere muss sichergestellt werden, dass personenbezogene Daten durch Voreinstellungen nicht ohne Eingreifen der betroffenen Person veröffentlicht werden (Art 25 Abs 2 letzter Satz). Diese Verpflichtung wird insbesondere bei der Gestaltung von Websites eine große Rolle spielen, die sowohl eine private als auch eine öffentliche Kommunikation mit anderen Nutzern ermöglichen.

12. Führung eines Verzeichnisses der Verarbeitungstätigkeiten

Grundsätzlich hat jeder Verantwortliche und jeder Auftraggeber ein Verzeichnis von Verarbeitungstätigkeiten in schriftlicher oder elektronischer Form zu führen (Art 30 Abs 3) und auf Anfrage der Aufsichtsbehörde zur Verfügung zu stellen (Art 30 Abs 4). Betroffene Personen haben hingegen kein Recht, in das Verzeichnis Einsicht zu nehmen (Art 30 Rz 10).

Von der Pflicht zur Führung eines solchen Verzeichnisses sind Unternehmen nur dann befreit, wenn sie kumulativ (i) **weniger als 250 Mitarbeiter** beschäftigen, (ii) die Verarbeitung keine Risiken für betroffene Personen birgt (vgl Kap 13), (iii) die Verarbeitung nur gelegentlich erfolgt (zB nur einmal im Monat) und (iv) die Verarbeitung keine sensiblen Daten oder strafrechtlich relevanten Daten einschließt (Art 30 Abs 5). Allerdings ist die Erfüllung dieser Voraussetzungen selbst bei einer klassischen Lohnbuchhaltung fraglich, weil die Sozialversicherungsnummer ein sensibles Datum darstellt (vgl Art 4 Rz 35).

Unter einer Verarbeitungstätigkeit ist im Ergebnis die Summe aller Datenverarbeitungen zu verstehen, die für einen bestimmten Zweck oder für mehrere miteinander zusammenhängende Zwecke durchgeführt werden (zB einerseits Customer Relationship Management und andererseits Human Capital Management).

Das **von einem Verantwortlichen zu führende Verzeichnis** aller Verarbeitungstätigkeiten hat folgende Informationen zu enthalten (Art 30 Abs 1):
- den Namen und die Kontaktdaten des **Verantwortlichen** und gegebenenfalls des gemeinsam mit ihm Verantwortlichen (vgl Art 26);
- wenn der Verantwortliche nicht in der EU niedergelassen ist: Name und Kontaktdaten des **Vertreters des Verantwortlichen** (vgl Art 27);
- Name und Kontaktdaten eines etwaigen **Datenschutzbeauftragten** (siehe Kap 14);
- die **Verarbeitungszwecke;**
- eine Beschreibung der **Kategorien betroffener Personen;**
- eine Beschreibung der **Kategorien personenbezogener Daten;**
- die **Kategorien von Empfängern,** einschließlich Empfänger in Drittländern oder internationale Organisationen;
- soweit **Datenübermittlungen an Empfänger in einem Drittland** (Nicht-EU/EWR-Staat) oder an eine völkerrechtliche internationale Organisation erfolgen: Name des Drittlandes bzw der internationalen Organisation und im Falle meldepflichtiger Übermittlungen (siehe Kap 18.2) die Dokumentation der nach Art 49 Abs 1 UAbs 2 vorgenommenen Beurteilung und der geeigneten Garantien;
- die **Speicherdauer** der verschiedenen Datenkategorien und
- eine allgemeine Beschreibung der technischen und organisatorischen **Datensicherheitsmaßnahmen** (siehe Kap 15.1).

Zusätzlich zu diesem Mindestinhalt könnte ein Verantwortlicher in sein Verzeichnis der Verarbeitungstätigkeiten zu Zwecken der besseren internen Dokumentation Folgendes aufnehmen: eine Kopie der Datenschutzerklärung (vgl Kap 8), ein allfällige Vorlage für Zustimmungserklärungen (vgl Kap 7.1) eine Verknüpfung zu dem allenfalls durchgeführten Privacy Impact Assessment (vgl Kap 13) sowie eine Verknüpfung zur Dokumentation allenfalls eingetretener Verletzungen des Schutzes personenbezogener Daten (vgl Kap 15.2).

Das **von einem Auftragsverarbeiter zu führende Verzeichnis** muss folgende Informationen umfassen (Art 30 Abs 2):
- Namen und Kontaktdaten des **Auftragsverarbeiters** sowie seines Datenschutzbeauftragen und, falls er nicht in der EU niedergelassen ist, seines Vertreters;
- Name und Kontaktdaten **jedes Verantwortlichen** sowie ihrer Datenschutzbeauftragten und, falls sie nicht in der EU niedergelassen sind, ihrer Vertreter;
- die **Kategorien von Verarbeitungen**, die im Auftrag jedes Verantwortlichen durchgeführt werden (zB Hosting eines Customer Relationship Management Systems);
- soweit **Datenübermittlungen an Empfänger in einem Drittland** (Nicht-EU/EWR-Staat) oder an eine völkerrechtliche internationale Organisation erfolgen: Name des Drittlandes bzw der internationalen Organisation und im Falle meldepflichtiger Übermittlungen (siehe Kap 18.2) die Dokumentation der nach Art 49 Abs 1 UAbs 2 vorgenommenen Beurteilung und der geeigneten Garantien und
- eine allgemeine Beschreibung der technischen und organisatorischen **Datensicherheitsmaßnahmen** (siehe Kap 15.1).

13. Privacy Impact Assessment und verpflichtende Konsultation der Behörde

Ein Verantwortlicher hat vor Beginn (vgl Art 35 Rz 4) einer Datenverarbeitung eine Datenschutz-Folgenabschätzung (auch „Privacy Impact Assessment") durchzuführen, wenn die Datenverarbeitung voraussichtlich ein hohes Risiko für die Rechte und Freiheiten natürlicher Personen zur Folge hat (Art 35 Abs 1). Ein solches hohes Risiko ist jedenfalls in folgenden Fällen anzunehmen:
- es erfolgt eine systematische und umfassende Bewertung persönlicher Aspekte natürlicher Personen (Profiling), welche als Grundlage für Entscheidungen dient, die Rechtswirkung gegenüber natürlichen Personen entfalten oder diese in ähnlich erheblicher Weise beeinträchtigen (Art 35 Abs 3 lit a);

- es kommt zu einer umfangreichen Verarbeitung sensibler oder strafrechtlich relevanter Daten (Art 35 Abs 3 lit b);
- eine systematische umfangreiche Überwachung öffentlich zugänglicher Bereiche wird durchgeführt (Art 35 Abs 3 lit c), zB durch die Verwendung einer großen Anzahl von elektronischen Videoüberwachungskameras (vgl Art 35 Rz 9) oder
- die Art der Verarbeitung findet sich auf einer von der Aufsichtsbehörde veröffentlichten „schwarzen Liste" (Art 35 Abs 4).

Ist ein Privacy Impact Assessment erforderlich, so ist hinsichtlich seiner Durchführung der Rat eines allenfalls bestellten Datenschutzbeauftragten einzuholen (Art 35 Abs 2). Das Privacy Impact Assessment hat jedenfalls folgende Informationen zu enthalten (Art 35 Abs 7):
- eine systematische **Beschreibung der geplanten Verarbeitungsvorgänge und der Zwecke** der Verarbeitung, gegebenenfalls einschließlich der von dem Verantwortlichen verfolgten berechtigten Interessen;
- eine Bewertung der **Notwendigkeit und Verhältnismäßigkeit** der Verarbeitungsvorgänge in Bezug auf den Zweck;
- **Abhilfemaßnahmen** zur Minderung der Risiken für die Rechte und Freiheiten der betroffenen Personen und
- eine **Bewertung der Risiken** für die Rechte und Freiheiten der betroffenen Personen unter Berücksichtigung der geplanten Abhilfemaßnahmen – die Risikobewertung muss jedenfalls klarstellen, ob ein hohes Risiko besteht (vgl Art 35 Rz 16).

Kommt das Privacy Impact Assessment zu dem Ergebnis, dass ein hohes Risiko besteht, so hat der Verantwortliche vor Beginn der Datenverarbeitung die Aufsichtsbehörde zu konsultieren (Art 36 Abs 1). Da es sich jedoch um kein Genehmigungsverfahren handelt, muss die Reaktion der Behörde nicht abgewartet werden (Art 36 Rz 1).

Im Rahmen des Konsultationsverfahrens hat der Verantwortliche folgende Informationen an die Aufsichtsbehörde zu übermitteln:
- insbesondere bei einer Verarbeitung innerhalb einer Unternehmensgruppe: Angaben zu den jeweiligen **Zuständigkeiten** des Verantwortlichen, der gemeinsam Verantwortlichen (vgl Art 26) und der an der Verarbeitung beteiligten Auftragsverarbeiter;
- die **Zwecke und die Mittel** der beabsichtigten Verarbeitung;
- die zum Schutz der Rechte und Freiheiten der betroffenen Personen vorgesehenen **Maßnahmen und Garantien**;

- gegebenenfalls die Kontaktdaten des **Datenschutzbeauftragten**;
- das vollständige **Privacy Impact Assessment** und
- alle sonstigen von der Aufsichtsbehörde **angeforderten Informationen**.

Sofern die Aufsichtsbehörde zum Ergebnis gelangt, dass die Verarbeitung nicht mit der DSGVO vereinbar ist, hat sie innerhalb einer Frist von acht Wochen, welche sie um weitere sechs Wochen erstrecken kann, entweder eine Empfehlung oder eine Weisung auszusprechen. Erachtet die Aufsichtsbehörde die Verarbeitung hingegen als mit der DSGVO vereinbar, so ist keine formelle Entscheidung der Behörde vorgesehen.

14. Der Datenschutzbeauftragte

Ein Verantwortlicher oder Auftragsverarbeiter ist verpflichtet, einen Datenschutzbeauftragten zu bestellen, wenn
- dies nach nationalem Recht vorgeschrieben ist (Art 37 Abs 4; voraussichtlich wird dies insbesondere in Deutschland aber nicht in Österreich der Fall sein);
- es sich beim Verantwortlichen oder Auftragsverarbeiter um eine Behörde oder öffentliche Stelle (vgl Art 37 Rz 2) handelt (Art 37 Abs 1 lit a);
- die Kerntätigkeit des Verantwortlichen oder des Auftragsverarbeiters in der Durchführung von Verarbeitungsvorgängen besteht, welche eine umfangreiche regelmäßige und systematische Überwachung von betroffenen Personen erforderlich machen (Art 37 Abs 1 lit b; zB Online-Werbenetzwerke, welche die Onlineaktivitäten von Nutzern protokollieren, um ihnen personenbezogene Werbung präsentieren zu können) oder
- die Kerntätigkeit des Verantwortlichen oder des Auftragsverarbeiters in der umfangreichen Verarbeitung sensibler oder strafrechtlich relevanter Daten besteht (Art 37 Abs 1 lit c; zB ein Unternehmen, das sich auf strafrechtliche Background-Checks spezialisiert oder ein Auftragsverarbeiter, der sich auf den Gesundheitsbereich spezialisiert hat).

Da in den beiden letztgenannten Fällen ausschließlich auf die „Kerntätigkeit" abzustellen ist, welche in der Verarbeitung personenbezogener Daten bestehen muss, trifft die Pflicht zur Bestellung eines Datenschutzbeauftragten va Unternehmen, die **datengetriebene Geschäftsmodelle** verfolgen. Beispielsweise eine Rechtsanwaltskanzlei ist nicht zur Bestellung eines Datenschutzbeauftragten verpflichtet, da ihre Kerntätigkeit die Rechtsberatung und die Vertretung vor Gerichten und Behörden darstellt – die in diesem Zusammenhang erfolgende Verarbeitung sensibler oder strafrechtlich relevanter personenbezogener Daten ist allenfalls eine nicht maßgebliche Nebentätigkeit (vgl Art 37 Rz 3).

Ein gemeinsamer Datenschutzbeauftragter kann für mehrere Niederlassungen einer Unternehmensgruppe (Art 37 Abs 2) ebenso bestellt werden wie für mehrere Behörden oder öffentliche Stellen (Art 37 Abs 3).

Für die Person des Datenschutzbeauftragten gelten folgende **Voraussetzungen:**
– er muss eine berufliche Qualifikation und ein Fachwissen auf dem Gebiet des Datenschutzrechts besitzen (Art 37 Abs 5) und
– er kann Beschäftigter des Verantwortlichen bzw Auftragsverarbeiters sein oder seine Aufgaben auf der Grundlage eines Dienstleistungsvertrags erfüllen (Art 37 Abs 6), weshalb auch die Bestellung eines externen Datenschutzbeauftragten (zB eines Rechtsanwalts; vgl Art 38 Rz 6) möglich ist.

Hinsichtlich der **Stellung** des Datenschutzbeauftragten sieht die DSGVO vor, dass dieser
– **weisungsfrei** ist (Art 38 Abs 3 Satz 1);
– einen **Kündigungsschutz** genießt (Art 38 Abs 3 Satz 2);
– unmittelbar **der höchsten Managementebene** des Verantwortlichen bzw Auftragsverarbeiters **zu berichten hat** (Art 38 Abs 3 Satz 3);
– frühzeitig in alle mit dem Schutz personenbezogener Daten zusammenhängenden Fragen **eingebunden** werden muss (Art 38 Abs 1);
– über alle für die Erfüllung seiner Aufgaben erforderlichen **Ressourcen** verfügen muss (Art 38 Abs 2) ;
– **Zugang** zu personenbezogenen Daten und Verarbeitungsvorgängen haben muss (Art 38 Abs 2);
– als **Anlaufstelle** für betroffene Personen fungiert (Art 38 Abs 4) und
– zur **Verschwiegenheit** verpflichtet ist (Art 38 Abs 5).

Nach der DSGVO hat der Datenschutzbeauftragte die Aufgabe, den Verantwortlichen bzw Auftragsverarbeiter einschließlich seiner Beschäftigten über ihre Pflichten nach der DSGVO **zu beraten** (Art 39 Abs 1 lit a und c), die Einhaltung der DSGVO und interner Privacy Policies insbesondere hinsichtlich Privacy Impact Assessments **zu überwachen** (Art 39 Abs 1 lit b und c) und mit der Aufsichtsbehörde **zusammenzuarbeiten** (Art 39 Abs 1 lit d und e).

Nach der DSGVO ist der Datenschutzbeauftragte jedoch nicht zur Führung des Verzeichnisses von Verarbeitungstätigkeiten (vgl Kap 12) oder zur Durchführung von Privacy Impact Assessments (vgl Kap 13) verpflichtet. Im Übrigen sieht die DSGVO keine den Datenschutzbeauftragten persönlich treffenden Sanktionen im Falle einer Pflichtverletzung vor (Art 39 Rz 1).

15. Datensicherheit

Sowohl ein Verantwortlicher als auch ein Auftragsverarbeiter sind einerseits zur Implementierung angemessener Datensicherheitsmaßnahmen (siehe Kap 15.1) und andererseits zur Meldung gewisser Sicherheitsverletzungen („Data Breach Notification"; siehe Kap 15.2) verpflichtet.

15.1. Verpflichtende Datensicherheitsmaßnahmen

Jeder Verantwortliche und jeder Auftragsverarbeiter haben nach Art 32 technische und organisatorische Sicherheitsmaßnahmen zu implementieren, um ein **dem Risiko angemessenes Schutzniveau** zu gewährleisten. Primär ist daher auf das Risiko für die Rechte und Freiheiten der betroffenen Personen abzustellen, was eine quantitative oder qualitative Risikobewertung voraussetzt (vgl Art 32 Rz 2).

Die Auswahl der Sicherheitsmaßnahmen hat weiters unter Berücksichtigung (i) des Stands der Technik, (ii) der Implementierungskosten und (iii) der Art, des Umfangs, der Umstände und der Zwecke der Verarbeitung zu erfolgen (Art 32 Abs 1).

Die zu gewährleistende Sicherheit besteht aus der (im Bereich der Informationssicherheit verbreiteten) Trias der **Vertraulichkeit, Integrität** und **Verfügbarkeit** der personenbezogenen Daten (vgl Art 32 Rz 6).

Zu diesem Zweck sollte insbesondere erwogen werden, folgende Maßnahmen zu implementieren: (i) die Pseudonymisierung und Verschlüsselung personenbezogener Daten (Art 32 Abs 1 lit a); (ii) Maßnahmen zur Sicherung der IT-Systeme, welche zur Datenverarbeitung eingesetzt werden (Art 32 Abs 1 lit b); (iii) Incident-Response-Fähigkeiten einschließlich Datenwiederherstellungsprozesse, um auf Zwischenfälle reagieren zu können (Art 32 Abs 1 lit c) und (iv) eine regelmäßige Überprüfung der Wirksamkeit der implementierten Sicherheitsmaßnahmen (Art 32 Abs 1 lit d).

In der Praxis haben sich folgende **Standards im Bereich der Informationssicherheit** international durchgesetzt, welche über die oben genannten rudimentären Maßnahmen hinaus jedenfalls als Richtschnur dienen sollten:

- ISO/IEC 27001 („Information technology – Security techniques – Information security management systems – Requirements") beschreibt die Anforderungen an ein Informationssicherheits-Managementsystem. Insbesondere für Auftragsverarbeiter ist eine Zertifizierung nach ISO/IEC 27001 ein bewährtes Mittel, um auch gegenüber Kunden ein angemessenes Datensicherheitsniveau zu bescheinigen.
- ISO/IEC 27002 („Information technology – Security techniques – Code of practice for information security controls") enthält einen Katalog von technischen und organisatorischen Sicherheitsmaßnahmen, welche aufbauend auf ISO/IEC 27001 implementiert werden können. Eine Zertifizierung nach ISO/IEC 27002 ist allerdings nicht möglich.
- Die „Critical Security Controls for Effective Cyber Defense" des Center for Internet Security (CIS) wurden ursprünglich von Unternehmen der U.S.-Verteidigungsindustrie und von U.S.-Regierungsbehörden einschließlich der National Security Agency entworfen und bieten eine priorisierte Liste der 20 wichtigsten Sicherheitsmaßnahmen (siehe https://www.cisecurity.org/critical-controls).
- Der IT-Grundschutz des deutschen Bundesamts für Sicherheit in der Informationstechnik (BSI) bietet umfangreiche Kataloge und Standards (siehe https://www.bsi.bund.de/DE/Themen/ITGrundschutz/itgrundschutz_node.html).

15.2. Pflicht zur Data Breach Notification

Die DSGVO sieht unter den unten näher genannten Voraussetzungen im Falle einer Sicherheitsverletzung für Verantwortliche eine Notifikationspflicht gegenüber (i) der Aufsichtsbehörde (Art 33 Abs 1) und (ii) den betroffenen Personen (Art 34 Abs 1) vor. Weiters normiert sie eine unverzügliche Notifikationspflicht für Auftragsverarbeiter gegenüber den Verantwortlichen (Art 33 Abs 2).

Das Entstehen einer Notifikationspflicht setzt jedenfalls eine Verletzung des Schutzes personenbezogener Daten voraus, dh (i) eine dauerhafte Verletzung der Verfügbarkeit (ein temporärer Serverausfall wäre unerheblich), (ii) eine Verletzung der Integrität oder (ii) eine Verletzung der Vertraulichkeit personenbezogener Daten (vgl Art 4 Nr 12; Art 32 Rz 3).

Grundsätzlich ist nach Art 33 Abs 1 jede Verletzung des Schutzes personenbezogener Daten vom Verantwortlichen **an die Aufsichtsbehörde** zu melden, außer es ist voraussichtlich kein Risiko für die Rechte und

Freiheiten natürlicher Personen gegeben (zB weil die personenbezogenen Daten auf sichere Weise verschlüsselt waren). Die Meldung hat unverzüglich und möglichst **innerhalb von 72 Stunden** zu erfolgen, nachdem die Sicherheitsverletzung dem Verantwortlichen bekannt wurde (Art 33 Abs 1) und hat folgende Informationen zu umfassen (Art 33 Abs 3):
- eine Beschreibung der Art der Sicherheitsverletzung, soweit möglich mit Angabe der Kategorien und der ungefähren Zahl der betroffenen Personen und der betroffenen personenbezogenen Datensätze;
- den Namen und die Kontaktdaten des Datenschutzbeauftragten oder einer sonstigen Anlaufstelle für weitere Informationen;
- eine Beschreibung der wahrscheinlichen Folgen der Sicherheitsverletzung und
- eine Beschreibung der vom Verantwortlichen ergriffenen oder vorgeschlagenen Maßnahmen zur Behebung der Sicherheitsverletzung und gegebenenfalls Maßnahmen zur Abmilderung ihrer möglichen nachteiligen Auswirkungen.

Wird die Frist von 72 Stunden überschritten, ist die Verzögerung zu begründen (Art 33 Abs 1 Satz 2). Soweit der Verantwortliche innerhalb der Frist von 72 Stunden nicht über alle erforderlichen Informationen verfügt, hat er dennoch eine Meldung an die Aufsichtsbehörde zu erstatten. Die fehlenden Informationen sind ohne unangemessene Verzögerung nachzureichen (Art 33 Abs 4)

Der Verantwortliche ist darüber hinaus zur **unverzüglichen Notifikation der betroffenen Personen** verpflichtet, wenn voraussichtlich ein **hohes Risiko** für ihre Rechte und Freiheiten besteht (Art 34 Abs 1). Ein solches hohes Risiko ist uE indiziert, wenn die Sicherheit einer Datenverarbeitungstätigkeit verletzt wurde, für welche eine Datenschutz-Folgenabschätzung durchzuführen war (vgl Kap 13), ist jedoch nicht gegeben, wenn die Daten sicher verschlüsselt waren (Art 34 Abs 3 lit a). Um in Zweifelsfällen Rechtssicherheit zu erhalten, besteht die Möglichkeit, einen entsprechenden Feststellungsbeschluss der Aufsichtsbehörde zu beantragen (Art 34 Abs 4).

Die Mitteilung an die betroffenen Personen hat in klarer und einfacher Sprache die Art der Verletzung des Schutzes personenbezogener Daten zu beschreiben und muss zumindest enthalten (Art 34 Abs 2):
- den Namen und die Kontaktdaten des Datenschutzbeauftragten oder einer sonstigen Anlaufstelle für weitere Informationen;
- eine Beschreibung der wahrscheinlichen Folgen der Sicherheitsverletzung und

- eine Beschreibung der vom Verantwortlichen ergriffenen oder vorgeschlagenen Maßnahmen zur Behebung der Sicherheitsverletzung und gegebenenfalls Maßnahmen zur Abmilderung ihrer möglichen nachteiligen Auswirkungen.

Der Verantwortliche muss die betroffenen Personen daher nicht über Kategorien und Anzahl der betroffenen Personen oder betroffenen Datensätze informieren (vgl Art 34 Rz 6).

Wäre die individuelle Notifikation jeder betroffenen Person mit einem unverhältnismäßigem Aufwand verbunden, kann stattdessen eine öffentliche Bekanntmachung erfolgen, durch welche die betroffenen Personen vergleichbar wirksam informiert werden (vgl Art 34 Abs 3 lit c). Dies kann insb durch Inserate in weit verbreiteten Medien (vgl § 42a deutsches Bundesdatenschutzgesetz) oder uE auch auf der Webseite des Unternehmens erfolgen.

Abschließend ist darauf hinzuweisen, dass alle Verletzungen des Schutzes personenbezogener Daten unabhängig von einer allfälligen Notifikationspflicht vom Verantwortlichen **zu dokumentieren** sind (Art 33 Abs 5).

16. Verpflichtende Vereinbarungen zwischen gemeinsam Verantwortlichen

Legen zwei oder mehr Verantwortliche gemeinsam die Zwecke und Mittel der Datenverarbeitung fest, so sind sie gemeinsam Verantwortliche iSd Art 26. In diesem Fall sind beide verpflichtet, eine Vereinbarung miteinander abzuschließen, welche folgende Anforderungen erfüllt (Art 26 Abs 1 und 2):
- sie stellt klar, welcher Verantwortliche welche Verpflichtungen nach der DSGVO erfüllt, insbesondere betreffend die Rechte der betroffenen Personen (vgl Kap 9);
- sie legt fest, welcher Verantwortliche welche Informationspflichten erfüllt (vgl Kap 8);
- sie muss die jeweiligen tatsächlichen Funktionen und Beziehungen der gemeinsam Verantwortlichen gegenüber betroffenen Personen widerspiegeln.

Das Wesentliche der Vereinbarung ist den betroffenen Personen zur Verfügung zu stellen (Art 26 Abs 2 Satz 2), wobei eine Aufnahme der entsprechenden Informationen in die Datenschutzerklärung zweckmäßig erscheint (vgl Art 26 Rz 3). Dessen ungeachtet haften die gemeinsam Verantwortlichen gegenüber der betroffenen Person stets solidarisch (Art 26 Abs 3).

In der Praxis bereitet häufig die **Abgrenzung** zwischen (i) dem Konzept der gemeinsam Verantwortlichen und (ii) einer Übermittlung von einem Verantwortlichen an einen anderen Verantwortlichen Probleme (zB wenn mehrere Konzerngesellschaften ihre Kundendaten in einem Customer Relationship Management System speichern und wechselseitig auf ihre Daten zugreifen können). Richtigerweise ist primär darauf abzustellen, ob sie die Zwecke ihrer jeweiligen Verarbeitung jeweils alleine bestimmen oder dies gemeinsam tun (zur Vorrangigkeit der Entscheidung über die Zwecke vgl Art 4 Rz 12).

17. Verpflichtungen im Fall von Outsourcing

Grundsätzlich steht es dem Verantwortlichen frei, seine Datenverarbeitung an eine oder mehrere Auftragsverarbeiter auszulagern. Er ist jedoch verpflichtet sicherzustellen, dass die von ihm ausgewählten Auftragsverarbeiter hinreichend Garantien dafür bieten, dass die Verarbeitung im Einklang mit der DSGVO durchgeführt werden kann (Art 28 Abs 1).

Der Verantwortliche und der Auftragsverarbeiter sind gleichermaßen verpflichtet, die Auftragsverarbeitung erst zu beginnen, nachdem sie in schriftlicher oder elektronischer Form (vgl Art 28 Abs 9) eine **Auftragsverarbeitervereinbarung** geschlossen haben, welche mindestens (i) **Gegenstand und Dauer** der Verarbeitung, (ii) **Art und Zweck der Verarbeitung,** (iii) die **Art der personenbezogenen Daten** und (iv) die **Kategorien betroffener Personen** beschreibt sowie (v) die **Pflichten und Rechte** des Verantwortlichen darlegt, was folgende Pflichten des Auftragsverarbeiters umfassen muss (Art 28 Abs 3):
– die personenbezogenen Daten nur auf Grundlage dokumentierter **Weisungen** des Verantwortlichen zu verarbeiten, außer der Auftragsverarbeiter ist zu der fraglichen Verarbeitung gesetzlich verpflichtet (zB zur Offenlegung gegenüber einer Behörde). Diesfalls hat der Auftragsverarbeiter den Verantwortlichen hierüber, soweit zulässig, zu informieren (Art 28 Abs 3 UAbs 1 lit a);
– den Verantwortlichen unverzüglich zu informieren, falls der Auftragsverarbeiter der Auffassung ist, dass eine **Weisung gegen die DSGVO** oder sonstige Normen des anwendbaren Rechts verstößt (Art 28 Abs 3 UAbs 2)

- die zur Verarbeitung befugten Personen zur **Vertraulichkeit** zu verpflichten soweit diese keiner gesetzlichen Verschwiegenheitspflicht unterliegen (Art 28 Abs 3 UAbs 1 lit b);
- alle erforderlichen **Datensicherheitsmaßnahmen** zu ergreifen (Art 28 Abs 3 UAbs 1 lit c; vgl Kap 15.1);
- einen **Subauftragsverarbeiter** nur heranzuziehen, wenn (Art 28 Abs 3 UAbs 1 lit d):
  (i) der Auftragsverarbeiter mit diesem eine Subauftragsverarbeitervereinbarung schließt, welche der Auftragsverarbeitervereinbarung entspricht (Art 28 Abs 4 Satz 1);
  (ii) der Auftragsverarbeiter für den Subauftragsverarbeiter wie für eigenes Verhalten haftet (Erfüllungsgehilfenhaftung; Art 28 Abs 4 letzter Satz) und
  (iii) der Verantwortliche die Heranziehung des konkreten Subauftragsverarbeiters vorab schriftlich oder elektronisch (vgl Art 28 Rz 3) genehmigt hat oder der Verantwortliche vorab seine allgemeine Zustimmung erteilt hat und vor Heranziehung des konkreten Subauftragsverarbeiters informiert wird, sodass er dieser widersprechen kann (Art 28 Abs 2);
- den Verantwortlichen nach Möglichkeit bei der Erfüllung seiner Pflichten hinsichtlich der **Betroffenenrechte** zu unterstützen (Art 28 Abs 3 UAbs 1 lit e; vgl Kap 9);
- den Verantwortlichen bei der Einhaltung folgender Pflichten **zu unterstützen** (Art 28 Abs 3 UAbs 1 lit f): (i) Gewährleistung der Datensicherheit (Art 32; vgl Kap 15.1), (ii) Data Breach Notification (Art 33 und 34; vgl Kap 15.2) und (iii) Durchführung von Privacy Impact Assessments und vorherigen Konsultationen (Art 35 und 36; vgl Kap 13);
- **nach Abschluss** der Erbringung der Verarbeitungsleistungen alle personenbezogenen Daten nach Wahl des Verantwortlichen entweder zu löschen oder zurückzugeben (vorbehaltlich einer gesetzlichen Speicherpflicht; Art 28 Abs 3 UAbs 1 lit g) und
- dem Verantwortlichen alle erforderlichen Informationen zum Nachweis der Einhaltung der oben genannten Pflichten zur Verfügung zu stellen sowie **Audits** des Verantwortlichen oder eines von diesem beauftragten Dritten zu dulden und zu diesen beizutragen (Art 28 Abs 3 UAbs 1 lit h).

Die Europäische Kommission und jede Aufsichtsbehörde können Vertragsmuster („Standardvertragsklauseln") erlassen, welche die oben genannten Voraussetzungen erfüllen (Art 28 Abs 7 und 8).

18. Internationale Datenübermittlungen

Die DSGVO enthält detaillierte Regelungen zu Übermittlungen an Verantwortliche oder Auftragsverarbeiter, welche ihren Sitz in einem Drittland, dh einem Nicht-EU/EWR-Staat, haben oder eine internationale Organisation sind (Art 44 bis 50). Übermittlungen in EU/EWR-Mitgliedstaaten unterliegen demgegenüber – entsprechend dem Zweck der DSGVO, einen freien Datenverkehr im Binnenmarkt zu ermöglichen – keinen besonderen Regelungen (vorbehaltlich der allgemeinen Regeln zum Outsourcing; siehe Kap 17).

Bei der Prüfung der Zulässigkeit einer internationalen Datenübermittlung in ein Drittland oder an eine internationale Organisation sollte zunächst geprüft werden, ob einer der Tatbestände einer weder melde- noch genehmigungspflichtigen Übermittlung vorliegt (Kap 18.1). Erst subsidiär ist zu prüfen, ob eine meldepflichtige Übermittlung vorliegt (Kap 18.2). Ist auch dies zu verneinen, muss geprüft werden, ob die internationale Übermittlung einer Genehmigung zugänglich ist (Kap 18.3). Widrigenfalls bleibt es bei der Unzulässigkeit der Übermittlung (vgl Art 44).

Der Vollständigkeit halber ist darauf hinzuweisen, dass auch Weiterübermittlungen („onward transfers") vom primären Übermittlungsempfänger an einen Dritten (zB von einem Auftragsverarbeiter an einen Subauftragsverarbeiter) grundsätzlich den hier dargestellten Vorschriften unterliegen (vgl Art 44 Rz 6).

18.1. Weder melde- noch genehmigungspflichtige Übermittlungen

Internationale Datenübermittlungen sind weder melde- noch genehmigungspflichtig, wenn eine der folgenden Voraussetzungen vorliegt:
- es liegt ein **Angemessenheitsbeschluss** der Europäischen Kommission vor, welcher dem Drittland bzw der internationalen Organisation ein adäquates Datenschutzniveau attestiert (Art 45 Abs 1) – dies ist derzeit für Andorra, Argentinien, die Färöer-Inseln, Guernsey, Israel, die Isle of Man, Jersey, Kanada (soweit der Übermittlungsempfänger dem kanadischen Personal Information Protection and Electronic Documents Act unterliegt), Neuseeland, Uruguay, die

Vereinigten Staaten von Amerika (soweit der Übermittlungsempfänger eine Selbstzertifizierung nach dem Privacy Shield besitzt) und die Schweiz der Fall;
- zwischen dem übermittelnden Verantwortlichen oder Auftragsverarbeiter und dem Übermittlungsempfänger wurden **Standardvertragsklauseln** abgeschlossen, welche von der Europäischen Kommission (Art 46 Abs 2 lit c) oder einer Aufsichtsbehörde (Art 46 Abs 2 lit d) erlassen wurden – derzeit gibt es Standardvertragsklauseln für Übermittlungen von einem Verantwortlichen zu einem anderen Verantwortlichen (Entscheidung 2001/497/EG idF Entscheidung 2004/915/EG) sowie von einem Verantwortlichen zu einem Auftragsverarbeiter (Beschluss 2010/87/EG), jedoch nicht für Übermittlungen von einem Auftragsverarbeiter an einen Subauftragsverarbeiter;
- im Fall konzerninterner Datenübermittlungen: von der Aufsichtsbehörde genehmigte verbindliche interne Datenschutzvorschriften (auch **„Binding Corporate Rules"**; siehe Art 46 Abs 2 lit b iVm Art 47);
- im Fall von Datenübermittlungen von einer Behörde oder öffentlichen Stelle zu einer anderen: eine rechtlich bindende und durchsetzbare Verwaltungsvereinbarung (Art 46 Abs 2 lit a);
- genehmigte Verhaltensregeln (siehe Art 40) oder ein genehmigter Zertifizierungsmechanismus (siehe Art 42), jeweils zusammen mit rechtsverbindlichen und durchsetzbaren Verpflichtungen des Übermittlungsempfängers (Art 46 Abs 2 lit e und f) oder
- einer der folgenden besonderen Ausnahmetatbestände liegt vor (Art 49 Abs 1 UAbs 1):
  (i) die **ausdrückliche Einwilligung** der betroffenen Person, nachdem sie über die möglichen Risiken einer solchen Übermittlung unterrichtet wurde (Art 49 Abs 1 UAbs 1 lit a);
  (ii) die Übermittlung ist für den **Abschluss oder die Erfüllung eines Vertrages** erforderlich, der zwischen der betroffenen Person und dem Verantwortlichen oder im Interesse der betroffenen Person zwischen einem Dritten und dem Verantwortlichen geschlossen wird bzw wurde (Art 49 Abs 1 UAbs 1 lit b und c);
  (iii) die Übermittlung ist aus **wichtigen Gründen des öffentlichen Interesses** notwendig (Art 49 Abs 1 UAbs 1 lit d; zB Seuchenbekämpfung);
  (iv) die Übermittlung ist zur **Geltendmachung, Ausübung oder Verteidigung von Rechtsansprüchen** erforderlich (Art 49 Abs 1 UAbs 1 lit e);

(v) die Übermittlung ist zum Schutz **lebenswichtiger Interessen** der betroffenen Person oder eines Dritten erforderlich, eine Einwilligung kann jedoch nicht eingeholt werden (Art 49 Abs 1 UAbs 1 lit f) oder

(vi) die Übermittlung erfolgt aus einem **öffentlichen Register** (zB dem Firmenbuch; Art 49 Abs 1 UAbs 1 lit g).

18.2. Meldepflichtige Übermittlungen

Die DSGVO sieht lediglich einen sehr eng gefassten Tatbestand für eine meldepflichtige Übermittlung vor. Liegt keiner der oben in Kap 18.1 dargestellten Tatbestände vor, so ist eine internationale Übermittlung nur dann genehmigungsfrei (und gegenüber der Aufsichtsbehörde nur meldepflichtig), wenn (Art 49 Abs 1 UAbs 2):

- die Übermittlung **nicht wiederholt** erfolgt;
- die **Zahl der betroffenen Personen begrenzt** ist;
- die Übermittlung für die Wahrung **zwingender berechtigter Interessen** des Verantwortlichen erforderlich ist, welche die Interessen der betroffenen Person überwiegen und
- der Verantwortliche alle Umstände der Datenübermittlung beurteilt hat und auf der Grundlage dieser Beurteilung **geeignete Datenschutzgarantien** vorgesehen hat.

Eine Übermittlung auf dieser Rechtsgrundlage wird in der Praxis nur sehr selten in Betracht kommen.

18.3. Genehmigungspflichtige Übermittlungen

Ist keiner der oben in den Kapn 18.1 und 18.2 genannten Tatbestände erfüllt, so kann eine internationale Übermittlung **nur noch mit Genehmigung der Aufsichtsbehörde** erfolgen (Art 46 Abs 3). Die Erteilung einer solchen Genehmigung setzt voraus, dass geeignete Datenschutzgarantien vorliegen, welche insbesondere durch einen entsprechend ausgestalteten Vertrag zwischen dem übermittelnden Verantwortlichen bzw Auftragsverarbeiter und dem Übermittlungsempfänger (Art 46 Abs 3 lit a) oder im Falle zweier Behörden oder öffentlicher Stellen durch eine entsprechend inhaltlich ausgestaltete zwischenbehördliche Absichtserklärung (Art 46 Abs 3 lit b) gegeben sein können.

19. Internationale behördliche Zuständigkeit

Die DSGVO normiert einerseits eine breit gefasste allgemeine Zuständigkeit einer Aufsichtsbehörde im Hoheitsgebiet ihres eigenen Mitgliedstaats (Art 55 Abs 1) und andererseits eine besondere Zuständigkeit („federführende Zuständigkeit") für bestimmte grenzüberschreitende Sachverhalte (Art 56 Abs 1).

Darüber hinaus sieht die DSGVO in Art 55 Abs 2 eine **Ausnahmeregelung** vor für (i) Behörden und (ii) private Stellen, deren Rechtsgrundlage für die Verarbeitung entweder eine gesetzliche Verpflichtung (Art 6 Abs 1 lit c), die Erfüllung eines öffentlichen Interesses oder die Ausübung öffentlicher Gewalt (Art 6 Abs 1 lit e) ist. In diesen Fällen richtet sich die behördliche Zuständigkeit ausschließlich nach dem Sitz der Behörde bzw privaten Stelle (vgl Art 55 Rz 7).

Insbesondere aus dem Zusammenspiel zwischen allgemeiner Zuständigkeit nach Art 55 Abs 1 und federführender Zuständigkeit nach Art 56 Abs 1 ergibt sich eine außerordentlich komplexe Zuständigkeitsordnung.

Eine **allgemeine Zuständigkeit** ist nach Art 55 Abs 1 insbesondere bereits dann gegeben, wenn der Verantwortliche oder Auftragsverarbeiter seinen Sitz im Hoheitsgebiet der Aufsichtsbehörde hat oder die Verarbeitungstätigkeiten Auswirkungen auf betroffene Personen im Hoheitsgebiet der Behörde haben (vgl Art 55 Rz 5). Aufgrund der Weite dieses Tatbestandes ist eine allgemeine Zuständigkeit in den meisten Fällen nicht nur für eine, sondern gleichzeitig für mehrere Aufsichtsbehörden unterschiedlicher Mitgliedstaaten gegeben.

Im Unterschied hierzu kommt es bei Vorliegen einer **federführenden Zuständigkeit** nach Art 56 zu einer gewissen Zuständigkeitskonzentration. Dies ist für einen Verantwortlichen bzw Auftragsverarbeiter von großer strategischer Bedeutung, da es für ihn ansonsten zu einer Vervielfachung der behördlichen Verfahren sowie mit erhöhter Wahrscheinlichkeit zu einer parallelen Anwendung der DSGVO-Umsetzungsgesetze mehrerer Mitgliedstaaten kommen würde (siehe Kap 5 zum anwendbaren nationalen Recht).

Eine Zuständigkeitskonzentration bei der federführenden Aufsichtsbehörde ist nach Art 56 Abs 1 an mehrere Voraussetzungen geknüpft:

Im Fall, dass der Verantwortliche bzw Auftragsverarbeiter **nur eine einzige Niederlassung** in der Union hat – wobei sowohl rechtlich unselbstständige Zweigniederlassungen als auch Tochtergesellschaften eine Niederlassung darstellen (vgl Art 3 Rz 3) – ist eine federführende Zuständigkeit nur gegeben, wenn eine **grenzüberschreitende Verarbeitung** iSd Art 4 Nr 23 deshalb vorliegt, weil die Verarbeitung erhebliche Auswirkungen auf betroffene Personen in mehreren Mitgliedstaaten hat oder haben kann (Art 4 Nr 23 lit b).

Hat der Verantwortliche bzw Auftragsverarbeiter **Niederlassungen in mehreren Mitgliedsstaaten**, setzt eine federführende Zuständigkeit voraus, dass
- er seine **Hauptniederlassung** iSd Art 4 Nr 16 in der Union hat, dh
  (i) im Fall eines Verantwortlichen: eine Niederlassung in der Union die Entscheidungen hinsichtlich der Zwecke und Mittel der Verarbeitung trifft und befugt ist, diese Entscheidungen umsetzen zu lassen (Art 4 Nr 16 lit a) – nur subsidiär ist auf den Ort der Hauptverwaltung abzustellen (vgl Art 4 Rz 42); bzw
  (ii) im Fall eines Auftragsverarbeiters: der Ort der Hauptverwaltung in der Union liegt oder, sofern dies nicht der Fall ist, die Verarbeitungstätigkeiten im Rahmen der Tätigkeiten einer Niederlassung in der Union stattfinden, wobei jene Niederlassung, im Rahmen deren Tätigkeiten sie hauptsächlich stattfinden, als Hauptniederlassung gilt (Art 4 Nr 16 lit b) und
- eine **grenzüberschreitende Verarbeitung** iSd Art 4 Nr 23 vorliegt, dh die Verarbeitung im Rahmen der Tätigkeiten von Niederlassungen in mehreren Mitgliedstaaten erfolgt (Art 4 Nr 23 lit a) oder erhebliche Auswirkungen auf betroffene Personen in mehreren Mitgliedstaaten hat oder haben kann (Art 4 Nr 23 lit b).

Liegen die oben genannten Voraussetzungen für eine federführende Zuständigkeit vor, so ist jene Aufsichtsbehörde für den Verantwortlichen bzw den Auftragsverarbeiter **federführend zuständig** (Art 56 Abs 1) und damit seine **einzige Ansprechpartnerin** (Art 56 Abs 6), in deren Hoheitsgebiet sich seine einzige Niederlassung bzw seine Hauptniederlassung befindet (Art 56 Abs 1). Alle anderen betroffenen Aufsichtsbehörden iSd Art 4 Nr 22 haben sich mit der federführenden Aufsichtsbehörde zu koordinieren (Art 60 Abs 1) bzw hat die federführende Aufsichtsbehörde die Entwürfe ihrer Beschlüsse mit den anderen betroffenen Aufsichtsbehörden abzustimmen (Art 60 Abs 3 bis 9). Kann kein Einvernehmen zwischen den Aufsichtsbehörden hergestellt werden, so erfolgt eine Streitbeilegung durch den **Europäischen Datenschutzausschuss** (Art 60 Abs 4 iVm Art 65 Abs 1 lit a), welche für die Behörden (Art 65 Abs 2 letzter Satz) und – im Falle der unmittelbaren und individuellen Betroffenheit – für den Beschwerdeführer und den Verantwortlichen bzw den Auftragsverarbeiter verbindlich ist (Art 65 Rz 11).

Abweichend hiervon gilt, dass die federführende Aufsichtsbehörde entscheiden kann, den Fall nicht aufzugreifen und ihn einer anderen Aufsichtsbehörde zu überlassen (Art 56 Abs 2 bis 5) wenn (i) der Fall nur mit einer Niederlassung im Mitgliedstaat der anderen Aufsichtsbehörde zusammenhängt oder (ii) betroffene Personen nur im Mitgliedstaat der anderen Aufsichtsbehörde erheblich beeinträchtigt werden. Diese Voraussetzungen sind insbesondere für den Bereich des **Arbeitnehmerdatenschutzes** erfüllt (Art 56 Rz 11).

Weiters ist darauf hinzuweisen, dass bei **Kompetenzkonflikten** hinsichtlich einer Hauptniederlassung eines Verantwortlichen oder Auftragsverarbeiters der Europäische Datenschutzausschuss hierüber bindend entscheiden kann (Art 65 Abs 1 lit b), wobei uE eine Antragslegitimation nicht nur den Aufsichtsbehörden, sondern auch dem Verantwortlichen bzw Auftragsverarbeiter zukommt (Art 65 Rz 2).

Im Übrigen ergibt sich aus der Definition des Begriffes der Hauptniederlassung, dass eine **konzernweite Zuständigkeit** bei einer einzigen federführenden Aufsichtsbehörde (ein echter „**One-Stop-Shop**") grundsätzlich für Auftragsverarbeiter möglich ist (vgl Art 4 Rz 44), während dies für Verantwortliche ausscheidet (vgl Art 4 Rz 42), da nur in Fall eines Auftragsverarbeiters primär auf den Ort der Hauptverwaltung abgestellt wird.

Zusammenfassend ist festzuhalten, dass die behördliche Zuständigkeitsordnung der DSGVO leider von einer hohen Komplexität gekennzeichnet ist. Dessen ungeachtet wird es für international tätige Verantwortliche und Auftragsverarbeiter durch strategische Ansiedelung ihrer Hauptniederlassung in einem bestimmten Mitgliedstaat weiterhin möglich sein, hinsichtlich der behördlichen Zuständigkeit **Forum Shopping** zu betreiben, wodurch im Ergebnis auch eine (faktische) **Rechtswahl** möglich sein könnte (vgl Kap 5 zum anwendbaren Recht).

20. Geldbußen und andere Sanktionen

Die DSGVO sieht harsche Geldbußen für die Verletzung der Pflichten eines Verantwortlichen oder Auftragsverarbeiters vor.

Wird eine der folgenden Bestimmungen verletzt, so beträgt der Strafrahmen bis zu **10 Millionen Euro** oder im Fall eines Unternehmens bis zu **2 % des gesamten weltweit erzielten Jahresumsatzes** des vorangegangenen Geschäftsjahrs, je nachdem, welcher der Beträge höher ist (Art 83 Abs 4):
– Bedingungen für die Einwilligung eines Kindes (Art 8);

Geldbußen und andere Sanktionen **Einführung**

- Pflichten iZm Daten, die der Verantwortliche keiner betroffenen Person mehr zuordnen kann (Art 11);
- Privacy by Design und by Default (Art 25);
- Pflicht zur vertraglichen Regelung der Aufgabenverteilung zwischen gemeinsam Verantwortlichen (Art 26);
- Pflicht zur Benennung eines Vertreters für nicht in der Union niedergelassene Verantwortliche bzw Auftragsverarbeiter (Art 27);
- Pflichten beim Einsatz eines Auftragsverarbeiters (Art 28);
- Verbot der eigenmächtigen Verarbeitung durch Auftragsverarbeiter oder Personen, die Auftragsverarbeitern oder Verantwortlichen unterstellt sind (Art 29);
- Führung des Verzeichnisses von Verarbeitungstätigkeiten (Art 30);
- Zusammenarbeit mit der Aufsichtsbehörde (Art 31);
- Datensicherheit und Data Breach Notification (Art 32 bis 34);
- Privacy Impact Assessment und vorherige Konsultation (Art 35 und 36);
- Bestimmungen über den Datenschutzbeauftragten (Art 37 bis 39) und
- Bestimmungen über genehmigte Verhaltensregeln und Zertifizierungen (Art 41 bis 43).

Der Strafrahmen beträgt sogar bis zu **20 Millionen Euro** oder im Fall eines Unternehmens bis zu **4 % des gesamten weltweit erzielten Jahresumsatzes** des vorangegangenen Geschäftsjahrs, je nachdem, welcher der Beträge höher ist (Art 83 Abs 5 und 6), wenn einer der folgenden Normen verletzt wird:
- Grundsätze der Datenverarbeitung und Voraussetzungen für ihre Rechtmäßigkeit mit Ausnahme der Bedingungen für die Einwilligungen eines Kindes (Art 5 bis 7 sowie Art 9);
- Betroffenenrechte einschließlich Informationspflichten des Verantwortlichen sowie Beschränkungen automatisierter Entscheidungen und Profiling (Art 12 bis 22);
- Bestimmungen über internationale Datenübermittlungen (Art 44 bis 49);
- Verpflichtung, der Aufsichtsbehörde Zugang zu gewähren (Art 58 Abs 1 lit e und f);
- Verpflichtung, den Anweisungen der Aufsichtsbehörde nachzukommen (Art 58 Abs 2) und
- Rechtsvorschriften der Mitgliedstaaten, welche auf Grundlage von Art 85 bis 91 (Vorschriften für besondere Verarbeitungssituationen einschließlich des Beschäftigungskontextes) erlassen werden.

Da die DSGVO für die Zwecke der Bemessung und Verhängung von Geldbußen auf den unionskartellrechtlichen Unternehmensbegriff abstellt, ist für die Ermittlung des Strafrahmens **auf den weltweiten Umsatz des gesamten Konzerns abzustellen**, wobei diese Geldbuße grundsätzlich **auch über die Konzernmutter des Verantwortlichen bzw Auftragsverarbeiters verhängt werden kann** (Art 83 Rz 12). Hinsichtlich der Höhe der konkreten Geldbuße ist auf die demonstrative Aufzählung von Strafzumessungsgründen in Art 83 Abs 2 Bedacht zu nehmen. Bei mehreren Verstößen gegen die DSGVO sind mehrere Geldstrafen jeweils im Rahmen des anwendbaren Strafrahmens zu verhängen (**Kumulationsprinzip**), es sei denn, die Verstöße betreffen den gleichen oder miteinander verbundene Verarbeitungsvorgänge (Art 83 Abs 3).

Abschließend ist darauf hinzuweisen, dass lediglich zwei in der DSGVO normierte Verpflichtungen nicht im Strafkatalog des Art 83 angeführt sind und ihre Verletzung daher nach der DSGVO nicht mit Strafe bedroht ist:
– das vorbehaltlich nationaler gesetzlicher Regelungen ausgesprochene Verbot, strafrechtlich relevante Daten zu verarbeiten (Art 10) und
– die Pflicht zur Implementierung technischer und organisatorischer Compliance-Maßnahmen (Art 24).

Allerdings steht es den Mitgliedstaaten frei, für den Fall der Verletzung dieser Normen eine Geldstrafe im nationalen Recht vorzusehen (Art 84).

21. Zivilrechtliche Haftung und private Rechtsdurchsetzung

Neben dem Recht auf eine Beschwerde bei einer Aufsichtsbehörde (Art 77) hat jede betroffene Person nach Art 79 das Recht, ihre **Rechte nach Art 12 bis 23** (vgl Art 79 Rz 1) mit Klage gegen einen Verantwortlichen oder Auftragsverarbeiter durchzusetzen.

Weiters hat eine betroffene Person das Recht auf **Schadenersatz**, sofern (i) ein materieller oder immaterieller Schaden vorliegt (Art 82 Abs 1), (ii) eine Rechtswidrigkeit gegeben ist (Art 82 Abs 2); (iii) Kausalität vorliegt (Art 82 Abs 2) und (iv) ein Verschulden des beklagten Verantwortlichen bzw Auftragsverarbeiters zu bejahen ist, wobei grundsätzlich den Beklagten die Beweislast für das Nichtvorliegen des Verschuldens trifft (Art 82 Abs 3).

Datenschutzorganisationen ohne Gewinnerzielungsabsicht können im Auftrag und im Namen einer betroffenen Person die Rechte der betroffenen Person gerichtlich (und vor einer Aufsichtsbehörde) geltend machen (Art 80 Abs 1). Das Recht auf Schadenersatz kann im Namen einer betroffenen Person jedoch nur geltend gemacht werden, wenn dies das nationale Recht vorsieht (zur Frage des anwendbaren Rechts siehe Kap 5). Mitgliedstaaten können weiters vorsehen, dass Datenschutzorganisationen ohne Gewinnerzielungsabsicht die Betroffenenrechte (mit Ausnahme des Rechts auf Schadenersatz) auch im Rahmen einer **Verbandsklage,** dh unabhängig vom Auftrag einer betroffenen Person, geltend machen können (Art 80 Abs 2).

Um die klagsweise Durchsetzung der DSGVO zu erleichtern, sieht die DSGVO vor, dass der Verantwortliche bzw Auftragsverarbeiter geklagt werden kann, wo (i) der Beklagte eine Niederlassung (einschließlich einer Tochtergesellschaft) hat oder (ii) der Kläger seinen Aufenthaltsort hat (Art 79 Abs 2). Dies ermöglicht dem Kläger effektiv ein weitgehendes **Forum Shopping.**

Text der Datenschutz-Grundverordnung und Kommentar

VERORDNUNG (EU) 2016/679 DES EUROPÄISCHEN PARLAMENTS UND DES RATES

vom 27. April 2016

zum Schutz natürlicher Personen bei der Verarbeitung personenbezogener Daten, zum freien Datenverkehr und zur Aufhebung der Richtlinie 95/46/EG
(Datenschutz-Grundverordnung)

(Text von Bedeutung für den EWR)

DAS EUROPÄISCHE PARLAMENT UND
DER RAT DER EUROPÄISCHEN UNION —

gestützt auf den Vertrag über die Arbeitsweise
der Europäischen Union, insbesondere auf Artikel 16,

auf Vorschlag der Europäischen Kommission,

nach Zuleitung des Entwurfs des Gesetzgebungsakts
an die nationalen Parlamente,

nach Stellungnahme des Europäischen Wirtschafts-
und Sozialausschusses [ABl. C 229 vom 31.7.2012, S. 90],

nach Stellungnahme des Ausschusses der Regionen
[ABl. C 391 vom 18.12.2012, S. 127],

gemäß dem ordentlichen Gesetzgebungsverfahren [Standpunkt des Europäischen Parlaments vom 12. März 2014 (noch nicht im Amtsblatt veröffentlicht) und Standpunkt des Rates in erster Lesung vom 8. April 2016 (noch nicht im Amtsblatt veröffentlicht). Standpunkt des Europäischen Parlaments vom 14. April 2016],

in Erwägung nachstehender Gründe:

Kapitel I
Allgemeine Bestimmungen

Artikel 1
Gegenstand und Ziele

(1) Diese Verordnung enthält Vorschriften zum Schutz natürlicher Personen[1] bei der Verarbeitung[2] personenbezogener Daten[3] und zum freien Verkehr solcher Daten.

(2) Diese Verordnung schützt die Grundrechte und Grundfreiheiten natürlicher Personen und insbesondere deren Recht auf Schutz personenbezogener Daten.[4]

(3) Der freie Verkehr personenbezogener Daten in der Union darf aus Gründen des Schutzes natürlicher Personen bei der Verarbeitung personenbezogener Daten weder eingeschränkt noch verboten werden.[5]

Erwägungsgründe

(1) Der Schutz natürlicher Personen bei der Verarbeitung personenbezogener Daten ist ein Grundrecht. Gemäß Artikel 8 Absatz 1 der Charta der Grundrechte der Europäischen Union (im Folgenden „Charta") sowie Artikel 16 Absatz 1 des Vertrags über die Arbeitsweise der Europäischen Union (AEUV) hat jede Person das Recht auf Schutz der sie betreffenden personenbezogenen Daten.

(2) Die Grundsätze und Vorschriften zum Schutz natürlicher Personen bei der Verarbeitung ihrer personenbezogenen Daten sollten gewährleisten, dass ihre Grundrechte und Grundfreiheiten und insbesondere ihr Recht auf Schutz personenbezogener Daten ungeachtet ihrer Staatsangehörigkeit oder ihres Aufenthaltsorts gewahrt bleiben. Diese Verordnung soll zur Vollendung eines Raums der Freiheit, der Sicherheit und des Rechts und einer Wirtschaftsunion, zum wirtschaftlichen und sozialen Fortschritt, zur Stärkung und zum Zusammenwachsen der Volkswirtschaften innerhalb des Binnenmarkts sowie zum Wohlergehen natürlicher Personen beitragen.

(3) Zweck der Richtlinie 95/46/EG des Europäischen Parlaments und des Rates ist die Harmonisierung der Vorschriften zum Schutz der Grundrechte und Grundfreiheiten natürlicher Personen bei der Datenverarbeitung sowie die Gewährleistung des freien Verkehrs personenbezogener Daten zwischen den Mitgliedstaaten.

(4) Die Verarbeitung personenbezogener Daten sollte im Dienste der Menschheit stehen. Das Recht auf Schutz der personenbezogenen Daten ist kein uneingeschränktes Recht; es muss im Hinblick auf seine gesellschaftliche Funktion gesehen und unter Wahrung des Verhältnismäßigkeitsprinzips gegen andere Grundrechte abgewogen werden. Diese Verordnung steht im Einklang mit allen Grundrechten und achtet alle Freiheiten und Grundsätze, die mit der Charta anerkannt wurden und in den Europäischen Verträgen verankert sind, insbesondere Achtung des Privat- und Familienlebens, der Wohnung und der Kommunikation, Schutz personenbezogener Daten, Gedanken-, Gewissens- und Religionsfreiheit, Freiheit der Meinungsäußerung und Informationsfreiheit, unternehmerische Freiheit, Recht auf einen wirksamen Rechtsbehelf und ein faires Verfahren und Vielfalt der Kulturen, Religionen und Sprachen.

(5) Die wirtschaftliche und soziale Integration als Folge eines funktionierenden Binnenmarkts hat zu einem deutlichen Anstieg des grenzüberschreitenden Verkehrs personenbezogener Daten geführt. Der unionsweite Austausch personenbezogener Daten zwischen öffentlichen und privaten Akteuren einschließlich natürlichen Personen, Vereinigungen und Unternehmen hat zugenommen. Das Unionsrecht verpflichtet die Verwaltungen der Mitgliedstaaten, zusammenzuarbeiten und personenbezogene Daten auszutauschen, damit sie ihren Pflichten nachkommen oder für eine Behörde eines anderen Mitgliedstaats Aufgaben durchführen können.

(6) Rasche technologische Entwicklungen und die Globalisierung haben den Datenschutz vor neue Herausforderungen gestellt. Das Ausmaß der Erhebung und des Austauschs personenbezogener Daten hat eindrucksvoll zugenommen. Die Technik macht es möglich, dass private Unternehmen und Behörden im Rahmen ihrer Tätigkeiten in einem noch nie dagewesenen Umfang auf personenbezogene Daten zurückgreifen. Zunehmend machen auch natürliche Personen Informationen öffentlich weltweit zugänglich. Die Technik hat das wirtschaftliche und gesellschaftliche Leben verändert und dürfte den Verkehr personenbezogener Daten innerhalb der Union sowie die Datenübermittlung an Drittländer

Gegenstand und Ziele **Art 1**

und internationale Organisationen noch weiter erleichtern, wobei ein hohes Datenschutzniveau zu gewährleisten ist.

(7) Diese Entwicklungen erfordern einen soliden, kohärenteren und klar durchsetzbaren Rechtsrahmen im Bereich des Datenschutzes in der Union, da es von großer Wichtigkeit ist, eine Vertrauensbasis zu schaffen, die die digitale Wirtschaft dringend benötigt, um im Binnenmarkt weiter wachsen zu können. Natürliche Personen sollten die Kontrolle über ihre eigenen Daten besitzen. Natürliche Personen, Wirtschaft und Staat sollten in rechtlicher und praktischer Hinsicht über mehr Sicherheit verfügen.

(8) Wenn in dieser Verordnung Präzisierungen oder Einschränkungen ihrer Vorschriften durch das Recht der Mitgliedstaaten vorgesehen sind, können die Mitgliedstaaten Teile dieser Verordnung in ihr nationales Recht aufnehmen, soweit dies erforderlich ist, um die Kohärenz zu wahren und die nationalen Rechtsvorschriften für die Personen, für die sie gelten, verständlicher zu machen.

(9) Die Ziele und Grundsätze der Richtlinie 95/46/EG besitzen nach wie vor Gültigkeit, doch hat die Richtlinie nicht verhindern können, dass der Datenschutz in der Union unterschiedlich gehandhabt wird, Rechtsunsicherheit besteht oder in der Öffentlichkeit die Meinung weit verbreitet ist, dass erhebliche Risiken für den Schutz natürlicher Personen bestehen, insbesondere im Zusammenhang mit der Benutzung des Internets. Unterschiede beim Schutzniveau für die Rechte und Freiheiten von natürlichen Personen im Zusammenhang mit der Verarbeitung personenbezogener Daten in den Mitgliedstaaten, vor allem beim Recht auf Schutz dieser Daten, können den unionsweiten freien Verkehr solcher Daten behindern. Diese Unterschiede im Schutzniveau können daher ein Hemmnis für die unionsweite Ausübung von Wirtschaftstätigkeiten darstellen, den Wettbewerb verzerren und die Behörden an der Erfüllung der ihnen nach dem Unionsrecht obliegenden Pflichten hindern. Sie erklären sich aus den Unterschieden bei der Umsetzung und Anwendung der Richtlinie 95/46/EG.

(10) Um ein gleichmäßiges und hohes Datenschutzniveau für natürliche Personen zu gewährleisten und die Hemmnisse für den Verkehr personenbezogener Daten in der Union zu beseitigen, sollte das Schutzniveau für die Rechte und Freiheiten von natürlichen Personen bei der Verarbeitung dieser Daten in allen Mitgliedstaaten gleichwertig sein. Die Vorschriften zum Schutz der Grundrechte und Grundfreiheiten von natürlichen Personen bei der Verarbeitung personenbezogener Daten

sollten unionsweit gleichmäßig und einheitlich angewandt werden. Hinsichtlich der Verarbeitung personenbezogener Daten zur Erfüllung einer rechtlichen Verpflichtung oder zur Wahrnehmung einer Aufgabe, die im öffentlichen Interesse liegt oder in Ausübung öffentlicher Gewalt erfolgt, die dem Verantwortlichen übertragen wurde, sollten die Mitgliedstaaten die Möglichkeit haben, nationale Bestimmungen, mit denen die Anwendung der Vorschriften dieser Verordnung genauer festgelegt wird, beizubehalten oder einzuführen. In Verbindung mit den allgemeinen und horizontalen Rechtsvorschriften über den Datenschutz zur Umsetzung der Richtlinie 95/46/EG gibt es in den Mitgliedstaaten mehrere sektorspezifische Rechtsvorschriften in Bereichen, die spezifischere Bestimmungen erfordern. Diese Verordnung bietet den Mitgliedstaaten zudem einen Spielraum für die Spezifizierung ihrer Vorschriften, auch für die Verarbeitung besonderer Kategorien von personenbezogenen Daten (im Folgenden „sensible Daten"). Diesbezüglich schließt diese Verordnung nicht Rechtsvorschriften der Mitgliedstaaten aus, in denen die Umstände besonderer Verarbeitungssituationen festgelegt werden, einschließlich einer genaueren Bestimmung der Voraussetzungen, unter denen die Verarbeitung personenbezogener Daten rechtmäßig ist.

(11) Ein unionsweiter wirksamer Schutz personenbezogener Daten erfordert die Stärkung und präzise Festlegung der Rechte der betroffenen Personen sowie eine Verschärfung der Verpflichtungen für diejenigen, die personenbezogene Daten verarbeiten und darüber entscheiden, ebenso wie – in den Mitgliedstaaten – gleiche Befugnisse bei der Überwachung und Gewährleistung der Einhaltung der Vorschriften zum Schutz personenbezogener Daten sowie gleiche Sanktionen im Falle ihrer Verletzung.

(12) Artikel 16 Absatz 2 AEUV ermächtigt das Europäische Parlament und den Rat, Vorschriften über den Schutz natürlicher Personen bei der Verarbeitung personenbezogener Daten und zum freien Verkehr solcher Daten zu erlassen.

(13) Damit in der Union ein gleichmäßiges Datenschutzniveau für natürliche Personen gewährleistet ist und Unterschiede, die den freien Verkehr personenbezogener Daten im Binnenmarkt behindern könnten, beseitigt werden, ist eine Verordnung erforderlich, die für die Wirtschaftsteilnehmer einschließlich Kleinstunternehmen sowie kleiner und mittlerer Unternehmen Rechtssicherheit und Transparenz schafft, natürliche Personen in allen Mitgliedstaaten mit demselben Niveau an durchsetzbaren

Gegenstand und Ziele **Art 1**

Rechten ausstattet, dieselben Pflichten und Zuständigkeiten für die Verantwortlichen und Auftragsverarbeiter vorsieht und eine gleichmäßige Kontrolle der Verarbeitung personenbezogener Daten und gleichwertige Sanktionen in allen Mitgliedstaaten sowie eine wirksame Zusammenarbeit zwischen den Aufsichtsbehörden der einzelnen Mitgliedstaaten gewährleistet. Das reibungslose Funktionieren des Binnenmarkts erfordert, dass der freie Verkehr personenbezogener Daten in der Union nicht aus Gründen des Schutzes natürlicher Personen bei der Verarbeitung personenbezogener Daten eingeschränkt oder verboten wird. Um der besonderen Situation der Kleinstunternehmen sowie der kleinen und mittleren Unternehmen Rechnung zu tragen, enthält diese Verordnung eine abweichende Regelung hinsichtlich des Führens eines Verzeichnisses für Einrichtungen, die weniger als 250 Mitarbeiter beschäftigen. Außerdem werden die Organe und Einrichtungen der Union sowie die Mitgliedstaaten und deren Aufsichtsbehörden dazu angehalten, bei der Anwendung dieser Verordnung die besonderen Bedürfnisse von Kleinstunternehmen sowie von kleinen und mittleren Unternehmen zu berücksichtigen. Für die Definition des Begriffs „Kleinstunternehmen sowie kleine und mittlere Unternehmen" sollte Artikel 2 des Anhangs zur Empfehlung 2003/361/EG der Kommission maßgebend sein.

(14) Der durch diese Verordnung gewährte Schutz sollte für die Verarbeitung der personenbezogenen Daten natürlicher Personen ungeachtet ihrer Staatsangehörigkeit oder ihres Aufenthaltsorts gelten. Diese Verordnung gilt nicht für die Verarbeitung personenbezogener Daten juristischer Personen und insbesondere als juristische Person gegründeter Unternehmen, einschließlich Name, Rechtsform oder Kontaktdaten der juristischen Person.

Anmerkungen

Siehe Art 4 Rz 1. **1**

Siehe Art 4 Nr 2 zur Definition des Begriffs „Verarbeitung". **2**

Siehe Art 4 Nr 1 zur Definition des Begriffs „personenbezogene Daten". **3**
Vgl auch Erwägungsgrund 14 Satz 2. Die DSGVO kennt daher kein (Grund-)Recht auf Datenschutz juristischer Personen, wie es in Österreich nach DSG 2000 besteht. Vgl zur Thematik auch bereits EuGH 9.11.2010, C-92/09 und C-93/09 – *Schecke*.

4 Vgl Art 8 GRC („Schutz personenbezogener Daten") und Art 16 AEUV; vgl Erwägungsgrund 1.

5 Auch die DSGVO schützt wie schon die DS-RL nicht nur das **Grundrecht auf Datenschutz**, sondern dient – gleichberechtigt – der Realisierung der **Grundfreiheiten**. Damit erscheint ein Überschreiten des Schutzniveaus der DSGVO durch nationale Sonderregeln weiterhin problematisch. Vgl dazu bereits EuGH 6.11.2003, C-101/01 – *Lindqvist* und EuGH 24.11.2011, C-468/10, 469/10 – *ASNEF*.

Artikel 2
Sachlicher Anwendungsbereich

(1) Diese Verordnung gilt für die ganz oder teilweise automatisierte Verarbeitung[1] personenbezogener Daten[2] sowie für die nichtautomatisierte Verarbeitung personenbezogener Daten, die in einem Dateisystem[3,4] gespeichert sind oder gespeichert werden sollen.

(2) Diese Verordnung findet keine Anwendung auf die Verarbeitung personenbezogener Daten
 a) im Rahmen einer Tätigkeit, die nicht in den Anwendungsbereich des Unionsrechts fällt,[5]
 b) durch die Mitgliedstaaten im Rahmen von Tätigkeiten, die in den Anwendungsbereich von Titel V Kapitel 2 EUV[6] fallen,
 c) durch natürliche Personen zur Ausübung ausschließlich persönlicher oder familiärer Tätigkeiten,[7]
 d) durch die zuständigen Behörden zum Zwecke der Verhütung, Ermittlung, Aufdeckung oder Verfolgung von Straftaten oder der Strafvollstreckung, einschließlich des Schutzes vor und der Abwehr von Gefahren für die öffentliche Sicherheit.[8]

(3) Für die Verarbeitung personenbezogener Daten durch die Organe, Einrichtungen, Ämter und Agenturen der Union gilt die Verordnung (EG) Nr. 45/2001. Die Verordnung (EG) Nr. 45/2001 und sonstige Rechtsakte der Union, die diese Verarbeitung personenbezogener Daten regeln, werden im Einklang mit Artikel 98 an die Grundsätze und Vorschriften der vorliegenden Verordnung angepasst.[9]

(4) Die vorliegende Verordnung lässt die Anwendung der Richtlinie 2000/31/EG und speziell die Vorschriften der Artikel 12 bis 15 dieser Richtlinie zur Verantwortlichkeit der Vermittler unberührt.[10]

Sachlicher Anwendungsbereich **Art 2**

Erwägungsgründe

(15) Um ein ernsthaftes Risiko einer Umgehung der Vorschriften zu vermeiden, sollte der Schutz natürlicher Personen technologieneutral sein und nicht von den verwendeten Techniken abhängen. Der Schutz natürlicher Personen sollte für die automatisierte Verarbeitung personenbezogener Daten ebenso gelten wie für die manuelle Verarbeitung von personenbezogenen Daten, wenn die personenbezogenen Daten in einem Dateisystem gespeichert sind oder gespeichert werden sollen. Akten oder Aktensammlungen sowie ihre Deckblätter, die nicht nach bestimmten Kriterien geordnet sind, sollten nicht in den Anwendungsbereich dieser Verordnung fallen.

(16) Diese Verordnung gilt nicht für Fragen des Schutzes von Grundrechten und Grundfreiheiten und des freien Verkehrs personenbezogener Daten im Zusammenhang mit Tätigkeiten, die nicht in den Anwendungsbereich des Unionsrechts fallen, wie etwa die nationale Sicherheit betreffende Tätigkeiten. Diese Verordnung gilt nicht für die von den Mitgliedstaaten im Rahmen der Gemeinsamen Außen- und Sicherheitspolitik der Union durchgeführte Verarbeitung personenbezogener Daten.

(17) Die Verordnung (EG) Nr. 45/2001 des Europäischen Parlaments und des Rates gilt für die Verarbeitung personenbezogener Daten durch die Organe, Einrichtungen, Ämter und Agenturen der Union. Die Verordnung (EG) Nr. 45/2001 und sonstige Rechtsakte der Union, die diese Verarbeitung personenbezogener Daten regeln, sollten an die Grundsätze und Vorschriften der vorliegenden Verordnung angepasst und im Lichte der vorliegenden Verordnung angewandt werden. Um einen soliden und kohärenten Rechtsrahmen im Bereich des Datenschutzes in der Union zu gewährleisten, sollten die erforderlichen Anpassungen der Verordnung (EG) Nr. 45/2001 im Anschluss an den Erlass der vorliegenden Verordnung vorgenommen werden, damit sie gleichzeitig mit der vorliegenden Verordnung angewandt werden können.

(18) Diese Verordnung gilt nicht für die Verarbeitung von personenbezogenen Daten, die von einer natürlichen Person zur Ausübung ausschließlich persönlicher oder familiärer Tätigkeiten und somit ohne Bezug zu einer beruflichen oder wirtschaftlichen Tätigkeit vorgenommen wird. Als persönliche oder familiäre Tätigkeiten könnte auch das Führen eines Schriftverkehrs oder von Anschriftenverzeichnissen oder die Nutzung sozialer Netze und Online-Tätigkeiten im Rahmen solcher Tätigkeiten gelten. Diese Verordnung gilt jedoch für die Verantwortlichen oder Auf-

tragsverarbeiter, die die Instrumente für die Verarbeitung personenbezogener Daten für solche persönlichen oder familiären Tätigkeiten bereitstellen.

(19) Der Schutz natürlicher Personen bei der Verarbeitung personenbezogener Daten durch die zuständigen Behörden zum Zwecke der Verhütung, Ermittlung, Aufdeckung oder Verfolgung von Straftaten oder der Strafvollstreckung, einschließlich des Schutzes vor und der Abwehr von Gefahren für die öffentliche Sicherheit, sowie der freie Verkehr dieser Daten sind in einem eigenen Unionsrechtsakt geregelt. Deshalb sollte diese Verordnung auf Verarbeitungstätigkeiten dieser Art keine Anwendung finden. Personenbezogene Daten, die von Behörden nach dieser Verordnung verarbeitet werden, sollten jedoch, wenn sie zu den vorstehenden Zwecken verwendet werden, einem spezifischeren Unionsrechtsakt, nämlich der Richtlinie (EU) 2016/680 des Europäischen Parlaments und des Rates unterliegen. Die Mitgliedstaaten können die zuständigen Behörden im Sinne der Richtlinie (EU) 2016/680 mit Aufgaben betrauen, die nicht zwangsläufig für die Zwecke der Verhütung, Ermittlung, Aufdeckung oder Verfolgung von Straftaten oder der Strafvollstreckung, einschließlich des Schutzes vor und der Abwehr von Gefahren für die öffentliche Sicherheit, ausgeführt werden, so dass die Verarbeitung von personenbezogenen Daten für diese anderen Zwecke insoweit in den Anwendungsbereich dieser Verordnung fällt, als sie in den Anwendungsbereich des Unionsrechts fällt. In Bezug auf die Verarbeitung personenbezogener Daten durch diese Behörden für Zwecke, die in den Anwendungsbereich dieser Verordnung fallen, sollten die Mitgliedstaaten spezifischere Bestimmungen beibehalten oder einführen können, um die Anwendung der Vorschriften dieser Verordnung anzupassen. In den betreffenden Bestimmungen können die Auflagen für die Verarbeitung personenbezogener Daten durch diese zuständigen Behörden für jene anderen Zwecke präziser festgelegt werden, wobei der verfassungsmäßigen, organisatorischen und administrativen Struktur des betreffenden Mitgliedstaats Rechnung zu tragen ist. Soweit diese Verordnung für die Verarbeitung personenbezogener Daten durch private Stellen gilt, sollte sie vorsehen, dass die Mitgliedstaaten einige Pflichten und Rechte unter bestimmten Voraussetzungen mittels Rechtsvorschriften beschränken können, wenn diese Beschränkung in einer demokratischen Gesellschaft eine notwendige und verhältnismäßige Maßnahme zum Schutz bestimmter wichtiger Interessen darstellt, wozu auch die öffentliche Sicherheit und die Verhütung, Ermittlung, Aufdeckung und

Sachlicher Anwendungsbereich **Art 2**

Verfolgung von Straftaten oder die Strafvollstreckung zählen, einschließlich des Schutzes vor und der Abwehr von Gefahren für die öffentliche Sicherheit. Dies ist beispielsweise im Rahmen der Bekämpfung der Geldwäsche oder der Arbeit kriminaltechnischer Labors von Bedeutung.

(20) Diese Verordnung gilt zwar unter anderem für die Tätigkeiten der Gerichte und anderer Justizbehörden, doch könnte im Unionsrecht oder im Recht der Mitgliedstaaten festgelegt werden, wie die Verarbeitungsvorgänge und Verarbeitungsverfahren bei der Verarbeitung personenbezogener Daten durch Gerichte und andere Justizbehörden im Einzelnen auszusehen haben. Damit die Unabhängigkeit der Justiz bei der Ausübung ihrer gerichtlichen Aufgaben einschließlich ihrer Beschlussfassung unangetastet bleibt, sollten die Aufsichtsbehörden nicht für die Verarbeitung personenbezogener Daten durch Gerichte im Rahmen ihrer justiziellen Tätigkeit zuständig sein. Mit der Aufsicht über diese Datenverarbeitungsvorgänge sollten besondere Stellen im Justizsystem des Mitgliedstaats betraut werden können, die insbesondere die Einhaltung der Vorschriften dieser Verordnung sicherstellen, Richter und Staatsanwälte besser für ihre Pflichten aus dieser Verordnung sensibilisieren und Beschwerden in Bezug auf derartige Datenverarbeitungsvorgänge bearbeiten sollten.

(21) Die vorliegende Verordnung berührt nicht die Anwendung der Richtlinie 2000/31/EG des Europäischen Parlaments und des Rates und insbesondere die der Vorschriften der Artikel 12 bis 15 jener Richtlinie zur Verantwortlichkeit von Anbietern reiner Vermittlungsdienste. Die genannte Richtlinie soll dazu beitragen, dass der Binnenmarkt einwandfrei funktioniert, indem sie den freien Verkehr von Diensten der Informationsgesellschaft zwischen den Mitgliedstaaten sicherstellt.

Anmerkungen

Siehe Art 4 Nr 2 zur Definition des Begriffs „Verarbeitung". **1**

Siehe Art 4 Nr 1 zur Definition des Begriffs „personenbezogene Daten". **2**

Siehe Art 4 Nr 6 zur Definition des Begriffs „Dateisystem". **3**

Nach der Rsp des OGH, VwGH, des VfGH und der DSK zum inhaltsgleichen Begriff der Datei iSd § 4 Z 6 DSG 2000 sind **Papierakten** wie insbesondere Gerichtsakten vom sachlichen Anwendungsbereich des DSG 2000 nicht erfasst (OGH 28.6.2000, 6 Ob 148/00h = ÖJZ 2001/1 **4**

[EvBl]; VwGH 21.10.2004, 2004/06/0086, VwSlg 16477 A; VfGH 30.11.2005, B1158/03, VfSlg 17.716; DSK 10.11.2000, 120.707/7-DSK/00; DSK 11.3.2005, K120.969/0002-DSK/2005; DSK 11.10.2005, K121.043/0008-DSK/2005). Dies lässt sich nunmehr auch auf Erwägungsgrund 15 letzter Satz stützen, wonach „Akten oder Aktensammlungen sowie ihre Deckblätter, die nicht nach bestimmten Kriterien geordnet sind, [...] nicht in den Anwendungsbereich dieser Verordnung fallen [sollten]" (vgl bisher Erwägungsgrund 27 letzter Satz DS-RL).

5 Insbesondere Tätigkeiten, welche die **nationale Sicherheit** betreffen, fallen nicht in den Anwendungsbereich des Unionsrechts und daher gem Art 2 Abs 2 lit a nicht in den Anwendungsbereich der DSGVO (siehe Erwägungsgrund 16; Art 4 Nr 2 EUV).

6 Mit dem in Abs 2 lit b genannten Titel V Kapitel 2 EUV ist ist die **Gemeinsamen Außen- und Sicherheitspolitik** (GASP) angesprochen (vgl Erwägungsgrund 16 Satz 2).

7 Die Regelung des Abs 2 lit c („**Household Exemption**") entspricht Art 3 Abs 2 Spiegelstrich 2 DS-RL. Erwägungsgrund 18 stellt klar, dass eine „berufliche oder wirtschaftliche Tätigkeit" nicht vom Begriff der „persönlichen Tätigkeiten" umfasst ist. Erwägungsgrund 18 nennt weiters als Beispiele „ausschließlich persönlicher oder familiärer Tätigkeit": (1) das Führen eines Schriftverkehrs, (2) das Führen von Anschriftenverzeichnissen oder (3) die Nutzung sozialer Netze und Online-Tätigkeiten im Rahmen persönlicher oder familiärer Tätigkeiten. Aus diesen Beispielen des Erwägungsgrunds 18 folgt, dass auch die Veröffentlichung personenbezogener Daten, wie sie typischerweise mit der Nutzung sozialer Netze einhergeht, aus dem Anwendungsbereich der DSGVO ausgenommen sein kann. Jedoch ist hier eine restriktive Auslegung angezeigt (vgl insbesondere bereits EuGH 6.11.2003, C-101/01 – *Lindqvist*). Nicht zur „Ausübung ausschließlich persönlicher oder familiärer Tätigkeiten" dient auch der Betrieb eines von einer natürlichen Person an ihrem Einfamilienhaus zum Zweck des Schutzes des Eigentums, der Gesundheit und des Lebens der Besitzer des Hauses angebrachten Kamerasystems, das Videos von Personen auf einer kontinuierlichen Speichervorrichtung wie einer Festplatte aufzeichnet und dabei auch den öffentlichen Raum überwacht (EuGH 11.12.2014, C-212/13 – *Ryneš*). Ebenfalls nicht unter die Household Exemption fällt das Vorhalten personenbezogener Daten auf einer privat motivierten, öffentlich zugänglichen Website (vgl EuGH 6.11.2003, C-101/01 – *Lindqvist*).

Datenverarbeitungen iSd Abs 2 lit d, die insbesondere nach der StPO, **8**
dem SPG, dem PStSG und dem StVG erfolgen, unterliegen der Richtlinie
(EU) 2016/680 (siehe Erwägungsgrund 19).

Siehe Erwägungsgrund 17. Die Anpassungen der Verordnung 45/2001 **9**
sind jedoch bisher (Stand August 2016) nicht umgesetzt, sondern sollen
im Verlauf des Jahres noch erfolgen (vgl *European Data Protection Supervisor*, Annual Report 2015 [2016] 10, verfügbar unter https://secure.edps.
europa.eu/EDPSWEB/edps/site/mySite/AR).

Da die **Haftungsprivilegien** der Art 12 bis 15 E-Commerce-RL somit „unberührt" bleiben, ist jedenfalls eine straf- oder schadenersatz- **10**
rechtliche Haftung bei der Erbringung eines Internetzugangsdienstes
(Art 12), eines Caching-Dienstes (Art 13) oder eines Hosting-Dienstes
(Art 14) nur unter den dort genannten Voraussetzungen möglich. Dies
gilt insbesondere für Schadenersatzansprüche nach Art 82, Geldbußen
nach Art 83 und sonstige Sanktionen nach Art 84. Vgl auch Erwägungsgrund 21.

Artikel 3
Räumlicher Anwendungsbereich[1]

(1) Diese Verordnung findet Anwendung auf die Verarbeitung
personenbezogener Daten, soweit diese im Rahmen der Tätigkeiten[2]
einer Niederlassung[3] eines Verantwortlichen oder eines Auftragsverarbeiters[4] in der Union erfolgt, unabhängig davon, ob die Verarbeitung in der Union stattfindet.[5]

(2) Diese Verordnung findet Anwendung auf die Verarbeitung
personenbezogener Daten von betroffenen Personen, die sich in der
Union befinden, durch einen nicht in der Union niedergelassenen[6]
Verantwortlichen oder Auftragsverarbeiter,[7] wenn die Datenverarbeitung im Zusammenhang damit steht

a) betroffenen Personen in der Union Waren oder Dienstleistungen anzubieten,[8] unabhängig davon, ob von diesen betroffenen Personen eine Zahlung zu leisten ist;

b) das Verhalten betroffener Personen zu beobachten, soweit ihr
Verhalten in der Union erfolgt.[9]

(3) Diese Verordnung findet Anwendung auf die Verarbeitung
personenbezogener Daten durch einen nicht in der Union niedergelassenen Verantwortlichen an einem Ort, der aufgrund Völkerrechts
dem Recht eines Mitgliedstaats unterliegt.[10]

Erwägungsgründe

(22) Jede Verarbeitung personenbezogener Daten im Rahmen der Tätigkeiten einer Niederlassung eines Verantwortlichen oder eines Auftragsverarbeiters in der Union sollte gemäß dieser Verordnung erfolgen, gleich, ob die Verarbeitung in oder außerhalb der Union stattfindet. Eine Niederlassung setzt die effektive und tatsächliche Ausübung einer Tätigkeit durch eine feste Einrichtung voraus. Die Rechtsform einer solchen Einrichtung, gleich, ob es sich um eine Zweigstelle oder eine Tochtergesellschaft mit eigener Rechtspersönlichkeit handelt, ist dabei nicht ausschlaggebend.

(23) Damit einer natürlichen Person der gemäß dieser Verordnung gewährleistete Schutz nicht vorenthalten wird, sollte die Verarbeitung personenbezogener Daten von betroffenen Personen, die sich in der Union befinden, durch einen nicht in der Union niedergelassenen Verantwortlichen oder Auftragsverarbeiter dieser Verordnung unterliegen, wenn die Verarbeitung dazu dient, diesen betroffenen Personen gegen Entgelt oder unentgeltlich Waren oder Dienstleistungen anzubieten. Um festzustellen, ob dieser Verantwortliche oder Auftragsverarbeiter betroffenen Personen, die sich in der Union befinden, Waren oder Dienstleistungen anbietet, sollte festgestellt werden, ob der Verantwortliche oder Auftragsverarbeiter offensichtlich beabsichtigt, betroffenen Personen in einem oder mehreren Mitgliedstaaten der Union Dienstleistungen anzubieten. Während die bloße Zugänglichkeit der Website des Verantwortlichen, des Auftragsverarbeiters oder eines Vermittlers in der Union, einer E-Mail-Adresse oder anderer Kontaktdaten oder die Verwendung einer Sprache, die in dem Drittland, in dem der Verantwortliche niedergelassen ist, allgemein gebräuchlich ist, hierfür kein ausreichender Anhaltspunkt ist, können andere Faktoren wie die Verwendung einer Sprache oder Währung, die in einem oder mehreren Mitgliedstaaten gebräuchlich ist, in Verbindung mit der Möglichkeit, Waren und Dienstleistungen in dieser anderen Sprache zu bestellen, oder die Erwähnung von Kunden oder Nutzern, die sich in der Union befinden, darauf hindeuten, dass der Verantwortliche beabsichtigt, den Personen in der Union Waren oder Dienstleistungen anzubieten.

(24) Die Verarbeitung personenbezogener Daten von betroffenen Personen, die sich in der Union befinden, durch einen nicht in der Union niedergelassenen Verantwortlichen oder Auftragsverarbeiter sollte auch dann dieser Verordnung unterliegen, wenn sie dazu dient, das Verhalten

Räumlicher Anwendungsbereich Art 3

dieser betroffenen Personen zu beobachten, soweit ihr Verhalten in der Union erfolgt. Ob eine Verarbeitungstätigkeit der Beobachtung des Verhaltens von betroffenen Personen gilt, sollte daran festgemacht werden, ob ihre Internetaktivitäten nachvollzogen werden, einschließlich der möglichen nachfolgenden Verwendung von Techniken zur Verarbeitung personenbezogener Daten, durch die von einer natürlichen Person ein Profil erstellt wird, das insbesondere die Grundlage für sie betreffende Entscheidungen bildet oder anhand dessen ihre persönlichen Vorlieben, Verhaltensweisen oder Gepflogenheiten analysiert oder vorausgesagt werden sollen.

(25) Ist nach Völkerrecht das Recht eines Mitgliedstaats anwendbar, z. B. in einer diplomatischen oder konsularischen Vertretung eines Mitgliedstaats, so sollte die Verordnung auch auf einen nicht in der Union niedergelassenen Verantwortlichen Anwendung finden.

Anmerkungen

Nach der bisherigen Rechtslage ist gemäß Art 4 DS-RL das Unionsdatenschutzrecht (bzw das Datenschutzrecht eines Mitgliedstaates) grundsätzlich auf Verantwortliche anwendbar, wenn die Datenverarbeitung (1) im Rahmen der Tätigkeiten einer Niederlassung in der EU ausgeführt wird (vgl Art 4 Nr 1 lit a DS-RL) oder (2) unter Rückgriff auf Mittel erfolgt, die im Hoheitsgebiet eines Mitgliedstaats belegen sind (vgl Art 4 Nr 1 lit a DS-RL). Die beiden nach der DS-RL vorgesehenen alternativen Anknüpfungspunkte für die Anwendbarkeit europäischen Datenschutzrechts sind daher eine Niederlassung des Verantwortlichen und der Ort der Datenverarbeitung. Wie bereits im Entwurf der Kommission vorgesehen (siehe KOM [2012] 11/4), behält die DSGVO den ersten alternativen Anknüpfungspunkt im Wesentlichen bei (vgl Art 3 Abs 1), ersetzt den zweiten Anknüpfungspunkt des Ortes der Datenverarbeitung jedoch durch den Aufenthaltsort der Betroffenen: Die DSGVO ist nach Art 3 Abs 2 auch auf Verantwortliche ohne Niederlassung in der EU anwendbar, wenn die Datenverarbeitung (a) dazu dient, betroffenen Personen in der Union Waren oder Dienstleistungen anzubieten, unabhängig davon, ob von diesen betroffenen Personen eine Zahlung zu leisten ist oder (b) der Beobachtung ihres Verhaltens dient, soweit ihr Verhalten in der Europäischen Union erfolgt (Art 3 Abs 2). Hierdurch soll insbesondere sichergestellt werden, dass außereuropäische Internet-Unternehmen, die mit EU-Unternehmen am europäischen Markt in Konkurrenz treten, ihr Marktverhalten nach denselben datenschutzrechtlichen Normen ausrichten müssen.

2 Eine Verarbeitung erfolgt „**im Rahmen der Tätigkeiten**" einer Niederlassung, wenn die Niederlassung die Verarbeitung selbst durchführt oder zumindest eine starke Nahebeziehung zwischen der Datenverarbeitung und den Tätigkeiten der Niederlassung gegeben ist. Dies ist zu bejahen, wenn die Verarbeitung für die Zwecke der Niederlassung erfolgt. In *Google Spain* bejahte der EuGH zudem das Vorliegen einer Verarbeitung „**im Rahmen der Tätigkeiten**" einer Niederlassung, wenn „der Suchmaschinenbetreiber [mit Sitz in den Vereinigten Staaten] in einem Mitgliedstaat für die Förderung des Verkaufs der Werbeflächen der Suchmaschine und diesen Verkauf selbst eine Zweigniederlassung oder Tochtergesellschaft gründet, deren Tätigkeit auf die Einwohner dieses Staates ausgerichtet ist" (EuGH 13.5.2014, C-131/12, Rn 60). Nach dieser extensiven Interpretation kann es bereits ausreichend sein, dass die Tätigkeiten der Niederlassung der wirtschaftlichen Förderung der Datenverarbeitung durch die Muttergesellschaft dienen.

3 Der Begriff der „**Niederlassung**" setzt nach Erwägungsgrund 22 die „effektive und tatsächliche Ausübung einer Tätigkeit durch eine feste Einrichtung voraus", wobei die Rechtsform der Einrichtung, „gleich, ob es sich um eine Zweigstelle oder eine Tochtergesellschaft mit eigener Rechtspersönlichkeit handelt", nicht ausschlaggebend ist. Es handelt sich hierbei um dieselbe Formulierung, wie in Erwägungsgrund 19 DS-RL, sodass die bisherige Rsp des EuGH maßgeblich bleibt, wonach auch rechtlich selbstständige Tochtergesellschaften eine Niederlassung darstellen (EuGH 13.5.2014, C-131/12 – *Google Spain* = MR-Int 2014, 7 [*Briem*] = ÖJZ 2014/100 [*Lehofer*]), auch dann, wenn diese rechtlich selbständige Niederlassung das Kerngeschäft der Mutter nicht betreibt (sondern etwa, wie im vorliegenden Fall, nur Anzeigen verkauft). Auch in seinem Urteil vom 1. Oktober 2015 in der Rechtssache *Weltimmo* hat der EuGH den Begriff der Niederlassung nach der DS-RL extensiv interpretiert und ausgesprochen, dass bereits „das Vorhandensein eines einzigen Vertreters unter bestimmten Umständen ausreichen kann, um eine feste Einrichtung zu begründen, wenn dieser mit einem ausreichenden Grad an Beständigkeit mit den für die Erbringung der betreffenden konkreten Dienstleistungen erforderlichen Mitteln im fraglichen Mitgliedstaat tätig ist". Eine „effektive und tatsächliche Ausübung einer Tätigkeit" ist nach Ansicht des EuGH zudem bereits dann gegeben, wenn die Tätigkeit nur „geringfügig" ist (EuGH 1.10.2015,

C-230/14 – *Weltimmo*, Rn 31), was beim „Betreiben einer oder mehrerer Websites zur Vermittlung von in Ungarn belegenen Immobilien, die in ungarischer Sprache verfasst sind und deren Inserate nach einem Monat kostenpflichtig werden" bereits erfüllt ist (EuGH 1.10.2015, C-230/14 – *Weltimmo*, Rn 32). Dass eine Website in einem Mitgliedstaat abrufbar ist, begründet jedoch jedenfalls noch keine Niederlassung (EuGH 28.7.2016, C-191/15 – *VKI ./. Amazon*, Rn 76).

Der **persönliche Anwendungsbereich** der DSGVO erfährt im Verhältnis zur DS-RL eine bedeutende Ausdehnung, da neben dem Verantwortlichen nunmehr **auch der Auftragsverarbeiter primärer Normadressat** ist. So wird bei der Regelung des räumlichen Anwendungsbereichs nicht mehr nur auf die Niederlassung des Verantwortlichen abgestellt, sondern auch auf jene des Auftragsverarbeiters. Dies bedeutet, dass die **Auftragsverarbeiterpflichten** der DSGVO – insbesondere keinen Subauftragsverarbeiter ohne vorherige gesonderte oder allgemeine schriftliche Genehmigung des Verantwortlichen in Anspruch zu nehmen (Art 28 Abs 2), Aufzeichnung zu allen Kategorien von durchgeführten Datenverarbeitungstätigkeiten zu führen (Art 30 Abs 2), einen Datenschutzbeauftragten zu bestellen (Art 37) und personenbezogene Daten nur in Übereinstimmung mit Kap V in Drittstaaten zu übermitteln – auch dann auf einen Auftragsverarbeiter mit Sitz in der EU anwendbar sind, wenn er die fragliche Datenverarbeitung für einen Verantwortlichen vornimmt, der nicht der DSGVO unterliegt (was wiederum, vgl oben Rz 1, voraussetzt, dass der Verantwortliche weder eine europäische Niederlassung hat noch den europäischen Markt adressiert). Dies ist wenig zweckmäßig, da die Daten im Sitzstaat des Verantwortlichen meist ohnedies einen wesentlich geringeren Schutz genießen. Europäische Auftragsverarbeiter, die ihre Dienste zB in den USA anbieten, werden so in ihrer Wettbewerbsfähigkeit beschränkt, da US-Anbieter, wie auch der Verantwortliche, keinen derartigen Pflichten unterliegen.

Mit Aufnahme der DSGVO in das **EWR-Abkommen** wird die DSGVO auch für Island, Liechtenstein und Norwegen gelten. Zum aktuellen Stand der Aufnahme der DSGVO in das EWR-Abkommen vgl http://www.efta.int/eea-lex/32016R0679.

Aus der Formulierung des Abs 2 ergibt sich im Verhältnis zu Abs 1 folgende **Regelungslücke**: Ein Verantwortlicher bzw Auftragsverarbeiter mit Sitz außerhalb der Union, der das Verhalten betroffener Personen in der Union beobachtet (oder Waren und Dienstleistungen betroffenen Personen in der Union anbietet, deren Daten er verarbeitet), kann – jedenfalls nach dem Wortlaut des Abs 2 – der Anwendung der DSGVO dadurch entgehen, dass er eine Tochtergesellschaft (oder sonstige Niederlassung; vgl Rz 3) in der Union gründet, ohne die Datenverarbeitung im Rahmen der Tätigkeiten dieser Niederlassung durchzuführen. Denn diesfalls ist der Tatbestand des Abs 2 – jedenfalls nach dessen Wortlaut – nicht mehr erfüllt, zumal es sich nicht mehr um einen „nicht in der Union niedergelassenen" Verantwortlichen bzw Auftragsverarbeiter handelt. Auch der Tatbestand des Abs 1 wäre nicht erfüllt, da die Verarbeitung nicht „im Rahmen der Tätigkeiten einer Niederlassung" des Verantwortlichen „in der Union" erfolgen würde. Allenfalls könnte erwogen werden, Abs 2 im Wege eines Größenschlusses auch auf Verantwortliche und Auftragsverarbeiter anzuwenden, die eine Niederlassung in der Union haben, da in diesem Fall die Verbindungselemente zur Rechtsordnung der Union sogar stärker wären, als in jener Konstellation, die vom Wortlaut des Abs 2 ausdrücklich erfasst ist. Auch ist freilich zu bedenken, dass die Anforderungen des EuGH an das Bestehen einer Niederlassung, im Rahmen deren Tätigkeiten personenbezogene Daten verarbeitet werden, sehr niedrig sind (vgl oben bei Rz 3).

7 Da Abs 2 gleichermaßen auf Verantwortliche wie auf Auftragsverarbeiter abstellt, findet die DSGVO auch Anwendung auf Auftragsverarbeiter ohne Niederlassung in der Union, welche ihre Dienstleistungen (zB einen Cloud-Service) gegenüber Verantwortlichen in der Union anbieten (siehe auch Rz 8 unten). Dessen ungeachtet, finden uE auf eine Übermittlung an einen solchen Auftragsverarbeiter die Vorschriften über die Übermittlung an ein Drittland nach Art 44 ff Anwendung (vgl Art 44 Rz 3).

8 Nach Erwägungsgrund 23 Satz 2 ist bei der Klärung der Frage, ob ein Verantwortlicher oder Auftragsverarbeiter betroffenen Personen, die sich in der Union befinden, Waren oder Dienstleistungen anbietet, darauf abzustellen, **„ob der Verantwortliche oder Auftragsverarbeiter offensichtlich beabsichtigt, betroffenen Personen in einem oder mehreren Mitgliedstaaten der Union Dienstleistungen anzubieten"**. Erwägungsgrund 23 Satz 3 führt weiters aus, dass folgende Umstände nicht ausreichend wären, um eine solche Absicht anzunehmen: (1) die bloße Zugänglichkeit der Website des Verantwortlichen, des Auftragsverarbeiters oder eines Vermittlers in der Union, (2) die Zugänglichkeit einer EMailAdresse oder anderer Kontaktdaten oder (3) die Verwendung einer Sprache, die in dem Drittland, in dem der Verantwortliche niedergelassen ist, allgemein gebräuchlich ist. Hingegen kann nach Erwägungsgrund 23

Satz 3 aus folgenden Umständen eine solche Absicht abgeleitet werden: (1) die Verwendung einer Sprache oder Währung, die in einem oder mehreren Mitgliedstaaten (nicht aber im Niederlassungsstaat des Betreibers) gebräuchlich ist, in Verbindung mit der Möglichkeit, Waren und Dienstleistungen in dieser anderen Sprache zu bestellen, oder (2) die Erwähnung von Kunden oder Nutzern, die sich in der Union befinden.

Erwägungsgrund 24 Satz 2 stellt klar, dass insbesondere das Nachvollziehen (dh Protokollieren) der Internetaktivitäten einer betroffenen Person – zB zur Generierung personenbezogener Werbung – ein „**Beobachten**" iSd Abs 2 lit b darstellt. Die Verwendung von Cookies kann deshalb zu einem derartigen Beobachten führen, wenn diese zur Personalisierung von Inhalten dienen sollen. **9**

Erwägungsgrund 25 nennt die diplomatische oder konsularische Vertretung eines Mitgliedstaats in einem Drittstaat als Beispiel. **10**

Artikel 4
Begriffsbestimmungen

Im Sinne dieser Verordnung bezeichnet der Ausdruck:
1. „personenbezogene Daten" alle Informationen, die sich auf eine identifizierte oder identifizierbare natürliche Person[1,2] (im Folgenden „betroffene Person") beziehen;[3] als identifizierbar wird eine natürliche Person angesehen, die direkt oder indirekt, insbesondere mittels Zuordnung zu einer Kennung wie einem Namen, zu einer Kennnummer, zu Standortdaten, zu einer Online-Kennung oder zu einem oder mehreren besonderen Merkmalen, die Ausdruck der physischen, physiologischen, genetischen, psychischen, wirtschaftlichen, kulturellen oder sozialen Identität dieser natürlichen Person sind, identifiziert werden kann;[4]
2. „Verarbeitung" jeden mit oder ohne Hilfe automatisierter Verfahren ausgeführten Vorgang oder jede solche Vorgangsreihe im Zusammenhang mit personenbezogenen Daten wie das Erheben, das Erfassen, die Organisation, das Ordnen, die Speicherung, die Anpassung oder Veränderung, das Auslesen, das Abfragen, die Verwendung, die Offenlegung durch Übermittlung, Verbreitung oder eine andere Form der Bereitstellung, den Abgleich oder die Verknüpfung, die Einschränkung, das Löschen oder die Vernichtung;

3. „Einschränkung der Verarbeitung" die Markierung gespeicherter personenbezogener Daten mit dem Ziel, ihre künftige Verarbeitung einzuschränken;[5]
4. „Profiling" jede Art der automatisierten Verarbeitung personenbezogener Daten, die darin besteht, dass diese personenbezogenen Daten verwendet werden, um bestimmte persönliche Aspekte, die sich auf eine natürliche Person beziehen, zu bewerten, insbesondere um Aspekte bezüglich Arbeitsleistung, wirtschaftliche Lage, Gesundheit, persönliche Vorlieben, Interessen, Zuverlässigkeit, Verhalten, Aufenthaltsort oder Ortswechsel dieser natürlichen Person zu analysieren oder vorherzusagen;[6]
5. „Pseudonymisierung" die Verarbeitung personenbezogener Daten in einer Weise, dass die personenbezogenen Daten ohne Hinzuziehung zusätzlicher Informationen nicht mehr einer spezifischen betroffenen Person zugeordnet werden können, sofern diese zusätzlichen Informationen gesondert aufbewahrt werden und technischen und organisatorischen Maßnahmen unterliegen, die gewährleisten, dass die personenbezogenen Daten nicht einer identifizierten oder identifizierbaren natürlichen Person zugewiesen werden;[7,8]
6. „Dateisystem"[9] jede strukturierte Sammlung personenbezogener Daten, die nach bestimmten Kriterien zugänglich sind, unabhängig davon, ob diese Sammlung zentral, dezentral oder nach funktionalen oder geografischen Gesichtspunkten geordnet geführt wird;[10]
7. „Verantwortlicher"[11] die natürliche oder juristische Person, Behörde, Einrichtung oder andere Stelle, die allein oder gemeinsam mit anderen über die Zwecke und Mittel der Verarbeitung von personenbezogenen Daten entscheidet;[12,13] sind die Zwecke und Mittel dieser Verarbeitung durch das Unionsrecht oder das Recht der Mitgliedstaaten vorgegeben, so kann der Verantwortliche beziehungsweise können die bestimmten Kriterien seiner Benennung nach dem Unionsrecht oder dem Recht der Mitgliedstaaten vorgesehen werden;[14]
8. „Auftragsverarbeiter"[15] eine natürliche oder juristische Person, Behörde, Einrichtung oder andere Stelle, die personenbezogene Daten im Auftrag des Verantwortlichen verarbeitet;[16]
9. „Empfänger" eine natürliche oder juristische Person, Behörde, Einrichtung oder andere Stelle, der personenbezogene Daten

offengelegt werden, unabhängig davon, ob es sich bei ihr um einen Dritten[17] handelt oder nicht.[18] Behörden, die im Rahmen eines bestimmten Untersuchungsauftrags nach dem Unionsrecht oder dem Recht der Mitgliedstaaten möglicherweise personenbezogene Daten erhalten, gelten jedoch nicht als Empfänger;[19] die Verarbeitung dieser Daten durch die genannten Behörden erfolgt im Einklang mit den geltenden Datenschutzvorschriften gemäß den Zwecken der Verarbeitung;[20]

10. „Dritter" eine natürliche oder juristische Person, Behörde, Einrichtung oder andere Stelle, außer der betroffenen Person, dem Verantwortlichen, dem Auftragsverarbeiter und den Personen, die unter der unmittelbaren Verantwortung des Verantwortlichen oder des Auftragsverarbeiters befugt sind, die personenbezogenen Daten zu verarbeiten;[21]

11. „Einwilligung"[22] der betroffenen Person jede freiwillig[23] für den bestimmten Fall,[24] in informierter Weise[25] und unmissverständlich abgegebene Willensbekundung in Form einer Erklärung oder einer sonstigen eindeutigen bestätigenden Handlung,[26, 27] mit der die betroffene Person zu verstehen gibt, dass sie mit der Verarbeitung der sie betreffenden personenbezogenen Daten einverstanden ist;[28, 29]

12. „Verletzung des Schutzes personenbezogener Daten" eine Verletzung der Sicherheit, die, ob unbeabsichtigt oder unrechtmäßig, zur Vernichtung, zum Verlust, zur Veränderung, oder zur unbefugten Offenlegung von beziehungsweise zum unbefugten Zugang zu personenbezogenen Daten führt,[30] die übermittelt, gespeichert oder auf sonstige Weise verarbeitet wurden;

13. „genetische Daten" personenbezogene Daten zu den ererbten oder erworbenen genetischen Eigenschaften einer natürlichen Person, die eindeutige Informationen über die Physiologie oder die Gesundheit dieser natürlichen Person liefern und insbesondere aus der Analyse einer biologischen Probe der betreffenden natürlichen Person gewonnen wurden;[31]

14. „biometrische Daten" mit speziellen technischen Verfahren gewonnene personenbezogene Daten zu den physischen, physiologischen oder verhaltenstypischen Merkmalen einer natürlichen Person, die die eindeutige Identifizierung dieser natürlichen Person ermöglichen oder bestätigen,[32] wie Gesichtsbilder[33] oder daktyloskopische Daten;[34]

15. „Gesundheitsdaten" personenbezogene Daten, die sich auf die körperliche oder geistige Gesundheit einer natürlichen Person, einschließlich der Erbringung von Gesundheitsdienstleistungen, beziehen und aus denen Informationen über deren Gesundheitszustand hervorgehen;[35]
16. „Hauptniederlassung"[36]
   a) im Falle eines Verantwortlichen mit Niederlassungen[37] in mehr als einem Mitgliedstaat[38] den Ort seiner Hauptverwaltung[39] in der Union,[40] es sei denn, die Entscheidungen hinsichtlich der Zwecke und Mittel der Verarbeitung personenbezogener Daten werden in einer anderen Niederlassung des Verantwortlichen in der Union[41] getroffen und diese Niederlassung ist befugt, diese Entscheidungen umsetzen zu lassen;[42] in diesem Fall gilt die Niederlassung, die derartige Entscheidungen trifft, als Hauptniederlassung;
   b) im Falle eines Auftragsverarbeiters mit Niederlassungen[43] in mehr als einem Mitgliedstaat den Ort seiner Hauptverwaltung in der Union[44] oder, sofern der Auftragsverarbeiter keine Hauptverwaltung in der Union hat, die Niederlassung des Auftragsverarbeiters in der Union, in der die Verarbeitungstätigkeiten im Rahmen der Tätigkeiten einer Niederlassung eines Auftragsverarbeiters hauptsächlich stattfinden,[45] soweit der Auftragsverarbeiter spezifischen Pflichten aus dieser Verordnung unterliegt;
17. „Vertreter" eine in der Union niedergelassene natürliche oder juristische Person, die von dem Verantwortlichen oder Auftragsverarbeiter schriftlich gemäß Artikel 27 bestellt wurde und den Verantwortlichen oder Auftragsverarbeiter in Bezug auf die ihnen jeweils nach dieser Verordnung obliegenden Pflichten vertritt;
18. „Unternehmen" eine natürliche und juristische Person, die eine wirtschaftliche Tätigkeit ausübt, unabhängig von ihrer Rechtsform, einschließlich Personengesellschaften oder Vereinigungen, die regelmäßig einer wirtschaftlichen Tätigkeit nachgehen;[46]
19. „Unternehmensgruppe" eine Gruppe, die aus einem herrschenden[47] Unternehmen[48] und den von diesem abhängigen Unternehmen besteht;[49]
20. „verbindliche interne Datenschutzvorschriften"[50] Maßnahmen zum Schutz personenbezogener Daten, zu deren

Einhaltung sich ein im Hoheitsgebiet eines Mitgliedstaats niedergelassener Verantwortlicher oder Auftragsverarbeiter verpflichtet im Hinblick auf Datenübermittlungen oder eine Kategorie von Datenübermittlungen personenbezogener Daten an einen Verantwortlichen oder Auftragsverarbeiter derselben Unternehmensgruppe[51] oder derselben Gruppe von Unternehmen, die eine gemeinsame Wirtschaftstätigkeit ausüben,[52] in einem oder mehreren Drittländern;

21. „Aufsichtsbehörde" eine von einem Mitgliedstaat gemäß Artikel 51 eingerichtete unabhängige staatliche Stelle;
22. „betroffene Aufsichtsbehörde" eine Aufsichtsbehörde, die von der Verarbeitung personenbezogener Daten betroffen ist, weil[53]
a) der Verantwortliche oder der Auftragsverarbeiter im Hoheitsgebiet des Mitgliedstaats dieser Aufsichtsbehörde niedergelassen ist,
b) diese Verarbeitung erhebliche Auswirkungen auf betroffene Personen mit Wohnsitz im Mitgliedstaat dieser Aufsichtsbehörde hat oder haben kann oder
c) eine Beschwerde bei dieser Aufsichtsbehörde eingereicht wurde;[54]
23. „grenzüberschreitende Verarbeitung"[55] entweder
a) eine Verarbeitung personenbezogener Daten, die im Rahmen der Tätigkeiten von Niederlassungen[56] eines Verantwortlichen oder eines Auftragsverarbeiters in der Union in mehr als einem Mitgliedstaat[57] erfolgt, wenn der Verantwortliche oder Auftragsverarbeiter in mehr als einem Mitgliedstaat niedergelassen ist, oder
b) eine Verarbeitung personenbezogener Daten, die im Rahmen der Tätigkeiten einer einzelnen Niederlassung eines Verantwortlichen oder eines Auftragsverarbeiters in der Union[58] erfolgt, die jedoch erhebliche Auswirkungen auf betroffene Personen in mehr als einem Mitgliedstaat hat oder haben kann;
24. „maßgeblicher und begründeter Einspruch" einen Einspruch gegen einen Beschlussentwurf im Hinblick darauf, ob ein Verstoß gegen diese Verordnung vorliegt oder ob beabsichtigte Maßnahmen gegen den Verantwortlichen oder den Auftragsverarbeiter im Einklang mit dieser Verordnung steht, wobei aus diesem Einspruch die Tragweite der Risiken klar hervorgeht, die von dem Beschlussentwurf in Bezug auf die

Grundrechte und Grundfreiheiten der betroffenen Personen und gegebenenfalls den freien Verkehr personenbezogener Daten in der Union ausgehen;

25. „Dienst der Informationsgesellschaft" eine Dienstleistung im Sinne des Artikels 1 Nummer 1 Buchstabe b der Richtlinie (EU) 2015/1535[59] des Europäischen Parlaments und des Rates;
26. „internationale Organisation" eine völkerrechtliche Organisation und ihre nachgeordneten Stellen oder jede sonstige Einrichtung, die durch eine zwischen zwei oder mehr Ländern geschlossene Übereinkunft oder auf der Grundlage einer solchen Übereinkunft geschaffen wurde.

Erwägungsgründe

Zu Abs 1 („personenbezogene Daten")

(26) Die Grundsätze des Datenschutzes sollten für alle Informationen gelten, die sich auf eine identifizierte oder identifizierbare natürliche Person beziehen. Einer Pseudonymisierung unterzogene personenbezogene Daten, die durch Heranziehung zusätzlicher Informationen einer natürlichen Person zugeordnet werden könnten, sollten als Informationen über eine identifizierbare natürliche Person betrachtet werden. Um festzustellen, ob eine natürliche Person identifizierbar ist, sollten alle Mittel berücksichtigt werden, die von dem Verantwortlichen oder einer anderen Person nach allgemeinem Ermessen wahrscheinlich genutzt werden, um die natürliche Person direkt oder indirekt zu identifizieren, wie beispielsweise das Aussondern. Bei der Feststellung, ob Mittel nach allgemeinem Ermessen wahrscheinlich zur Identifizierung der natürlichen Person genutzt werden, sollten alle objektiven Faktoren, wie die Kosten der Identifizierung und der dafür erforderliche Zeitaufwand, herangezogen werden, wobei die zum Zeitpunkt der Verarbeitung verfügbare Technologie und technologische Entwicklungen zu berücksichtigen sind. Die Grundsätze des Datenschutzes sollten daher nicht für anonyme Informationen gelten, d. h. für Informationen, die sich nicht auf eine identifizierte oder identifizierbare natürliche Person beziehen, oder personenbezogene Daten, die in einer Weise anonymisiert worden sind, dass die betroffene Person nicht oder nicht mehr identifiziert werden kann. Diese Verordnung betrifft somit nicht die Verarbeitung solcher anonymer Daten, auch für statistische oder für Forschungszwecke.

Begriffsbestimmungen — Art 4

(27) Diese Verordnung gilt nicht für die personenbezogenen Daten Verstorbener. Die Mitgliedstaaten können Vorschriften für die Verarbeitung der personenbezogenen Daten Verstorbener vorsehen.

Zu Abs 5 („Pseudonymisierung")

(28) Die Anwendung der Pseudonymisierung auf personenbezogene Daten kann die Risiken für die betroffenen Personen senken und die Verantwortlichen und die Auftragsverarbeiter bei der Einhaltung ihrer Datenschutzpflichten unterstützen. Durch die ausdrückliche Einführung der „Pseudonymisierung" in dieser Verordnung ist nicht beabsichtigt, andere Datenschutzmaßnahmen auszuschließen.

(29) Um Anreize für die Anwendung der Pseudonymisierung bei der Verarbeitung personenbezogener Daten zu schaffen, sollten Pseudonymisierungsmaßnahmen, die jedoch eine allgemeine Analyse zulassen, bei demselben Verantwortlichen möglich sein, wenn dieser die erforderlichen technischen und organisatorischen Maßnahmen getroffen hat, um – für die jeweilige Verarbeitung – die Umsetzung dieser Verordnung zu gewährleisten, wobei sicherzustellen ist, dass zusätzliche Informationen, mit denen die personenbezogenen Daten einer speziellen betroffenen Person zugeordnet werden können, gesondert aufbewahrt werden. Der für die Verarbeitung der personenbezogenen Daten Verantwortliche, sollte die befugten Personen bei diesem Verantwortlichen angeben.

Zu Abs 4 („Profiling")

(30) Natürlichen Personen werden unter Umständen Online-Kennungen wie IP-Adressen und Cookie-Kennungen, die sein Gerät oder Software-Anwendungen und -Tools oder Protokolle liefern, oder sonstige Kennungen wie Funkfrequenzkennzeichnungen zugeordnet. Dies kann Spuren hinterlassen, die insbesondere in Kombination mit eindeutigen Kennungen und anderen beim Server eingehenden Informationen dazu benutzt werden können, um Profile der natürlichen Personen zu erstellen und sie zu identifizieren.

Zu Abs 9 („Empfänger")

(31) Behörden, gegenüber denen personenbezogene Daten aufgrund einer rechtlichen Verpflichtung für die Ausübung ihres offiziellen Auftrags

offengelegt werden, wie Steuer- und Zollbehörden, Finanzermittlungsstellen, unabhängige Verwaltungsbehörden oder Finanzmarktbehörden, die für die Regulierung und Aufsicht von Wertpapiermärkten zuständig sind, sollten nicht als Empfänger gelten, wenn sie personenbezogene Daten erhalten, die für die Durchführung – gemäß dem Unionsrecht oder dem Recht der Mitgliedstaaten – eines einzelnen Untersuchungsauftrags im Interesse der Allgemeinheit erforderlich sind. Anträge auf Offenlegung, die von Behörden ausgehen, sollten immer schriftlich erfolgen, mit Gründen versehen sein und gelegentlichen Charakter haben, und sie sollten nicht vollständige Dateisysteme betreffen oder zur Verknüpfung von Dateisystemen führen. Die Verarbeitung personenbezogener Daten durch die genannten Behörden sollte den für die Zwecke der Verarbeitung geltenden Datenschutzvorschriften entsprechen.

Zu Abs 11 („Einwilligung")

(32) Die Einwilligung sollte durch eine eindeutige bestätigende Handlung erfolgen, mit der freiwillig, für den konkreten Fall, in informierter Weise und unmissverständlich bekundet wird, dass die betroffene Person mit der Verarbeitung der sie betreffenden personenbezogenen Daten einverstanden ist, etwa in Form einer schriftlichen Erklärung, die auch elektronisch erfolgen kann, oder einer mündlichen Erklärung. Dies könnte etwa durch Anklicken eines Kästchens beim Besuch einer Internetseite, durch die Auswahl technischer Einstellungen für Dienste der Informationsgesellschaft oder durch eine andere Erklärung oder Verhaltensweise geschehen, mit der die betroffene Person in dem jeweiligen Kontext eindeutig ihr Einverständnis mit der beabsichtigten Verarbeitung ihrer personenbezogenen Daten signalisiert. Stillschweigen, bereits angekreuzte Kästchen oder Untätigkeit der betroffenen Person sollten daher keine Einwilligung darstellen. Die Einwilligung sollte sich auf alle zu demselben Zweck oder denselben Zwecken vorgenommenen Verarbeitungsvorgänge beziehen. Wenn die Verarbeitung mehreren Zwecken dient, sollte für alle diese Verarbeitungszwecke eine Einwilligung gegeben werden. Wird die betroffene Person auf elektronischem Weg zur Einwilligung aufgefordert, so muss die Aufforderung in klarer und knapper Form und ohne unnötige Unterbrechung des Dienstes, für den die Einwilligung gegeben wird, erfolgen.

(33) Oftmals kann der Zweck der Verarbeitung personenbezogener Daten für Zwecke der wissenschaftlichen Forschung zum Zeitpunkt

der Erhebung der personenbezogenen Daten nicht vollständig angegeben werden. Daher sollte es betroffenen Personen erlaubt sein, ihre Einwilligung für bestimmte Bereiche wissenschaftlicher Forschung zu geben, wenn dies unter Einhaltung der anerkannten ethischen Standards der wissenschaftlichen Forschung geschieht. Die betroffenen Personen sollten Gelegenheit erhalten, ihre Einwilligung nur für bestimme Forschungsbereiche oder Teile von Forschungsprojekten in dem vom verfolgten Zweck zugelassenen Maße zu erteilen.

Zu Abs 13 („genetische Daten")

(34) Genetische Daten sollten als personenbezogene Daten über die ererbten oder erworbenen genetischen Eigenschaften einer natürlichen Person definiert werden, die aus der Analyse einer biologischen Probe der betreffenden natürlichen Person, insbesondere durch eine Chromosomen, Desoxyribonukleinsäure (DNS)- oder Ribonukleinsäure (RNS)-Analyse oder der Analyse eines anderen Elements, durch die gleichwertige Informationen erlangt werden können, gewonnen werden.

Zu Abs 15 („Gesundheitsdaten")

(35) Zu den personenbezogenen Gesundheitsdaten sollten alle Daten zählen, die sich auf den Gesundheitszustand einer betroffenen Person beziehen und aus denen Informationen über den früheren, gegenwärtigen und künftigen körperlichen oder geistigen Gesundheitszustand der betroffenen Person hervorgehen. Dazu gehören auch Informationen über die natürliche Person, die im Zuge der Anmeldung für sowie der Erbringung von Gesundheitsdienstleistungen im Sinne der Richtlinie 2011/24/EU des Europäischen Parlaments und des Rates für die natürliche Person erhoben werden, Nummern, Symbole oder Kennzeichen, die einer natürlichen Person zugeteilt wurden, um diese natürliche Person für gesundheitliche Zwecke eindeutig zu identifizieren, Informationen, die von der Prüfung oder Untersuchung eines Körperteils oder einer körpereigenen Substanz, auch aus genetischen Daten und biologischen Proben, abgeleitet wurden, und Informationen etwa über Krankheiten, Behinderungen, Krankheitsrisiken, Vorerkrankungen, klinische Behandlungen oder den physiologischen oder biomedizinischen Zustand der betroffenen Person unabhängig von der Herkunft der Daten, ob sie nun von einem Arzt oder sonstigem Angehörigen eines Gesund-

heitsberufes, einem Krankenhaus, einem Medizinprodukt oder einem In-Vitro-Diagnostikum stammen.

Zu Abs 16 („Hauptniederlassung")

(36) Die Hauptniederlassung des Verantwortlichen in der Union sollte der Ort seiner Hauptverwaltung in der Union sein, es sei denn, dass Entscheidungen über die Zwecke und Mittel der Verarbeitung personenbezogener Daten in einer anderen Niederlassung des Verantwortlichen in der Union getroffen werden; in diesem Fall sollte die letztgenannte als Hauptniederlassung gelten. Zur Bestimmung der Hauptniederlassung eines Verantwortlichen in der Union sollten objektive Kriterien herangezogen werden; ein Kriterium sollte dabei die effektive und tatsächliche Ausübung von Managementtätigkeiten durch eine feste Einrichtung sein, in deren Rahmen die Grundsatzentscheidungen zur Festlegung der Zwecke und Mittel der Verarbeitung getroffen werden. Dabei sollte nicht ausschlaggebend sein, ob die Verarbeitung der personenbezogenen Daten tatsächlich an diesem Ort ausgeführt wird. Das Vorhandensein und die Verwendung technischer Mittel und Verfahren zur Verarbeitung personenbezogener Daten oder Verarbeitungstätigkeiten begründen an sich noch keine Hauptniederlassung und sind daher kein ausschlaggebender Faktor für das Bestehen einer Hauptniederlassung. Die Hauptniederlassung des Auftragsverarbeiters sollte der Ort sein, an dem der Auftragsverarbeiter seine Hauptverwaltung in der Union hat, oder – wenn er keine Hauptverwaltung in der Union hat – der Ort, an dem die wesentlichen Verarbeitungstätigkeiten in der Union stattfinden. Sind sowohl der Verantwortliche als auch der Auftragsverarbeiter betroffen, so sollte die Aufsichtsbehörde des Mitgliedstaats, in dem der Verantwortliche seine Hauptniederlassung hat, die zuständige federführende Aufsichtsbehörde bleiben, doch sollte die Aufsichtsbehörde des Auftragsverarbeiters als betroffene Aufsichtsbehörde betrachtet werden und diese Aufsichtsbehörde sollte sich an dem in dieser Verordnung vorgesehenen Verfahren der Zusammenarbeit beteiligen. Auf jeden Fall sollten die Aufsichtsbehörden des Mitgliedstaats oder der Mitgliedstaaten, in dem bzw. denen der Auftragsverarbeiter eine oder mehrere Niederlassungen hat, nicht als betroffene Aufsichtsbehörden betrachtet werden, wenn sich der Beschlussentwurf nur auf den Verantwortlichen bezieht. Wird die Verarbeitung durch eine Unternehmensgruppe vorgenommen, so sollte die Hauptniederlassung des herrschenden Unternehmens als

Hauptniederlassung der Unternehmensgruppe gelten, es sei denn, die Zwecke und Mittel der Verarbeitung werden von einem anderen Unternehmen festgelegt.

Zu Abs 19 („Unternehmensgruppe")

(37) Eine Unternehmensgruppe sollte aus einem herrschenden Unternehmen und den von diesem abhängigen Unternehmen bestehen, wobei das herrschende Unternehmen dasjenige sein sollte, das zum Beispiel aufgrund der Eigentumsverhältnisse, der finanziellen Beteiligung oder der für das Unternehmen geltenden Vorschriften oder der Befugnis, Datenschutzvorschriften umsetzen zu lassen, einen beherrschenden Einfluss auf die übrigen Unternehmen ausüben kann. Ein Unternehmen, das die Verarbeitung personenbezogener Daten in ihm angeschlossenen Unternehmen kontrolliert, sollte zusammen mit diesen als eine „Unternehmensgruppe" betrachtet werden.

[Erwägungsgrund 38 ist bei Art 8 abgedruckt.]

Anmerkungen

Daten, welche sich auf **juristische Personen** beziehen, sind von der DSGVO nicht umfasst. Etwas anderes gilt nur, soweit der Firmenwortlaut der juristischen Person eine oder mehrere natürliche Personen bestimmt (EuGH 9.11.2010, C-92/09 und C-93/09 – *Schecke*, Rn 53; vgl auch Erwägungsgrund 14 Satz 2: „Diese Verordnung gilt nicht für die Verarbeitung personenbezogener Daten juristischer Personen und insbesondere als juristische Person gegründeter Unternehmen, einschließlich Name, Rechtsform oder Kontaktdaten der juristischen Person"). 1

Der Begriff der natürlichen Person umfasst nur lebende natürliche Personen, nicht hingegen **Verstorbene** (siehe Erwägungsgrund 27 Satz 1 sowie Erwägungsgrund 158 Satz 1) und (wohl) auch nicht **Nascituri**. Ob und in welchem Umfang Daten, welche sich auf eine verstorbene Person beziehen, geschützt sind, ist Sache der nationalen Rechts (Erwägungsgrund 27 Satz 2). 2

Erwägungsgrund 26 Satz 3 sieht vor, dass bei der Frage, ob es sich um eine identifizierbare (nicht, wie in der DS-RL: bestimmbare) Person handelt und daher personenbezogene Daten vorliegen, „alle Mittel berücksichtigt werden [sollten], die von dem Verantwortlichen oder einer anderen 3

Person nach allgemeinem Ermessen wahrscheinlich genutzt werden, um die natürliche Person direkt oder indirekt zu identifizieren". Diese Formulierung entspricht den bereits 2014 von der Artikel-29-Datenschutzgruppe entwickelten Grundsätzen zur **Anonymisierung** (*Artikel-29-Datenschutzgruppe*, Stellungnahme 5/2014 zu Anonymisierungstechniken, WP216 [2014] 3). Sie macht insbesondere deutlich, dass es nicht allein auf das Wissen und die Mittel des Verantwortlichen ankommt, sondern auch Wissen und Mittel Dritter einzubeziehen sind („objektive" Theorie). Des Weiteren wird deutlich, dass es bei Bestimmung dessen, was „wahrscheinlich" genutzt wird, nicht darauf ankommt, ob diese Nutzung legal wäre (anders freilich § 4 Z 1 DSG 2000 hinsichtlich des indirekt personenbezogenen Datums).

Aus Erwägungsgrund 26 Satz 3 geht hervor, dass ein ursprünglich nicht vorliegender Personenbezug auch erst im Nachhinein entstehen kann, weil es bei der Feststellung, ob Mittel nach allgemeinem Ermessen wahrscheinlich zur Identifizierung der natürlichen Person genutzt werden, auf den Zeitpunkt der Verarbeitung ankommen soll und nicht den der Erhebung. Auch sind absehbare zukünftige technologische Entwicklungen mit zu berücksichtigen, was zu einer weiteren Ausdehnung des Personenbezugs führt.

Trotz dieser Einschränkungen (weiterhin) als anonym geltende Daten sind weiterhin vom Anwendungsbereich nicht erfasst.

4 Der Zusatz, dass die Bestimmung des Betroffenen „mittels Zuordnung zu einer Kennung wie einem Namen, zu einer Kennnummer, zu Standortdaten, zu einer Online-Kennung oder zu einem oder mehreren besonderen Merkmalen identifiziert werden kann, die Ausdruck der physischen, physiologischen, genetischen, psychischen, wirtschaftlichen, kulturellen oder sozialen Identität dieser natürlichen Person sind", führt im Verhältnis zur DS-RL zu keiner Ausdehnung des sachlichen Anwendungsbereichs (vgl zB *Artikel-29-Datenschutzgruppe*, Opinion 9/2014 on the application of Directive 2002/58/EC to device fingerprinting, WP224 [2014] 4, wonach bereits nach der DS-RL auch ein Device Fingerprint grundsätzlich als personenbezogenes Datum zu klassifizieren sei).

5 Siehe Art 18 zum Recht auf **Einschränkung der Verarbeitung** im Allgemeinen sowie insbesondere Art 18 Rz 2 zur Auslegung des Begriffs „Einschränkung der Verarbeitung". Die Definition in Art 4 Nr 3 hilft wenig weiter, weil sie Einschränkung mit der Markierung mit dem Ziel der Einschränkung gleich setzt, was schon sprachlich wenig weiter führt, vor allem aber auch unklar lässt, von wem wann und wie lange das genannte Ziel verfolgt sein muss.

Erwägungsgrund 30 macht deutlich, dass der Unionsgesetzgeber bei Art 4 Nr 4 insbesondere **Profilbildungen** vor Augen hatte, welche an die IP-Adresse oder eine Geräte-Kennung eines Nutzers anknüpfen und daher grundsätzlich auf pseudonymen Daten aufbauen. Die Konzepte des Profiling und der Pseudonymisierung schließen einander daher weder technisch noch rechtlich aus. **6**

Nach Erwägungsgrund 29 letzter Satz gehört zu den in Art 4 Nr 5 genannten Maßnahmen, dass der Verantwortliche „die befugten Personen bei diesem Verantwortlichen [angibt]". Mit dieser etwas unglücklichen Formulierung ist angesprochen, dass der Verantwortliche eine Zugriffskontrolle implementieren und in einem ersten Schritt definieren muss, welche seiner Mitarbeiter die **Pseudonymisierung durch Verknüpfung mit nicht pseudonymisierten Daten aufheben können**. Auch eine Rollen-basierte Zugriffskontrolle wird hierfür ausreichend sein. **7**

Vgl Erwägungsgrund 29 Satz 1, wonach „Anreize für die Anwendung der Pseudonymisierung" geschaffen werden sollen. **8**

Im Vergleich zu Art 3 Abs 1 DS-RL fällt auf, dass der Begriff der „**Datei**" durch jenen des „Dateisystems" ersetzt wurde. Da die beiden Begriffe jedoch sinngleich definiert werden und in den englischen Sprachfassungen der DS-RL und der DSGVO der gleiche – im Übrigen treffendere – Begriff des „filing system" verwendet wird, ergibt sich hierdurch keine inhaltliche Änderung zur bisherigen Rechtslage. **9**

Vgl Erwägungsgrund 15, der zwar den Grundsatz der Technologieneutralität betont, jedoch klarstellt, dass „**Akten oder Aktensammlungen** sowie ihre Deckblätter, die nicht nach bestimmten Kriterien geordnet sind, […] nicht in den Anwendungsbereich dieser Verordnung fallen [sollten]". Vgl auch Art 2 Rz 4. **10**

Im Verhältnis zur Definition des Begriffs des „für die Verarbeitung Verantwortlichen" nach Art 2 lit d DS-RL ist keine inhaltliche Änderung eingetreten. Allerdings wurde der Begriff sprachlich auf „Verantwortlicher" reduziert. **11**

Die Entscheidung über den „Zweck" der Verarbeitung bedingt die Einstufung als Verantwortlicher. Dagegen kann die Entscheidung über die „Mittel" der Verarbeitung von dem Verantwortlichen in Bezug auf tech- **12** nische oder organisatorische Fragen delegiert werden. Materiellrechtliche Fragen, welche die Rechtmäßigkeit der Verarbeitung betreffen, – zB zu verarbeitende Daten, Dauer der Aufbewahrung, Zugang usw – sind jedoch von dem Verantwortlichen zu entscheiden. Ausführlich zur Abgrenzung zwischen Verantwortlicher und Auftragsverarbeiter siehe *Artikel-29-Datenschutzgruppe*, Stellungnahme 1/2010 zu den Begriffen „für die Verarbeitung Verantwortlicher" und „Auftragsverarbeiter", WP 169 (2010), verfügbar unter http://ec.europa.eu/justice/data-protection/article-29/documentation/opinion-recommendation/files/2010/wp169_de.pdf.

13 Jedenfalls der Wortlaut der Definition des Begriffs „Verantwortlicher" lässt es zu, dass eine **natürliche Person Verantwortlicher ihrer eigenen personenbezogenen Daten** ist. Dies hat in folgender Konstellation Bedeutung: Wenn eine betroffene Person ihre eigenen personenbezogenen Daten einem Dritten (zB einem Hosting Provider) anvertraut, damit dieser die personenbezogenen Daten ausschließlich auf Anweisung der betroffenen Person und ausschließlich für ihre Zwecke verarbeitet, so treffen den Dritten nur dann Pflichten zur Gewährleistung der Sicherheit der personenbezogenen Daten, wenn der Dritte ein Auftragsverarbeiter ist, was wiederum begrifflich voraussetzt (vgl Art 4 Nr 8), dass die betroffene Person als Verantwortlicher einzustufen ist. Behandelt man die betroffene Person in dieser Konstellation als Verantwortliche ihrer eigenen Daten, so ist der Dritte als Auftragsverarbeiter zu beurteilen und unterliegt den Regelungen der DSGVO. Die betroffene Person (= Verantwortliche) kann sich hingegen – soweit nur ihre eigenen personenbezogenen Daten verarbeitet werden – auf die Ausnahmeregelung des Art 2 Abs 2 lit c berufen, weshalb sie keine Pflichten nach der DSGVO betrifft, die auch nicht erforderlich sind, weil keine Interessen Dritter berührt sind.

14 Vgl Erwägungsgrund 45 Satz 5, wonach in den Fällen des Art 6 Abs 1 UAbs 1 lit c und e im Unionsrecht oder im Recht der Mitgliedstaaten festgelegt werden kann, „wie der Verantwortliche zu bestimmen ist".

15 Im Verhältnis zur Definition des Begriffs des „Auftragsverarbeiters" nach Art 2 lit e DS-RL ist keine inhaltliche Änderung eingetreten. Siehe Rz 12 zur Abgrenzung vom Begriff des Verantwortlichen.

16 Ein Auftragsverarbeiter, welcher in Verletzung seiner Pflichten die Zwecke und Mittel der Verarbeitung selbst bestimmt, nimmt die Rolle eines Verantwortlichen ein (siehe Art 28 Abs 10).

Siehe Art 4 Nr 10 zur Definition des Begriffs „Dritter". **17**

Die in Art 4 Nr 9 erfolgende Klarstellung „unabhängig davon, ob es sich **18** bei ihr um einen Dritten handelt oder nicht" bedeutet, dass ein Auftragsverarbeiter, ein Verantwortlicher und sogar die betroffene Person selbst ein **„Empfänger"** sein kann.

Siehe auch Erwägungsgrund 31 Satz 1, welcher als Beispiele derartiger **19** **Behörden** iSd Art 4 Nr 9 Satz 2 „Steuer- und Zollbehörden, Finanzermittlungsstellen, unabhängige Verwaltungsbehörden oder Finanzmarktbehörden" nennt. Die Offenlegung gegenüber Geheimdiensten eines Mitgliedstaates (Art 2 Abs 2 lit a) oder Strafverfolgungsbehörden eines Mitgliedstaates (Art 2 Abs 2 lit d) unterliegt demgegenüber nicht der DSGVO und bleibt damit Gegenstand nationaler Regelung.

Erwägungsgrund 31 Satz 2 sieht für **behördliche Auskunftsanordnungen** **20** (zB von Steuerbehörden) folgende Schranken vor: Sie sollten (1) immer schriftlich erfolgen, (2) mit Gründen versehen sein und (3) gelegentlichen Charakter haben, (4) nicht vollständige Dateisysteme betreffen oder zur Verknüpfung von Dateisystemen führen. Diese Schranken gelten freilich nur im Anwendungsbereich der DSGVO (siehe bereits Rz 19 oben).

So ist zB im Verhältnis zu einem Verantwortlichen, der personenbezogene **21** Daten seiner Tochtergesellschaft offenlegt, welche in weiterer Folge die Mittel und Zwecke der Verarbeitung der erhaltenen Daten selbst bestimmt, diese Tochtergesellschaft ein „Dritter". Dies gilt ungeachtet der Formulierung in Erwägungsgrund 47 Satz 1.

Weitere Voraussetzungen für die Wirksamkeit einer Einwilligung sind **22** in Art 7 f normiert.

Freiwilligkeit ist grundsätzlich nur dann gegeben, wenn die betroffene **23** Person „eine echte oder freie Wahl hat und somit in der Lage ist, die Einwilligung zu verweigern oder zurückzuziehen, ohne Nachteile zu erleiden" (Erwägungsgrund 42 letzter Satz). Ob es sich hierbei um „beträchtliche negative Folgen" für die betroffene Person handelt, ist nicht ausschlaggebend (so noch zum Tatbestandselement „ohne Zwang" in Art 2 lit h DS-RL, *Artikel-29-Datenschutzgruppe*, Stellungnahme 15/2011 zur Definition von Einwilligung, WP 187 [2011] 15, verfügbar unter http://ec.europa.eu/justice/data-protection/article-29/documentation/opinion-recommendation/files/2011/wp187_de.pdf).

Erwägungsgrund 43 führt weiters aus, dass keine Freiwilligkeit gegeben ist, wenn „zwischen der betroffenen Person und dem Verantwortlichen ein **klares Ungleichgewicht** besteht, insbesondere wenn es sich bei dem Verantwortlichen um eine Behörde handelt, und es deshalb in Anbetracht aller Umstände in dem speziellen Fall unwahrscheinlich ist, dass die Einwilligung freiwillig gegeben wurde". Ob das im Beschäftigungskontext meist bestehende Ungleichgewicht einer Freiwilligkeit entgegensteht, ist hingegen gem Art 88 nach nationalem Recht zu beantworten (Art 88 Rz 2).

Freiwilligkeit ist nach Erwägungsgrund 43 letzter Satz weiters dann nicht gegeben, wenn „**zu verschiedenen Verarbeitungsvorgängen von personenbezogenen Daten nicht gesondert eine Einwilligung erteilt werden kann**, obwohl dies im Einzelfall angebracht ist". Schließlich liegt nach Erwägungsgrund 43 letzter Satz keine Freiwilligkeit vor, wenn „die Erfüllung eines Vertrags, einschließlich der Erbringung einer Dienstleistung, von der Einwilligung abhängig ist, obwohl diese **Einwilligung für die Erfüllung nicht erforderlich** ist" – siehe hierzu auch Art 7 Abs 4.

24 Das Tatbestandselement „**für den bestimmten Fall**" ist mit dem Tatbestandselement „für den konkreten Fall" in Art 2 lit h DS-RL wohl ident, zumal die Terminologie in der englischen Sprachfassungen der DSGVO im Verhältnis zur DS-RL unverändert geblieben ist („specific"), ebenso in der französischen („spécifique"). Dieses Tatbestandselement bedeutet, dass eine pauschale Einwilligung ohne Angabe des genauen Zwecks der Verarbeitung nicht zulässig ist (*Artikel-29-Datenschutzgruppe*, Stellungnahme 15/2011 zur Definition von Einwilligung, WP 187 [2011] 20, verfügbar unter http://ec.europa.eu/justice/data-protection/article-29/documentation/opinion-recommendation/files/2011/wp187_de.pdf). Die deutsche Fassung ist jedoch insoweit zu eng, als es nicht auf einen konkret beschriebenen Fall ankommen muss, vielmehr auch eine Einwilligung erfasst sein kann, die einen spezifischen Zweck, unter den mehrere Anwendungsfälle subsumiert werden können, erfasst sein kann. Die Unterscheidung hat insbesondere bei Bestimmung der notwendigen Spezifizität bei Einwilligung in Datennutzungen zum Zwecke von „Follow-Up-Studien" im Bereich (medizinischer) Forschung Relevanz („broad consent", „tiered consent" etc).

25 Nach Erwägungsgrund 42 Satz 4 setzt „**in Kenntnis der Sachlage**" voraus, das „die betroffene Person mindestens [weiß], wer der Verantwortliche ist und für welche Zwecke ihre personenbezogenen Daten

Begriffsbestimmungen **Art 4**

verarbeitet werden sollen". Weiters normiert Art 7 Abs 3 Satz 2, dass die betroffene Person vor Abgabe der Einwilligung über ihr Recht auf jederzeitigen Widerruf der Einwilligung zu informieren ist.

Zwar ist zu berücksichtigen, dass die Artikel-29-Datenschutzgruppe zur Einwilligung nach Art 2 lit h DS-RL die Ansicht vertritt, dass „vor der Bereitstellung von Informationen [nach Art 10f DS-RL] keine Einwilligung erteilt werden [kann]" (*Artikel-29-Datenschutzgruppe*, Stellungnahme 15/2011 zur Definition von Einwilligung, WP 187 [2011] 22, verfügbar unter http://ec.europa.eu/justice/data-protection/article-29/documentation/opinion-recommendation/files/2011/wp187_de.pdf). Freilich sind die Informationspflichten nach Art 10f DS-RL wesentlich eingeschränkter, als jene nach Art 12 ff DSGVO, und erfassen als Mindestmaß lediglich die auch in Erwägungsgrund 42 Satz 4 DSGVO genannte Identität des Verantwortlichen (Art 10 lit a und Art 11 Abs 1 lit a DS-RL) sowie die Verarbeitungszwecke (Art 10 lit b und Art 11 Abs 1 lit b DS-RL). Im Ergebnis wird sich die von der Artikel-29-Datenschutzgruppe zur DS-RL geäußerte Rechtsansicht, dass eine wirksame Einwilligung die vorherige Erfüllung sämtlicher Informationspflichten voraussetzt, sich nicht zwingend auf die DSGVO übertragen lassen, zumal konkludente oder mündliche Zustimmungen hierdurch praktische ausgeschlossen wären.

Da Erwägungsgrund 42 Satz 4 die Offenlegung der Identität des Verantwortlichen sowie der Verarbeitungszwecke lediglich als Minimum („mindestens") bezeichnet, werden Verantwortliche gut beraten sein, entsprechend der bisherigen Rsp des OGH neben der Identität des Verantwortlichen und den Verarbeitungszwecken nach Erwägungsgrund 42 Satz 4 und Informationen über das jederzeitige Widerrufsrecht nach Art 7 Abs 3 Satz 2 auch die Datenkategorien und Übermittlungsempfänger, welche selbst Verantwortliche sind, anzugeben (vgl zB OGH 13.9.2001, 6 Ob 16/01y; RIS-Justiz RS0115216, RS0115216).

Hinsichtlich der Bestimmtheit der Verarbeitungszwecke führt Erwägungsgrund 33 aus, dass es bei der Verarbeitung iZm wissenschaftlicher Forschung oft nicht möglich ist, dass die Zwecke „vollständig angegeben werden", weshalb es ausreichend sein soll, wenn die betroffenen Personen „ihre Einwilligung für bestimmte Bereiche wissenschaftlicher Forschung" geben, soweit dies „unter Einhaltung der anerkannten ethischen Standards der wissenschaftlichen Forschung geschieht".

Eine **konkludente Erklärung** iSd § 863 ABGB ist grundsätzlich ausreichend, wobei nach Erwägungsgrund 32 Stillschweigen oder per Default

26

angekreuzte Kästchen (auch „**Checkboxes**") auf einer Webseite keine Einwilligung darstellen sollen – anders hat das für die Rechtslage nach der DS-RL ua der BGH gesehen (BGH 11. 11. 2009, VIII ZR 12/08 – *Happy Digits*; BGH 16. 7. 2008, VIII ZR 348/06 – *Payback*).

27 Eine **Formpflicht** besteht für die Einwilligung nicht; sie kann insbesondere unterschriftlich, elektronisch oder mündlich erfolgen (vgl Erwägungsgrund 32).

28 Die **Beweislast** dafür, dass eine Einwilligung erteilt wurde, trägt der Verantwortliche (Art 7 Abs 1; Erwägungsgrund 42 Satz 1). Ein Verantwortlicher ist daher gut beraten, die Erteilung von Einwilligungen entsprechend zu dokumentieren.

29 Erwägungsgrund 171 Satz 3 erhält folgende Regelung zur **Fortgeltung von Einwilligungen nach alter Rechtslage**: „Beruhen die Verarbeitungen auf einer Einwilligung gemäß der Richtlinie 95/46/EG, so ist es nicht erforderlich, dass die betroffene Person erneut ihre Einwilligung dazu erteilt, wenn die Art der bereits erteilten Einwilligung den Bedingungen dieser Verordnung entspricht, so dass der Verantwortliche die Verarbeitung nach dem Zeitpunkt der Anwendung der vorliegenden Verordnung fortsetzen kann".

Hieraus ergibt sich grundsätzlich, dass Einwilligungen, die vor dem 25. Mai 2018 gegeben wurden, nur dann eine gültige Rechtsgrundlage nach der DSGVO darstellen, wenn sie den Anforderungen der DSGVO entsprochen haben. Allerdings waren die von der Rsp des OGH an eine wirksame Zustimmung nach DSG 2000 gestellten Anforderungen bereits so streng, dass in den meisten Fällen eine Fortgeltung der Einwilligungen problemlos sein wird. Dies gilt allerdings vorbehaltlich der der neuen Bedingungen für eine Einwilligung nach Art 7 Abs 4 sowie den Bedingungen für eine Einwilligung von Kindern nach Art 8.

30 Eine **Verletzung des Schutzes personenbezogener Daten** iSd Art 4 Nr 12 liegt daher nur vor, wenn es zu einer dauerhaften Verletzung der Verfügbarkeit („Vernichtung" oder „Verlust"), zu einer Verletzung der Integrität („Veränderung") oder einer Verletzung der Vertraulichkeit („unbefugte Offenlegung" oder „unbefugter Zugang") kommt. Eine Verletzung der Rechtmäßigkeit bzw eine „unbefugte oder unrechtmäßige Verarbeitung" (vgl Art 5 Abs 1 lit f) stellt hingegen keine Verletzung des Schutzes personenbezogener Daten dar. Ebenso wenig ist dies bei einer lediglich vorübergehenden Beeinträchtigung der Verfügbarkeit der personenbezogenen Daten gegeben, zumal weder eine „Vernichtung" noch ein „Verlust" vorliegt.

Vgl Erwägungsgrund 34. **31**

Biometrische Daten isd Art 4 Nr 14 sind allerdings nur dann sensible **32**
Daten iSd Art 9, wenn sie nicht nur abstrakt die eindeutige Identifizierung einer natürlichen Person ermöglichen, sondern auch tatsächlich zu diesem Zweck verarbeitet werden. Siehe Art 9 Rz 3.

Auch die in Art 4 Nr 14 genannten **Gesichtsbilder** sind nur dann sensible **33**
Daten iSd Art 9, wenn sie zum Zweck der Identifikation natürlicher Personen verarbeitet werden (vgl Erwägungsgrund 51 Satz 3 und Art 9 Rz 3).

Der in Art 4 Nr 14 verwendete Begriff „daktyloskopische Daten" bezeichnet **Fingerabdruckdaten**. **34**

Hierzu zählen nach Erwägungsgrund 35 auch „Nummern, Symbole oder **35**
Kennzeichen, die einer natürlichen Person zugeteilt wurden, um diese natürliche Person für gesundheitliche Zwecke eindeutig zu identifizieren". Die **Sozialversicherungsnummer** stellt daher ein Gesundheitsdatum und damit gemäß Art 9 Abs 1 ein sensibles Datum dar (wenigstens, wenn man davon ausgeht, diese diene der *eindeutigen* Identifizierung der betroffenen Person).

Der Begriff der Hauptniederlassung wird in Art 4 Nr 16 für Verantwortliche und Auftragsverarbeiter jeweils unterschiedlich definiert. Gemein ist beiden Definitionen allerdings, dass (1) ein Verantwortlicher bzw Auftragsverarbeiter **begrifflich nur dann eine „Hauptniederlassung" haben kann, wenn er zumindest eine Niederlassung in der Union hat** (vgl Rz 38 und 45) und (2) dass der **Begriff der „Hauptniederlassung" relativ zur jeweiligen Verarbeitungstätigkeit** ist, dh ein Verantwortlicher bzw Auftragsverarbeiter nicht nur eine Hauptniederlassung, sondern abhängig von der betrachteten Verarbeitungstätigkeit unterschiedliche Hauptniederlassungen haben kann – dies deshalb, weil lit a primär darauf abstellt, welche Niederlassung die Zwecke und Mittel der Verarbeitung bestimmt (siehe Rz 42), und lit b zumindest sekundär darauf abstellt, im Rahmen der Tätigkeit welcher Niederlassung die Daten verarbeitet werden (siehe Rz 45). Weiters ist darauf hinzuweisen, dass es für Verantwortliche nach lit a grundsätzlich **keine konzernweite Hauptniederlassung für Verantwortliche** gibt (siehe Rz 42), während nach lit b eine **konzernweite Hauptniederlassung für Auftragsverarbeiter hingegen sehr wohl möglich ist** (siehe Rz 44). **36**

37 Siehe Art 3 Rz 3 zur Definition des Begriffs „Niederlassung".

38 Ein Verantwortlicher ohne Niederlassungen in der Union kann daher begrifflich keine „Hauptniederlassung" haben. Dies gilt im Ergebnis auch für Auftragsverarbeiter (siehe Rz 45).

39 Der Begriff der **Hauptverwaltung** wird in der DSGVO nicht näher definiert. In Erwägungsgrund 36 Satz 2 heißt es jedoch, dass „[z]ur Bestimmung der Hauptniederlassung eines Verantwortlichen in der Union [...] objektive Kriterien herangezogen werden [sollten]; ein Kriterium sollte dabei die effektive und tatsächliche Ausübung von Managementtätigkeiten durch eine feste Einrichtung sein, in deren Rahmen die Grundsatzentscheidungen zur Festlegung der Zwecke und Mittel der Verarbeitung getroffen werden".

40 Art 4 Nr 16 lit a stellt auf den Ort der „Hauptverwaltung in der Union" ab. Eine **nicht in der Union gelegene Hauptverwaltung** eines Verantwortlichen kann daher bereits begrifflich keine Hauptniederlassung begründen.

41 Eine Niederlassung, in welcher die Entscheidungen hinsichtlich Zwecke und Mittel der Verarbeitung getroffen werden, kann nur eine Hauptniederlassung iSd Art 4 Nr 16 lit a begründen, wenn diese Niederlassung in der Union liegt. Trifft der Verantwortliche seine Entscheidungen hinsichtlich Zwecke und Mittel der Verarbeitung in einer Niederlassung in einem Drittstaat – und liegt auch die Hauptverwaltung des Verantwortlichen in einem Drittstaat (siehe Rz 40 oben) – so kann der Verantwortliche daher begrifflich keine Hauptniederlassung iSd Art 4 Nr 16 lit a haben.

42 Aufgrund des Einschubs in Art 4 Nr 16 lit a „es sei denn, die Entscheidungen hinsichtlich der Zwecke und Mittel der Verarbeitung [...] werden in einer anderen Niederlassung [...] getroffen", **gibt es keine konzernweite Hauptniederlassung für Verantwortliche** – ist eine Tochtergesellschaft Verantwortlicher, so kann die Konzernmutter grundsätzlich nicht „Hauptniederlassung" des Verantwortlichen sein: Bei der Ermittlung der Hauptniederlassung einer Tochtergesellschaft auf die Konzernmutter abzustellen, wäre zunächst naheliegend, da der Begriff der Niederlassung sowohl rechtlich unselbstständige als auch rechtlich selbstständige Niederlassungen wie Tochtergesellschaften umfasst (Art 3 Rz 3). Auch in Erwägungsgrund 36 Satz 8 heißt es: „Wird die Verarbeitung durch eine Unternehmensgruppe vorgenommen, so sollte die Hauptniederlassung des herrschenden Unternehmens als Hauptniederlassung der Unternehmensgruppe gelten". Auf den Ort der Hauptverwaltung ist allerdings nach dem Wortlaut des Art 4 Nr 16 dann nicht abzustellen wenn „die Entscheidungen hinsichtlich der Zwecke und Mittel der Verarbeitung personenbezogener Daten [...] in einer anderen Niederlassung des Verantwortlichen in der Union getroffen [werden] und diese Niederlassung [...] befugt [ist], diese Entscheidungen umsetzen zu lassen" (vgl auch Erwägungsgrund 36 Satz 8 Halbsatz 2).

Zur Bestimmung der Hauptniederlassung ist daher **primär auf den Ort der Entscheidung über Mittel und Zwecke der Datenverarbeitung und erst sekundär auf den Ort der Hauptverwaltung abzustellen.** Dies wird in der Praxis häufig dazu führen, dass für eine konkrete Datenverarbeitung nicht der Ort der Hauptverwaltung der Konzernmutter, sondern – entgegen des scheinbar eindeutigen Wortlauts – eine lokale Niederlassung als „Hauptniederlassung" einzustufen ist. Insbesondere wenn eine Tochtergesellschaft im Konzern selbst über die Mittel und Zwecke der Verarbeitung ihrer Kunden- oder Mitarbeiterdaten entscheidet (und berechtigt ist, diese Entscheidungen umzusetzen), wird die Niederlassung dieser Tochtergesellschaft und nicht der Ort der Hauptverwaltung als „Hauptniederlassung" gelten. Dem Ort der Hauptverwaltung des Verantwortlichen wird tatsächlich nur in Zweifelsfällen Bedeutung zukommen, so insbesondere, wenn die Mittel und Zwecke der Datenverarbeitung von der Hauptverwaltung und einer rechtlich unselbstständigen Zweigniederlassung gemeinsam bestimmt werden bzw die rechtlich unselbstständige Niederlassung nicht befugt ist, allfällige selbst getroffene Entscheidungen alleine umzusetzen. Diesfalls wäre die rechtlich unselbstständige Zweigniederlassung nicht „befugt, diese Entscheidungen umsetzen zu lassen", weshalb es bei der Anknüpfung am Ort der Hauptverwaltung bliebe.

Im Ergebnis ist daher bei der Ermittlung der Hauptniederlassung des Verantwortlichen im Konzern **nach folgendem Prüfungsschema vorzugehen:** (1) Identifikation jener Konzerngesellschaft in der Union, welche die Rolle des Verantwortlichen hat, dh über Mittel und Zwecke der Verarbeitung entscheidet (vgl Art 4 Nr 5) und (2) Identifikation der Hauptverwaltung dieser Konzerngesellschaft (und nicht etwa der Hauptverwaltung der Konzernmuttergesellschaft), dies primär anhand der Frage, welche Niederlassung der Konzerngesellschaft über Mittel und Zwecke der Datenverarbeitung entscheidet.

In praktischer Anwendung ergeben sich daher für ein international tätiges Unternehmen va folgende Szenarien:
a) Die Muttergesellschaft bestimmt die Mittel und Zwecke der Datenverarbeitung alleine: Selbst wenn die Datenverarbeitung im Rahmen der Tätigkeiten der (rechtlich selbstständigen oder unselbstständigen) Niederlassungen der Muttergesellschaft erfolgt, bleibt ausschließlich die Hauptverwaltung der Muttergesellschaft maßgeblich.
b) Die Gesellschaft bestimmt die Mittel und Zwecke der Datenverarbeitung gemeinsam mit ihren rechtlich unselbstständigen Niederlassungen: Der Ort der Hauptverwaltung der Gesellschaft ist in der Regel als Hauptniederlassung maßgeblich, weil die unselbstständigen Niederlassungen zwar über Mittel und Zwecke (mit)entscheiden, aber nicht (alleine) befugt sein werden „diese Entscheidungen umsetzen zu lassen" (vgl Art 4 Nr 16 lit a DSGVO).
c) Die rechtlich unselbstständigen Niederlassungen der Gesellschaft bestimmen über Mittel und Zwecke jeweils alleine (und sind befugt, ihre Entscheidungen umzusetzen): Jede der Niederlassungen gilt jeweils für die von ihr vorgenommene Datenverarbeitung als Hauptniederlassung. Da nur rechtlich unselbstständige Niederlassungen bestehen, handelt es sich freilich stets um denselben Verantwortlichen.
d) Die rechtlich selbstständigen Niederlassungen der Muttergesellschaft bestimmen über Mittel und Zwecke jeweils alleine: Jede der rechtlich selbstständigen Niederlassungen (Tochtergesellschaften) ist für sich als Verantwortlicher zu behandeln und für jede dieser Gesellschaften ist die Frage, wo sie ihre Hauptniederlassung hat, separat zu prüfen.
e) Die rechtlich selbstständigen Niederlassungen der Muttergesellschaft bestimmen über Mittel und Zwecke der Datenverarbeitung gemeinsam mit der Muttergesellschaft (gemeinsam Verantwortliche iSd Art 26): Jede der Gesellschaften ist für sich ein Verantwortlicher und die Frage der Hauptniederlassung ist für jede der Gesellschaften separat zu klären.

Im Verhältnis zur alten Anknüpfungsregel des Art 4 DS-RL, welche darauf abstellt, im Rahmen der Tätigkeiten welcher Niederlassung die Datenverarbeitung erfolgt, ergibt sich nur in den oben dargestellten Szenarien 1) und 2) eine Änderung, dh ausschließlich in jenen Fällen, in denen zwar die Verarbeitung im Rahmen der Tätigkeit einer Niederlassung erfolgt, diese Niederlassung aber entweder (a) nicht über Mittel und Zwecke der Datenverarbeitung entscheidet oder (b) eine rechtlich

Begriffsbestimmungen — Art 4

unselbstständige Niederlassung ist und eine solche Entscheidung nicht alleine umsetzen kann.

Siehe Art 3 Rz 3 zur Definition des Begriffs „Niederlassung". **43**

Grundsätzlich besteht uE daher eine **konzernweite Hauptniederlassung** **44** **für Auftragsverarbeiter** – die Hauptniederlassung (in der Union) des herrschenden Unternehmens gilt als Hauptniederlassung der Unternehmensgruppe: Da der Begriff der Niederlassung sowohl rechtlich unselbstständige als auch rechtlich selbstständige Niederlassungen wie Tochtergesellschaften umfasst (Art 3 Rz 3), kann eine konzernweite Anknüpfung am Ort der Hauptverwaltung der Konzernmutter erfolgen. Auch Erwägungsgrund 36 Satz 8 Halbsatz 1 scheint diese Auslegung zu stützen, wo es heißt: „Wird die Verarbeitung durch eine Unternehmensgruppe vorgenommen, so sollte die Hauptniederlassung des herrschenden Unternehmens als Hauptniederlassung der Unternehmensgruppe gelten". Dieser Grundsatz gilt nach dem Wortlaut von Erwägungsgrund 36 Satz 8 Halbsatz 2 jedoch dann nicht, wenn „die Zwecke und Mittel der Verarbeitung [...] von einem anderen Unternehmen festgelegt werden". Die Regelung des Halbsatz 2 könnte im Hinblick auf Auftragsverarbeiter auf zweierlei Art interpretiert werden: Erstens könnte man nach dem Wortlaut argumentieren, dass Halbsatz 2 bei einem Auftragsverarbeiter stets auf den Verantwortlichen verweist und daher Halbsatz 1 für einen Auftragsverarbeiter niemals anwendbar sein könne, weshalb kein Konzernprivileg für Auftragsverarbeiter bestünde. Zweitens kann Erwägungsgrund 36 iZm mit den Formulierungen des Art 4 Nr 16 lit a (in Bezug auf Verantwortliche) und lit b (in Bezug auf Auftragsverarbeiter) so gelesen werden, dass – entsprechend dem Wortlaut der lit a leg cit – die Regelung des Halbsatz 2 des Erwägungsgrund 36 Satz 8 nur für Verantwortliche gelten soll und es für Auftragsverarbeiter daher bei dem Grundsatz des Halbsatz 1 bleibt. Hierfür spricht, dass sich die Ausnahme des Halbsatzes 2 des Erwägungsgrundes 36 Satz 8 nur im Wortlaut des Art 4 Nr 16 lit a, nicht jedoch in jenem der lit b leg cit wiederfindet.

Diese etwas undeutliche Formulierung in Art 4 Nr 16 lit b („die Nie- **45** derlassung des Auftragsverarbeiters in der Union, in der die Verarbeitungstätigkeiten im Rahmen der Tätigkeiten einer Niederlassung eines Auftragsverarbeiters hauptsächlich stattfinden") wird durch Erwägungsgrund 36 Satz 5 erhellt, wonach im Fall, dass der Auftragsverarbeiter keine Hauptverwaltung in der Union hat, die Hauptniederlassung an jenem Ort liegt, „an dem die wesentlichen Verarbeitungstätigkeiten in der Union stattfinden". Ungeachtet dieser scheinbar auf den Ort der Verarbeitung abstellenden Formulierung ist nach dem klaren Wortlaut des Art 4 Nr 16 lit b eine Niederlassung in der Union erforderlich und maßgeblich.

46 Für die Zwecke des Art 83 gilt nicht der in Art 4 Nr 18 definierte Unternehmensbegriff, sondern der kartellrechtliche Unternehmensbegriff der Art 101 f AEUV (siehe Art 83 Rz 12).

47 Siehe Erwägungsgrund 37 Satz 1 wonach eine **Beherrschung** iSd Art 4 Nr 19 insbesondere dann gegeben ist, wenn, ein Unternehmen „aufgrund der Eigentumsverhältnisse, der finanziellen Beteiligung oder der für das Unternehmen geltenden Vorschriften oder der Befugnis, Datenschutzvorschriften umsetzen zu lassen, einen beherrschenden Einfluss auf die übrigen Unternehmen ausüben kann". Erwägungsgrund 37 Satz 2 legt allerdings nahe, dass die Kontrolle über die Verarbeitung personenbezogener Daten alleine nicht ausreichen ist; vielmehr begründet eine solche Kontrolle nur gegenüber einem „angeschlossenen Unternehmen" eine Beherrschung. Aufgrund dieser lediglich demonstrativen Aufzählung in Erwägungsgrund 37 Satz 1 (arg „zum Beispiel") wären auch andere Formen der Beherrschung denkbar.

48 Siehe Art 4 Nr 18 zur Definition des Begriffs „**Unternehmen**". In der englischen Sprachfassung verwendet Art 4 Nr 19 zwar nicht den in Art 4 Nr 18 definierten Begriff „enterprise" (sondern „undertaking"), jedoch verwenden neben der deutschen auch die französische und die spanische Sprachfassung in Art 4 Nr 19 den in Nr 18 definierten Begriff („entreprise" bzw „empresa"), sodass im Sinne der einheitlichen Auslegung (vgl EuGH 3.4.2008, C-187/07 – *Endendijk*, Rn 22 mwN) von einer Identität des in Art 4 Nr 18 definierten Begriffs „Unternehmen" und des in Art 4 Nr 19 verwendeten Begriffs „Unternehmen" auszugehen ist.

49 Der in der DSGVO nicht nähere definierte Begriff der „**Gruppe von Unternehmen, die eine gemeinsame Wirtschaftstätigkeit ausüben**" setzt im Unterschied zum Begriff der „Unternehmensgruppe" nicht voraus, dass ein Unternehmen einen beherrschenden Einfluss über andere Unternehmen der Gruppe ausübt. Insbesondere ein Franchisesystem bzw alle Unternehmen, welche diesem angehören, könnten eine „Gruppe von Unternehmen, die eine gemeinsame Wirtschaftstätigkeit ausüben", darstellen.

| Begriffsbestimmungen | **Art 4** |

„Verbindliche interne Datenschutzvorschriften" werden in der Praxis entsprechend der englischen Sprachfassung als **„Binding Corporate Rules"** oder **„BCR"** bezeichnet. **50**

Siehe Art 4 Nr 19 zur Definition des Begriffs „Unternehmensgruppe". **51**

Durch den Rat wurde der Anwendungsbereich der „verbindlichen internen Datenschutzvorschriften" im Rahmen des Legislativprozesses von einer „Unternehmensgruppe" iSd Art 4 Nr 19 auf eine „Gruppe von Unternehmen, die eine gemeinsame Wirtschaftstätigkeit ausüben" erstreckt. Zum Begriff der **„Gruppe von Unternehmen, die eine gemeinsame Wirtschaftstätigkeit ausüben"** siehe Rz 49 oben. **52**

Zu den drei alternativen Tatbestandsvoraussetzungen für eine betroffene Aufsichtsbehörde iSd Nr 22 siehe auch Erwägungsgrund 124 Satz 2. **53**

Hinsichtlich Nr 22 lit c stellt Erwägungsgrund 124 Satz 3 klar, dass „die Aufsichtsbehörde, bei der [die] Beschwerde eingelegt wurde", auch dann eine betroffene Aufsichtsbehörde sein sollte, „wenn eine betroffene Person ohne Wohnsitz in dem betreffenden Mitgliedstaaten eine Beschwerde eingelegt hat." **54**

Eine **grenzüberschreitende Verarbeitung** setzt im Wesentlichen voraus, dass (1) der Verantwortliche bzw Auftragsverarbeiter Niederlassungen in mehreren Mitgliedstaaten hat (lit a) oder (2) erhebliche Auswirkungen für betroffene Personen in mehreren Mitgliedstaaten eintreten (lit b). Bei weitem nicht jeder grenzüberschreitende Sachverhalt stellt daher eine „grenzüberschreitende Verarbeitung" dar. **55**

Siehe Art 3 Rz 3 zur Definition des Begriffs „Niederlassung". **56**

Hat der Verantwortliche bzw Auftragsverarbeiter keine Niederlassung in der Union, kann daher nach Art 4 Nr 23 lit a keine „grenzüberschreitende Verarbeitung" vorliegen. **57**

Auch eine „grenzüberschreitende Verarbeitung" nach Art 4 Nr 23 lit b setzt daher begrifflich voraus, dass der Verantwortliche bzw Auftragsverarbeiter eine Niederlassung in der Union hat. **58**

Art 1 Nr 1 lit b Richtlinie (EU) 2015/1535 definiert den Begriff des **Dienstes der Informationsgesellschaft** als „jede in der Regel gegen Entgelt elektronisch im Fernabsatz und auf individuellen Abruf eines Empfängers erbrachte Dienstleistung", wobei die einzelnen Tatbestandselemente wie folgt definiert werden: **59**

- im Fernabsatz erbrachte Dienstleistung: „eine Dienstleistung, die ohne gleichzeitige physische Anwesenheit der Vertragsparteien erbracht wird";
- elektronisch erbrachte Dienstleistung: „eine Dienstleistung, die mittels Geräten für die elektronische Verarbeitung (einschließlich digitaler Kompression) und Speicherung von Daten am Ausgangspunkt gesendet und am Endpunkt empfangen wird und die vollständig über Draht, über Funk, auf optischem oder anderem elektromagnetischem Wege gesendet, weitergeleitet und empfangen wird";
- auf individuellen Abruf eines Empfängers erbrachte Dienstleistung: „eine Dienstleistung die durch die Übertragung von Daten auf individuelle Anforderung erbracht wird";
- in der Regel gegen Entgelt erbrachte Dienstleistung: eine Dienstleistung, bei der Entgeltlichkeit im Einzelfall gerade nicht zwingend verlangt wird.

Ein Dienst der Informationsgesellschaft ist daher insbesondere eine aus kommerziellen und/oder nicht aus rein privat motivierten Gründen betriebene Website (vgl *Burgstaller/Minichmayr*, E-Commerce-Recht[2] [2011] 93).

Kapitel II
Grundsätze

Artikel 5
Grundsätze für die Verarbeitung personenbezogener Daten

(1) Personenbezogene Daten müssen
a) auf rechtmäßige Weise,[1] nach Treu und Glauben[2] und in einer für die betroffene Person nachvollziehbaren Weise verarbeitet werden („Rechtmäßigkeit, Verarbeitung nach Treu und Glauben, Transparenz");[3]
b) für festgelegte,[4] eindeutige[5] und legitime[6] Zwecke erhoben werden[7] und dürfen nicht in einer mit diesen Zwecken nicht zu vereinbarenden Weise weiterverarbeitet werden;[8] eine Weiterverarbeitung für im öffentlichen Interesse liegende Archivzwecke, für wissenschaftliche oder historische Forschungszwecke oder für statistische Zwecke gilt gemäß Artikel 89 Absatz 1 nicht als unvereinbar mit den ursprünglichen Zwecken („Zweckbindung");
c) dem Zweck angemessen und erheblich sowie auf das für die Zwecke der Verarbeitung notwendige Maß beschränkt sein („Datenminimierung");
d) sachlich richtig und erforderlichenfalls auf dem neuesten Stand sein;[9] es sind alle angemessenen Maßnahmen zu treffen, damit personenbezogene Daten, die im Hinblick auf die Zwecke ihrer Verarbeitung unrichtig sind, unverzüglich gelöscht oder berichtigt werden („Richtigkeit");
e) in einer Form gespeichert werden, die die Identifizierung der betroffenen Personen nur so lange ermöglicht, wie es für die Zwecke, für die sie verarbeitet werden, erforderlich ist;[10] personenbezogene Daten dürfen länger gespeichert werden, soweit die personenbezogenen Daten vorbehaltlich der Durchführung geeigneter technischer und organisatorischer Maßnahmen, die von dieser Verordnung zum Schutz der Rechte und Freiheiten der betroffenen Person gefordert werden, ausschließlich für im öffentlichen Interesse liegende Archivzwecke oder für wissenschaftliche und historische Forschungszwecke

oder für statistische Zwecke gemäß Artikel 89 Absatz 1 verarbeitet werden („Speicherbegrenzung");
f) in einer Weise verarbeitet werden, die eine angemessene Sicherheit der personenbezogenen Daten gewährleistet, einschließlich Schutz vor unbefugter oder unrechtmäßiger Verarbeitung und vor unbeabsichtigtem Verlust, unbeabsichtigter Zerstörung oder unbeabsichtigter Schädigung durch geeignete technische und organisatorische Maßnahmen („Integrität und Vertraulichkeit");[11]

(2) Der Verantwortliche[12] ist für die Einhaltung des Absatzes 1 verantwortlich und muss dessen Einhaltung nachweisen können („Rechenschaftspflicht").[13,14]

Erwägungsgrund

(39) Jede Verarbeitung personenbezogener Daten sollte rechtmäßig und nach Treu und Glauben erfolgen. Für natürliche Personen sollte Transparenz dahingehend bestehen, dass sie betreffende personenbezogene Daten erhoben, verwendet, eingesehen oder anderweitig verarbeitet werden und in welchem Umfang die personenbezogenen Daten verarbeitet werden und künftig noch verarbeitet werden. Der Grundsatz der Transparenz setzt voraus, dass alle Informationen und Mitteilungen zur Verarbeitung dieser personenbezogenen Daten leicht zugänglich und verständlich und in klarer und einfacher Sprache abgefasst sind. Dieser Grundsatz betrifft insbesondere die Informationen über die Identität des Verantwortlichen und die Zwecke der Verarbeitung und sonstige Informationen, die eine faire und transparente Verarbeitung im Hinblick auf die betroffenen natürlichen Personen gewährleisten, sowie deren Recht, eine Bestätigung und Auskunft darüber zu erhalten, welche sie betreffende personenbezogene Daten verarbeitet werden. Natürliche Personen sollten über die Risiken, Vorschriften, Garantien und Rechte im Zusammenhang mit der Verarbeitung personenbezogener Daten informiert und darüber aufgeklärt werden, wie sie ihre diesbezüglichen Rechte geltend machen können. Insbesondere sollten die bestimmten Zwecke, zu denen die personenbezogenen Daten verarbeitet werden, eindeutig und rechtmäßig sein und zum Zeitpunkt der Erhebung der personenbezogenen Daten feststehen. Die personenbezogenen Daten sollten für die Zwecke, zu denen sie verarbeitet werden, angemessen und erheblich sowie auf das für die Zwecke ihrer Verarbeitung notwendige Maß beschränkt sein. Dies erfordert insbesondere, dass die Speicherfrist

Grundsätze für die Verarbeitung personenbezogener Daten **Art 5**

für personenbezogene Daten auf das unbedingt erforderliche Mindestmaß beschränkt bleibt. Personenbezogene Daten sollten nur verarbeitet werden dürfen, wenn der Zweck der Verarbeitung nicht in zumutbarer Weise durch andere Mittel erreicht werden kann. Um sicherzustellen, dass die personenbezogenen Daten nicht länger als nötig gespeichert werden, sollte der Verantwortliche Fristen für ihre Löschung oder regelmäßige Überprüfung vorsehen. Es sollten alle vertretbaren Schritte unternommen werden, damit unrichtige personenbezogene Daten gelöscht oder berichtigt werden. Personenbezogene Daten sollten so verarbeitet werden, dass ihre Sicherheit und Vertraulichkeit hinreichend gewährleistet ist, wozu auch gehört, dass Unbefugte keinen Zugang zu den Daten haben und weder die Daten noch die Geräte, mit denen diese verarbeitet werden, benutzen können.

Anmerkungen

Der in Abs 1 lit a normierte Grundsatz der **Rechtmäßigkeit** bedeutet zunächst, dass personenbezogene Daten nur bei Vorliegen einer entsprechenden Rechtsgrundlage nach Art 6, 9 bzw 10 verarbeitet werden dürfen. Weiters kann hierin ein Verweis auf die Notwendigkeit der Rechtmäßigkeit der Verarbeitungszwecke erblickt werden (vgl Rz 6 unten). 1

Der in Abs 1 lit a normierte Grundsatz **Treu und Glauben** stellt – wie bereits in Art 6 Abs 1 lit a DS-RL (vgl *Dammann/Simitis*, EG-Datenschutzrichtlinie [1997] Art 6 Rz 3 f) – gewissermaßen eine Auffangklausel dar, welche insbesondere bei der Durchführung von Interessensabwägungen zu berücksichtigen ist (vgl zB Art 6 Abs 1 lit f). 2

Die sich aus dem in Abs 1 lit a normierten Grundsatz der **Transparenz** ergebenden Anforderungen sind in Art 12 ff normiert. 3

Der mit dem Erfordernis der Festlegung der Zwecke in Abs 1 lit b begründete Grundsatz der **Zweckfestlegung** („purpose specification") ist ein wesentlicher Aspekt des Grundsatzes der Zweckbindung. Die Zwecke müssen hinreichend präzise definiert werden, sodass (i) eine Aussage darüber möglich ist, welche Arten der Verarbeitung erfasst sind sowie (ii) eine Beurteilung der Rechtmäßigkeit der Zwecke sowie der Verarbeitung im Allgemeinen möglich ist. Verarbeitungszwecke wie „Marketingzwecke" oder „IT-Sicherheitszwecke" sind daher grundsätzlich nicht ausreichend präzise (so ausdrücklich *Artikel-29-Datenschutzgruppe*, Opinion 03/2012 on purpose limitation, WP 203 [2013] 16, 4 verfügbar unter http://ec.europa.eu/justice/data-protection/article-29/documentation/opinion-recommendation/files/2013/wp203_en.pdf).

5 **Eindeutigkeit** der Zwecke iSd Abs 1 lit b ist nur gegeben, wenn die Zwecke in verständlicher Form dokumentiert (und nicht nur gedanklich festgehalten) werden und zudem derart formuliert werden, dass sie nicht nur vom Verantwortlichen und den eingesetzten Auftragsverarbeitern, sondern auch von den Aufsichtsbehörden und den betroffenen Personen auf dieselbe Art verstanden werden (*Artikel-29-Datenschutzgruppe*, Opinion 03/2012 on purpose limitation, WP203 [2013] 17, verfügbar unter http://ec.europa.eu/justice/data-protection/article-29/documentation/opinion-recommendation/files/2013/wp203_en.pdf).

6 Die **Legitimität** der Zwecke iSd Abs 1 lit b erfordert nicht nur, dass die Datenverarbeitung auf eine der Tatbestände des Art 6 Abs 1 UAbs 1 lit a bis f bzw Art 9 Abs 2 lit a bis j gestützt werden kann, sondern auch, dass sie im Einklang mit sonstigen rechtlichen Verpflichtungen steht, wie sie sich insbesondere aus dem Arbeitsrecht, dem Vertragsrecht oder dem Konsumentenschutzrecht ergeben (vgl *Artikel-29-Datenschutzgruppe*, Opinion 03/2012 on purpose limitation, WP203 [2013] 20, verfügbar unter http://ec.europa.eu/justice/data-protection/article-29/documentation/opinion-recommendation/files/2013/wp203_en.pdf).

7 Da auf die Datenerhebung abgestellt wird, hat die **Festlegung der Zwecke spätestens zum Zeitpunkt der Erhebung** der Daten zu erfolgen (*Artikel-29-Datenschutzgruppe*, Opinion 03/2012 on purpose limitation, WP203 [2013] 15, verfügbar unter http://ec.europa.eu/justice/data-protection/article-29/documentation/opinion-recommendation/files/2013/wp203_en.pdf).

8 Siehe Art 6 Abs 4 zu den Kriterien für die **Vereinbarkeit neuer Zwecke** mit den bisherigen Zwecken. Zum Verhältnis zwischen dem in Abs 1 lit b normierten **Zweckbindungsgrundsatz** und dem Grundsatz der Rechtmäßigkeit der Verarbeitung siehe Art 6 Rz 15; zum Verhältnis gegenüber dem Grundsatz der Transparenz und den Informationspflichten bei einer Verarbeitung für einen neuen Zweck, siehe Art 13 Abs 3 und Art 14 Abs 4.

9 Ob es erforderlich ist, die Daten auf dem neuesten Stand zu halten, wird nach dem jeweiligen Verarbeitungszweck zu beurteilen sein.

10 In Abs 1 lit e ist insbesondere eine **Pseudonymisierung** oder nachträgliche Anonymisierung der Daten angesprochen.

Die Definition des **Grundsatzes der Integrität und Vertraulichkeit** 11
in Abs 1 lit f ist in mehrerer Hinsicht kritikwürdig: Erstens ist die demonstrative Aufzählung der Schutzziele im Verhältnis zur Bezeichnung des Grundsatzes unvollständig. Denn im Unterschied zu Art 17 Abs 1 DS-RL und Art 32 Abs 2 DSGVO spricht Abs 1 lit f nicht ausdrücklich aus, dass personenbezogene Daten auch gegen unberechtigte Weitergabe bzw Offenlegung oder unbefugten Zugang zu schützen sind, womit die Vertraulichkeit der Daten angesprochen wäre. Da der Grundsatz des Abs 1 lit f vom Unionsgesetzgeber mit der Bezeichnung „Integrität und Vertraulichkeit" versehen wurde, besteht jedoch kein Zweifel, dass personenbezogene Daten nach diesem Grundsatz sehr wohl auch vor unberechtigte Weitergabe oder unberechtigten Zugang zu schützen sind.

Zweitens ist die Bezeichnung „Integrität und Vertraulichkeit" zu eng gegriffen, da personenbezogene Daten nach den demonstrativen Schutzzielen auch gegen unbeabsichtigten Verlust bzw unbeabsichtigte Zerstörung, somit gegen einen Verlust der Verfügbarkeit der Daten zu schützen sind.

Schließlich liegt Abs 1 lit f ein im Verhältnis zu Art 32 f inkonsistenter Sicherheitsbegriff zugrunde: Nach Abs 1 lit f umfasst die Sicherheit personenbezogener Daten den „Schutz vor unbefugter oder unrechtmäßiger Verarbeitung", womit die Rechtmäßigkeit der Verarbeitung angesprochen ist. Nach Art 32 ist hingegen lediglich die Vertraulichkeit, Integrität und Verfügbarkeit der Daten, nicht jedoch die Rechtmäßigkeit ihrer Verarbeitung ein Schutzziel (vgl Art 32 Abs 2). Auch die Verpflichtung zur Data Breach Notification (Art 33 f) beschränkt sich auf Verletzungen der Vertraulichkeit, Integrität und Verfügbarkeit der Daten (siehe Art 4 Rz 30). Das Begriffsverständnis von Art 32 f spiegelt sich auch in Erwägungsgrund 83 Satz 1 wider, wonach Maßnahmen einerseits „zur Aufrechterhaltung der Sicherheit" und andererseits „zur Vorbeugung gegen eine gegen diese Verordnung verstoßende Verarbeitung" implementiert werden sollen. Zweitere sind jedoch nicht Gegenstand der Art 32 f, sondern des Art 24.

Richtigerweise, wäre der Grundsatz des Abs 1 lit f daher als „Sicherheit und Rechtmäßigkeit" zu bezeichnen gewesen, wobei sich „Sicherheit" auf Art 32 f und Rechtmäßigkeit auf Art 24 bezieht.

Die **Rechenschaftspflicht** des Abs 2 gilt somit **nicht für Auftragsver-** 12
arbeiter (vgl auch Art 24 Rz 2).

13 Zu dem in der englischen Sprachfassung des Abs 2 verwendeten Begriff „**Accountability**" (hier als **Rechenschaftspflicht** übersetzt) führt die Artikel-29-Datenschutzgruppe aus, dass dieser „im angelsächsischen Sprachraum häufig verwendet [wird], wo auch im Wesentlichen Einvernehmen über seine Bedeutung herrscht, wenngleich es schwierig ist, seine exakte Bedeutung in der Praxis zu definieren. Allgemein gesagt drückt er hauptsächlich aus, wie Verantwortung überprüfbar wahrgenommen wird. Verantwortung und Rechenschaftspflicht sind zwei Seiten einer Medaille und wesentliche Bestandteile der Good Governance. Nur wenn Verantwortung in der Praxis nachweislich effektiv wahrgenommen wird, kann sich das notwendige Vertrauen entwickeln" (Artikel-29-Datenschutzgruppe, Stellungnahme 3/2010 zum Grundsatz der Rechenschaftspflicht, WP 173 [2010] 8).

Die Rechenschaftspflicht nach Abs 2 enthält zwei Elemente: Erstens ist der Verantwortliche „für die Einhaltung des Absatzes 1 verantwortlich" („shall be responsible for [...] compliance with, paragraph 1") und zweitens „muss [er] dessen Einhaltung nachweisen können" („shall [...] be able to demonstrate compliance with [...] paragraph 1").

Das erste Element der Rechenschaftspflicht bedeutet im Wesentlichen, dass der Verantwortliche **Compliance-Maßnahmen** zu implementieren hat, welche sicherstellen, dass die Grundsätze nach Abs 1 eingehalten werden (vgl Artikel-29-Datenschutzgruppe, Stellungnahme 3/2010 zum Grundsatz der Rechenschaftspflicht, WP 173 [2010] Rz 39). Diese Pflicht wird in Art 24 näher konkretisiert.

Das zweite Element der Rechenschaftspflicht ist im Kern eine **materielle Nachweispflicht** (vgl Artikel-29-Datenschutzgruppe, Stellungnahme 3/2010 zum Grundsatz der Rechenschaftspflicht, WP 173 [2010] Rz 39), welche jedoch zu keiner – im Übrigen mit der Unschuldsvermutung nach Art 48 Abs 1 GRC unvereinbaren – Beweislastumkehr führt. Da die Verletzung der Nachweispflicht mit keinem Bußgeld bedroht ist (vgl Art 83 sowie Art 24 Rz 1) und auch nicht als Recht betroffener Personen ausgestaltet ist (vgl den Katalog der Betroffenenrechte nach Art 12 ff; dies entspricht auch den OECD Privacy Guidelines aus dem Jahr 2013, siehe Rz 14 unten), kann die Nachweispflicht nur von Aufsichtsbehörden mit Zwangsmaßnahmen durchgesetzt werden (siehe die Untersuchungsbefugnisse Art 58 Abs 1). Im Ergebnis besteht die Nachweispflicht daher nur gegenüber den zuständigen Aufsichtsbehörden. Gegenüber betroffenen Personen kann im Rahmen eines Schadenersatzprozesses allenfalls eine Nachweisobliegenheit gegeben sein (siehe Art 82 Rz 5).

Zur **Genese der Rechenschaftspflicht:** Das Konzept der Rechenschafts- **14** pflicht („Accountability") war bereits in den OECD-Richtlinien über Datenschutz und grenzüberschreitende Ströme personenbezogener Daten aus dem Jahr 1980 enthalten, dort jedoch noch auf das in Abs 2 erstgenannte Element der Verantwortlichkeit beschränkt (siehe § 14 der OECD-Richtlinien: „A data controller should be accountable for complying with measures which give effect to the principles stated above").

Die als „Madrid Resolution" bekannten „International Standards on the Protection of Personal Data and Privacy" der International Conference of Data Protection and Privacy Commissioners vom 5. November 2009 (verfügbar unter https://icdppc.org/wp-content/uploads/2015/02/The-Madrid-Resolution.pdf) sehen bereits einen Grundsatz der Rechenschaftspflicht („Accountability Principle") vor, der die Elemente der Verantwortlichkeit und Nachweispflicht vereint (die verantwortliche Person muss: „a) Die notwendigen Maßnahmen zur Erfüllung der in dem vorliegenden Dokument und in der anzuwendenden nationalen Gesetzgebung aufgeführten Grundsätze und Verpflichtungen ergreifen; und b) die erforderlichen Nachweise über die Erfüllung der oben genannten Vorgaben erbringen, und zwar sowohl gegenüber dem Betroffenen als auch gemäß Artikel 23 gegenüber den zuständigen Aufsichtsbehörden").

Im Jahr 2010 hat die Art-23-Datenschutzgruppe mit ihrer Stellungnahme 3/2010 die Einführung des Grundsatzes der Rechenschaftspflicht gefordert (Artikel-29-Datenschutzgruppe, Stellungnahme 3/2010 zum Grundsatz der Rechenschaftspflicht, WP 173 [2010].

Der internationale Standard ISO/IEC 29100 („Information technology – Security techniques – Privacy framework") aus dem Jahre 2011 sieht ebenso den Grundsatz der Accountability vor.

Schließlich sehen die OECD Privacy Guidelines aus dem Jahr 2013 (verfügbar unter http://www.oecd.org/sti/ieconomy/oecd_privacy_framework.pdf) vor, dass der Grundsatz der Rechenschaftspflicht ua durch ein Privacy Management-Programm und eine Nachweispflicht umgesetzt wird (vgl § 15 lit b der OECD Privacy Guidelines: „Be prepared to demonstrate its privacy management programme as appropriate, in particular at the request of a competent privacy enforcement authority or another entity responsible for promoting adherence to a code of conduct or similar arrangement giving binding effect to these Guidelines").

Artikel 6
Rechtmäßigkeit der Verarbeitung

(1) Die Verarbeitung ist nur rechtmäßig, wenn mindestens eine der nachstehenden Bedingungen erfüllt ist:[1]
  a) Die betroffene Person hat ihre Einwilligung[2] zu der Verarbeitung der sie betreffenden personenbezogenen Daten für einen oder mehrere bestimmte Zwecke gegeben;
  b) die Verarbeitung ist für die Erfüllung eines Vertrags, dessen Vertragspartei die betroffene Person ist, oder zur Durchführung vorvertraglicher Maßnahmen erforderlich, die auf Anfrage der betroffenen Person erfolgen;
  c) die Verarbeitung ist zur Erfüllung einer rechtlichen Verpflichtung[3] erforderlich, der der Verantwortliche unterliegt;[4]
  d) die Verarbeitung ist erforderlich, um lebenswichtige Interessen der betroffenen Person oder einer anderen[5] natürlichen Person zu schützen;
  e) die Verarbeitung ist für die Wahrnehmung einer Aufgabe erforderlich, die im öffentlichen Interesse liegt oder in Ausübung öffentlicher Gewalt erfolgt, die dem Verantwortlichen übertragen wurde;[6]
  f) die Verarbeitung ist zur Wahrung der berechtigten Interessen[7] des Verantwortlichen oder eines Dritten[8] erforderlich, sofern nicht die Interessen oder Grundrechte und Grundfreiheiten der betroffenen Person, die den Schutz personenbezogener Daten erfordern, überwiegen,[9] insbesondere dann, wenn es sich bei der betroffenen Person um ein Kind[10] handelt.

Unterabsatz 1 Buchstabe f gilt nicht für die von Behörden in Erfüllung ihrer Aufgaben vorgenommene Verarbeitung.[11]

(2) Die Mitgliedstaaten können spezifischere Bestimmungen zur Anpassung der Anwendung der Vorschriften dieser Verordnung in Bezug auf die Verarbeitung zur Erfüllung von Absatz 1 Buchstaben c und e beibehalten oder einführen, indem sie spezifische Anforderungen für die Verarbeitung sowie sonstige Maßnahmen präziser bestimmen, um eine rechtmäßig und nach Treu und Glauben erfolgende Verarbeitung zu gewährleisten, einschließlich für andere besondere Verarbeitungssituationen gemäß Kapitel IX.

(3) Die Rechtsgrundlage für die Verarbeitungen gemäß Absatz 1 Buchstaben c und e wird festgelegt durch[12]
  a) Unionsrecht oder

b) das Recht der Mitgliedstaaten, dem der Verantwortliche unterliegt.

Der Zweck der Verarbeitung muss in dieser Rechtsgrundlage festgelegt oder hinsichtlich der Verarbeitung gemäß Absatz 1 Buchstabe e für die Erfüllung einer Aufgabe erforderlich sein, die im öffentlichen Interesse liegt oder in Ausübung öffentlicher Gewalt erfolgt, die dem Verantwortlichen übertragen wurde. Diese Rechtsgrundlage kann spezifische Bestimmungen zur Anpassung der Anwendung der Vorschriften dieser Verordnung enthalten, unter anderem Bestimmungen darüber, welche allgemeinen Bedingungen für die Regelung der Rechtmäßigkeit der Verarbeitung durch den Verantwortlichen gelten, welche Arten von Daten verarbeitet werden, welche Personen betroffen sind, an welche Einrichtungen und für welche Zwecke die personenbezogenen Daten offengelegt werden dürfen, welcher Zweckbindung sie unterliegen, wie lange sie gespeichert werden dürfen und welche Verarbeitungsvorgänge und -verfahren angewandt werden dürfen, einschließlich Maßnahmen zur Gewährleistung einer rechtmäßig und nach Treu und Glauben erfolgenden Verarbeitung, wie solche für sonstige besondere Verarbeitungssituationen gemäß Kapitel IX. Das Unionsrecht oder das Recht der Mitgliedstaaten müssen ein im öffentlichen Interesse liegendes Ziel verfolgen und in einem angemessenen Verhältnis zu dem verfolgten legitimen Zweck stehen.

(4) Beruht die Verarbeitung zu einem anderen Zweck als zu demjenigen, zu dem die personenbezogenen Daten erhoben wurden, nicht auf der Einwilligung der betroffenen Person[13] oder auf einer Rechtsvorschrift der Union oder der Mitgliedstaaten, die in einer demokratischen Gesellschaft eine notwendige und verhältnismäßige Maßnahme zum Schutz der in Artikel 23 Absatz 1 genannten Ziele darstellt, so berücksichtigt der Verantwortliche – um festzustellen, ob die Verarbeitung zu einem anderen Zweck mit demjenigen, zu dem die personenbezogenen Daten ursprünglich erhoben wurden, vereinbar ist – unter anderem[14,15,16]

a) jede Verbindung zwischen den Zwecken, für die die personenbezogenen Daten erhoben wurden, und den Zwecken der beabsichtigten Weiterverarbeitung,

b) den Zusammenhang, in dem die personenbezogenen Daten erhoben wurden, insbesondere hinsichtlich des Verhältnisses zwischen den betroffenen Personen und dem Verantwortlichen,[17]

c) die Art der personenbezogenen Daten, insbesondere ob besondere Kategorien personenbezogener Daten gemäß Artikel 9 verarbeitet werden oder ob personenbezogene Daten über strafrechtliche Verurteilungen und Straftaten[18] gemäß Artikel 10 verarbeitet werden,
d) die möglichen Folgen der beabsichtigten Weiterverarbeitung für die betroffenen Personen,
e) das Vorhandensein geeigneter Garantien, wozu Verschlüsselung oder Pseudonymisierung[19] gehören kann.

Erwägungsgründe

Zu Abs 1

(40) Damit die Verarbeitung rechtmäßig ist, müssen personenbezogene Daten mit Einwilligung der betroffenen Person oder auf einer sonstigen zulässigen Rechtsgrundlage verarbeitet werden, die sich aus dieser Verordnung oder – wann immer in dieser Verordnung darauf Bezug genommen wird – aus dem sonstigen Unionsrecht oder dem Recht der Mitgliedstaaten ergibt, so unter anderem auf der Grundlage, dass sie zur Erfüllung der rechtlichen Verpflichtung, der der Verantwortliche unterliegt, oder zur Erfüllung eines Vertrags, dessen Vertragspartei die betroffene Person ist, oder für die Durchführung vorvertraglicher Maßnahmen, die auf Anfrage der betroffenen Person erfolgen, erforderlich ist.

Zu Abs 1 lit c und lit e sowie Abs 3

(41) Wenn in dieser Verordnung auf eine Rechtsgrundlage oder eine Gesetzgebungsmaßnahme Bezug genommen wird, erfordert dies nicht notwendigerweise einen von einem Parlament angenommenen Gesetzgebungsakt; davon unberührt bleiben Anforderungen gemäß der Verfassungsordnung des betreffenden Mitgliedstaats. Die entsprechende Rechtsgrundlage oder Gesetzgebungsmaßnahme sollte jedoch klar und präzise sein und ihre Anwendung sollte für die Rechtsunterworfenen gemäß der Rechtsprechung des Gerichtshofs der Europäischen Union (im Folgenden „Gerichtshof") und des Europäischen Gerichtshofs für Menschenrechte vorhersehbar sein.

Rechtmäßigkeit der Verarbeitung **Art 6**

Zu Abs 1 lit a

(42) Erfolgt die Verarbeitung mit Einwilligung der betroffenen Person, sollte der Verantwortliche nachweisen können, dass die betroffene Person ihre Einwilligung zu dem Verarbeitungsvorgang gegeben hat. Insbesondere bei Abgabe einer schriftlichen Erklärung in anderer Sache sollten Garantien sicherstellen, dass die betroffene Person weiß, dass und in welchem Umfang sie ihre Einwilligung erteilt. Gemäß der Richtlinie 93/13/EWG des Rates sollte eine vom Verantwortlichen vorformulierte Einwilligungserklärung in verständlicher und leicht zugänglicher Form in einer klaren und einfachen Sprache zur Verfügung gestellt werden, und sie sollte keine missbräuchlichen Klauseln beinhalten. Damit sie in Kenntnis der Sachlage ihre Einwilligung geben kann, sollte die betroffene Person mindestens wissen, wer der Verantwortliche ist und für welche Zwecke ihre personenbezogenen Daten verarbeitet werden sollen. Es sollte nur dann davon ausgegangen werden, dass sie ihre Einwilligung freiwillig gegeben hat, wenn sie eine echte oder freie Wahl hat und somit in der Lage ist, die Einwilligung zu verweigern oder zurückzuziehen, ohne Nachteile zu erleiden.

(43) Um sicherzustellen, dass die Einwilligung freiwillig erfolgt ist, sollte diese in besonderen Fällen, wenn zwischen der betroffenen Person und dem Verantwortlichen ein klares Ungleichgewicht besteht, insbesondere wenn es sich bei dem Verantwortlichen um eine Behörde handelt, und es deshalb in Anbetracht aller Umstände in dem speziellen Fall unwahrscheinlich ist, dass die Einwilligung freiwillig gegeben wurde, keine gültige Rechtsgrundlage liefern. Die Einwilligung gilt nicht als freiwillig erteilt, wenn zu verschiedenen Verarbeitungsvorgängen von personenbezogenen Daten nicht gesondert eine Einwilligung erteilt werden kann, obwohl dies im Einzelfall angebracht ist, oder wenn die Erfüllung eines Vertrags, einschließlich der Erbringung einer Dienstleistung, von der Einwilligung abhängig ist, obwohl diese Einwilligung für die Erfüllung nicht erforderlich ist.

Zu Abs 1 lit b

(44) Die Verarbeitung von Daten sollte als rechtmäßig gelten, wenn sie für die Erfüllung oder den geplanten Abschluss eines Vertrags erforderlich ist.

Zu Abs 1 lit c und lit e sowie Abs 3

(45) Erfolgt die Verarbeitung durch den Verantwortlichen aufgrund einer ihm obliegenden rechtlichen Verpflichtung oder ist die Verarbeitung zur Wahrnehmung einer Aufgabe im öffentlichen Interesse oder in Ausübung öffentlicher Gewalt erforderlich, muss hierfür eine Grundlage im Unionsrecht oder im Recht eines Mitgliedstaats bestehen. Mit dieser Verordnung wird nicht für jede einzelne Verarbeitung ein spezifisches Gesetz verlangt. Ein Gesetz als Grundlage für mehrere Verarbeitungsvorgänge kann ausreichend sein, wenn die Verarbeitung aufgrund einer dem Verantwortlichen obliegenden rechtlichen Verpflichtung erfolgt oder wenn die Verarbeitung zur Wahrnehmung einer Aufgabe im öffentlichen Interesse oder in Ausübung öffentlicher Gewalt erforderlich ist. Desgleichen sollte im Unionsrecht oder im Recht der Mitgliedstaaten geregelt werden, für welche Zwecke die Daten verarbeitet werden dürfen. Ferner könnten in diesem Recht die allgemeinen Bedingungen dieser Verordnung zur Regelung der Rechtmäßigkeit der Verarbeitung personenbezogener Daten präzisiert und es könnte darin festgelegt werden, wie der Verantwortliche zu bestimmen ist, welche Art von personenbezogenen Daten verarbeitet werden, welche Personen betroffen sind, welchen Einrichtungen die personenbezogenen Daten offengelegt, für welche Zwecke und wie lange sie gespeichert werden dürfen und welche anderen Maßnahmen ergriffen werden, um zu gewährleisten, dass die Verarbeitung rechtmäßig und nach Treu und Glauben erfolgt. Desgleichen sollte im Unionsrecht oder im Recht der Mitgliedstaaten geregelt werden, ob es sich bei dem Verantwortlichen, der eine Aufgabe wahrnimmt, die im öffentlichen Interesse liegt oder in Ausübung öffentlicher Gewalt erfolgt, um eine Behörde oder um eine andere unter das öffentliche Recht fallende natürliche oder juristische Person oder, sofern dies durch das öffentliche Interesse einschließlich gesundheitlicher Zwecke, wie die öffentliche Gesundheit oder die soziale Sicherheit oder die Verwaltung von Leistungen der Gesundheitsfürsorge, gerechtfertigt ist, eine natürliche oder juristische Person des Privatrechts, wie beispielsweise eine Berufsvereinigung, handeln sollte.

Zu Abs 1 lit d

(46) Die Verarbeitung personenbezogener Daten sollte ebenfalls als rechtmäßig angesehen werden, wenn sie erforderlich ist, um ein lebenswichtiges Interesse der betroffenen Person oder einer anderen natürlichen Person zu schützen. Personenbezogene Daten sollten grundsätzlich nur

Rechtmäßigkeit der Verarbeitung Art 6

dann aufgrund eines lebenswichtigen Interesses einer anderen natürlichen Person verarbeitet werden, wenn die Verarbeitung offensichtlich nicht auf eine andere Rechtsgrundlage gestützt werden kann. Einige Arten der Verarbeitung können sowohl wichtigen Gründen des öffentlichen Interesses als auch lebenswichtigen Interessen der betroffenen Person dienen; so kann beispielsweise die Verarbeitung für humanitäre Zwecke einschließlich der Überwachung von Epidemien und deren Ausbreitung oder in humanitären Notfällen insbesondere bei Naturkatastrophen oder vom Menschen verursachten Katastrophen erforderlich sein.

Zu Abs 1 lit f

(47) Die Rechtmäßigkeit der Verarbeitung kann durch die berechtigten Interessen eines Verantwortlichen, auch eines Verantwortlichen, dem die personenbezogenen Daten offengelegt werden dürfen, oder eines Dritten begründet sein, sofern die Interessen oder die Grundrechte und Grundfreiheiten der betroffenen Person nicht überwiegen; dabei sind die vernünftigen Erwartungen der betroffenen Person, die auf ihrer Beziehung zu dem Verantwortlichen beruhen, zu berücksichtigen. Ein berechtigtes Interesse könnte beispielsweise vorliegen, wenn eine maßgebliche und angemessene Beziehung zwischen der betroffenen Person und dem Verantwortlichen besteht, z. B. wenn die betroffene Person ein Kunde des Verantwortlichen ist oder in seinen Diensten steht. Auf jeden Fall wäre das Bestehen eines berechtigten Interesses besonders sorgfältig abzuwägen, wobei auch zu prüfen ist, ob eine betroffene Person zum Zeitpunkt der Erhebung der personenbezogenen Daten und angesichts der Umstände, unter denen sie erfolgt, vernünftigerweise absehen kann, dass möglicherweise eine Verarbeitung für diesen Zweck erfolgen wird. Insbesondere dann, wenn personenbezogene Daten in Situationen verarbeitet werden, in denen eine betroffene Person vernünftigerweise nicht mit einer weiteren Verarbeitung rechnen muss, könnten die Interessen und Grundrechte der betroffenen Person das Interesse des Verantwortlichen überwiegen. Da es dem Gesetzgeber obliegt, per Rechtsvorschrift die Rechtsgrundlage für die Verarbeitung personenbezogener Daten durch die Behörden zu schaffen, sollte diese Rechtsgrundlage nicht für Verarbeitungen durch Behörden gelten, die diese in Erfüllung ihrer Aufgaben vornehmen. Die Verarbeitung personenbezogener Daten im für die Verhinderung von Betrug unbedingt erforderlichen Umfang stellt ebenfalls ein berechtigtes Interesse des jeweiligen Verantwortlichen dar. Die Verarbeitung personenbezogener Daten zum Zwecke der Direktwer-

bung kann als eine einem berechtigten Interesse dienende Verarbeitung betrachtet werden.

(48) Verantwortliche, die Teil einer Unternehmensgruppe oder einer Gruppe von Einrichtungen sind, die einer zentralen Stelle zugeordnet sind können ein berechtigtes Interesse haben, personenbezogene Daten innerhalb der Unternehmensgruppe für interne Verwaltungszwecke, einschließlich der Verarbeitung personenbezogener Daten von Kunden und Beschäftigten, zu übermitteln. Die Grundprinzipien für die Übermittlung personenbezogener Daten innerhalb von Unternehmensgruppen an ein Unternehmen in einem Drittland bleiben unberührt.

(49) Die Verarbeitung von personenbezogenen Daten durch Behörden, Computer-Notdienste (Computer Emergency Response Teams – CERT, beziehungsweise Computer Security Incident Response Teams – CSIRT), Betreiber von elektronischen Kommunikationsnetzen und -diensten sowie durch Anbieter von Sicherheitstechnologien und -diensten stellt in dem Maße ein berechtigtes Interesse des jeweiligen Verantwortlichen dar, wie dies für die Gewährleistung der Netz- und Informationssicherheit unbedingt notwendig und verhältnismäßig ist, d. h. soweit dadurch die Fähigkeit eines Netzes oder Informationssystems gewährleistet wird, mit einem vorgegebenen Grad der Zuverlässigkeit Störungen oder widerrechtliche oder mutwillige Eingriffe abzuwehren, die die Verfügbarkeit, Authentizität, Vollständigkeit und Vertraulichkeit von gespeicherten oder übermittelten personenbezogenen Daten sowie die Sicherheit damit zusammenhängender Dienste, die über diese Netze oder Informationssysteme angeboten werden bzw. zugänglich sind, beeinträchtigen. Ein solches berechtigtes Interesse könnte beispielsweise darin bestehen, den Zugang Unbefugter zu elektronischen Kommunikationsnetzen und die Verbreitung schädlicher Programmcodes zu verhindern sowie Angriffe in Form der gezielten Überlastung von Servern („Denial of service"-Angriffe) und Schädigungen von Computer- und elektronischen Kommunikationssystemen abzuwehren.

Zu Abs 4

(50) Die Verarbeitung personenbezogener Daten für andere Zwecke als die, für die die personenbezogenen Daten ursprünglich erhoben wurden, sollte nur zulässig sein, wenn die Verarbeitung mit den Zwecken, für die die personenbezogenen Daten ursprünglich erhoben wurden, vereinbar ist. In diesem Fall ist keine andere gesonderte Rechtsgrundlage erforder-

lich als diejenige für die Erhebung der personenbezogenen Daten. Ist die Verarbeitung für die Wahrnehmung einer Aufgabe erforderlich, die im öffentlichen Interesse liegt oder in Ausübung öffentlicher Gewalt erfolgt, die dem Verantwortlichen übertragen wurde, so können im Unionsrecht oder im Recht der Mitgliedstaaten die Aufgaben und Zwecke bestimmt und konkretisiert werden, für die eine Weiterverarbeitung als vereinbar und rechtmäßig erachtet wird. Die Weiterverarbeitung für im öffentlichen Interesse liegende Archivzwecke, für wissenschaftliche oder historische Forschungszwecke oder für statistische Zwecke sollte als vereinbarer und rechtmäßiger Verarbeitungsvorgang gelten. Die im Unionsrecht oder im Recht der Mitgliedstaaten vorgesehene Rechtsgrundlage für die Verarbeitung personenbezogener Daten kann auch als Rechtsgrundlage für eine Weiterverarbeitung dienen. Um festzustellen, ob ein Zweck der Weiterverarbeitung mit dem Zweck, für den die personenbezogenen Daten ursprünglich erhoben wurden, vereinbar ist, sollte der Verantwortliche nach Einhaltung aller Anforderungen für die Rechtmäßigkeit der ursprünglichen Verarbeitung unter anderem prüfen, ob ein Zusammenhang zwischen den Zwecken, für die die personenbezogenen Daten erhoben wurden, und den Zwecken der beabsichtigten Weiterverarbeitung besteht, in welchem Kontext die Daten erhoben wurden, insbesondere die vernünftigen Erwartungen der betroffenen Person, die auf ihrer Beziehung zu dem Verantwortlichen beruhen, in Bezug auf die weitere Verwendung dieser Daten, um welche Art von personenbezogenen Daten es sich handelt, welche Folgen die beabsichtigte Weiterverarbeitung für die betroffenen Personen hat und ob sowohl beim ursprünglichen als auch beim beabsichtigten Weiterverarbeitungsvorgang geeignete Garantien bestehen. Hat die betroffene Person ihre Einwilligung erteilt oder beruht die Verarbeitung auf Unionsrecht oder dem Recht der Mitgliedstaaten, was in einer demokratischen Gesellschaft eine notwendige und verhältnismäßige Maßnahme zum Schutz insbesondere wichtiger Ziele des allgemeinen öffentlichen Interesses darstellt, so sollte der Verantwortliche die personenbezogenen Daten ungeachtet der Vereinbarkeit der Zwecke weiterverarbeiten dürfen. In jedem Fall sollte gewährleistet sein, dass die in dieser Verordnung niedergelegten Grundsätze angewandt werden und insbesondere die betroffene Person über diese anderen Zwecke und über ihre Rechte einschließlich des Widerspruchsrechts unterrichtet wird. Der Hinweis des Verantwortlichen auf mögliche Straftaten oder Bedrohungen der öffentlichen Sicherheit und die Übermittlung der maßgeblichen personenbezogenen Daten in Einzelfällen oder in mehreren Fällen, die im Zusammenhang mit derselben Straftat oder derselben Bedrohung der öffentlichen Sicherheit stehen, an eine zuständige Behörde sollten als berechtigtes Interesse des Verantwortlichen gelten. Eine derartige Übermittlung personenbezogener Daten im berechtigten Interesse des Verantwortlichen oder deren Weiterverarbeitung sollte jedoch unzulässig sein, wenn die Verarbeitung mit einer rechtlichen, beruflichen oder sonstigen verbindlichen Pflicht zur Geheimhaltung unvereinbar ist.

Anmerkungen

1 Hiermit wird die bisherige **Regelungssystematik** des Art 7 DS-RL beibehalten: Jegliche Verarbeitung personenbezogener Daten ist verboten, sofern sie sich nicht auf einen Erlaubnistatbestand stützen kann (vgl auch Erwägungsgrund 40).

2 Siehe Art 4 Nr 11 zur Definition des Begriffs „**Einwilligung**" sowie Art 7 und 8 zu den Bedingungen für die Einwilligung. Vgl auch Erwägungsgrund 42 und 43.

3 Die **Verpflichtung** iSd Abs 1 UAbs 1 lit c muss sich nach Abs 3 **aus dem Unionsrecht oder einem Gesetz im materiellen Sinn** eines Mitgliedstaates oder mehrerer Mitgliedstaaten ergeben (vgl auch Erwägungsgrund 41), denen der Verantwortliche unterliegt. Eine vertraglich begründete Verpflichtung oder eine Verpflichtung, die sich aus dem Gesetz eines Staates ergibt, der kein Mitgliedstaat ist, findet im Rahmen des Abs 1 UAbs 1 lit c keine Berücksichtigung.

4 Verarbeitungen auf Grundlage des Abs 1 lit c unterliegen der besonderen behördlichen Zuständigkeitsnorm des Art 55 Abs 2.

5 Soweit es sich lediglich um die **lebenswichtigen Interessen** einer anderen Person handelt, ist die Rechtsgrundlage des Abs 1 UAbs 1 lit d grundsätzlich subsidiär zu den anderen Rechtsgrundlagen des Abs 1 (vgl nach Erwägungsgrund 46 Satz 2, wonach lit d in einem solchen Fall nur dann in Betracht kommt, „wenn die Verarbeitung offensichtlich nicht auf eine andere Rechtsgrundlage gestützt werden kann").

6 Verarbeitungen auf Grundlage des Abs 1 lit e unterliegen der besonderen behördlichen Zuständigkeitsnorm des Art 55 Abs 2.

7 Ein **berechtigtes Interesse** iSd Abs 1 UAbs 1 lit f kann zB in der Betrugsbekämpfung oder der Direktwerbung (Erwägungsgrund 47 Satz 6 und 7) sowie der Gewährleistung der Netz- und Informationssicherheit (Erwägungsgrund 49) liegen. Weiters kann ein berechtigtes Interesse

gegeben sein, personenbezogene Daten, wie insbesondere Mitarbeiter- oder Kundendaten, innerhalb der Unternehmensgruppe für interne Verwaltungszwecke zu übermitteln (Erwägungsgrund 48). Weitere Beispiele sind: (i) Wahrnehmung des Rechts auf Meinungs- und Informationsfreiheit, auch in den Medien und in der Kunst; (ii) herkömmliche Direktwerbung und andere Formen des Marketings oder der Werbung; (iii) Durchsetzung von Rechtsansprüchen über außergerichtliche Verfahren; (iv) Verhütung von Betrug, Leistungsmissbrauch oder Geldwäsche; (v) Überwachung von Arbeitnehmern aus Sicherheits- oder Verwaltungsgründen; (vi) Regelungen zur Meldung mutmaßlicher Missstände; (vii) persönliche Sicherheit, IT- und Netzsicherheit; (vii) Verarbeitung für historische, wissenschaftliche oder statistische Zwecke und (viii) Verarbeitung für Forschungszwecke, einschließlich Marktforschung (vgl *Artikel-29-Datenschutzgruppe*, Stellungnahme 06/2014 zum Begriff des berechtigten Interesses des für die Verarbeitung Verantwortlichen gemäß Art 7 der Richtlinie 95/46/EG, WP 217 [2014] 31 f).

Kein berechtigtes Interesse stellt es hingegen dar, wenn eine Behörde die Verarbeitung für notwendig erachtet, um ihre gesetzlichen Aufgaben zu erfüllen – hierfür steht nur die Rechtsgrundlage des Abs 1 UAbs 1 lit e offen (Abs 1 UAbs 2). Zur Pflicht zur Offenlegung der überwiegenden berechtigten Interessen vgl Art 13 Abs 1 lit d.

Bei der Beurteilung der Frage, ob eine Übermittlung an einen anderen Verantwortlichen durch die Rechtsgrundlage des Abs 1 lit f gedeckt ist, kann daher insbesondere auf das **berechtigte Interesse des Übermittlungsempfängers** abgestellt werden (vgl Erwägungsgrund 47 Satz 1). Siehe Art 4 Nr 10 zur Definition des Begriffs „Dritter". **8**

Um zu ermitteln, ob die Interessen oder Grundrechte und Grundfreiheiten der betroffenen Person überwiegen, sind insbesondere die „**vernünftigen Erwartungen** der betroffenen Person, die auf ihrer Beziehung zu dem Verantwortlichen beruhen," zu berücksichtigen, dh „ob eine betroffene Person zum Zeitpunkt der Erhebung der personenbezogenen Daten und angesichts der Umstände, unter denen sie erfolgt, vernünftigerweise absehen kann, dass möglicherweise eine Verarbeitung für diesen Zweck erfolgen wird" (Erwägungsgrund 47). Hiermit findet das aus der Rsp des U.S. Supreme Court zum vierten Zusatz zur U.S.-Verfassung bekannte Konzept der „**reasonable expectation of privacy**" in die DSGVO Eingang. Eine solche „reasonable excpectation" besteht nach stRsp des U.S. Supreme Court nur, wenn (a) die betroffene Person **9** tatsächlich eine (subjektive) Erwartung hatte, in ihrer Privatsphäre geschützt zu sein und (b) es sich um eine Erwartung handelt, welche die Gesellschaft bereit ist, als „vernünftig" zu akzeptieren (*Katz v. United States*, 389 U.S. 347, 361 [1967]: „there is a twofold requirement, first that a person have exhibited an actual [subjective] expectation of privacy and, second, that the expectation be one that society is prepared to recognize as ‚reasonable'"). Auf die vernünftigen subjektiven Erwartungen der betroffenen Person abzustellen ist uE jedoch jedenfalls dann problematisch, wenn man diese empirisch (und nicht normativ) versteht, da Enthüllungen wie jene von Edward Snowden dazu führen können, dass die subjektiven Erwartungen der betroffenen Personen im Allgemeinen deutliche gemindert werden, was jedoch keine Minderung des rechtlichen Schutzes nach sich ziehen sollte. Das Konzept der „reasonable expectation of privacy" kommt einem naturalistischem Fehlschluss vom Sein auf Sollen daher gefährlich nahe. Um diesen zu vermeiden, sollte bei der Abwägung, ob die Interessen oder Grundrechte und Grundfreiheiten der betroffenen Person überwiegen, insbesondere nicht darauf abgestellt werden, ob der Verantwortliche die betroffene Person vor Erhebung der Daten über Umfang und Zweck der Datenerhebung informiert hat, zumal es sich hierbei grundsätzlich um eine Rechtspflicht nach Art 13f handelt. Vielmehr kommt es darauf an, ob die betroffene Person die subjektive Erwartung hatte, geschützt werden zu *sollen* (ihr also eine Erwartung kontrafaktischer Verhaltensstabilisierung innewohnt), welche dann in einem zweiten Schritt hinsichtlich ihrer Legitimität objektiv zu prüfen ist.

10 Aus Art 8 Abs 1, welcher davon spricht, dass „die Verarbeitung der personenbezogenen Daten des Kindes rechtmäßig [ist], wenn das Kind das sechzehnte Lebensjahr vollendet hat", ergibt sich, dass der Begriff „**Kind**" auch noch Personen erfasst, die das sechzehnte Lebensjahr bereits vollendet haben. Mangels gegenteiliger Anhaltspunkte liegt es nahe, den Begriff des Kindes iSd Art 1 der UNKonvention über die Rechte des Kindes zu definieren als Person, welche „das achtzehnte Lebensjahr noch nicht vollendet hat, soweit die Volljährigkeit nach dem auf das Kind anzuwendenden Recht nicht früher eintritt".

11 Vgl Erwägungsgrund 47 Satz 5.

12 Die **materiellen Voraussetzungen für eine in Abs 3 angesprochene Norm** im Unionsrecht oder im Recht eines Mitgliedstaats werden in Erwägungsgrund 45 näher bestimmt: Ersten muss die Norm regeln,

| Rechtmäßigkeit der Verarbeitung | **Art 6** |

„für welche Zwecke die Daten verarbeitet werden dürfen" (Erwägungsgrund 45 Satz 4). Zweitens muss die Norm im Falle des Abs 1 UAbs 1 lit e regeln, „ob es sich bei dem Verantwortlichen [...] um eine Behörde oder um eine andere unter das öffentliche Recht fallende natürliche oder juristische Person oder, sofern dies durch das öffentliche Interesse einschließlich gesundheitlicher Zwecke [...] gerechtfertigt ist, eine natürliche oder juristische Person des Privatrechts, wie beispielsweise eine Berufsvereinigung, handeln sollte" (Erwägungsgrund 45 letzter Satz). Nach Erwägungsgrund 45 Satz 5 könnte eine solche Norm weiters regeln: (1) die Präzisierung der allgemeinen in Art 5 ff normierten Bedingungen der Rechtmäßigkeit der Verarbeitung; (2) wie der Verantwortliche zu bestimmen ist; (3) welche Art von personenbezogenen Daten verarbeitet werden; (4) welche Personen betroffen sind; (5) welchen Einrichtungen die personenbezogenen Daten offengelegt werden; (6) für welche Zwecke und wie lange sie gespeichert werden dürfen und (7) welche anderen Maßnahmen ergriffen werden, um zu gewährleisten, dass die Verarbeitung rechtmäßig und nach Treu und Glauben erfolgt.

Durch Abs 4 erfolgt die Klarstellung, dass eine **Zweckänderung mit Einwilligung** der betroffenen Person ungeachtet des Zweckbindungsgrundsatzes möglich ist. **13**

Auch nach hA zur DS-RL waren unterschiedliche Faktoren im Rahmen eines beweglichen Systems zu berücksichtigen, um die **Kompatibilität des neuen Zweckes** mit dem bei Datenerhebung festgelegten Zweck zu bestimmen (vgl *Artikel-29-Datenschutzgruppe*, Opinion 03/2012 on purpose limitation, WP203 [2013] 23 ff, verfügbar unter http://ec.europa.eu/justice/data-protection/article-29/documentation/opinion-recommendation/files/2013/wp203_en.pdf). **14**

Nach Erwägungsgrund 50 Satz 2 ist bei Vereinbarkeit der Zwecke „keine andere gesonderte Rechtsgrundlage erforderlich als diejenige für die Erhebung der personenbezogenen Daten". Bei wörtlicher Interpretation würde dies bedeuten, dass die **Vereinbarkeit der Zwecke zur Aushöhlung des Grundsatzes der Rechtmäßigkeit** der Verarbeitung führt. Richtigerweise wird man jedenfalls bei der Beurteilung der Vereinbarkeit der Zwecke nach Abs 4 als weiteren Faktor berücksichtigen müssen, ob der neue Zweck in der bisherigen Rechtsgrundlage Deckung findet. **15**

Ist eine Vereinbarkeit der Zwecke gegeben, so ist die Verarbeitung für den neuen Zweck nur zulässig, wenn „die betroffene Person über diese anderen Zwecke und über ihre Rechte einschließlich des Widerspruchs- **16** rechts **unterrichtet wird**" (Erwägungsgrund 50 Satz 8). Diese Unterrichtung hat vor der Weiterverarbeitung zu erfolgen (Art 13 Abs 3).

17 In Zusammenhang mit Abs 4 lit b sind nach Erwägungsgrund 50 Satz 6 insbesondere „die **vernünftigen Erwartungen** der betroffenen Person, die auf ihrer Beziehung zu dem Verantwortlichen beruhen, in Bezug auf die weitere Verwendung dieser Daten" zu berücksichtigen. Zur Problematik des Konzepts der „vernünftigen Erwartungen der betroffenen Person", die als normative Erwartung kontrafaktischer Stabilisierung und nicht als empirische Kenntnis zu verstehen sind, vgl bereits Rz 9.

18 In Zusammenhang mit Abs 4 lit c ist Erwägungsgrund 50 Satz 9 und 10 zu berücksichtigen, wonach dem Verantwortlichen – vorbehaltlich allfälliger, insbesondere beruflicher, Geheimhaltungspflichten – ein berechtigtes Interesse zukommt, in Bezug auf mögliche Straftaten oder Bedrohungen der öffentlichen Sicherheit die maßgeblichen personenbezogenen Daten **an eine zuständige Behörde zu übermitteln**.

19 Siehe Art 4 Nr 5 zur Definition des Begriffs „**Pseudonymisierung**". Siehe auch Erwägungsgrund 28, wonach die Pseudonymisierung personenbezogener Daten „die Risiken für die betroffenen Personen senken und die Verantwortlichen und die Auftragsverarbeiter bei der Einhaltung ihrer Datenschutzpflichten unterstützen [kann]". Erwägungsgrund 29 führt weiters aus, dass „Pseudonymisierungsmaßnahmen, die jedoch eine allgemeine Analyse zulassen, bei demselben Verantwortlichen möglich sein [sollten]", um „Anreize für die Anwendung der Pseudonymisierung bei der Verarbeitung personenbezogener Daten zu schaffen".

Artikel 7
Bedingungen für die Einwilligung

(1) Beruht die Verarbeitung auf einer Einwilligung,[1] muss der Verantwortliche nachweisen können, dass die betroffene Person in die Verarbeitung ihrer personenbezogenen Daten eingewilligt hat.[2]

(2) Erfolgt die Einwilligung der betroffenen Person durch eine schriftliche Erklärung, die noch andere Sachverhalte betrifft, so muss das Ersuchen um Einwilligung in verständlicher und leicht zugänglicher Form in einer klaren und einfachen Sprache so erfolgen, dass es von den anderen Sachverhalten klar zu unterscheiden ist.[3] Teile der Erklärung sind dann nicht verbindlich, wenn sie einen Verstoß gegen diese Verordnung darstellen.[4]

Bedingungen für die Einwilligung   Art 7

(3) Die betroffene Person hat das Recht, ihre Einwilligung jederzeit zu widerrufen. Durch den Widerruf der Einwilligung wird die Rechtmäßigkeit der aufgrund der Einwilligung bis zum Widerruf erfolgten Verarbeitung nicht berührt. Die betroffene Person wird vor Abgabe der Einwilligung hiervon in Kenntnis gesetzt.[5] Der Widerruf der Einwilligung muss so einfach wie die Erteilung der Einwilligung sein.[6]

(4) Bei der Beurteilung, ob die Einwilligung freiwillig erteilt wurde, muss dem Umstand in größtmöglichem Umfang Rechnung getragen werden,[7] ob unter anderem die Erfüllung[8] eines Vertrags, einschließlich der Erbringung einer Dienstleistung, von der Einwilligung zu einer Verarbeitung von personenbezogenen Daten abhängig ist,[9] die für die Erfüllung des Vertrags nicht erforderlich sind [richtig: ist].[10,11]

Anmerkungen

Siehe Art 4 Nr 11 zur Definition des Begriffs „Einwilligung" aus welcher sich weitere Bedingungen für die Einwilligung ergeben. Siehe insbesondere Art 4 Rz 29 zur Frage der Fortgeltung von Einwilligungen nach alter Rechtslage.   **1**

Die **Beweislast** für die Erteilung der Einwilligung und ihren Umfang trägt gem Abs 1 der Verantwortliche (vgl auch Erwägungsgrund 42 Satz 1), was es angeraten (aber nicht erforderlich) erscheinen lässt, die Einwilligung in Schriftform einzuholen.   **2**

Die Erfüllung des in Abs 2 Satz 1 normierten Erfordernisses der **klaren Unterscheidbarkeit** des Ersuchens um Einwilligung kann dadurch erfolgen, dass die datenschutzrechtliche Einwilligung in einem umfangreichen Vertragstexts unter der Überschrift „Datenschutzrechtliche Einwilligung" platziert und so entsprechend hervorgehoben wird.   **3**

Eine salvatorische Klausel ist in Datenschutzerklärungen daher grundsätzlich nicht erforderlich.   **4**

Die vorab erfolgte Information über das Recht auf jederzeitigen **Widerruf** ist daher Voraussetzung dafür, dass die Einwilligung „in Kenntnis der Sachlage" erfolgt (siehe Art 4 Rz 25). Dies gilt auch nach derzeit noch geltendem Recht (OGH 19.11.2002, 4 Ob 179/02f). Die gegebene Information darf wohl nicht nur die jederzeitige Widerruflichkeit erfassen, sondern muss auch auf den Umstand verweisen, dass ein Widerruf die „Rechtmäßigkeit der aufgrund der Einwilligung bis zum Widerruf erfolgten Verarbeitung nicht berührt", daher also insb. eine nachträgliche   **5**

Anpassung bereits erfolgter Datenverarbeitungsvorgänge (zB im Rahmen von Forschungsprojekten) nicht erwartet werden kann. Dies ergibt sich aus Art 13 Abs 2 lit c, wo als relevante Information genannt wird „das Bestehen eines Rechts, die Einwilligung jederzeit zu widerrufen, ohne dass die Rechtmäßigkeit der aufgrund der Einwilligung bis zum Widerruf erfolgten Verarbeitung berührt wird".

6 Die Bestimmung des Abs 3 Satz 3 hat insbesondere zur Folge, dass im Falle der Erteilung der Einwilligung im Rahmen der Registrierung auf einer Website die Möglichkeit bestehen muss, diese Einwilligung über diese Website zu widerrufen.

7 Nach Erwägungsgrund 43 letzter Satz ist dem in Abs 4 genannten Umstand nicht nur „in größtmöglichem Umfang Rechnung [zu tragen]", sondern gilt die Einwilligung „nicht als freiwillig erteilt". Es ist daher jedenfalls davon auszugehen, dass das Vorliegen dieses Umstandes eine gesetzliche Vermutung der Unfreiwilligkeit und damit Unwirksamkeit der Einwilligung begründet.

8 Selbiges hat zu gelten, wenn nicht die Erfüllung, sondern der **Abschluss des Vertrages von der Erteilung der Einwilligung abhängig** gemacht wird (arg „unter anderem die Erfüllung").

9 Die Erfüllung (bzw der Abschluss) eines Vertrages wäre uE jedenfalls dann nicht von einer Einwilligung „abhängig" iSd Abs 4, wenn der Anbieter dieselbe Ware bzw Dienstleistung in **zwei Varianten** anbietet: Einmal ohne Erforderlichkeit einer Einwilligung **zum regulären Preis** und einmal **mit Erforderlichkeit einer Einwilligung zu einem reduzierten Preis**. In einem solchen Fall kann die betroffene Person frei darüber entscheiden, ob sie – jedenfalls in wirtschaftlicher Hinsicht – für die Inanspruchnahme der Ware bzw Dienstleistung teilweise mit ihren personenbezogenen Daten bezahlen möchte.

10 Hierbei handelt es sich um einen Übersetzungsfehler. Richtigerweise müsste es heißen: „die für die Erfüllung des Vertrags nicht erforderlich *ist*" („that is not necessary for the performance of that contract" ; „qui n'est pas nécessaire à l'exécution dudit contrat"). Dieser Halbsatz bezieht sich somit nicht auf die im vorangegangenen Halbsatz genannten „personenbezogenen Daten", sondern auf die dort genannte Einwilligung. Entscheidend ist somit nicht, ob die personenbezogenen Daten für die Erfüllung des Vertrags erforderlich sind, sondern **ob die Einwilligung für die Erfüllung des Vertrags erforderlich ist**. So auch Erwägungsgrund 43 letzter Satz, wonach die Einwilligung ua dann nicht als freiwillig erteilt gilt, „wenn die Erfüllung eines Vertrags, einschließlich der Erbringung einer Dienstleistung, von der Einwilligung abhängig ist, obwohl diese Einwilligung für die Erfüllung nicht erforderlich ist".

Die Regelung des Abs 4 stellt die Geschäftsmodelle von Anbietern in Frage, die darauf basieren, Waren oder Dienstleistungen kostenlos jenen Nutzern anzubieten, die der Erhebung und Verarbeitung ihrer personenbezogenen Daten zu Werbezweck zustimmen (zB ein kostenloser Internet-Dienst, der sich durch personenbezogene Werbung finanziert). Allerdings ist zu berücksichtigen, dass die datenschutzrechtliche Einwilligung und die Erbringung des Dienstes zwar nicht notwendigerweise in einem rechtlichen, aber jedenfalls in einem wirtschaftlichen Austauschverhältnis stehen, sodass die Erteilung der **Einwilligung erst die wirtschaftlichen Voraussetzungen für das unentgeltliche Zurverfügungstellen** der Waren oder Dienstleistungen schafft. Insofern könnte in derartigen Fällen argumentiert werden, dass die Einwilligung für die Erfüllung des Vertrags (wirtschaftlich) erforderlich ist und daher eine wirksame Einwilligung vorliegt. Etwas anderes könnte dann gelten, wenn die betroffene Person für die Waren oder Dienstleistungen sehr wohl ein angemessenes Entgelt bezahlt und daher die Einwilligung keine Voraussetzung für die Wirtschaftlichkeit der Leistungserbringung ist. Wird in einem solchen Fall die Erfüllung des Vertrages von einer datenschutzrechtlichen Einwilligung abhängig gemacht (siehe hierzu auch Rz 9 oben), die für die Erfüllung auch aus sonstigen Gründen nicht erforderlich ist, so ist von der Unfreiwilligkeit der Einwilligung auszugehen. Allerdings müsste sich in einem (funktionierenden) Markt ein angemessener „Preis", der sich aus Entgelt und „Wert" der Einwilligung in die Datenverarbeitung zusammensetzt, bilden und müssten damit „nicht erforderliche datenschutzrechtliche Einwilligungen" vom Markt verschwinden.

11

Artikel 8
**Bedingungen für die Einwilligung eines Kindes
in Bezug auf Dienste der Informationsgesellschaft**[1]

(1) Gilt Artikel 6 Absatz 1 Buchstabe a bei einem Angebot von Diensten der Informationsgesellschaft,[2] das einem Kind[3] direkt gemacht wird,[4] so ist die Verarbeitung der personenbezogenen Daten des Kindes rechtmäßig, wenn das Kind das sechzehnte Lebensjahr vollendet hat. Hat das Kind noch nicht das sechzehnte Lebensjahr vollendet, so ist diese Verarbeitung nur rechtmäßig, sofern und soweit

diese Einwilligung[5] durch den Träger der elterlichen Verantwortung[6] für das Kind oder mit dessen Zustimmung erteilt wird.[7]

Die Mitgliedstaaten können durch Rechtsvorschriften zu diesen Zwecken eine niedrigere Altersgrenze vorsehen, die jedoch nicht unter dem vollendeten dreizehnten Lebensjahr liegen darf.[8]

(2) Der Verantwortliche unternimmt unter Berücksichtigung der verfügbaren Technik angemessene Anstrengungen,[9] um sich in solchen Fällen[10] zu vergewissern, dass die Einwilligung durch den Träger der elterlichen Verantwortung für das Kind oder mit dessen Zustimmung erteilt wurde.

(3) Absatz 1 lässt das allgemeine Vertragsrecht der Mitgliedstaaten, wie etwa die Vorschriften zur Gültigkeit, zum Zustandekommen oder zu den Rechtsfolgen eines Vertrags in Bezug auf ein Kind, unberührt.[11]

Erwägungsgrund

(38) Kinder verdienen bei ihren personenbezogenen Daten besonderen Schutz, da Kinder sich der betreffenden Risiken, Folgen und Garantien und ihrer Rechte bei der Verarbeitung personenbezogener Daten möglicherweise weniger bewusst sind. Ein solcher besonderer Schutz sollte insbesondere die Verwendung personenbezogener Daten von Kindern für Werbezwecke oder für die Erstellung von Persönlichkeits- oder Nutzerprofilen und die Erhebung von personenbezogenen Daten von Kindern bei der Nutzung von Diensten, die Kindern direkt angeboten werden, betreffen. Die Einwilligung des Trägers der elterlichen Verantwortung sollte im Zusammenhang mit Präventions- oder Beratungsdiensten, die unmittelbar einem Kind angeboten werden, nicht erforderlich sein.

Anmerkungen

1 Da Art 8 nur in Bezug auf Dienste der Informationsgesellschaft Anwendung findet, liegt hinsichtlich der Frage des einwilligungsfähigen Alters in der **„Offline-Welt"** eine Regelungslücke vor. Da diese nicht als planwidrig zu beurteilen ist, kommt eine analoge Anwendung des Art 8 nicht in Betracht. Dessen ungeachtet wird uE (1) die Einsichtsfähigkeit der betroffenen Person zu berücksichtigen sein, um festzustellen, ob die Einwilligung „in informierter Weise" iSd Art 4 Nr 11 erfolgte und (2) die Urteilsfähigkeit für die Frage der Freiheit der Einwilligung maßgeblich sein. Unter Berücksichtigung der in Art 8 vorgenommenen Wertung des Unionsgesetzgebers wird mit Vollendung des sechzehnten Lebensjahrs

Bedingungen für die Einwilligung eines Kindes   **Art 8**

jedenfalls von einer hinreichenden Einsichts- und Urteilsfähigkeit auszugehen sein.

Siehe Art 4 Nr 25 zur Definition des Begriffs „Dienst der Informationsgesellschaft". **2**

Siehe Art 6 Rz 10 zur Definition des Begriffs „Kind". **3**

Ein Angebot, das „einem Kind direkt gemacht wird", liegt uE nur vor, **4** wenn der Dienst auf Kinder ausgerichtet ist oder der Verantwortliche Kenntnis davon hat, dass der Nutzer, welchem der Dienst angeboten wird, ein Kind ist. Siehe Rz 10 unten.

Siehe Art 4 Nr 11 zur Definition des Begriffs „Einwilligung" sowie Art 7 **5** zu den Bedingungen für die Einwilligung.

Für Österreich ist hiermit der **gesetzliche Vertreter** iSd § 167 ABGB **6** angesprochen.

Die Einwilligung kann daher (1) **durch den Träger der elterlichen Ver- 7 antwortung** für das Kind und (2) **vom Kind selbst mit Zustimmung des Trägers der elterlichen Verantwortung** erteilt werden (vgl die Formulierung der englischen Sprachfassung: „only if and to the extent that consent is given or authorised by the holder of parental responsibility over the child"). Als Ausnahme hiervon ist die Einwilligung bzw Zustimmung des Trägers der elterlichen Verantwortung nicht erforderlich soweit es sich um **Präventions- oder Beratungsdienste** handelt, die dem Kind unmittelbar angeboten werden (Erwägungsgrund 38 letzter Satz).

Das Recht welchen Mitgliedstaates maßgeblich ist, lässt die DSGVO **8** offen. Zur Frage des Kollisionsrechts im Allgemeinen siehe ausführlich Art 92 Rz 5.

Da kein öffentliches Register existiert, aus dem ersichtlich wäre, welche **9** Person die elterliche Verantwortung über ein Kind trägt, wird an die Angemessenheit der Anstrengungen kein sehr strenger Maßstab anzulegen sein. Insbesondere ist aus Art 7 Abs 1 nicht zu schließen, dass der Verantwortliche im Streitfall die Trägerschaft der Verantwortung beweisen können müsste.

Die Verpflichtung, „angemessene Anstrengungen" zu unternehmen, gilt **10** nach Abs 2 nur „in solchen Fällen", dh wenn ein Dienst der Informationsgesellschaft direkt einem Kind angeboten wird. Damit lässt Art 8 offen, welche Anstrengungen der Verantwortliche unternehmen muss, um zu überprüfen, ob es sich bei dem Nutzer des Dienstes überhaupt um ein Kind handelt. Im Ergebnis wird darauf abzustellen sein, ob (1) der Dienst der Informationsgesellschaft auf noch nicht einwilligungsfähige Personen ausgerichtet ist oder (2) der Verantwortliche Kenntnis davon hat, dass es sich bei dem Nutzer um eine noch nicht einwilligungsfähige Person handelt. So gilt auch der U. S. Children's Online Privacy Protection Act, Pub. L. 105–277, 112 Stat. 2681–728 („COPPA") und die auf seiner Grundlage erlassene COPPA Rule, 16 C. F. R. Part 312, nur wenn der Online-Service auf Kinder ausgerichtet ist („directed to children") oder der Betreiber tatsächliche Kenntnis hat, dass er personenbezogene Daten eines Kindes erhebt oder verarbeitet („has actual knowledge that it is collecting or maintaining personal information from a child"; siehe 16 C. F. R. § 312.3). Dies ist insbesondere dann anzunehmen, wenn im Rahmen der Datenerhebung auch das Geburtsdatum erhoben wird. Eine besondere Verpflichtung, die Richtigkeit der gemachten Angaben zu prüfen, besteht (wohl) nicht.

11 Vgl §§ 167 ff, 865 ABGB.

Artikel 9
Verarbeitung besonderer Kategorien personenbezogener Daten

(1) Die Verarbeitung personenbezogener Daten, aus denen die rassische und ethnische Herkunft, politische Meinungen, religiöse oder weltanschauliche[1] Überzeugungen oder die Gewerkschaftszugehörigkeit hervorgehen, sowie die Verarbeitung von genetischen Daten,[2] biometrischen Daten[3] zur eindeutigen Identifizierung einer natürlichen Person, Gesundheitsdaten[4] oder Daten zum Sexualleben oder der sexuellen Orientierung[5] einer natürlichen Person ist untersagt.[6]

(2) Absatz 1 gilt nicht in folgenden Fällen:
a) Die betroffene Person hat in die Verarbeitung der genannten personenbezogenen Daten für einen oder mehrere festgelegte Zwecke ausdrücklich eingewilligt,[7] es sei denn, nach Unionsrecht oder dem Recht der Mitgliedstaaten kann das Verbot nach Absatz 1 durch die Einwilligung der betroffenen Person nicht aufgehoben werden,[8]
b) die Verarbeitung ist erforderlich, damit der Verantwortliche oder die betroffene Person die ihm bzw. ihr aus dem Arbeitsrecht[9] und dem Recht der sozialen Sicherheit und des Sozi-

alschutzes erwachsenden Rechte ausüben und seinen bzw. ihren diesbezüglichen Pflichten nachkommen kann, soweit dies nach Unionsrecht oder dem Recht der Mitgliedstaaten[10] oder einer Kollektivvereinbarung[11] nach dem Recht der Mitgliedstaaten, das geeignete Garantien für die Grundrechte und die Interessen der betroffenen Person vorsieht, zulässig ist,

c) die Verarbeitung ist zum Schutz lebenswichtiger Interessen der betroffenen Person oder einer anderen natürlichen Person erforderlich und die betroffene Person ist aus körperlichen oder rechtlichen Gründen außerstande, ihre Einwilligung zu geben,

d) die Verarbeitung erfolgt auf der Grundlage geeigneter Garantien durch eine politisch, weltanschaulich, religiös oder gewerkschaftlich ausgerichtete Stiftung, Vereinigung oder sonstige Organisation ohne Gewinnerzielungsabsicht im Rahmen ihrer rechtmäßigen Tätigkeiten und unter der Voraussetzung, dass sich die Verarbeitung ausschließlich auf die Mitglieder oder ehemalige Mitglieder der Organisation oder auf Personen, die im Zusammenhang mit deren Tätigkeitszweck regelmäßige Kontakte mit ihr unterhalten, bezieht und die personenbezogenen Daten nicht ohne Einwilligung der betroffenen Personen nach außen offengelegt werden,[12]

e) die Verarbeitung bezieht sich auf personenbezogene Daten, die die betroffene Person offensichtlich öffentlich gemacht hat,[13]

f) die Verarbeitung ist zur Geltendmachung, Ausübung oder Verteidigung von Rechtsansprüchen[14] oder bei Handlungen der Gerichte im Rahmen ihrer justiziellen Tätigkeit[15] erforderlich,

g) die Verarbeitung ist auf der Grundlage des Unionsrechts oder des Rechts eines Mitgliedstaats, das in angemessenem Verhältnis zu dem verfolgten Ziel steht, den Wesensgehalt des Rechts auf Datenschutz wahrt und angemessene und spezifische Maßnahmen zur Wahrung der Grundrechte und Interessen der betroffenen Person vorsieht, aus Gründen eines erheblichen öffentlichen Interesses erforderlich,

h) die Verarbeitung ist für Zwecke der Gesundheitsvorsorge oder der Arbeitsmedizin, für die Beurteilung der Arbeitsfähigkeit des Beschäftigten, für die medizinische Diagnostik, die Versorgung oder Behandlung im Gesundheits- oder Sozialbereich oder für die Verwaltung von Systemen und Diensten im Gesundheits- oder Sozialbereich[16] auf der Grundlage des Unionsrechts oder des Rechts eines Mitgliedstaats oder aufgrund eines Vertrags mit einem Angehörigen eines Gesundheitsberufs und vorbehaltlich der in Absatz 3 genannten Bedingungen und Garantien erforderlich,

i) die Verarbeitung ist aus Gründen des öffentlichen Interesses im Bereich der öffentlichen Gesundheit,[17] wie dem Schutz vor schwerwiegenden grenzüberschreitenden Gesundheitsgefahren oder zur Gewährleistung hoher Qualitäts- und Sicherheitsstandards bei der Gesundheitsversorgung und bei Arzneimitteln und Medizinprodukten, auf der Grundlage des Unionsrechts oder des Rechts eines Mitgliedstaats, das angemessene und spezifische Maßnahmen zur Wahrung der Rechte und Freiheiten der betroffenen Person, insbesondere des Berufsgeheimnisses, vorsieht, erforderlich, oder

j) die Verarbeitung ist auf der Grundlage des Unionsrechts oder des Rechts eines Mitgliedstaats, das in angemessenem Verhältnis zu dem verfolgten Ziel steht, den Wesensgehalt des Rechts auf Datenschutz wahrt und angemessene und spezifische Maßnahmen zur Wahrung der Grundrechte und Interessen der betroffenen Person vorsieht, für im öffentlichen Interesse liegende Archivzwecke, für wissenschaftliche oder historische Forschungszwecke oder für statistische Zwecke gemäß Artikel 89 Absatz 1 erforderlich.

(3) Die in Absatz 1 genannten personenbezogenen Daten dürfen zu den in Absatz 2 Buchstabe h genannten Zwecken verarbeitet werden, wenn diese Daten von Fachpersonal oder unter dessen Verantwortung verarbeitet werden und dieses Fachpersonal nach dem Unionsrecht oder dem Recht eines Mitgliedstaats oder den Vorschriften nationaler zuständiger Stellen dem Berufsgeheimnis unterliegt, oder wenn die Verarbeitung durch eine andere Person erfolgt, die ebenfalls nach dem Unionsrecht oder dem Recht eines Mitgliedstaats oder den Vorschriften nationaler zuständiger Stellen einer Geheimhaltungspflicht unterliegt.

(4) Die Mitgliedstaaten können zusätzliche Bedingungen, einschließlich Beschränkungen, einführen oder aufrechterhalten, soweit die Verarbeitung von genetischen, biometrischen[18] oder Gesundheitsdaten betroffen ist.

Verarbeitung besonderer Kategorien personenbezogener Daten **Art 9**

Erwägungsgründe

Zu Abs 1

(51) Personenbezogene Daten, die ihrem Wesen nach hinsichtlich der Grundrechte und Grundfreiheiten besonders sensibel sind, verdienen einen besonderen Schutz, da im Zusammenhang mit ihrer Verarbeitung erhebliche Risiken für die Grundrechte und Grundfreiheiten auftreten können. Diese personenbezogenen Daten sollten personenbezogene Daten umfassen, aus denen die rassische oder ethnische Herkunft hervorgeht, wobei die Verwendung des Begriffs „rassische Herkunft" in dieser Verordnung nicht bedeutet, dass die Union Theorien, mit denen versucht wird, die Existenz verschiedener menschlicher Rassen zu belegen, gutheißt. Die Verarbeitung von Lichtbildern sollte nicht grundsätzlich als Verarbeitung besonderer Kategorien von personenbezogenen Daten angesehen werden, da Lichtbilder nur dann von der Definition des Begriffs „biometrische Daten" erfasst werden, wenn sie mit speziellen technischen Mitteln verarbeitet werden, die die eindeutige Identifizierung oder Authentifizierung einer natürlichen Person ermöglichen. Derartige personenbezogene Daten sollten nicht verarbeitet werden, es sei denn, die Verarbeitung ist in den in dieser Verordnung dargelegten besonderen Fällen zulässig, wobei zu berücksichtigen ist, dass im Recht der Mitgliedstaaten besondere Datenschutzbestimmungen festgelegt sein können, um die Anwendung der Bestimmungen dieser Verordnung anzupassen, damit die Einhaltung einer rechtlichen Verpflichtung oder die Wahrnehmung einer Aufgabe im öffentlichen Interesse oder die Ausübung öffentlicher Gewalt, die dem Verantwortlichen übertragen wurde, möglich ist. Zusätzlich zu den speziellen Anforderungen an eine derartige Verarbeitung sollten die allgemeinen Grundsätze und andere Bestimmungen dieser Verordnung, insbesondere hinsichtlich der Bedingungen für eine rechtmäßige Verarbeitung, gelten. Ausnahmen von dem allgemeinen Verbot der Verarbeitung dieser besonderen Kategorien personenbezogener Daten sollten ausdrücklich vorgesehen werden, unter anderem bei ausdrücklicher Einwilligung der betroffenen Person oder bei bestimmten Notwendigkeiten, insbesondere wenn die Verarbeitung im Rahmen rechtmäßiger Tätigkeiten bestimmter Vereinigungen oder Stiftungen vorgenommen wird, die sich für die Ausübung von Grundfreiheiten einsetzen.

Zu Abs 2

(52) Ausnahmen vom Verbot der Verarbeitung besonderer Kategorien von personenbezogenen Daten sollten auch erlaubt sein, wenn sie im Unionsrecht oder dem Recht der Mitgliedstaaten vorgesehen sind, und – vorbehaltlich angemessener Garantien zum Schutz der personenbezogenen Daten und anderer Grundrechte – wenn dies durch das öffentliche Interesse gerechtfertigt ist, insbesondere für die Verarbeitung von personenbezogenen Daten auf dem Gebiet des Arbeitsrechts und des Rechts der sozialen Sicherheit einschließlich Renten und zwecks Sicherstellung und Überwachung der Gesundheit und Gesundheitswarnungen, Prävention oder Kontrolle ansteckender Krankheiten und anderer schwerwiegender Gesundheitsgefahren. Eine solche Ausnahme kann zu gesundheitlichen Zwecken gemacht werden, wie der Gewährleistung der öffentlichen Gesundheit und der Verwaltung von Leistungen der Gesundheitsversorgung, insbesondere wenn dadurch die Qualität und Wirtschaftlichkeit der Verfahren zur Abrechnung von Leistungen in den sozialen Krankenversicherungssystemen sichergestellt werden soll, oder wenn die Verarbeitung im öffentlichen Interesse liegenden Archivzwecken, wissenschaftlichen oder historischen Forschungszwecken oder statistischen Zwecken dient. Die Verarbeitung solcher personenbezogener Daten sollte zudem ausnahmsweise erlaubt sein, wenn sie erforderlich ist, um rechtliche Ansprüche, sei es in einem Gerichtsverfahren oder in einem Verwaltungsverfahren oder einem außergerichtlichen Verfahren, geltend zu machen, auszuüben oder zu verteidigen.

Zu Abs 2 lit h

(53) Besondere Kategorien personenbezogener Daten, die eines höheren Schutzes verdienen, sollten nur dann für gesundheitsbezogene Zwecke verarbeitet werden, wenn dies für das Erreichen dieser Zwecke im Interesse einzelner natürlicher Personen und der Gesellschaft insgesamt erforderlich ist, insbesondere im Zusammenhang mit der Verwaltung der Dienste und Systeme des Gesundheits- oder Sozialbereichs, einschließlich der Verarbeitung dieser Daten durch die Verwaltung und die zentralen nationalen Gesundheitsbehörden zwecks Qualitätskontrolle, Verwaltungsinformationen und der allgemeinen nationalen und lokalen Überwachung des Gesundheitssystems oder des Sozialsystems und zwecks Gewährleistung der Kontinuität der Gesundheits- und Sozialfürsorge und der grenzüberschreitenden Gesundheitsversorgung

oder Sicherstellung und Überwachung der Gesundheit und Gesundheitswarnungen oder für im öffentlichen Interesse liegende Archivzwecke, zu wissenschaftlichen oder historischen Forschungszwecken oder statistischen Zwecken, die auf Rechtsvorschriften der Union oder der Mitgliedstaaten beruhen, die einem im öffentlichen Interesse liegenden Ziel dienen müssen, sowie für Studien, die im öffentlichen Interesse im Bereich der öffentlichen Gesundheit durchgeführt werden. Diese Verordnung sollte daher harmonisierte Bedingungen für die Verarbeitung besonderer Kategorien personenbezogener Gesundheitsdaten im Hinblick auf bestimmte Erfordernisse harmonisieren, insbesondere wenn die Verarbeitung dieser Daten für gesundheitsbezogene Zwecke von Personen durchgeführt wird, die gemäß einer rechtlichen Verpflichtung dem Berufsgeheimnis unterliegen. Im Recht der Union oder der Mitgliedstaaten sollten besondere und angemessene Maßnahmen zum Schutz der Grundrechte und der personenbezogenen Daten natürlicher Personen vorgesehen werden. Den Mitgliedstaaten sollte gestattet werden, weitere Bedingungen – einschließlich Beschränkungen – in Bezug auf die Verarbeitung von genetischen Daten, biometrischen Daten oder Gesundheitsdaten beizubehalten oder einzuführen. Dies sollte jedoch den freien Verkehr personenbezogener Daten innerhalb der Union nicht beeinträchtigen, falls die betreffenden Bedingungen für die grenzüberschreitende Verarbeitung solcher Daten gelten.

Zu Abs 2 lit i

(54) Aus Gründen des öffentlichen Interesses in Bereichen der öffentlichen Gesundheit kann es notwendig sein, besondere Kategorien personenbezogener Daten auch ohne Einwilligung der betroffenen Person zu verarbeiten. Diese Verarbeitung sollte angemessenen und besonderen Maßnahmen zum Schutz der Rechte und Freiheiten natürlicher Personen unterliegen. In diesem Zusammenhang sollte der Begriff „öffentliche Gesundheit" im Sinne der Verordnung (EG) Nr. 1338/2008 des Europäischen Parlaments und des Rates ausgelegt werden und alle Elemente im Zusammenhang mit der Gesundheit wie den Gesundheitszustand einschließlich Morbidität und Behinderung, die sich auf diesen Gesundheitszustand auswirkenden Determinanten, den Bedarf an Gesundheitsversorgung, die der Gesundheitsversorgung zugewiesenen Mittel, die Bereitstellung von Gesundheitsversorgungsleistungen und den allgemeinen Zugang zu diesen Leistungen sowie die entsprechenden Ausgaben und die Finanzierung und schließlich die Ursachen der Mortalität einschließen.

Eine solche Verarbeitung von Gesundheitsdaten aus Gründen des öffentlichen Interesses darf nicht dazu führen, dass Dritte, unter anderem Arbeitgeber oder Versicherungs- und Finanzunternehmen, solche personenbezogene Daten zu anderen Zwecken verarbeiten.

Zu Abs 2 lit g

(55) Auch die Verarbeitung personenbezogener Daten durch staatliche Stellen zu verfassungsrechtlich oder völkerrechtlich verankerten Zielen von staatlich anerkannten Religionsgemeinschaften erfolgt aus Gründen des öffentlichen Interesses.

(56) Wenn es in einem Mitgliedstaat das Funktionieren des demokratischen Systems erfordert, dass die politischen Parteien im Zusammenhang mit Wahlen personenbezogene Daten über die politische Einstellung von Personen sammeln, kann die Verarbeitung derartiger Daten aus Gründen des öffentlichen Interesses zugelassen werden, sofern geeignete Garantien vorgesehen werden.

Anmerkungen

1 Im Vergleich zu Art 8 Abs 1 DS-RL wurde der Begriff der „philosophischen Überzeugungen" durch jenen der **„weltanschaulichen Überzeugung"** ersetzt. Da jedoch die Terminologie in den englischen und französischen Sprachfassungen der DS-RL und der DSGVO unverändert geblieben ist („philosophical beliefs"; „convictions philosophiques") ist von keiner inhaltlichen Änderung auszugehen.

2 Siehe Art 4 Nr 13 zur Definition des Begriffs „genetische Daten".

3 Siehe Art 4 Nr 14 zur Definition des Begriffs „biometrische Daten". Nach Art 9 Abs 1 sind biometrische Daten nur soweit sensible Daten, wie sie nicht nur zur eindeutigen Identifizierung einer natürlichen Person geeignet sind (vgl Art 4 Nr 14), sondern auch tatsächlich „zur eindeutigen Identifizierung einer natürlichen Person" verarbeitet werden. **Ob biometrische Daten sensible Daten sind, ist daher stets anhand des konkreten Verarbeitungszwecks zu beurteilen.**

4 Siehe Art 4 Nr 15 zur Definition des Begriffs „Gesundheitsdaten", welcher nunmehr auch Sozialversicherungsnummern umfasst (vgl Art 4 Rz 35).

5 Hierdurch erfolgt die Klarstellung, dass auch Daten über die sexuelle Orientierung einer Person sensible Daten sind.

Verarbeitung besonderer Kategorien personenbezogener Daten **Art 9**

Die DSGVO verwendet zur Bezeichnung dieser Datenkategorien neben dem Begriff „**besondere Kategorien personenbezogener Daten**" auch den Begriff „**sensible Daten**" (siehe Erwägungsgrund 10). Im Unterschied zu Art 8 DS-RL umfasst die Definition der besonderen Kategorien personenbezogener Daten explizit insbesondere auch (1) genetische Daten (vgl Rz 2 oben) und (2) biometrischen Daten (vgl Rz 3 oben) zur eindeutigen Identifizierung einer natürlichen Person. **6**

Siehe Art 4 Nr 11 zur Definition des Begriffs „Einwilligung" sowie Art 7 zu den weiteren Bedingungen der Einwilligung. Über die dort genannten Voraussetzungen hinaus, muss hinsichtlich sensibler Daten eine Einwilligung ausdrücklich erfolgen. Insbesondere das Anklicken einer entsprechend gekennzeichneten **Checkbox** im Rahmen eines Online-Registrierungsprozesses ist als ausdrückliche Erklärung zu beurteilen. **7**

So ist nach der Rsp der DSK der Zweck der Sozialversicherungsnummer nach § 31 Abs 4 Z 1 ASVG vorgegeben – nämlich die Verwaltung personenbezogener Daten für Zwecke der Sozialversicherung – und erfordert jede rechtmäßige Verwendung der Sozialversicherungsnummer für andere Zwecke eine zusätzliche gesetzlichen Ermächtigung (DSK 2.11.2004, K120.941/0012-DSK/2004; 7.9.2006, K211.623/0005-DSK/2006). **8**

Siehe auch Art 88. **9**

Siehe Erwägungsgrund 10 letzter Satz, wonach die DSGVO „den Mitgliedstaaten zudem einen Spielraum für die Spezifizierung ihrer Vorschriften [bietet], auch für die Verarbeitung besonderer Kategorien von personenbezogenen Daten" und die DSGVO „nicht Rechtsvorschriften der Mitgliedstaaten aus[schließt], in denen die Umstände besonderer Verarbeitungssituationen festgelegt werden, einschließlich einer genaueren Bestimmung der Voraussetzungen, unter denen die Verarbeitung personenbezogener Daten rechtmäßig ist." **10**

Der Begriff der „**Kollektivvereinbarung**" umfasst neben Kollektivverträgen auch Betriebsvereinbarungen (siehe Erwägungsgrund 155 Satz 1). **11**

Abs 2 lit d schafft damit die notwendige Rechtsgrundlage für die Verwaltung von Mitgliederlisten für zB religiöse oder politische Vereinigungen, Gewerkschaften oder Bürgerrechtsorganisationen (vgl Erwägungsgrund 51 letzter Satz, welcher insbesondere auf Vereinigungen oder Stiftungen verweist, „die sich für die Ausübung von Grundfreiheiten einsetzen"). **12**

13 Insbesondere die Verarbeitung von Daten öffentlicher Social Media-Dienste wie Twitter kann sich auf die Rechtsgrundlage des Abs 2 lit e stützen.

14 Erwägungsgrund 52 letzter Satz stellt klar, dass der Tatbestand der Notwendigkeit für die **Geltendmachung oder Ausübung von bzw Verteidigung gegen Rechtsansprüche** nicht auf gerichtliche Verfahren beschränkt ist, sondern auch „in einem Verwaltungsverfahren oder einem außergerichtlichen Verfahren" gilt.

15 „Handlungen der Gerichte im Rahmen ihrer **justiziellen Tätigkeit**" bezieht sich ausschließlich auf jene Verarbeitungsvorgänge, welche Gericht in ihrer Funktion als Verantwortliche vornehmen. Zur aufsichtsbehördlichen Zuständigkeit in derartigen Fällen siehe Art 55 Abs 3.

16 Nach Erwägungsgrund 53 darf die Verarbeitung sensibler Daten für gesundheitsbezogene Zwecke nur dann erfolgen, „wenn dies für das Erreichen dieser Zwecke im Interesse einzelner natürlicher Personen und der Gesellschaft insgesamt erforderlich ist". Erwägungsgrund 53 nennt hierzu zahlreiche Beispiele.

17 Nach Erwägungsgrund 54 ist der Begriff „öffentliche Gesundheit" im Sinne der Verordnung (EG) Nr 1338/2008 auszulegen und ist daher definiert als „alle Elemente im Zusammenhang mit der Gesundheit, nämlich den Gesundheitszustand einschließlich Morbidität und Behinderung, die sich auf diesen Gesundheitszustand auswirkenden Determinanten, den Bedarf an Gesundheitsversorgung, die der Gesundheitsversorgung zugewiesenen Mittel, die Bereitstellung von und den allgemeinen Zugang zu Gesundheitsversorgungsleistungen sowie die entsprechenden Ausgaben und die Finanzierung und schließlich die Ursachen der Mortalität" (Art 3 lit c Verordnung (EG) 1338/2008).

18 Obwohl Abs 4 im Unterschied zu Abs 1 nicht von „biometrischen Daten zur eindeutigen Identifizierung einer natürlichen Person", sondern allgemein von „biometrischen Daten" spricht, ergibt sich aus der Formulierung „zusätzliche Bedingungen", dass biometrische Daten nur soweit von Abs 4 erfasst sind, wie sie auch von Abs 1 erfasst sind, dh tatsächlich zu Identifikationszwecken verwendet werden (siehe Rz 3 oben). Insbesondere für die Verarbeitung von Gesichtsbildern können daher keine allgemeinen Bedingungen und Beschränkungen durch den nationalen Gesetzgeber geschaffen werden.

Artikel 10
Verarbeitung von personenbezogenen Daten über strafrechtliche Verurteilungen und Straftaten

Die Verarbeitung personenbezogener Daten über strafrechtliche Verurteilungen und Straftaten[1] oder damit zusammenhängende Sicherungsmaßregeln aufgrund von Artikel 6 Absatz 1 darf nur unter behördlicher Aufsicht vorgenommen werden oder wenn dies nach dem Unionsrecht oder dem Recht der Mitgliedstaaten,[2] das geeignete Garantien für die Rechte und Freiheiten der betroffenen Personen vorsieht,[3] zulässig ist. Ein umfassendes Register der strafrechtlichen Verurteilungen darf nur unter behördlicher Aufsicht geführt werden.

Anmerkungen

1 Nicht eindeutig ist hiermit die Frage beantwortet, ob auch Daten über den Verdacht der Begehung einer Straftat vom Tatbestand des Art 10 umfasst sind (zB eine Meldung im Rahmen einer Whistleblowing-Hotline oder die im Zuge einer internen Compliance-Untersuchung erhobenen Daten). Bejahendenfalls wäre die Implementierung einer Whistleblowing-Hotline oder die Durchführung einer internen Untersuchung zur Aufklärung einer möglichen Straftat nur mit einer entsprechenden unionsrechtlichen oder nationalstaatlichen gesetzlichen Grundlage zulässig. Da der Tatbestand des Art 10 nicht nur „strafrechtliche Verurteilungen", sondern explizit auch „Straftaten" erfasst, ist uE davon auszugehen, dass zumindest im Falle eines **konkreten begründeten Verdachts** gegen eine bestimmte Person der Tatbestand des Art 10 erfüllt und damit eine gesonderte gesetzliche Grundlage erforderlich ist, sofern die Verarbeitung nicht unter behördlicher Aufsicht vorgenommen wird.

2 Das Recht welches Mitgliedstaates maßgeblich ist, lässt die DSGVO offen. Zur Frage des Kollisionsrechts im Allgemeinen siehe ausführlich Art 92 Rz 5.

3 Aus dem Erfordernis der geeigneten Garantien ergibt sich, dass es nicht ausreichend ist, dass das nationalstaatliche Recht (oder das Unionsrecht) die Verarbeitung strafrechtlich relevanter Daten nicht verbietet. Vielmehr ist ein **Erlaubnistatbestand erforderlich**.

Artikel 11
Verarbeitung, für die eine Identifizierung der betroffenen Person nicht erforderlich ist

(1) Ist für die Zwecke, für die ein Verantwortlicher personenbezogene Daten verarbeitet, die Identifizierung der betroffenen Person durch den Verantwortlichen nicht oder nicht mehr erforderlich, so ist dieser nicht verpflichtet, zur bloßen Einhaltung dieser Verordnung zusätzliche Informationen aufzubewahren, einzuholen oder zu verarbeiten, um die betroffene Person zu identifizieren.[1]

(2) Kann der Verantwortliche in Fällen gemäß Absatz 1 des vorliegenden Artikels nachweisen, dass er nicht in der Lage ist, die betroffene Person zu identifizieren, so unterrichtet er die betroffene Person hierüber, sofern möglich.[2] In diesen Fällen finden die Artikel 15 bis 20 keine Anwendung,[3] es sei denn, die betroffene Person stellt zur Ausübung ihrer in diesen Artikeln niedergelegten Rechte zusätzliche Informationen bereit, die ihre Identifizierung ermöglichen.[4]

Erwägungsgrund

(57) Kann der Verantwortliche anhand der von ihm verarbeiteten personenbezogenen Daten eine natürliche Person nicht identifizieren, so sollte er nicht verpflichtet sein, zur bloßen Einhaltung einer Vorschrift dieser Verordnung zusätzliche Daten einzuholen, um die betroffene Person zu identifizieren. Allerdings sollte er sich nicht weigern, zusätzliche Informationen entgegenzunehmen, die von der betroffenen Person beigebracht werden, um ihre Rechte geltend zu machen. Die Identifizierung sollte die digitale Identifizierung einer betroffenen Person – beispielsweise durch Authentifizierungsverfahren etwa mit denselben Berechtigungsnachweisen, wie sie die betroffene Person verwendet, um sich bei dem von dem Verantwortlichen bereitgestellten Online-Dienst anzumelden – einschließen.

Anmerkungen

1   Durch Abs 1 wird klargestellt, dass der Grundsatz der **Datenminimierung** (Art 5 Abs 1 lit c) **nicht durch die Betroffenenrechte oder sonstige Verpflichtungen nach der DSGVO relativiert** wird (vgl auch Erwägungsgrund 64 Satz 2, wonach „[e]in Verantwortlicher [...] per-

sonenbezogene Daten nicht allein zu dem Zweck speichern [sollte], auf mögliche Auskunftsersuchen reagieren zu können").

Die Formulierung des Abs 2 Satz 1 ist unglücklich. Richtigerweise müsste es heißen: Nicht in der Lage ist zu identifizieren, welche Daten sich auf jene Person beziehen, die ihre Rechte (zB ihr Recht aus Auskunft nach Art 15) gelten macht (vgl Art 12 Abs 2). **2**

Vgl Art 12 Abs 2 Satz 2. **3**

Verfügt der Verantwortliche zB noch über Benutzername und Passwort, welche die betroffene Person früher verwendete, so kann eine Identifizierung der betroffenen Person unter Verwendung dieser Daten erfolgen (vgl Erwägungsgrund 57 Satz 2). **4**

Kapitel III
Rechte der betroffenen Person

Abschnitt 1
Transparenz und Modalitäten

Artikel 12
Transparente Information, Kommunikation und Modalitäten für die Ausübung der Rechte der betroffenen Person

(1) Der Verantwortliche trifft geeignete Maßnahmen, um der betroffenen Person alle Informationen gemäß den Artikeln 13 und 14 und alle Mitteilungen gemäß den Artikeln 15 bis 22 und Artikel 34, die sich auf die Verarbeitung beziehen, in präziser, transparenter, verständlicher und leicht zugänglicher Form[1] in einer klaren und einfachen Sprache[2] zu übermitteln; dies gilt insbesondere für Informationen, die sich speziell an Kinder[3] richten. Die Übermittlung der Informationen erfolgt schriftlich oder in anderer Form, gegebenenfalls auch elektronisch. Falls von der betroffenen Person verlangt, kann die Information mündlich erteilt werden, sofern die Identität der betroffenen Person in anderer Form nachgewiesen wurde.

(2) Der Verantwortliche erleichtert der betroffenen Person die Ausübung ihrer Rechte gemäß den Artikeln 15 bis 22.[4] In den in Artikel 11 Absatz 2 genannten Fällen darf sich der Verantwortliche nur dann weigern, aufgrund des Antrags der betroffenen Person auf Wahrnehmung ihrer Rechte gemäß den Artikeln 15 bis 22 tätig zu werden, wenn er glaubhaft macht, dass er nicht in der Lage ist, die betroffene Person zu identifizieren.[5]

(3) Der Verantwortliche stellt der betroffenen Person Informationen über die auf Antrag gemäß den Artikeln 15 bis 22 ergriffenen Maßnahmen unverzüglich,[6] in jedem Fall aber innerhalb eines Monats nach Eingang des Antrags zur Verfügung. Diese Frist kann um weitere zwei Monate verlängert werden, wenn dies unter Berücksichtigung der Komplexität und der Anzahl von Anträgen erforderlich ist. Der Verantwortliche unterrichtet die betroffene Person innerhalb eines Monats nach Eingang des Antrags über eine Fristverlängerung, zu-

sammen mit den Gründen für die Verzögerung. Stellt die betroffene Person den Antrag elektronisch, so ist sie nach Möglichkeit auf elektronischem Weg zu unterrichten, sofern sie nichts anderes angibt.

(4) Wird der Verantwortliche auf den Antrag der betroffenen Person hin nicht tätig, so unterrichtet er die betroffene Person ohne Verzögerung, spätestens aber innerhalb eines Monats[7] nach Eingang des Antrags über die Gründe hierfür und über die Möglichkeit, bei einer Aufsichtsbehörde Beschwerde einzulegen[8] oder einen gerichtlichen Rechtsbehelf[9] einzulegen.

(5) Informationen gemäß den Artikeln 13 und 14 sowie alle Mitteilungen und Maßnahmen gemäß den Artikeln 15 bis 22 und Artikel 34 werden unentgeltlich zur Verfügung gestellt. Bei offenkundig unbegründeten oder – insbesondere im Fall von häufiger Wiederholung – exzessiven Anträgen einer betroffenen Person kann der Verantwortliche entweder

a) ein angemessenes Entgelt verlangen, bei dem die Verwaltungskosten für die Unterrichtung oder die Mitteilung oder die Durchführung der beantragten Maßnahme berücksichtigt werden, oder

b) sich weigern, aufgrund des Antrags tätig zu werden.[10]

Der Verantwortliche hat den Nachweis für den offenkundig unbegründeten oder exzessiven Charakter des Antrags zu erbringen.

(6) Hat der Verantwortliche begründete Zweifel an der Identität der natürlichen Person, die den Antrag gemäß den Artikeln 15 bis 21 stellt, so kann er unbeschadet des Artikels 11 zusätzliche Informationen anfordern, die zur Bestätigung der Identität der betroffenen Person erforderlich sind.

(7) Die Informationen, die den betroffenen Personen gemäß den Artikeln 13 und 14 bereitzustellen sind, können[11] in Kombination[12] mit standardisierten Bildsymbolen bereitgestellt werden, um in leicht wahrnehmbarer, verständlicher und klar nachvollziehbarer Form einen aussagekräftigen Überblick über die beabsichtigte Verarbeitung zu vermitteln. Werden die Bildsymbole in elektronischer Form dargestellt, müssen sie maschinenlesbar sein.

(8) Der Kommission wird die Befugnis übertragen, gemäß Artikel 92 delegierte Rechtsakte zur Bestimmung der Informationen, die durch Bildsymbole darzustellen sind,[13] und der Verfahren für die Bereitstellung standardisierter Bildsymbole zu erlassen.

Transparente Information, Kommunikation und Modalitäten **Art 12**

Erwägungsgründe

(58) Der Grundsatz der Transparenz setzt voraus, dass eine für die Öffentlichkeit oder die betroffene Person bestimmte Information präzise, leicht zugänglich und verständlich sowie in klarer und einfacher Sprache abgefasst ist und gegebenenfalls zusätzlich visuelle Elemente verwendet werden. Diese Information könnte in elektronischer Form bereitgestellt werden, beispielsweise auf einer Website, wenn sie für die Öffentlichkeit bestimmt ist. Dies gilt insbesondere für Situationen, wo die große Zahl der Beteiligten und die Komplexität der dazu benötigten Technik es der betroffenen Person schwer machen, zu erkennen und nachzuvollziehen, ob, von wem und zu welchem Zweck sie betreffende personenbezogene Daten erfasst werden, wie etwa bei der Werbung im Internet. Wenn sich die Verarbeitung an Kinder richtet, sollten aufgrund der besonderen Schutzwürdigkeit von Kindern Informationen und Hinweise in einer dergestalt klaren und einfachen Sprache erfolgen, dass ein Kind sie verstehen kann.

(59) Es sollten Modalitäten festgelegt werden, die einer betroffenen Person die Ausübung der Rechte, die ihr nach dieser Verordnung zustehen, erleichtern, darunter auch Mechanismen, die dafür sorgen, dass sie unentgeltlich insbesondere Zugang zu personenbezogenen Daten und deren Berichtigung oder Löschung beantragen und gegebenenfalls erhalten oder von ihrem Widerspruchsrecht Gebrauch machen kann. So sollte der Verantwortliche auch dafür sorgen, dass Anträge elektronisch gestellt werden können, insbesondere wenn die personenbezogenen Daten elektronisch verarbeitet werden. Der Verantwortliche sollte verpflichtet werden, den Antrag der betroffenen Person unverzüglich, spätestens aber innerhalb eines Monats zu beantworten und gegebenenfalls zu begründen, warum er den Antrag ablehnt.

Anmerkungen

Die Informationen sind zB auf einer Website dann „leicht zugänglich", 1
wenn sie über den Link „Datenschutzerklärung" am Ende jeder Seite aufrufbar sind.

Das Erfordernis einer Informationserteilung in präziser, transparenter, verständlicher und leicht zugänglicher Form kann am leichtesten durch einen **„Layered Privacy Notice"** erfüllt werden, der es betroffenen Personen ermöglich, entsprechend ihrem Informationsbedürfnis von einem

Kurzhinweis auf eine Zusammenfassung und schließlich auf die vollständige Fassung der Datenschutzerklärung zu gelangen (vgl *Artikel-29-Datenschutzgruppe*, Stellungnahme 10/2004 zu einheitlicheren Bestimmungen über Informationspflichten, WP 100 [2004], verfügbar unter http://ec.europa.eu/justice/data-protection/article-29/documentation/opinion-recommendation/files/2004/wp100_de.pdf sowie Anlage 1 der Stellungnahme, verfügbar unter http://ec.europa.eu/justice/data-protection/article-29/documentation/opinion-recommendation/files/2004/wp100a_de.pdf).

2 Nicht explizit geregelt ist die Frage, **in welcher Sprache** die Informationen zur Verfügung gestellt werden müssen. Für einen Dienst der Informationsgesellschaft ist uE davon auszugehen, dass die Informationen in jenen Sprachen verfügbar sein müssen, in denen auch der Dienst selbst angeboten wird. Bei Datenschutzhinweisen an Arbeitnehmer ist davon auszugehen, dass diese in jenen Sprachen erfolgen müssen, in denen die sonstigen Verträge (zB Arbeitsvertrag) abgefasst wurden.

3 Siehe Art 6 Rz 10 zur Definition des Begriffs „Kind". Nach Erwägungsgrund 58 letzter Satz sollten, „[w]enn sich die Verarbeitung an **Kinder richtet,** […] aufgrund der besonderen Schutzwürdigkeit von Kindern Informationen und Hinweise in einer dergestalt klaren und einfachen Sprache erfolgen, dass ein Kind sie verstehen kann". Etwas anderes hat uE hingegen zu gelten, wenn das Kind nach Art 8 noch nicht einwilligungsfähig (und damit meist nicht hinreichend einsichtsfähig) ist; diesfalls wird sich die Art der Information an der Einsichtsfähigkeit eines Erwachsenen (des Trägers der elterlichen Verantwortung) zu orientieren haben.

4 Die Erleichterung der Rechtsausübung hat nach Erwägungsgrund 59 Satz 2 insbesondere dadurch zu erfolgen, dass „der Verantwortliche auch dafür sorgen [sollte], dass **Anträge elektronisch gestellt werden können,** insbesondere wenn die personenbezogenen Daten elektronisch verarbeitet werden". Daraus folgt insbesondere, dass eine elektronische Antragstellung (etwa per E-Mail) nicht per se begründete Zweifel an der Identität das Antragstellers hervorrufen darf, die die Anforderung zusätzlicher Informationen zur Bestätigung der Identität der betroffenen Person erforderlich macht (vgl Abs 6).

5 Die Formulierung des Abs 2 Satz 2 ist etwas unglücklich. Richtigerweise müsste es heißen: Nicht in der Lage ist zu identifizieren, auf welche Person sich die Daten beziehen. In diesen Fällen hat der Verantwortliche die betroffene Person entsprechend zu informieren, dass er ihr keine Daten mehr zuordnen kann (Art 11 Abs 2 Satz 1).

Dh grundsätzlich ohne schuldhafte Verzögerung. **6**

Die **Frist** zur Antwort bei Informationsverweigerung ist – im Unterschied zur Frist zur Informationsgewährung (siehe Abs 3) – nicht erstreckbar. Praktisch gesprochen bedeutet dies, dass innerhalb des ersten Monats jedenfalls die Verpflichtung zur Informationsgewährung geprüft und entschieden werden muss. **7**

Vgl Art 77. **8**

Vgl Art 78. **9**

Aufgrund dieser Regelung kommt es bei **exzessiver (dh rechtsmissbräuchlicher) Rechtsausübung** gleichsam zum Rechtsverlust. Die Beweislast für die Rechtsmissbräuchlichkeit liegt allerdings beim Verantwortlichen (Abs 5 UAbs 2). **10**

Soweit ein nach Abs 8 erlassener Durchführungsakt nicht Gegenteiliges vorsieht (vgl Rz 13 unten), ist die (zusätzliche; vgl Rz 12 unten) Darstellung durch Bildsymbole freiwillig. **11**

Auch Erwägungsgrund 60 Satz 5 sieht vor, dass die Informationen „in Kombination mit standardisierten **Bildsymbolen** bereitgestellt werden [können]". Die Informationsbereitstellung durch standardisierte Bildsymbole ersetzt daher nicht die Informationsbereitstellung durch Wort oder Schrift. **12**

Die Formulierung „durch Bildsymbole darzustellen sind" („to be presented by the icons") indiziert, dass die (zusätzliche; vgl Rz 12 oben) Darstellung durch Bildsymbole durch einen delegierten Rechtsakt der Kommission zu einer Pflicht erhoben werden kann. **13**

Abschnitt 2
Informationspflicht und Recht auf Auskunft zu personenbezogenen Daten

Artikel 13
Informationspflicht bei Erhebung von personenbezogenen Daten bei der betroffenen Person[1]

(1) Werden personenbezogene Daten bei der betroffenen Person[2] erhoben, so teilt der Verantwortliche der betroffenen Person zum Zeitpunkt der Erhebung[3] dieser Daten Folgendes mit:[4,5]

a) den Namen[6] und die Kontaktdaten[7] des Verantwortlichen sowie gegebenenfalls seines Vertreters;[8]
b) gegebenenfalls die Kontaktdaten[9] des Datenschutzbeauftragten;[10]
c) die Zwecke, für die die personenbezogenen Daten verarbeitet werden sollen, sowie die Rechtsgrundlage[11] für die Verarbeitung;
d) wenn die Verarbeitung auf Artikel 6 Absatz 1 Buchstabe f beruht, die berechtigten Interessen, die von dem Verantwortlichen oder einem Dritten verfolgt werden;[12]
e) gegebenenfalls die Empfänger[13] oder Kategorien von Empfängern der personenbezogenen Daten und
f) gegebenenfalls die Absicht des Verantwortlichen, die personenbezogenen Daten an ein Drittland[14] oder eine internationale Organisation[15] zu übermitteln,[16] sowie das Vorhandensein[17] oder das Fehlen eines Angemessenheitsbeschlusses der Kommission oder im Falle von Übermittlungen gemäß Artikel 46 oder Artikel 47 oder Artikel 49 Absatz 1 Unterabsatz 2 einen Verweis auf die geeigneten oder angemessenen Garantien und die Möglichkeit, wie eine Kopie von ihnen zu erhalten ist,[18] oder wo sie verfügbar sind.

(2) Zusätzlich zu den Informationen gemäß Absatz 1 stellt der Verantwortliche der betroffenen Person zum Zeitpunkt der Erhebung[19] dieser Daten folgende weitere Informationen zur Verfügung, die notwendig sind, um eine faire und transparente Verarbeitung zu gewährleisten:

a) die Dauer, für die die personenbezogenen Daten gespeichert werden oder, falls dies nicht möglich ist, die Kriterien für die Festlegung dieser Dauer;[20]

b) das Bestehen eines Rechts auf Auskunft[21] seitens des Verantwortlichen über die betreffenden personenbezogenen Daten sowie auf Berichtigung[22] oder Löschung[23] oder auf Einschränkung der Verarbeitung[24] oder eines Widerspruchsrechts[25] gegen die Verarbeitung sowie des Rechts auf Datenübertragbarkeit;[26]

c) wenn die Verarbeitung auf Artikel 6 Absatz 1 Buchstabe a oder Artikel 9 Absatz 2 Buchstabe a beruht, das Bestehen eines Rechts, die Einwilligung[27] jederzeit zu widerrufen,[28] ohne dass die Rechtmäßigkeit der aufgrund der Einwilligung bis zum Widerruf erfolgten Verarbeitung berührt wird;

d) das Bestehen eines Beschwerderechts bei einer Aufsichtsbehörde;[29]

e) ob die Bereitstellung der personenbezogenen Daten gesetzlich oder vertraglich vorgeschrieben oder für einen Vertragsabschluss erforderlich ist, ob die betroffene Person verpflichtet ist, die personenbezogenen Daten bereitzustellen, und welche mögliche Folgen die Nichtbereitstellung hätte und

f) das Bestehen einer automatisierten Entscheidungsfindung einschließlich Profiling gemäß Artikel 22 Absätze 1 und 4 und – zumindest in diesen Fällen[30] – aussagekräftige Informationen über die involvierte Logik sowie die Tragweite und die angestrebten Auswirkungen einer derartigen Verarbeitung für die betroffene Person.

(3) Beabsichtigt der Verantwortliche, die personenbezogenen Daten für einen anderen Zweck weiterzuverarbeiten als den, für den die personenbezogenen Daten erhoben wurden,[31] so stellt er der betroffenen Person vor dieser Weiterverarbeitung Informationen über diesen anderen Zweck und alle anderen maßgeblichen[32] Informationen gemäß Absatz 2 zur Verfügung.

(4) Die Absätze 1, 2 und 3 finden keine Anwendung, wenn und soweit die betroffene Person bereits über die Informationen verfügt.

Erwägungsgrund

(60) Die Grundsätze einer fairen und transparenten Verarbeitung machen es erforderlich, dass die betroffene Person über die Existenz des Verarbeitungsvorgangs und seine Zwecke unterrichtet wird. Der Verantwortliche sollte der betroffenen Person alle weiteren Informationen zur Verfügung stellen, die unter Berücksichtigung der besonderen Umstände und Rah-

menbedingungen, unter denen die personenbezogenen Daten verarbeitet werden, notwendig sind, um eine faire und transparente Verarbeitung zu gewährleisten. Darüber hinaus sollte er die betroffene Person darauf hinweisen, dass Profiling stattfindet und welche Folgen dies hat. Werden die personenbezogenen Daten bei der betroffenen Person erhoben, so sollte dieser darüber hinaus mitgeteilt werden, ob sie verpflichtet ist, die personenbezogenen Daten bereitzustellen, und welche Folgen eine Zurückhaltung der Daten nach sich ziehen würde. Die betreffenden Informationen können in Kombination mit standardisierten Bildsymbolen bereitgestellt werden, um in leicht wahrnehmbarer, verständlicher und klar nachvollziehbarer Form einen aussagekräftigen Überblick über die beabsichtigte Verarbeitung zu vermitteln. Werden die Bildsymbole in elektronischer Form dargestellt, so sollten sie maschinenlesbar sein.

Anmerkungen

1 Die Untergliederung der Informationspflichten in Abs 1 und Abs 2 ist entbehrlich, zumal die Informationspflichten zeitgleich erfüllt werden müssen (siehe Rz 19 unten). Auch die größtenteils deckungsgleiche Auflistung von Informationspflichten in Art 13 und Art 14 hätte übersichtlicher gestaltet werden können. Zu den Abweichungen des Art 14 Abs 1 und 2 von Art 13 Abs 1 und 2 siehe Art 14 Rz 1.

Zusätzlich zu Art 13 (und Art 14) ergibt sich aus der DSGVO folgende Informationspflicht: Gemeinsam Verantwortliche haben den wesentlichen Inhalt der zwischen ihnen gemäß Art 26 Abs 1 geschlossenen Vereinbarung der betroffenen Person zur Verfügung zu stellen (Art 26 Abs 2 Satz 2).

2 Da Art 13 im Unterschied zu Art 14 keine Information über die Kategorien der verarbeiteten Daten erfordert und umgekehrt nur Art 13 vorsieht, dass über die Verpflichtung zur Bereitstellung der Daten bzw deren Erforderlichkeit informiert werden muss, liegt es nahe, eine Datenerhebung „bei der betroffenen Person" nur in jenen Fällen zu bejahen, in denen die betroffene Person tatsächlich Kenntnis von den einzelnen erhobenen Daten hat, insbesondere weil sie diese selbst zur Verfügung stellt, also etwa eingibt.

3 Da die Pflicht zur Information „zum Zeitpunkt der Erhebung" bereits nach dem Wortlaut nicht erfüllt werden kann, wenn die Erhebung bereits vor dem Geltungsbeginn der DSGVO am 25. Mai 2018 erfolgte, sprechen uE gute Argumente dafür, dass die Informationspflicht des Art 13 **auf alte, bereits vor Geltungsbeginn der DSGVO abgeschlossene Datenerhebungen keine Anwendung findet** (zur selben Problematik bei Datenschutz-Folgenabschätzungen siehe Art 35 Rz 4 und bei der Pflicht zur vorherigen Konsultation Art 36 Rz 2).

Diese Informationen können ebenso wie jene des Abs 2 in Kombination mit standardisierten Bildsymbolen bereitgestellt werden (siehe Art 12 Abs 7 und 8; vgl auch Erwägungsgrund 60 Satz 5). **4**

Keine Informationspflicht besteht hinsichtlich der Kategorien der verarbeiteten Daten. Hierüber ist grundsätzlich nur dann zu informieren, wenn die Daten nicht bei der betroffenen Person erhoben werden (siehe Art 14 Abs 1 lit d). **5**

Im Falle einer juristischen Person handelt es sich bei dem Namen um den Firmenwortlaut einschließlich des Rechtsformzusatzes. **6**

Der Begriff „**Kontaktdaten**" ist in der DSGVO nicht definiert. Hierunter ist uE jedenfalls eine ladungsfähige Anschrift des Verantwortlichen bzw des Vertreters zu subsumieren, da diese erforderlich ist, um (i) eine hinreichende Individualisierung des Verantwortlichen bzw Vertreters zu ermöglichen und (ii) die Betroffenenrechte effektiv ausüben zu können. Aus Erwägungsgrund 22, welcher in anderem Zusammenhang die Formulierung „einer E-Mail-Adresse oder anderer Kontaktdaten" verwendet, ergibt sich weiters, dass eine E-Mail-Adresse grundsätzlich ein Kontaktdatum darstellt. Nach Art 12 Abs 2 Satz 1 hat der Verantwortliche zudem die allgemeine Verpflichtung, der betroffenen Person die Ausübung ihrer Rechte gemäß den Artikeln 15 bis 22 zu „erleichtern", was nach Erwägungsgrund 59 Satz 2 insbesondere dadurch zu erfolgen hat, dass „der Verantwortliche auch dafür sorgen [sollte], dass Anträge elektronisch gestellt werden können". Es sprechen daher gute Gründe dafür, dass der Begriff „Kontaktdaten" als **ladungsfähige Anschrift und E-Mail-Adresse** zu verstehen ist. Aus anderen Rechtsgrundlagen (etwa der nationalstaatlichen Umsetzung der E-Commerce-Richtlinie) kann sich die Pflicht zur Angabe weiterer Kontaktinformationen, insbesondere einer Telefonnummer, ergeben. **7**

Siehe Art 4 Nr 17 zur Definition des Begriffs „Vertreter". **8**

Siehe Rz 7 zur Definition des Begriffs „Kontaktdaten". Es ist darauf hinzuweisen, dass der Name des Datenschutzbeauftragten nicht offengelegt werden muss. In der Praxis wird es daher nicht erforderlich sein, **9**

Datenschutzerklärungen jedes Mal anzupassen, wenn sich die Person des Datenschutzbeauftragten ändert, sofern die Kontaktdaten erhalten bleiben, was sich insbesondere auch durch eine funktionsbezogene E-Mail-Adresse erreichen lässt.

10 Vgl Art 37 ff.

11 Die Pflicht nach Abs 1 lit c zur **Information über die Rechtsgrundlage** stellt eine bedeutende Neuerung im Verhältnis zu Art 10 DS-RL dar. Der Verantwortliche muss darüber informieren, auf welchen Erlaubnistatbestand des Art 6 Abs 1 UAbs 1 lit a bis f, Art 9 Abs 2 lit a bis j bzw Art 10 er die Verarbeitung stützt; soweit sich die Datenverarbeitung auch auf eine Bestimmung des nationalen Recht stützt, wird auch über diese zu informieren sein.

12 Durch Abs 1 lit d wird der Verantwortliche zu einer außenwirksamen Dokumentation der Interessensabwägung angehalten.

13 Siehe Art 4 Nr 9 zur Definition des Begriffs „Empfänger", welcher (i) **sowohl Verantwortliche als auch Auftragsverarbeiter** einschließt (vgl Art 4 Rz 18) aber (ii) Behörden, die im Rahmen eines bestimmten Untersuchungsauftrags nach dem Unionsrecht oder dem Recht der Mitgliedstaaten personenbezogene Daten erhalten, nicht umfasst. Über die gesetzeskonforme Übermittlung an Strafverfolgungsbehörden eines Mitgliedstaates muss daher nicht informiert werden.

14 Siehe Art 44 Rz 2 zur Definition des Begriffs „Drittland".

15 Siehe Art 4 Nr 26 zur Definition des Begriffs „internationale Organisation".

16 Die Informationspflicht nach Abs 1 lit f gilt daher sowohl bezüglich dritter Verantwortlicher als auch Auftragsverarbeiter in **Drittländern** (vgl Art 44 Rz 1 zur Definition des Begriffs „Übermittlung").

17 Dass **auch bei Vorhandensein eines Angemessenheitsbeschlusses** der Kommission über die Datenübermittlung in das Drittland zu informieren ist, trägt der Tatsache Rechnung, dass Angemessenheitsbeschlüsse nicht von dauerndem Bestand sein müssen (vgl EuGH 6. 10. 2015, C-362/14 – *Schrems*).

18 Mit der „Möglichkeit, wie eine Kopie von ihnen zu erhalten ist" [sic], sind die Wege, auf denen eine Kopie der Garantien zu erhalten ist, bezeichnet („the means by which to obtain a copy of them"; „les moyens d'en

Informationspflicht bei der betroffenen Person — Art 13

obtenir une copie"). Dies stellt auch eine wesentliche Neuerung zum bisher geltenden Recht dar, weil Verantwortliche gegebenenfalls ihre **Standardvertragsklauseln zur Verfügung stellen müssen.**

19 Die Informationen nach Abs 2 müssen daher zeitgleich mit den Informationen nach Abs 1 erteilt werden.

20 Lediglich darüber zu informieren, dass die Daten so lange gespeichert werden, „wie es für die Zwecke, für die sie verarbeitet werden, erforderlich ist", wird nicht ausreichend sein, da dies lediglich den Grundsatz der Speicherbegrenzung wiedergeben würde (vgl Art 5 Abs 1 lit e). Es dürfte allerdings schwierig sein, konkrete Zeitangaben zu machen, da die Aufbewahrungspflichten und -fristen von diversen Kriterien abhängen (zB steuerrechtliche Relevanz).

21 Siehe Art 15 zum Recht auf Auskunft.

22 Siehe Art 16 zum Recht auf Berichtigung.

23 Siehe Art 17 zum Recht auf Löschung.

24 Siehe Art 18 zum Recht auf Einschränkung der Verarbeitung.

25 Siehe Art 21 zum Recht auf Widerspruch. Über das Recht auf Widerspruch muss in den Fällen des Art 21 Abs 1 und 2 gemäß Art 21 Abs 4 allerdings „spätestens zum Zeitpunkt der ersten Kommunikation" informiert werden.

26 Siehe Art 20 zum Recht auf Datenübertragbarkeit.

27 Siehe Art 4 Nr 11 zur Definition des Begriffs „Einwilligung". Zu weiteren Bedingungen für eine Einwilligung siehe Art 7 f.

28 Zum Recht auf Widerruf der Einwilligung vgl Art 7 Abs 3.

29 Siehe Art 77 zum Recht auf Beschwerde bei einer Aufsichtsbehörde.

30 Die in Abs 2 lit f genannten **„aussagekräftige[n] Informationen über die involvierte Logik** sowie die Tragweite und die angestrebten Auswirkungen einer derartigen Verarbeitung für die betroffene Person" müssen auch in anderen Fällen als jenen der automatisierten Entscheidungsfindung zur Verfügung gestellt werden, soweit diese Informationen „unter Berücksichtigung der besonderen Umstände und Rahmenbedingungen, unter denen die personenbezogenen Daten verarbeitet werden, notwendig sind, um eine faire und transparente Verarbeitung zu gewährleisten" (Erwägungsgrund 60 Satz 2).

31 Vgl Art 6 Abs 4.

32 „Maßgeblich" iSd Abs 3 ist jedenfalls die Information über das Widerspruchsrecht (vgl Erwägungsgrund 50 Satz 8).

Artikel 14
Informationspflicht, wenn die personenbezogenen Daten nicht bei der betroffenen Person erhoben wurden[1]

(1) Werden personenbezogene Daten nicht bei der betroffenen Person erhoben,[2] so teilt der Verantwortliche der betroffenen Person Folgendes mit:[3]
  a) den Namen und die Kontaktdaten[4] des Verantwortlichen sowie gegebenenfalls seines Vertreters;[5]
  b) zusätzlich[6] die Kontaktdaten[7] des Datenschutzbeauftragten;[8]
  c) die Zwecke, für die die personenbezogenen Daten verarbeitet werden sollen, sowie die Rechtsgrundlage[9] für die Verarbeitung;
  d) die Kategorien personenbezogener Daten, die verarbeitet werden;
  e) gegebenenfalls die Empfänger[10] oder Kategorien von Empfängern der personenbezogenen Daten;
  f) gegebenenfalls die Absicht des Verantwortlichen, die personenbezogenen Daten an einen Empfänger in einem Drittland[11] oder einer internationalen [richtig: eine internationale][12] Organisation[13] zu übermitteln,[14] sowie das Vorhandensein[15] oder das Fehlen eines Angemessenheitsbeschlusses der Kommission oder im Falle von Übermittlungen gemäß Artikel 46 oder Artikel 47 oder Artikel 49 Absatz 1 Unterabsatz 2 einen Verweis auf die geeigneten oder angemessenen Garantien und die Möglichkeit, eine Kopie von ihnen zu erhalten,[16] oder wo sie verfügbar sind.

(2) Zusätzlich zu den Informationen gemäß Absatz 1 stellt der Verantwortliche der betroffenen Person die folgenden Informationen zur Verfügung, die erforderlich sind, um der betroffenen Person gegenüber eine faire und transparente Verarbeitung zu gewährleisten:
  a) die Dauer, für die die personenbezogenen Daten gespeichert werden oder, falls dies nicht möglich ist, die Kriterien für die Festlegung dieser Dauer;[17]

b) wenn die Verarbeitung auf Artikel 6 Absatz 1 Buchstabe f beruht, die berechtigten Interessen, die von dem Verantwortlichen oder einem Dritten verfolgt werden;[18]
c) das Bestehen eines Rechts auf Auskunft[19] seitens des Verantwortlichen über die betreffenden personenbezogenen Daten sowie auf Berichtigung[20] oder Löschung[21] oder auf Einschränkung der Verarbeitung[22] und eines Widerspruchsrechts[23] gegen die Verarbeitung sowie des Rechts auf Datenübertragbarkeit;[24]
d) wenn die Verarbeitung auf Artikel 6 Absatz 1 Buchstabe a oder Artikel 9 Absatz 2 Buchstabe a beruht, das Bestehen eines Rechts, die Einwilligung[25] jederzeit zu widerrufen,[26] ohne dass die Rechtmäßigkeit der aufgrund der Einwilligung bis zum Widerruf erfolgten Verarbeitung berührt wird;
e) das Bestehen eines Beschwerderechts bei einer Aufsichtsbehörde;[27]
f) aus welcher Quelle die personenbezogenen Daten stammen und gegebenenfalls ob sie aus öffentlich zugänglichen Quellen stammen;[28]
g) das Bestehen einer automatisierten Entscheidungsfindung einschließlich Profiling gemäß Artikel 22 Absätze 1 und 4 und – zumindest in diesen Fällen[29] – aussagekräftige Informationen über die involvierte Logik sowie die Tragweite und die angestrebten Auswirkungen einer derartigen Verarbeitung für die betroffene Person.

(3) Der Verantwortliche erteilt die Informationen gemäß den Absätzen 1 und 2[30]

a) unter Berücksichtigung der spezifischen Umstände der Verarbeitung der personenbezogenen Daten innerhalb einer angemessenen Frist nach Erlangung der personenbezogenen Daten, längstens jedoch innerhalb eines Monats,
b) falls die personenbezogenen Daten zur Kommunikation mit der betroffenen Person verwendet werden sollen, spätestens zum Zeitpunkt der ersten Mitteilung an sie, oder,
c) falls die Offenlegung an einen anderen Empfänger[31] beabsichtigt ist, spätestens zum Zeitpunkt der ersten Offenlegung.

(4) Beabsichtigt der Verantwortliche, die personenbezogenen Daten für einen anderen Zweck weiterzuverarbeiten als den, für den die personenbezogenen Daten erlangt wurden,[32] so stellt er der betroffenen Person vor dieser Weiterverarbeitung Informationen über

diesen anderen Zweck und alle anderen maßgeblichen Informationen gemäß Absatz 2 zur Verfügung.

(5) Die Absätze 1 bis 4 finden keine Anwendung, wenn und soweit
a) die betroffene Person bereits über die Informationen verfügt,
b) die Erteilung dieser Informationen sich als unmöglich erweist oder einen unverhältnismäßigen Aufwand erfordern würde;[33] dies gilt insbesondere für die Verarbeitung für im öffentlichen Interesse liegende Archivzwecke, für wissenschaftliche oder historische Forschungszwecke oder für statistische Zwecke vorbehaltlich der in Artikel 89 Absatz 1 genannten Bedingungen und Garantien oder soweit die in Absatz 1 des vorliegenden Artikels genannte Pflicht voraussichtlich die Verwirklichung der Ziele dieser Verarbeitung unmöglich macht oder ernsthaft beeinträchtigt[.] In diesen Fällen ergreift der Verantwortliche geeignete Maßnahmen zum Schutz der Rechte und Freiheiten sowie der berechtigten Interessen der betroffenen Person, einschließlich der Bereitstellung dieser Informationen für die Öffentlichkeit,
c) die Erlangung oder Offenlegung durch Rechtsvorschriften der Union oder der Mitgliedstaaten, denen der Verantwortliche unterliegt und die geeignete Maßnahmen zum Schutz der berechtigten Interessen der betroffenen Person vorsehen, ausdrücklich geregelt ist oder
d) die personenbezogenen Daten gemäß dem Unionsrecht oder dem Recht der Mitgliedstaaten dem Berufsgeheimnis, einschließlich einer satzungsmäßigen Geheimhaltungspflicht, unterliegen und daher vertraulich behandelt werden müssen.

Erwägungsgründe

(61) Dass sie betreffende personenbezogene Daten verarbeitet werden, sollte der betroffenen Person zum Zeitpunkt der Erhebung mitgeteilt werden oder, falls die Daten nicht von ihr, sondern aus einer anderen Quelle erlangt werden, innerhalb einer angemessenen Frist, die sich nach dem konkreten Einzelfall richtet. Wenn die personenbezogenen Daten rechtmäßig einem anderen Empfänger offengelegt werden dürfen, sollte die betroffene Person bei der erstmaligen Offenlegung der personenbezogenen Daten für diesen Empfänger darüber aufgeklärt werden. Beabsichtigt der Verantwortliche, die personenbezogenen Daten für einen anderen Zweck zu verarbeiten als den, für den die Daten erhoben

wurden, so sollte er der betroffenen Person vor dieser Weiterverarbeitung Informationen über diesen anderen Zweck und andere erforderliche Informationen zur Verfügung stellen. Konnte der betroffen Person nicht mitgeteilt werden, woher die personenbezogenen Daten stammen, weil verschiedene Quellen benutzt wurden, so sollte die Unterrichtung allgemein gehalten werden.

(62) Die Pflicht, Informationen zur Verfügung zu stellen, erübrigt sich jedoch, wenn die betroffene Person die Information bereits hat, wenn die Speicherung oder Offenlegung der personenbezogenen Daten ausdrücklich durch Rechtsvorschriften geregelt ist oder wenn sich die Unterrichtung der betroffenen Person als unmöglich erweist oder mit unverhältnismäßig hohem Aufwand verbunden ist. Letzteres könnte insbesondere bei Verarbeitungen für im öffentlichen Interesse liegende Archivzwecke, zu wissenschaftlichen oder historischen Forschungszwecken oder zu statistischen Zwecken der Fall sein. Als Anhaltspunkte sollten dabei die Zahl der betroffenen Personen, das Alter der Daten oder etwaige geeignete Garantien in Betracht gezogen werden.

Anmerkungen

Abgesehen von Übersetzungsfehlern (Rz 6, 12 und 16 unten) und geringfügigen, nicht sinnverändernden Abweichungen (Rz 11) **unterscheiden sich die Informationspflichten nach Art 14 von jenen nach Art 13** nur in folgenden Punkten: (a) über die Datenkategorien (Art 14 Abs 1 lit d) sowie über die Datenquellen (Art 14 Abs 2 lit f) ist nur nach Art 14, nicht jedoch nach Art 13 zu informieren; (b) darüber, ob die Bereitstellung der personenbezogenen Daten verpflichtend oder für einen Vertragsabschluss erforderlich ist (Art 13 Abs 2 lit e), muss hingegen nur nach Art 13, nicht hingegen nach Art 14 informiert werden. Die Informationspflichten nach Art 14 Abs 1 und 2 entsprechen daher wie folgt jenen nach Art 13 Abs 1 und 2:

1

Gegenstand der Information	Art 14	Art 13
Verantwortlicher	Abs 1 lit a	Abs 1 lit a
Datenschutzbeauftragter	Abs 1 lit b	Abs 1 lit b
Verarbeitungszwecke und Rechtsgrundlage	Abs 1 lit c	Abs 1 lit c
Datenkategorien	Abs 1 lit d	*keine Entsprechung*

Gegenstand der Information	Art 14	Art 13
Empfänger	Abs 1 lit e	Abs 1 lit e
Übermittlung in Drittland	Abs 1 lit f	Abs 1 lit f
Speicherdauer	Abs 2 lit a	Abs 2 lit a
überwiegende berechtigte Interessen	Abs 2 lit b	Abs 1 lit d
Betroffenenrechte	Abs 2 lit c	Abs 2 lit b
Widerruf der Einwilligung	Abs 2 lit d	Abs 2 lit c
Beschwerderecht	Abs 2 lit e	Abs 2 lit d
Verpflichtung/Erforderlichkeit zur Bereitstellung der Daten	Keine Entsprechung	Abs 2 lit e
Datenquellen	Abs 2 lit f	Keine Entsprechung
Entscheidungslogik	Abs 2 lit g	Abs 2 lit f
Weiterverarbeitung zu kompatiblen Zweck	Abs 4	Abs 3

2 Siehe Art 13 Rz 2 zum Tatbestandsmerkmal der Datenerhebung „**bei der betroffenen Person**".

3 Diese Informationen können ebenso wie jene nach Abs 2 in Kombination mit standardisierten Bildsymbolen bereitgestellt werden (siehe Art 12 Abs 7 und 8; Erwägungsgrund 60 Satz 5).

4 Siehe Art 13 Rz 7 zur Definition des Begriffs „Kontaktdaten".

5 Siehe Art 4 Nr 17 zur Definition des Begriffs „Vertreter".

6 Hierbei handelt es sich um einen Übersetzungsfehler; richtigerweise muss es (wie auch in Art 13 Abs 1 lit b) „gegebenenfalls" („where applicable"; „le cas échéant") heißen.

7 Siehe Art 13 Rz 7 zur Definition des Begriffs „Kontaktdaten". Es ist jedoch darauf hinzuweisen, dass der **Name des Datenschutzbeauftragten nicht offengelegt werden muss**. In der Praxis wird es daher nicht erforderlich sein, Datenschutzerklärungen jedes Mal anzupassen, wenn sich die Person des Datenschutzbeauftragten ändert.

8 Vgl Art 37 ff.

9 Siehe Art 13 Rz 11.

10 Siehe Art 13 Rz 13.

Informationspflicht, wenn nicht bei betroffenen Person erhoben **Art 14**

Ungeachtet der geringfügig von Art 13 Abs 1 lit f abweichenden Formulierung („an einen Empfänger in einem Drittland" statt „an ein Drittland") ist der Bedeutungsgehalt derselbe, wie jener von Art 13 Abs 1 lit f. Siehe Art 44 Rz 2 zur Definition des Begriffs „Drittland". **11**

Übersetzungsfehler. **12**

Siehe Art 4 Nr 26 zur Definition des Begriffs „internationale Organisation". **13**

Die Informationspflicht nach Abs 1 lit f gilt sowohl bezüglich dritter Verantwortlicher als auch Auftragsverarbeiter in Drittländern (vgl Art 44 Rz 1 zur Definition des Begriffs „Übermittlung"). **14**

Siehe Art 13 Rz 17. **15**

Hierbei handelt es sich um einen Übersetzungsfehler; statt „die Möglichkeit, eine Kopie von ihnen zu erhalten" müsste es – wie auch in Art 13 Abs 1 lit f – heißen: „die Möglichkeit, wie eine Kopie von ihnen zu erhalten ist" („the means by which to obtain a copy of them"). Siehe Art 13 Rz 18. **16**

Siehe Art 13 Rz 20. **17**

Durch Abs 2 lit b wird der Verantwortliche zu einer **außenwirksamen Dokumentation der Interessensabwägung** angehalten. **18**

Siehe Art 15 zum Recht auf Auskunft. **19**

Siehe Art 16 zum Recht auf Berichtigung. **20**

Siehe Art 17 zum Recht auf Löschung. **21**

Siehe Art 18 zum Recht auf Einschränkung der Verarbeitung. **22**

Siehe Art 21 zum Recht auf Widerspruch. Über das **Recht auf Widerspruch** muss in den Fällen des Art 21 Abs 1 und 2 gemäß Art 21 Abs 4 allerdings „**spätestens zum Zeitpunkt der ersten Kommunikation**" **informiert werden.** **23**

Siehe Art 20 zum Recht auf Datenübertragbarkeit. **24**

Siehe Art 4 Nr 11 zur Definition des Begriffs „Einwilligung". Zu weiteren Bedingungen für eine Einwilligung siehe Art 7 f. **25**

Zum Recht auf Widerruf der Einwilligung vgl Art 7 Abs 3. **26**

Siehe Art 77 zum Recht auf Beschwerde bei einer Aufsichtsbehörde. **27**

28 Es besteht keine Pflicht, die Datenquellen zum Zweck der Erfüllung dieser Auskunftspflicht zu dokumentieren. Dies ergibt sich aus Erwägungsgrund 61 letzter Satz, wonach in jenem Fall, in dem „der betroffenen Person nicht mitgeteilt werden [konnte], woher die personenbezogenen Daten stammen, weil verschiedene Quellen benutzt wurden, [...] die Unterrichtung allgemein gehalten werden [sollte]". Vgl auch Art 15 Abs 1 lit g, wonach lediglich Auskunft über „alle verfügbaren" Informationen über die Herkunft der Daten zu erteilen ist.

29 „[A]ussagekräftige Informationen über die involvierte Logik sowie die Tragweite und die angestrebten Auswirkungen einer derartigen Verarbeitung für die betroffene Person" müssen nach Abs 2 lit g auch in anderen Fällen als jenen der automatisierten Entscheidungsfindung zur Verfügung gestellt werden, soweit diese Informationen „unter Berücksichtigung der besonderen Umstände und Rahmenbedingungen, unter denen die personenbezogenen Daten verarbeitet werden, notwendig sind, um eine faire und transparente Verarbeitung zu gewährleisten" (Erwägungsgrund 60 Satz 2).

30 Abs 3 lässt offen, ob es sich bei lit b und c im Verhältnis zu lit a jeweils um eine lex specialis handelt, diesfalls bei Anwendbarkeit der lit b und c die **einmonatige Frist** der lit a keine Anwendung finden würde. Für diese Frage lässt sich aus der Unterschiedlichkeit der Formulierungen in lit a, b und c („längstens jedoch innerhalb" und „spätestens zum Zeitpunkt") nichts gewinnen, zumal die englische Sprachfassung der DSGVO in lit a bis c dieselbe Formulierung verwendet („at the latest"). Zumindest, wenn die Datenverarbeitung ausschließlich zum Zweck der Kommunikation mit der betroffenen Person (lit b) oder ausschließlich zum Zweck der Offenlegung an einen anderen Empfänger (lit c) erfolgt, erscheint es sachgerecht, dass die einmonatige Frist der lit a nicht zur Anwendung gelangt.

31 Siehe Art 4 Nr 9 zur Definition des Begriffs „Empfänger".

32 Vgl Art 6 Abs 4.

33 Nach Erwägungsgrund 62 letzter Satz sollten hierbei „[a]ls Anhaltspunkte [...] die Zahl der betroffenen Personen, das Alter der Daten oder etwaige geeignete Garantien in Betracht gezogen werden".

Artikel 15
Auskunftsrecht der betroffenen Person

(1) Die betroffene Person hat das Recht, von dem Verantwortlichen eine Bestätigung darüber zu verlangen,[1] ob sie betreffende personenbezogene Daten verarbeitet werden; ist dies der Fall, so hat sie ein Recht auf Auskunft über diese personenbezogenen Daten und auf folgende Informationen:[2,3]
a) die Verarbeitungszwecke;
b) die Kategorien personenbezogener Daten, die verarbeitet werden;
c) die Empfänger[4] oder Kategorien von Empfängern,[5] gegenüber denen die personenbezogenen Daten offengelegt worden sind oder noch offengelegt werden, insbesondere bei Empfängern in Drittländern[6] oder bei internationalen Organisationen;[7]
d) falls möglich die geplante Dauer, für die die personenbezogenen Daten gespeichert werden, oder, falls dies nicht möglich ist, die Kriterien für die Festlegung dieser Dauer;[8]
e) das Bestehen eines Rechts auf Berichtigung[9] oder Löschung[10] der sie betreffenden personenbezogenen Daten oder auf Einschränkung der Verarbeitung[11] durch den Verantwortlichen oder eines Widerspruchsrechts[12] gegen diese Verarbeitung;
f) das Bestehen eines Beschwerderechts bei einer Aufsichtsbehörde;[13]
g) wenn die personenbezogenen Daten nicht bei der betroffenen Person erhoben werden, alle verfügbaren[14] Informationen über die Herkunft der Daten;
h) das Bestehen einer automatisierten Entscheidungsfindung einschließlich Profiling gemäß Artikel 22 Absätze 1 und 4 und – zumindest in diesen Fällen – aussagekräftige Informationen über die involvierte Logik sowie die Tragweite und die angestrebten Auswirkungen einer derartigen Verarbeitung für die betroffene Person.

(2) Werden personenbezogene Daten an ein Drittland oder an eine internationale Organisation übermittelt, so hat die betroffene Person das Recht, über die geeigneten Garantien gemäß Artikel 46 im Zusammenhang mit der Übermittlung unterrichtet zu werden.

(3) Der Verantwortliche stellt eine Kopie der personenbezogenen Daten, die Gegenstand der Verarbeitung sind, zur Verfügung.[15] Für alle weiteren Kopien, die die betroffene Person beantragt, kann der

Verantwortliche ein angemessenes Entgelt auf der Grundlage der Verwaltungskosten verlangen.[16] Stellt die betroffene Person den Antrag elektronisch, so sind die Informationen in einem gängigen elektronischen Format zur Verfügung zu stellen,[17] sofern sie nichts anderes angibt.

(4) Das Recht auf Erhalt einer Kopie gemäß Absatz 1b [richtig: Absatz 3][18] darf die Rechte und Freiheiten anderer Personen[19] nicht beeinträchtigen.[20]

Erwägungsgründe

(63) Eine betroffene Person sollte ein Auskunftsrecht hinsichtlich der sie betreffenden personenbezogenen Daten, die erhoben worden sind, besitzen und dieses Recht problemlos und in angemessenen Abständen wahrnehmen können, um sich der Verarbeitung bewusst zu sein und deren Rechtmäßigkeit überprüfen zu können. Dies schließt das Recht betroffene Personen auf Auskunft über ihre eigenen gesundheitsbezogenen Daten ein, etwa Daten in ihren Patientenakten, die Informationen wie beispielsweise Diagnosen, Untersuchungsergebnisse, Befunde der behandelnden Ärzte und Angaben zu Behandlungen oder Eingriffen enthalten. Jede betroffene Person sollte daher ein Anrecht darauf haben zu wissen und zu erfahren, insbesondere zu welchen Zwecken die personenbezogenen Daten verarbeitet werden und, wenn möglich, wie lange sie gespeichert werden, wer die Empfänger der personenbezogenen Daten sind, nach welcher Logik die automatische Verarbeitung personenbezogener Daten erfolgt und welche Folgen eine solche Verarbeitung haben kann, zumindest in Fällen, in denen die Verarbeitung auf Profiling beruht. Nach Möglichkeit sollte der Verantwortliche den Fernzugang zu einem sicheren System bereitstellen können, der der betroffenen Person direkten Zugang zu ihren personenbezogenen Daten ermöglichen würde. Dieses Recht sollte die Rechte und Freiheiten anderer Personen, etwa Geschäftsgeheimnisse oder Rechte des geistigen Eigentums und insbesondere das Urheberrecht an Software, nicht beeinträchtigen. Dies darf jedoch nicht dazu führen, dass der betroffenen Person jegliche Auskunft verweigert wird. Verarbeitet der Verantwortliche eine große Menge von Informationen über die betroffene Person, so sollte er verlangen können, dass die betroffene Person präzisiert, auf welche Information oder welche Verarbeitungsvorgänge sich ihr Auskunftsersuchen bezieht, bevor er ihr Auskunft erteilt.

Auskunftsrecht der betroffenen Person — Art 15

(64) Der Verantwortliche sollte alle vertretbaren Mittel nutzen, um die Identität einer Auskunft suchenden betroffenen Person zu überprüfen, insbesondere im Rahmen von Online- Diensten und im Fall von Online-Kennungen. Ein Verantwortlicher sollte personenbezogene Daten nicht allein zu dem Zweck speichern, auf mögliche Auskunftsersuchen reagieren zu können.

Anmerkungen

Nach Erwägungsgrund 63 letzter Satz sollte der Verantwortliche in jenen Fällen, in denen er „eine große Menge von Informationen über die betroffene Person [verarbeitet]", verlangen können, dass die betroffene Person „präzisiert, auf welche Information oder welche Verarbeitungsvorgänge sich ihr Auskunftsersuchen bezieht, bevor er ihr Auskunft erteilt". Diesfalls trifft die betroffene Person eine **Präzisierungsobliegenheit**. **1**

Die Auskunftserteilung hat unverzüglich aber jedenfalls innerhalb einer **einmonatigen Frist** zu erfolgen, welche **um weitere zwei Monate erstreckt werden kann** (Art 12 Abs 3). **2**

Wird das Recht auf Auskunft auf elektronischem Wege ausgeübt, so hat nach Möglichkeit auch die **Auskunftserteilung elektronisch zu erfolgen** (Art 12 Abs 3 letzter Satz). **3**

Siehe Art 4 Nr 9 zur Definition des Begriffs „Empfänger". **4**

Eine spezifischere, nicht durch Bekanntgabe der Kategorien der Empfänger erfüllbare Auskunftsverpflichtung besteht nach Art 19 Satz 2 iZm der Berichtigung oder Löschung personenbezogener Daten oder der Einschränkung der Verarbeitung. **5**

Siehe Art 44 Rz 2 zur Definition des Begriffs „Drittland". **6**

Siehe Art 4 Nr 26 zur Definition des Begriffs „internationale Organisation". **7**

Lediglich darüber zu informieren, dass die Daten so lange gespeichert werden, „wie es für die Zwecke, für die sie verarbeitet werden, erforderlich ist", wird nicht ausreichend sein, da dies lediglich den Grundsatz der Speicherbegrenzung wiedergeben würde (vgl Art 5 Abs 1 lit e). **8**

Siehe Art 16 zum Recht auf Berichtigung. **9**

Siehe Art 17 zum Recht auf Löschung. **10**

11 Siehe Art 18 zum Recht auf Einschränkung der Verarbeitung.

12 Siehe Art 21 zum Recht auf Widerspruch.

13 Siehe Art 77 zum Recht auf Beschwerde bei einer Aufsichtsbehörde.

14 Es besteht keine Pflicht, die **Datenquellen** zum Zweck der Erfüllung dieser Auskunftspflicht zu dokumentieren. Siehe auch Art 14 Rz 28.

15 Bevor personenbezogene Daten zur Verfügung gestellt werden, „sollte [der Verantwortliche] alle vertretbaren Mittel nutzen, um die **Identität einer Auskunft suchenden betroffenen Person zu überprüfen**, insbesondere im Rahmen von Online-Diensten und im Fall von Online-Kennungen" (Erwägungsgrund 64 Satz 1).

16 Die Möglichkeit, für weitere Kopien ein **Entgelt** zu verlangen, besteht allerdings nur bei offenkundig unbegründeter oder exzessiver Ausübung des Rechts auf Auskunft (siehe Art 12 Abs 5). Vgl auch Erwägungsgrund 63 Satz 1, wonach eine betroffene Person das Recht auf Auskunft „problemlos und in angemessenen Abständen wahrnehmen können [soll]".

17 Vgl Erwägungsgrund 63 Satz 4, wonach der Verantwortliche „[n]ach Möglichkeit [...] den **Fernzugang** zu einem sicheren System bereitstellen können [sollte], der der betroffenen Person direkten Zugang zu ihren personenbezogenen Daten ermöglichen würde".

18 Übersetzungsfehler.

19 „Andere Personen" iSd Abs 4 sind richtigerweise alle von der betroffenen Person verschiedene Personen (zB der Verantwortliche). So wird ein Unternehmen während der Durchführung einer internen Compliance-Untersuchung dem Verdächtigen die Auskunft über vorläufige Ermittlungsergebnisse verweigern dürfen, soweit eine Auskunftserteilung die Untersuchung gefährden würde.

20 Nach Abs 4 (iVm Art 23 Abs 1 lit j) kann das Recht auf Auskunft durch Gesetzgebungsmaßnahmen der Mitgliedstaaten beschränkt werden.

Abschnitt 3
Berichtigung und Löschung

Artikel 16
Recht auf Berichtigung

Die betroffene Person hat das Recht, von dem Verantwortlichen unverzüglich[1] die Berichtigung sie betreffender unrichtiger personenbezogener Daten zu verlangen. Unter Berücksichtigung der Zwecke der Verarbeitung hat die betroffene Person das Recht, die Vervollständigung unvollständiger personenbezogener Daten – auch mittels einer ergänzenden Erklärung[2] – zu verlangen.

Anmerkungen

Dh grundsätzlich ohne schuldhafte Verzögerung. [1]

Ein Recht auf die Aufnahme einer „ergänzenden Erklärung" (im Vorschlag der Europäischen Kommission noch als „Korrigendum" bzw „corrective statement" bezeichnet) kann uE nur dann bestehen, wenn eine reguläre Vervollständigung der personenbezogenen Daten unmöglich oder untunlich ist. [2]

Artikel 17
Recht auf Löschung („Recht auf Vergessenwerden")[1]

(1) Die betroffene Person hat das Recht, von dem Verantwortlichen zu verlangen, dass sie betreffende personenbezogene Daten unverzüglich gelöscht werden, und der Verantwortliche ist verpflichtet, personenbezogene Daten unverzüglich zu löschen, sofern einer der folgenden Gründe zutrifft:
   a) Die personenbezogenen Daten sind für die Zwecke, für die sie erhoben oder auf sonstige Weise verarbeitet wurden,[2] nicht mehr notwendig.[3]
   b) Die betroffene Person widerruft ihre Einwilligung,[4] auf die sich die Verarbeitung gemäß Artikel 6 Absatz 1 Buchstabe a oder Artikel 9 Absatz 2 Buchstabe a stützte, und es fehlt an einer anderweitigen Rechtsgrundlage für die Verarbeitung.

c) Die betroffene Person legt gemäß Artikel 21 Absatz 1 Widerspruch gegen die Verarbeitung ein und es liegen keine vorrangigen berechtigten Gründe für die Verarbeitung vor, oder die betroffene Person legt gemäß Artikel 21 Absatz 2 Widerspruch gegen die Verarbeitung ein.
d) Die personenbezogenen Daten wurden[5] unrechtmäßig verarbeitet.
e) Die Löschung der personenbezogenen Daten ist zur Erfüllung einer rechtlichen Verpflichtung nach dem Unionsrecht oder dem Recht der Mitgliedstaaten erforderlich, dem der Verantwortliche unterliegt.
f) Die personenbezogenen Daten wurden in Bezug auf angebotene Dienste der Informationsgesellschaft gemäß Artikel 8 Absatz 1 erhoben.[6]

(2) Hat der Verantwortliche die personenbezogenen Daten öffentlich gemacht und ist er gemäß Absatz 1 zu deren Löschung verpflichtet, so trifft er unter Berücksichtigung der verfügbaren Technologie und der Implementierungskosten angemessene Maßnahmen, auch technischer Art, um für die Datenverarbeitung Verantwortliche,[7] die die personenbezogenen Daten verarbeiten, darüber zu informieren, dass eine betroffene Person von ihnen die Löschung aller Links zu diesen personenbezogenen Daten oder von Kopien oder Replikationen dieser personenbezogenen Daten verlangt hat.[8]

(3) Die Absätze 1 und 2 gelten nicht, soweit die Verarbeitung erforderlich ist[9]
a) zur Ausübung des Rechts auf freie Meinungsäußerung und Information;[10]
b) zur Erfüllung einer rechtlichen Verpflichtung, die die Verarbeitung nach dem Recht der Union oder der Mitgliedstaaten, dem der Verantwortliche unterliegt, erfordert, oder zur Wahrnehmung einer Aufgabe, die im öffentlichen Interesse liegt oder in Ausübung öffentlicher Gewalt erfolgt, die dem Verantwortlichen übertragen wurde;
c) aus Gründen des öffentlichen Interesses im Bereich der öffentlichen Gesundheit gemäß Artikel 9 Absatz 2 Buchstaben h und i sowie Artikel 9 Absatz 3;
d) für im öffentlichen Interesse liegende Archivzwecke, wissenschaftliche oder historische Forschungszwecke oder für statistische Zwecke gemäß Artikel 89 Absatz 1, soweit das in Absatz 1 genannte Recht voraussichtlich die Verwirklichung

der Ziele dieser Verarbeitung unmöglich macht oder ernsthaft beeinträchtigt, oder
e) zur Geltendmachung, Ausübung oder Verteidigung von Rechtsansprüchen.

Erwägungsgründe

Zu Abs 1 und 3

(65) Eine betroffene Person sollte ein Recht auf Berichtigung der sie betreffenden personenbezogenen Daten besitzen sowie ein „Recht auf Vergessenwerden", wenn die Speicherung ihrer Daten gegen diese Verordnung oder gegen das Unionsrecht oder das Recht der Mitgliedstaaten, dem der Verantwortliche unterliegt, verstößt. Insbesondere sollten betroffene Personen Anspruch darauf haben, dass ihre personenbezogenen Daten gelöscht und nicht mehr verarbeitet werden, wenn die personenbezogenen Daten hinsichtlich der Zwecke, für die sie erhoben bzw. anderweitig verarbeitet wurden, nicht mehr benötigt werden, wenn die betroffenen Personen ihre Einwilligung in die Verarbeitung widerrufen oder Widerspruch gegen die Verarbeitung der sie betreffenden personenbezogenen Daten eingelegt haben oder wenn die Verarbeitung ihrer personenbezogenen Daten aus anderen Gründen gegen diese Verordnung verstößt. Dieses Recht ist insbesondere wichtig in Fällen, in denen die betroffene Person ihre Einwilligung noch im Kindesalter gegeben hat und insofern die mit der Verarbeitung verbundenen Gefahren nicht in vollem Umfang absehen konnte und die personenbezogenen Daten – insbesondere die im Internet gespeicherten – später löschen möchte. Die betroffene Person sollte dieses Recht auch dann ausüben können, wenn sie kein Kind mehr ist. Die weitere Speicherung der personenbezogenen Daten sollte jedoch rechtmäßig sein, wenn dies für die Ausübung des Rechts auf freie Meinungsäußerung und Information, zur Erfüllung einer rechtlichen Verpflichtung, für die Wahrnehmung einer Aufgabe, die im öffentlichen Interesse liegt oder in Ausübung öffentlicher Gewalt erfolgt, die dem Verantwortlichen übertragen wurde, aus Gründen des öffentlichen Interesses im Bereich der öffentlichen Gesundheit, für im öffentlichen Interesse liegende Archivzwecke, zu wissenschaftlichen oder historischen Forschungszwecken oder zu statistischen Zwecken oder zur Geltendmachung, Ausübung oder Verteidigung von Rechtsansprüchen erforderlich ist.

Zu Abs 2

(66) Um dem „Recht auf Vergessenwerden" im Netz mehr Geltung zu verschaffen, sollte das Recht auf Löschung ausgeweitet werden, indem ein Verantwortlicher, der die personenbezogenen Daten öffentlich gemacht hat, verpflichtet wird, den Verantwortlichen, die diese personenbezogenen Daten verarbeiten, mitzuteilen, alle Links zu diesen personenbezogenen Daten oder Kopien oder Replikationen der personenbezogenen Daten zu löschen. Dabei sollte der Verantwortliche, unter Berücksichtigung der verfügbaren Technologien und der ihm zur Verfügung stehenden Mittel, angemessene Maßnahmen – auch technischer Art – treffen, um die Verantwortlichen, die diese personenbezogenen Daten verarbeiten, über den Antrag der betroffenen Person zu informieren.

Anmerkungen

1 Die Bezeichnung „Recht auf Vergessenwerden" ist irreführend, da personenbezogene Daten nach der DSGVO nicht gleichsam mit einem Ablaufdatum versehen werden, sondern vielmehr lediglich ein Recht auf Löschung unter den in Art 17 genannten Voraussetzungen gewährt wird. Auch bezieht sich der Terminus (wohl) nur auf den in Abs 2 bezogenen Vorgang. Schließlich ist auch verwirrend, dass der Begriff in Anführungszeichen gesetzt ist, womit (wohl) auf die zugrundeliegende rechtspolitische Diskussion verwiesen werden soll.

2 Mit der Formulierung „die Zwecke, für die sie […] auf sonstige Weise verarbeitet wurden" sind jene Zwecke angesprochen, welche mit den Zwecken, zu welchen die Daten erhoben wurden, vereinbar sind (vgl Art 5 Abs 1 lit b iVm Art 6 Abs 4).

3 Mit Abs 1 lit a ist der Grundsatz der Datenminimierung angesprochen (siehe Art 5 Abs 1 lit c).

4 Siehe Art 4 Nr 11 zur Definition des Begriffs „Einwilligung". Siehe Art 7 Abs 3 zum Recht auf Widerruf.

5 Aus der Verwendung der Zeit „Present Perfect Continuous" in der englischen Sprachfassung (jener Zeit, welche für Handlungen verwendet wird, die in der Vergangenheit begonnen haben und bis in die Gegenwart andauern; „have been unlawfully processed") ergibt sich, dass der Tatbestand des Abs 1 lit d nur erfüllt ist, wenn der **Zustand der Rechtswidrigkeit anhält**. Ist der ursprünglich rechtswidrige Zustand

Recht auf Löschung („Recht auf Vergessenwerden") **Art 17**

inzwischen rechtmäßig, besteht auch aus teleologischen Gründen kein Anlass, einen Löschungsanspruch, gleichsam pönaliter, zu gewähren.

Mit Abs 1 lit f soll das Recht auf Löschung in Fällen gewährt werden, in denen „die betroffene Person ihre **Einwilligung noch im Kindesalter** gegeben hat und insofern die mit der Verarbeitung verbundenen Gefahren nicht in vollem Umfang absehen konnte und die personenbezogenen Daten – insbesondere die im Internet gespeicherten – später löschen möchte" (Erwägungsgrund 65 Satz 3). Da die erteilte Einwilligung ohnedies jederzeit widerrufen werden kann (siehe Art 7 Abs 3) und diesfalls bereits nach Abs 1 lit b ein Recht auf Löschung besteht, ist Abs 1 lit f lediglich als Klarstellung zu verstehen. Die in Erwägungsgrund 65 Satz 4 enthaltene Formulierung, dass die betroffene Person „dieses Recht auch dann ausüben können [sollte], wenn sie kein Kind mehr ist", bringt insofern lediglich zum Ausdruck, dass das Recht auf Widerruf einer im Kindesalter gegebenen Einwilligung nicht verwirkt werden kann. **6**

Hierbei handelt es sich um einen Redaktionsfehler; richtig ist der Begriff „Verantwortlicher" statt des Begriffs „für die Datenverarbeitung Verantwortlicher" (wie er noch im deutschsprachigen Text der politischen Einigung der Institutionen verwendet wurde). **7**

Nach der in Abs 2 normierten, etwas systemwidrigen Informationspflicht hat ein Verantwortlicher **andere Verantwortliche zu informieren,** wenn eine betroffene Person von diesen anderen Verantwortlichen eine Löschung verlangt (auch die englische Sprachfassung ist eindeutig: „to inform controllers which are processing the personal data that the data subject has requested the erasure *by such controllers*"). Logische Voraussetzung für diese Informationspflicht ist somit, dass die betroffene Person einen Verantwortlichen, welcher personenbezogene Daten veröffentlicht hat, darüber informiert, dass sie auch von anderen Verantwortlichen eine Löschung begehrt (ohne allerdings diese bereits direkt kontaktiert zu haben). **8**

Der EDSA kann hierzu Leitlinien, Empfehlungen und bewährte Verfahren veröffentlichen (Art 70 Abs 1 lit d).

Es besteht jedoch nur eine Verpflichtung zum Ergreifen angemessener Maßnahmen, wobei deren Angemessenheit wiederum unter Berücksichtigung der verfügbaren Technologie und der Implementierungskosten zu bestimmen ist. Im Ergebnis bleibt damit hochgradig unklar, welche tatsächlichen Konsequenzen hier zu erwarten sind. Dem Verordnungsgeber stand wohl das „Sharen" von Inhalten über soziale Netzwerke vor Augen, die auch bei Dritten noch abrufbar bleiben, wenn sie an der Quelle gelöscht wurden. Selbst wenn nun aber der Betreiber eines sozialen Netzwerks verpflichtet werden könnte, die Dritten über das Löschungsbegehren zu informieren, würde dies nicht (zwingend) zu einer Löschung führen, schon deswegen, weil diese Dritten nicht (zwingend) europäischem Datenschutzrecht unterliegen müssen. Hierzu treten die Einschränkungen des Abs 3 (dazu sogleich).

9 Die Regelung des Abs 3 ist systemwidrig, da bei Vorliegen der dort genannten Voraussetzungen eine Rechtsgrundlage für die Verarbeitung der personenbezogenen Daten gegeben ist und daher bereits Abs 1 nicht erfüllt ist. **Bei Vorliegen der Voraussetzungen des Abs 3** ist im Ergebnis nicht nur ein Löschungsanspruch zu verneinen, sondern auch sonst **keine rechtswidrige Verarbeitung** gegeben. Tatsächlich spricht Abs 3 lit a Fälle an, in denen eine Rechtsgrundlage durch Art 6 Abs 1 UAbs 1 lit f bzw Art 85 gegeben ist und korrespondiert entsprechend (i) lit b mit Art 6 Abs 1 UAbs 1 lit f bzw Art 9 Abs 2 lit g, (ii) lit c mit Art 6 Abs 1 UAbs 1 lit e bzw Art 9 Abs 2 lit h und i sowie Art 9 Abs 3; (iii) lit d mit Art 6 Abs 1 UAbs 1 lit f und Art 89 bzw Art 9 Abs 2 lit j und (iv) lit e mit Art 6 Abs 1 UAbs 1 lit f bzw Art 9 Abs 2 lit f.

10 Vgl Art 11 GRC. Regelungen hinsichtlich eines solchen Grundrechtskonflikts fallen nach Art 85 in die Zuständigkeit des nationalen Gesetzgebers. Die Bestimmung ist so abstrakt und vage, dass gerade an dieser entscheidenden Stell um das Recht auf Vergessenwerden (weiterhin) erhebliche Interpretationsdivergenzen zu erwarten sind.

Artikel 18
Recht auf Einschränkung der Verarbeitung[1]

(1) Die betroffene Person hat das Recht, von dem Verantwortlichen die Einschränkung der Verarbeitung[2] zu verlangen, wenn eine der folgenden Voraussetzungen gegeben ist:
 a) die Richtigkeit der personenbezogenen Daten von der betroffenen Person bestritten wird, und zwar für eine Dauer, die es dem Verantwortlichen ermöglicht, die Richtigkeit der personenbezogenen Daten zu überprüfen,[3]
 b) die Verarbeitung unrechtmäßig ist und die betroffene Person die Löschung der personenbezogenen Daten ablehnt und

Art 18

stattdessen die Einschränkung der Nutzung der personenbezogenen Daten verlangt;[4]
c) der Verantwortliche die personenbezogenen Daten für die Zwecke der Verarbeitung nicht länger benötigt, die betroffene Person sie jedoch zur Geltendmachung, Ausübung oder Verteidigung von Rechtsansprüchen benötigt,[5] oder
d) die betroffene Person Widerspruch gegen die Verarbeitung gemäß Artikel 21 Absatz 1 eingelegt hat, solange noch nicht feststeht,[6] ob die berechtigten Gründe des Verantwortlichen gegenüber denen der betroffenen Person überwiegen.

(2) Wurde die Verarbeitung gemäß Absatz 1 eingeschränkt, so dürfen diese personenbezogenen Daten – von ihrer Speicherung abgesehen – nur mit Einwilligung[7] der betroffenen Person oder zur Geltendmachung, Ausübung oder Verteidigung von Rechtsansprüchen oder zum Schutz der Rechte einer anderen natürlichen oder juristischen Person oder aus Gründen eines wichtigen öffentlichen Interesses der Union oder eines Mitgliedstaats verarbeitet werden.

(3) Eine betroffene Person, die eine Einschränkung der Verarbeitung gemäß Absatz 1 erwirkt hat, wird von dem Verantwortlichen unterrichtet, bevor die Einschränkung aufgehoben wird.

Erwägungsgrund

(67) Methoden zur Beschränkung der Verarbeitung personenbezogener Daten könnten unter anderem darin bestehen, dass ausgewählte personenbezogenen Daten vorübergehend auf ein anderes Verarbeitungssystem übertragen werden, dass sie für Nutzer gesperrt werden oder dass veröffentliche Daten vorübergehend von einer Website entfernt werden. In automatisierten Dateisystemen sollte die Einschränkung der Verarbeitung grundsätzlich durch technische Mittel so erfolgen, dass die personenbezogenen Daten in keiner Weise weiterverarbeitet werden und nicht verändert werden können. Auf die Tatsache, dass die Verarbeitung der personenbezogenen Daten beschränkt wurde, sollte in dem System unmissverständlich hingewiesen werden.

Anmerkungen

Das Recht auf Einschränkung der Verarbeitung geht über das Recht auf Sperrung der Daten nach Art 12 lit b DS-RL hinaus. Die gewählte Regelungstechnik führt jedoch zu einer erheblichen Rechtsunsicherheit 1 hinsichtlich der Frage, ob eine betroffene Person gegenüber einem Verantwortlichen erzwingen kann, dass dieser die Verarbeitung der Daten einschränkt, statt diese zu löschen – siehe insbesondere Rz 4 und 5 zu Abs 1 lit c und lit d.

2 Art 4 Nr 3 definiert den Begriff „Einschränkung der Verarbeitung" als „die Markierung gespeicherter personenbezogener Daten mit dem Ziel, ihre künftige Verarbeitung einzuschränken". Diese zirkuläre Definition ist etwas unglücklich, wird jedoch durch Abs 3 und Erwägungsgrund 67 klargestellt. Demnach begründet die Ausübung des Rechts auf Einschränkung der Verarbeitung **folgende Pflichten für den Verantwortlichen**:

Erstens kommt die in Abs 2 normierte **Beschränkung der Verarbeitung** zum Tragen. Dies kann nach Erwägungsgrund 67 Satz 1 insbesondere dadurch erfolgen, dass (i) eine vorübergehende Übertragung ausgewählter personenbezogener Daten auf ein anderes Verarbeitungssystem erfolgt, oder (ii) die Sperrung der Daten für die Nutzer; oder (iii) die vorübergehende Entfernung von einer Website im Falle veröffentlichter Daten. Erwägungsgrund 67 Satz 2 führt weiters aus, dass die Verarbeitungsbeschränkung nach Abs 2 so zu erfolgen hat, dass die personenbezogenen Daten nicht verändert werden können.

Zweitens sieht Erwägungsgrund 67 letzter Satz vor, dass „auf die Tatsache, dass die Verarbeitung der personenbezogenen Daten beschränkt wurde, [...] **in dem System unmissverständlich hingewiesen** werden [sollte]".

3 Sobald der Verantwortliche zu dem Ergebnis gelangt, dass die personenbezogenen Daten entgegen der Behauptung der betroffenen Person richtig sind, besteht somit **kein Recht** auf Beschränkung der Verarbeitung nach **Abs 1 lit a**. Dies erzeugt für Verantwortliche einen starken Anreiz, Berichtigungsbegehren nach Art 16 möglichst zeitnah zu bearbeiten.

4 Die Regelung des **Abs 1 lit b** erscheint problematisch, da bei Rechtswidrigkeit der Verarbeitung der Verantwortliche die personenbezogenen Daten nicht mehr (für eigene Zwecke) verarbeiten darf und daher nicht mehr über die Zwecke der Datenverarbeitung bestimmen darf. Kann der Verantwortliche nun – entgegen seinem Willen – dazu gezwungen werden, die Verarbeitung der Daten einzuschränken, anstatt die Daten zu löschen, so würde die weitere Speicherung nur noch zu den von der betroffenen Person bestimmten Zwecken erfolgen, sodass der Verantwortliche seine Stellung als Verantwortlicher verlieren würde (vgl Art 4 Nr 7). Auch

Recht auf Einschränkung der Verarbeitung — Art 18

wäre er einem erheblichen Beweis- und Prozessrisiko ausgesetzt – etwa, wenn die Aufsichtsbehörde eine Prüfung von Amtswegen unternähme. Deswegen wird man dem Verantwortlichen wohl trotz des insoweit eindeutig anders lautenden Wortlauts das Recht nicht absprechen können, statt einer Einschränkung auch gegen den Willen des Betroffenen eine Löschung vorzunehmen, sofern sichergestellt ist, dass dadurch nicht wiederum die Beweisposition des Betroffenen verschlechtert wird, wenn also, beispielsweise, die Rechtswidrigkeit der Verarbeitung rechtskräftig festgestellt oder vollumfänglich eingeräumt wurde.

Richtigerweise kann es sich bei den in **Abs 1 lit c** genannten Rechtsansprüchen lediglich um solche zwischen der betroffenen Person und dem Verantwortlichen handeln. Widrigenfalls hätte eine betroffene Person die rechtliche Möglichkeit, den Verantwortlichen zur Aufbewahrung der Daten aus einem Grund zu zwingen, welcher in keinem sachlichen Zusammenhang mit dem Verantwortlichen steht (nämlich beispielsweise einem Rechtstreit mit einem Dritten). Insofern kommt lit c im Verhältnis zwischen dem Verantwortlichen und der betroffenen Person **Beweismittelsicherungsfunktion** zu. Allerdings ist ebenso wie bei lit b (siehe Rz 4) zu berücksichtigen, dass eine Verpflichtung des Verantwortlichen, die Verarbeitung personenbezogener Daten einzuschränken (dh sie gespeichert zu halten), statt sie zu löschen, dazu führen würde, dass der Verantwortliche seine Stellung als Verantwortlicher verliert, zumal er nicht mehr über die Zwecke der Verarbeitung entscheidet. Diese Erwägungen sprechen dafür, dass der Verantwortliche statt einer von der betroffenen Person aus Gründen des Abs 1 lit c begehrten Einschränkung der Verarbeitung **auch der betroffenen Person eine Kopie der fraglichen Daten übermitteln und diese nachfolgend löschen darf**. 5

Fraglich ist, ob sich die in **Abs 1 lit d** enthaltene Wendung „solange noch nicht feststeht" („pending the verification") auf eine Feststellung durch den Verantwortlichen oder auf eine Feststellung durch eine Aufsichtsbehörde bezieht. Da allerdings auch Abs 1 lit a auf eine Feststellung bzw Überprüfung durch den Verantwortlichen abstellt, liegt es nahe, auch für die Zwecke des Abs 1 lit d auf den Verantwortlichen abzustellen. Insofern schafft Abs 1 lit d einen erheblichen Anreiz für Verantwortliche, Widersprüche zügig zu bearbeiten. 6

Siehe Art 4 Nr 11 zur Definition des Begriffs „Einwilligung". 7

Artikel 19
Mitteilungspflicht im Zusammenhang mit der Berichtigung oder Löschung personenbezogener Daten oder der Einschränkung der Verarbeitung

Der Verantwortliche teilt allen Empfängern,[1] denen personenbezogenen Daten offengelegt wurden, jede Berichtigung[2] oder Löschung[3] der personenbezogenen Daten oder eine Einschränkung der Verarbeitung[4] nach Artikel 16, Artikel 17 Absatz 1 und Artikel 18 mit, es sei denn, dies erweist sich als unmöglich oder ist mit einem unverhältnismäßigen Aufwand verbunden. Der Verantwortliche unterrichtet die betroffene Person über diese Empfänger, wenn die betroffene Person dies verlangt.[5]

Anmerkungen

1 Siehe Art 4 Nr 9 zur Definition des Begriffs „Empfänger".

2 Siehe Art 16 zum Recht auf Berichtigung.

3 Siehe Art 17 Abs 1 zum Recht auf Löschung.

4 Siehe Art 18 zum Recht auf Einschränkung der Verarbeitung.

5 Da die individuellen Empfänger und nicht bloß die Kategorien von Empfängern bekannt gegeben werden müssen, geht diese Auskunftspflicht über Art 15 Abs 1 lit c hinaus (vgl auch Art 15 Rz 5).

Artikel 20
Recht auf Datenübertragbarkeit[1]

(1) Die betroffene Person hat das Recht, die sie betreffenden personenbezogenen Daten, die sie[2] einem Verantwortlichen[3] bereitgestellt hat,[4] in einem strukturierten, gängigen und maschinenlesbaren Format[5] zu erhalten, und sie hat das Recht, diese Daten einem anderen Verantwortlichen ohne Behinderung durch den Verantwortlichen, dem die personenbezogenen Daten bereitgestellt wurden, zu übermitteln, sofern

    a) die Verarbeitung auf einer Einwilligung gemäß Artikel 6 Absatz 1 Buchstabe a oder Artikel 9 Absatz 2 Buchstabe a oder auf einem Vertrag gemäß Artikel 6 Absatz 1 Buchstabe b beruht[6] und

Recht auf Datenübertragbarkeit — Art 20

b) die Verarbeitung mithilfe automatisierter Verfahren erfolgt.

(2) Bei der Ausübung ihres Rechts auf Datenübertragbarkeit gemäß Absatz 1 hat die betroffene Person das Recht, zu erwirken, dass die personenbezogenen Daten direkt von einem Verantwortlichen einem anderen Verantwortlichen übermittelt werden, soweit dies technisch machbar ist.[7]

(3) Die Ausübung des Rechts nach Absatz 1 des vorliegenden Artikels lässt Artikel 17 unberührt. Dieses Recht gilt nicht für eine Verarbeitung, die für die Wahrnehmung einer Aufgabe erforderlich ist, die im öffentlichen Interesse liegt oder in Ausübung öffentlicher Gewalt erfolgt, die dem Verantwortlichen übertragen wurde.

(4) Das Recht gemäß Absatz 2 darf die Rechte und Freiheiten anderer Personen nicht beeinträchtigen.[8]

Erwägungsgrund

(68) Um im Fall der Verarbeitung personenbezogener Daten mit automatischen Mitteln eine bessere Kontrolle über die eigenen Daten zu haben, sollte die betroffene Person außerdem berechtigt sein, die sie betreffenden personenbezogenen Daten, die sie einem Verantwortlichen bereitgestellt hat, in einem strukturierten, gängigen, maschinenlesbaren und interoperablen Format zu erhalten und sie einem anderen Verantwortlichen zu übermitteln. Die Verantwortlichen sollten dazu aufgefordert werden, interoperable Formate zu entwickeln, die die Datenübertragbarkeit ermöglichen. Dieses Recht sollte dann gelten, wenn die betroffene Person die personenbezogenen Daten mit ihrer Einwilligung zur Verfügung gestellt hat oder die Verarbeitung zur Erfüllung eines Vertrags erforderlich ist. Es sollte nicht gelten, wenn die Verarbeitung auf einer anderen Rechtsgrundlage als ihrer Einwilligung oder eines Vertrags erfolgt. Dieses Recht sollte naturgemäß nicht gegen Verantwortliche ausgeübt werden, die personenbezogene Daten in Erfüllung ihrer öffentlichen Aufgaben verarbeiten. Es sollte daher nicht gelten, wenn die Verarbeitung der personenbezogenen Daten zur Erfüllung einer rechtlichen Verpflichtung, der der Verantwortliche unterliegt, oder für die Wahrnehmung einer ihm übertragenen Aufgabe, die im öffentlichen Interesse liegt oder in Ausübung einer ihm übertragenen öffentlichen Gewalt erfolgt, erforderlich ist. Das Recht der betroffenen Person, sie betreffende personenbezogene Daten zu übermitteln oder zu empfangen, sollte für den Verantwortlichen nicht die Pflicht begründen, technisch kompatible Datenverarbeitungssysteme zu übernehmen oder

beizubehalten. Ist im Fall eines bestimmten Satzes personenbezogener Daten mehr als eine betroffene Person tangiert, so sollte das Recht auf Empfang der Daten die Grundrechte und Grundfreiheiten anderer betroffener Personen nach dieser Verordnung unberührt lassen. Dieses Recht sollte zudem das Recht der betroffenen Person auf Löschung ihrer personenbezogenen Daten und die Beschränkungen dieses Rechts gemäß dieser Verordnung nicht berühren und insbesondere nicht bedeuten, dass die Daten, die sich auf die betroffene Person beziehen und von ihr zur Erfüllung eines Vertrags zur Verfügung gestellt worden sind, gelöscht werden, soweit und solange diese personenbezogenen Daten für die Erfüllung des Vertrags notwendig sind. Soweit technisch machbar, sollte die betroffene Person das Recht haben, zu erwirken, dass die personenbezogenen Daten direkt von einem Verantwortlichen einem anderen Verantwortlichen übermittelt werden.

Anmerkungen

1 Der Zweck des Rechts auf Datenübertragbarkeit besteht im Wesentlichen darin, es Nutzern zu erleichtern, von einem Diensteanbieter zu einem anderen zu wechseln bzw in ökonomischer Hinsicht ihre sog. **Switching Costs zu senken** und so einen **Lock-In-Effekt zu verhindern**. Der Wettbewerb zwischen Diensteanbietern, insbesondere Cloud-Providern, so soll gefördert werden. Aufgrund der Beschränkung des Rechts auf Datenübertragbarkeit auf das Verhältnis zwischen betroffener Person und Verantwortlichem (vgl Rz 3), wird dieses Ziel jedoch nur sehr eingeschränkt verwirklicht.

2 Nach dem Wortlaut besteht daher **kein Recht auf Datenübertragbarkeit, soweit** die personenbezogenen Daten der betroffenen Person **von einem Dritten bereitgestellt** wurden.

3 Das Recht auf Datenübertragbarkeit **besteht nur gegenüber einem Verantwortlichen**, nicht jedoch gegenüber einem Auftragsverarbeiter. Verarbeitet ein Cloud-Provider die Daten des Nutzers daher nicht für eigene Zwecke, sondern ausschließlich auf Anweisung des Nutzers – wie es bei nahezu allen kostenpflichtigen Cloud-Services üblich ist – so kommt dem Nutzer kein Recht auf Datenübertragbarkeit zu, da der Cloud-Provider nicht Verantwortlicher ist. Eben so wenig kommt das Recht auf Datenübertragbarkeit im klassischen Verhältnis zwischen Verantwortlichem und Auftragsverarbeiter zur Anwendung. Die Rsp des OGH, wonach dem Auftraggeber iSd § 4 Z 4 DSG 2000 gegen-

über seinem Dienstleister iSd § 4 Z 5 DSG 2000 kein Recht auf Herausgabe der Daten in einem wiederverwendbaren Format zukommt (OGH 15.4.2010, 6 Ob 40/10s), bleibt daher grundsätzlich aufrecht (siehe auch Art 28 Rz 14).

Die Einschränkung des Tatbestandes auf personenbezogene Daten, **4** welche die betroffene Person dem Verantwortlichen „bereit gestellt hat" („has provided") bedeutet, dass nur jene Daten erfasst sind, welche die betroffene Person **willentlich und wissentlich an den Verantwortlichen übermittelt** hat.

Nach Erwägungsgrund 68 Satz 1 hat das Datenformat auch **interoperabel** **5** zu sein. Allerdings trifft den Verantwortlichen nach Erwägungsgrund 68 Satz 7 keine Pflicht, „technisch kompatible Datenverarbeitungssysteme zu übernehmen oder beizubehalten".

Erwägungsgrund 68 Satz 4 stellt klar, dass das Recht auf Datenüber- **6** tragbarkeit nicht gelten soll, wenn die Verarbeitung nach einer anderen Rechtsgrundlage erfolgt als den in Abs 1 lit a genannten. Vgl auch Abs 3 Satz 2.

Durch die Regelung des Abs 2 soll es insbesondere möglich werden, die **7** Daten direkt von einem Cloud-Provider zum anderen Cloud-Provider zu übertragen. Dies steht jedoch unter der in Rz 3 beschriebenen Schwierigkeit, dass der Cloud-Provider häufig nicht Adressat der Verpflichtung ist. Daneben bestehen noch mögliche Anwendungsfälle im Bereich der besseren Übertragbarkeit von Account- und Nutzungsdaten im Bereich sozialer Medien.

Mit Abs 4 sind primär die Grundrechte und Grundfreiheiten anderer **8** betroffener Personen, insbesondere Informations- und Meinungsfreiheit, angesprochen (vgl Erwägungsgrund 68 Satz 8). Darüber hinaus kann hieraus auch die Klarstellung abgeleitet werden, dass ein anderer Verantwortlicher grundsätzlich nicht dazu verpflichtet ist, das Datenformat des ursprünglichen Verantwortlichen zu unterstützen.

Abschnitt 4
Widerspruchsrecht und automatisierte Entscheidungsfindung im Einzelfall

Artikel 21
Widerspruchsrecht[1]

(1) Die betroffene Person hat das Recht, aus Gründen, die sich aus ihrer besonderen Situation ergeben, jederzeit gegen die Verarbeitung sie betreffender personenbezogener Daten, die aufgrund von Artikel 6 Absatz 1 Buchstaben e oder f erfolgt, Widerspruch einzulegen; dies gilt auch für ein auf diese Bestimmungen gestütztes Profiling.[2,3] Der Verantwortliche verarbeitet die personenbezogenen Daten nicht mehr, es sei denn, er kann zwingende schutzwürdige Gründe für die Verarbeitung nachweisen,[4] die die Interessen, Rechte und Freiheiten der betroffenen Person überwiegen, oder die Verarbeitung dient der Geltendmachung, Ausübung oder Verteidigung von Rechtsansprüchen.

(2) Werden personenbezogene Daten verarbeitet, um Direktwerbung zu betreiben, so hat die betroffene Person das Recht, jederzeit Widerspruch gegen die Verarbeitung sie betreffender personenbezogener Daten zum Zwecke derartiger Werbung einzulegen; dies gilt auch für das Profiling,[5] soweit es mit solcher Direktwerbung in Verbindung steht.

(3) Widerspricht die betroffene Person der Verarbeitung für Zwecke der Direktwerbung, so werden die personenbezogenen Daten nicht mehr für diese Zwecke verarbeitet.[6]

(4) Die betroffene Person muss spätestens zum Zeitpunkt der ersten Kommunikation mit ihr ausdrücklich auf das in den Absätzen 1 und 2 genannte Recht hingewiesen werden;[7] dieser Hinweis hat in einer verständlichen und von anderen Informationen getrennten Form zu erfolgen.[8]

(5) Im Zusammenhang mit der Nutzung von Diensten der Informationsgesellschaft kann die betroffene Person ungeachtet der Richtlinie 2002/58/EG ihr Widerspruchsrecht mittels automatisierter Verfahren ausüben, bei denen technische Spezifikationen verwendet werden.[9]

(6) Die betroffene Person hat das Recht, aus Gründen, die sich aus ihrer besonderen Situation ergeben, gegen die sie betreffende Verarbeitung sie betreffender personenbezogener Daten, die zu

wissenschaftlichen oder historischen Forschungszwecken oder zu statistischen Zwecken gemäß Artikel 89 Absatz 1 erfolgt, Widerspruch einzulegen,[10] es sei denn, die Verarbeitung ist zur Erfüllung einer im öffentlichen Interesse liegenden Aufgabe erforderlich.[11]

Erwägungsgründe

Zu Abs 1

(69) Dürfen die personenbezogenen Daten möglicherweise rechtmäßig verarbeitet werden, weil die Verarbeitung für die Wahrnehmung einer Aufgabe, die im öffentlichen Interesse liegt oder in Ausübung öffentlicher Gewalt – die dem Verantwortlichen übertragen wurde, – oder aufgrund des berechtigten Interesses des Verantwortlichen oder eines Dritten erforderlich ist, sollte jede betroffene Person trotzdem das Recht haben, Widerspruch gegen die Verarbeitung der sich aus ihrer besonderen Situation ergebenden personenbezogenen Daten einzulegen. Der für die Verarbeitung Verantwortliche sollte darlegen müssen, dass seine zwingenden berechtigten Interessen Vorrang vor den Interessen oder Grundrechten und Grundfreiheiten der betroffenen Person haben.

Zu Abs 2 und 3

(70) Werden personenbezogene Daten verarbeitet, um Direktwerbung zu betreiben, so sollte die betroffene Person jederzeit unentgeltlich insoweit Widerspruch gegen eine solche – ursprüngliche oder spätere – Verarbeitung einschließlich des Profilings einlegen können, als sie mit dieser Direktwerbung zusammenhängt. Die betroffene Person sollte ausdrücklich auf dieses Recht hingewiesen werden; dieser Hinweis sollte in einer verständlichen und von anderen Informationen getrennten Form erfolgen.

Anmerkungen

Zur Systematik des Art 21 ist anzumerken, dass Abs 1 ein Recht auf Widerspruch gegen die Verarbeitung auf einer bestimmten Rechtsgrundlage vorsieht, während Abs 2 und 6 ein Recht auf Widerspruch gegen die Verarbeitung zu bestimmten Zwecken normiert. Die **Rechtsfolge eines berechtigten Widerspruchs** nach Abs 1 ist daher die gänzliche Unzulässigkeit der weiteren Verarbeitung der Daten (Abs 1 Satz 2), während

1

ein Widerspruchs nach Abs 2 und 6 lediglich eine Unzulässigkeit der Verarbeitung zu den jeweiligen Zwecken nach sich zieht (vgl Abs 3 und Rz 10 unten).

Weiters ist darauf hinzuweisen, dass ein berechtigter Widerspruch nach Abs 1 eine Interessensabwägung zugunsten der betroffenen Person (unter Berücksichtigung einer Beweislastumkehr) voraussetzt, ein Widerspruch nach Abs 2 oder 6 hingegen keine derartige Interessensabwägung erfordert.

2 Siehe Art 4 Nr 4 zur Definition des Begriffs „Profiling"; siehe Art 22 zum Recht einer betroffenen Person, nicht einer ausschließlich auf Profiling beruhenden Entscheidung unterworfen zu werden.

3 Das **Recht auf Widerspruch gegen Profiling** besteht im Ergebnis nur, wenn das Profiling für die betroffene Person weder rechtliche Wirkungen hat, noch diese auf sonstige Weise erheblich beeinträchtigt. Denn in den genannten schweren Fällen des Profilings kommen Art 6 Abs 1 UAbs 1 lit e oder f als Rechtsgrundlage gar nicht in Betracht (siehe Art 22 Abs 2).

4 Der Verantwortliche trägt somit nach Abs 1 Satz 2 die **Beweislast** dafür, dass seine Interessen gegenüber jenen der betroffenen Person überwiegen (vgl auch Erwägungsgrund 69 letzter Satz).

5 Siehe Rz 2 und 3 oben. Da **Profiling zu Zwecken der Direktwerbung** weder rechtliche Wirkung gegenüber der betroffenen Person entfaltet, noch diese in ähnlicher Weise erheblich beeinträchtigt, begründet auch Abs 2 kein Recht auf Widerspruch gegen Profiling, welches in den Anwendungsbereich des Art 22 fällt.

6 Bei einem Widerspruch gegen die Verarbeitung von Daten für Zwecke der **Direktwerbung** erfolgt daher gemäß Abs 3 **keine Interessenabwägung**.

7 Da die erste Kommunikation sich zeitlich vor der Erhebung der Daten ereignen kann, liegt der nach Abs 4 maßgebliche Zeitpunkt für die Erfüllung der **Informationspflicht** vor dem für die Informationspflicht nach Art 13 maßgebliche Zeitpunkt. Insofern wäre ein Auseinanderfallen der Informationserteilung nach Art 13 f und der Informationserteilung nach Abs 4 durchaus denkbar.

8 „Andere Informationen" iSd Abs 4 wird dahingehend zu interpretieren sein, dass Informationen nach Art 13 f nicht hierunter fallen. Den Hinweis auf das Widerspruchsrecht nach Abs 1 und 2 in eine Datenschutzerklärung aufzunehmen, ist daher zulässig.

Eine Verpflichtung des Verantwortlichen, **automatisiert erklärte Widersprüche** iZm Diensten der Informationsgesellschaft zu berücksichtigen, wird nur dann zu bejahen sein, wenn es sich bei der verwendeten „technischen Spezifikation" iSd Abs 5 um einen technischen Standard einer anerkannten internationalen Standardisierungsorganisation handelt (zB der IETF). Die „Do Not Track"-Spezifikation (derzeit lediglich ein Entwurf eines IETF-Standards; vgl https://tools.ietf.org/html/draft-mayer-do-not-track-00) würde diese Voraussetzung (noch) nicht erfüllen. **9**

Obwohl Abs 6 im Unterschied zu Abs 3 keine ausdrückliche Regelung über die Rechtsfolgen eines Widerspruchs gegen die Datenverwendung **zu wissenschaftlichen oder historischen Forschungszwecken oder zu statistischen Zwecken** normiert, ist davon auszugehen, dass ein solcher Widerspruch dazu führt, dass die personenbezogenen Daten nicht mehr für diese Zwecke verwendet werden dürfen, wenn die Verarbeitung nicht zur Erfüllung einer im öffentlichen Interesse liegenden Aufgabe erforderlich ist. **10**

Nach nationalem Recht können weitere Ausnahmen von dem in Abs 6 normierten Recht geschaffen werden, der Datenverwendung zu wissenschaftlichen oder historischen Forschungszwecken oder zu statistischen Zwecken zu widersprechen (siehe Art 89 Abs 2). **11**

Artikel 22
Automatisierte Entscheidungen im Einzelfall einschließlich Profiling

(1) Die betroffene Person hat das Recht, nicht einer ausschließlich auf einer automatisierten Verarbeitung – einschließlich Profiling[1] – beruhenden Entscheidung[2] unterworfen zu werden, die ihr gegenüber rechtliche Wirkung[3] entfaltet oder sie in ähnlicher Weise erheblich beeinträchtigt.[4]

(2) Absatz 1 gilt nicht,[5] wenn die Entscheidung
   a) für den Abschluss oder die Erfüllung eines Vertrags zwischen der betroffenen Person und dem Verantwortlichen erforderlich ist,
   b) aufgrund von Rechtsvorschriften der Union oder der Mitgliedstaaten,[6] denen der Verantwortliche unterliegt, zulässig ist und diese Rechtsvorschriften angemessene Maßnahmen[7] zur Wahrung der Rechte und Freiheiten sowie der berechtigten Interessen der betroffenen Person enthalten oder

c) mit ausdrücklicher Einwilligung[8] der betroffenen Person erfolgt.

(3) In den in Absatz 2 Buchstaben a und c genannten Fällen trifft der Verantwortliche angemessene Maßnahmen, um die Rechte und Freiheiten sowie die berechtigten Interessen der betroffenen Person zu wahren, wozu mindestens[9] das Recht auf Erwirkung des Eingreifens einer Person seitens des Verantwortlichen, auf Darlegung des eigenen Standpunkts und auf Anfechtung der Entscheidung gehört.

(4) Entscheidungen nach Absatz 2 dürfen nicht auf besonderen Kategorien personenbezogener Daten nach Artikel 9 Absatz 1 beruhen, sofern nicht Artikel 9 Absatz 2 Buchstabe a oder g gilt[10] und angemessene Maßnahmen zum Schutz der Rechte und Freiheiten sowie der berechtigten Interessen der betroffenen Person getroffen wurden.

Erwägungsgründe

(71) Die betroffene Person sollte das Recht haben, keiner Entscheidung – was eine Maßnahme einschließen kann – zur Bewertung von sie betreffenden persönlichen Aspekten unterworfen zu werden, die ausschließlich auf einer automatisierten Verarbeitung beruht und die rechtliche Wirkung für die betroffene Person entfaltet oder sie in ähnlicher Weise erheblich beeinträchtigt, wie die automatische Ablehnung eines Online-Kreditantrags oder Online-Einstellungsverfahren ohne jegliches menschliche Eingreifen. Zu einer derartigen Verarbeitung zählt auch das „Profiling", das in jeglicher Form automatisierter Verarbeitung personenbezogener Daten unter Bewertung der persönlichen Aspekte in Bezug auf eine natürliche Person besteht, insbesondere zur Analyse oder Prognose von Aspekten bezüglich Arbeitsleistung, wirtschaftliche Lage, Gesundheit, persönliche Vorlieben oder Interessen, Zuverlässigkeit oder Verhalten, Aufenthaltsort oder Ortswechsel der betroffenen Person, soweit dies rechtliche Wirkung für die betroffene Person entfaltet oder sie in ähnlicher Weise erheblich beeinträchtigt. Eine auf einer derartigen Verarbeitung, einschließlich des Profilings, beruhende Entscheidungsfindung sollte allerdings erlaubt sein, wenn dies nach dem Unionsrecht oder dem Recht der Mitgliedstaaten, dem der für die Verarbeitung Verantwortliche unterliegt, ausdrücklich zulässig ist, auch um im Einklang mit den Vorschriften, Standards und Empfehlungen der Institutionen der Union oder der nationalen Aufsichtsgremien Betrug und Steuerhinterziehung zu überwachen und zu verhindern und die Sicherheit und Zuverlässigkeit eines von dem

Verantwortlichen bereitgestellten Dienstes zu gewährleisten, oder wenn dies für den Abschluss oder die Erfüllung eines Vertrags zwischen der betroffenen Person und einem Verantwortlichen erforderlich ist oder wenn die betroffene Person ihre ausdrückliche Einwilligung hierzu erteilt hat. In jedem Fall sollte eine solche Verarbeitung mit angemessenen Garantien verbunden sein, einschließlich der spezifischen Unterrichtung der betroffenen Person und des Anspruchs auf direktes Eingreifen einer Person, auf Darlegung des eigenen Standpunkts, auf Erläuterung der nach einer entsprechenden Bewertung getroffenen Entscheidung sowie des Rechts auf Anfechtung der Entscheidung. Diese Maßnahme sollte kein Kind betreffen.

Um unter Berücksichtigung der besonderen Umstände und Rahmenbedingungen, unter denen die personenbezogenen Daten verarbeitet werden, der betroffenen Person gegenüber eine faire und transparente Verarbeitung zu gewährleisten, sollte der für die Verarbeitung Verantwortliche geeignete mathematische oder statistische Verfahren für das Profiling verwenden, technische und organisatorische Maßnahmen treffen, mit denen in geeigneter Weise insbesondere sichergestellt wird, dass Faktoren, die zu unrichtigen personenbezogenen Daten führen, korrigiert werden und das Risiko von Fehlern minimiert wird, und personenbezogene Daten in einer Weise sichern, dass den potenziellen Bedrohungen für die Interessen und Rechte der betroffenen Person Rechnung getragen wird und mit denen verhindert wird, dass es gegenüber natürlichen Personen aufgrund von Rasse, ethnischer Herkunft, politischer Meinung, Religion oder Weltanschauung, Gewerkschaftszugehörigkeit, genetischer Anlagen oder Gesundheitszustand sowie sexueller Orientierung zu diskriminierenden Wirkungen oder zu Maßnahmen kommt, die eine solche Wirkung haben. Automatisierte Entscheidungsfindung und Profiling auf der Grundlage besonderer Kategorien von personenbezogenen Daten sollten nur unter bestimmten Bedingungen erlaubt sein.

(72) Das Profiling unterliegt den Vorschriften dieser Verordnung für die Verarbeitung personenbezogener Daten, wie etwa die Rechtsgrundlage für die Verarbeitung oder die Datenschutzgrundsätze. Der durch diese Verordnung eingerichtete Europäische Datenschutzausschuss (im Folgenden „Ausschuss") sollte, diesbezüglich Leitlinien herausgeben können.

Anmerkungen

1 Siehe Art 4 Nr 4 zur Definition des Begriffs „Profiling".

2 Der Begriff der „**Entscheidung**" ist grundsätzlich weit zu verstehen und umfasst insbesondere auch Maßnahmen (vgl Erwägungsgrund 71 Satz 1). Ob es sich um eine **Einzelentscheidung** handeln muss, ist – im Unterschied zu Art 15 DS-RL – dem Wortlaut des Abs 1 nicht eindeutig zu entnehmen. Allerdings ist in der Überschrift des Art 22 sowie in der Überschrift des Abschnitts 4 von einer Entscheidungen bzw Entscheidungsfindung „im Einzelfall" die Rede. Dies legt es nahe, den Anwendungsbereich des Art 22 auf Profiling sowie auf im Einzelfall getroffene Entscheidungen zu beschränken.

Der Wortlaut des Abs 1 lässt weiters offen, ob der Tatbestand erfordert, dass die **Entscheidung auf Grundlage der Bewertung einzelner Aspekte der betroffenen Person** ergeht (so noch ausdrücklich Art 15 Abs 1 DS-RL). Erwägungsgrund 71 Satz 1 spricht zwar aus, dass die betroffene Person das Recht haben sollte, „keiner Entscheidung [...] zur Bewertung von sie betreffenden persönlichen Aspekten unterworfen zu werden [...]". Dies legt den Schluss nahe, dass vom Verbot des Abs 1 lediglich Entscheidungen erfasst sein sollen, welche auf Grundlage der Bewertung von Aspekten der betroffenen Person ergehen. Hiergegen spricht allerdings, dass nach der Systematik des Abs 1 Profiling lediglich eine Teilmenge des Begriffs „Entscheidung" darstellt und dem Begriff der „Entscheidung" bei einer derart einschränkenden Interpretation über den Begriff des Profilings hinaus (vgl Art 4 Nr 4) kein Anwendungsbereich bliebe. Bis zu einer gerichtlichen Klarstellung sollte daher davon ausgegangen werden, dass auch Entscheidungen vom Verbot des Abs 1 erfasst sind, welche nicht auf Grundlage der Bewertung von Aspekten der betroffenen Person ergehen.

3 Eine Entscheidung, die „**rechtliche Wirkung**" hat, wäre zB eine Vertragskündigung.

4 Eine **Beeinträchtigung auf ähnlich erhebliche Weise**, wie eine Entscheidung mit Rechtswirkungen, liegt insbesondere vor bei (i) einer automatischen Ablehnung eines Online-Kreditantrags oder (ii) einem Online-Einstellungsverfahren ohne jegliches menschliche Eingreifen (vgl Erwägungsgrund 71 Satz 1). Die automatisierte Entscheidung darüber, welche personenbezogene Werbung einer betroffenen Person angezeigt werden soll, wäre hingegen keine Entscheidung, welche die betroffene Person erheblich beeinträchtigt.

5 Zusätzlich zu den Anforderungen des Abs 2 hat eine automatisierte Entscheidung oder Profiling auch den sonstigen Anforderungen der DSGVO zu genügen, wie insbesondere den Datenschutzgrundsätzen des Art 5 (vgl Erwägungsgrund 72 Satz 2) sowie den **Informationspflichten** nach Art 13 und Art 14 (vgl Rz 9 unten). Sind die Voraussetzungen des Abs 2 erfüllt, so kann allerdings im Ergebnis **kein Recht auf Widerspruch** der betroffenen Person bestehen (siehe Art 21 Rz 3 und 5).

Nach Art 70 Abs 1 lit f kann der EDSA Leitlinien, Empfehlungen und bewährte Verfahren zur näheren Bestimmung der Kriterien und Bedingungen für die auf Profiling beruhenden Entscheidungen gemäß Abs 2 erlassen.

6 Hinsichtlich des Verbots automatisierter Entscheidungen und Profiling sieht Abs 2 lit b eine **Öffnungsklausel** vor, welche es den nationalen Gesetzgebern ermöglicht, neue Erlaubnistatbestände für automatisierte Entscheidungen und Profiling zu schaffen. Nach Erwägungsgrund 71 Satz 3 können diese Erlaubnistatbestände insbesondere dem Zweck der Überwachung und Verhinderung von Betrug und Steuerhinterziehung sowie der Gewährleistung der Sicherheit und Zuverlässigkeit eines von dem Verantwortlichen bereitgestellten Dienstes dienen.

7 Die in Abs 2 lit b genannten **angemessenen Maßnahmen, welche der Gesetzgeber bei Nutzung der Öffnungsklausel vorsehen muss**, werden mindestens (i) das Recht auf Erwirkung des Eingreifens einer Person seitens des Verantwortlichen, (ii) das Recht auf Darlegung des eigenen Standpunkts und (iii) das Recht auf Anfechtung der Entscheidung umfassen müssen (vgl Abs 3 zu den vom Auftraggeber umzusetzenden Maßnahmen, wenn das Profiling bzw die automatisierte Entscheidung nicht auf Grundlage des Abs 2 lit b erfolgt).

8 Siehe Art 4 Nr 11 zur Definition des Begriffs „Einwilligung", Art 7 f zu den weiteren Bedingungen der Einwilligung sowie Art 7 Rz 7 zur Voraussetzung der Ausdrücklichkeit. Allerdings gilt nach Erwägungsgrund 71 Satz 5, dass **Profiling „kein Kind betreffen [sollte]"** (siehe Art 6 Rz 10 zur Definition des Begriffs „Kind"), was nahelegt, dass das Profiling eines Kindes in der Regel selbst dann unzulässig ist, wenn eine wirksame Einwilligung des Kindes bzw namens des Kindes (vgl Art 8) vorliegt.

9 Zu den vom Verantwortlichen **jedenfalls umzusetzenden „angemessenen Maßnahmen"** iSd Abs 3 zählen nach Erwägungsgrund 71 Satz 4 –

neben den bereits in Abs 3 genannten Rechten auf direktes Eingreifen einer Person, Darlegung des eigenen Standpunkts und Anfechtung der Entscheidung – die „spezifischen Unterrichtung der betroffenen Person" und „Erläuterung der nach einer entsprechenden Bewertung getroffenen Entscheidung". Während die spezifische Unterrichtung der betroffenen Person bei Erteilung der Informationen nach Art 13 Abs 2 lit f bzw Art 14 Abs 2 lit g jedenfalls als erfolgt anzusehen ist, bleibt unklar, ob eine Entscheidung bereits dadurch hinreichend erläutert ist, dass „aussagekräftige Informationen über die involvierte Logik sowie die Tragweite und die angestrebten Auswirkungen [der Entscheidung]" (vgl Art 13 Abs 2 lit f bzw Art 14 Abs 2 lit g) an die betroffene Person übermittelt werden. Da anzunehmen ist, dass der Unionsgesetzgeber, hätte er eine weitergehende Informationspflicht beabsichtigt, diese in Art 13 Abs 2 lit f bzw Art 14 Abs 2 lit g normiert hätte, ist grundsätzlich davon auszugehen, dass die Umsetzung der in Abs 3 genannten Maßnahmen sowie die Erfüllung der Informationspflichten nach Art 13 Abs 2 lit f bzw Art 14 Abs 2 lit g die „jedenfalls" zu umzusetzenden „angemessene Maßnahmen" abschließend beschreibt.

Erwägungsgrund 71 Abs 2 nennt noch weitere, **je nach Sachlage umzusetzende Maßnahmen:** (i) Verwendung geeigneter mathematischer oder statistischer Verfahren für das Profiling, (ii) technische und organisatorische Maßnahmen, mit denen in geeigneter Weise insbesondere sichergestellt wird, dass Faktoren, die zu unrichtigen personenbezogenen Daten führen, korrigiert werden und das Risiko von Fehlern minimiert wird und (iii) Maßnahmen, mit denen verhindert wird, dass es gegenüber natürlichen Personen aufgrund von Rasse, ethnischer Herkunft, politischer Meinung, Religion oder Weltanschauung, Gewerkschaftszugehörigkeit, genetischer Anlagen oder Gesundheitszustand sowie sexueller Orientierung zu diskriminierenden Wirkungen oder zu Maßnahmen kommt, die eine solche Wirkung haben.

10 Der in Abs 4 enthaltene Verweis auf Art 9 Abs 2 lit a (ausdrückliche Einwilligung) und lit g (gesetzliche Grundlage) bedeutet, dass ein Profiling oder eine automatisierte Entscheidung **unter Verwendung sensibler Daten** nur auf Grundlage des Abs 2 lit b und lit c zulässig ist. Die Verwendung sensibler Daten für Profiling oder automatisierte Entscheidungen auf Grundlage der Erforderlichkeit für den Vertragsabschluss bzw die Vertragserfüllung (Abs 2 lit a) ist hingegen grundsätzlich unzulässig.

Abschnitt 5
Beschränkungen

Artikel 23
Beschränkungen[1]

(1) Durch Rechtsvorschriften der Union oder der Mitgliedstaaten, denen der Verantwortliche oder der Auftragsverarbeiter unterliegt,[2] können die Pflichten und Rechte gemäß den Artikeln 12 bis 22 und Artikel 34 sowie Artikel 5, insofern dessen Bestimmungen den in den Artikeln 12 bis 22 vorgesehenen Rechten und Pflichten entsprechen, im Wege von Gesetzgebungsmaßnahmen beschränkt werden, sofern eine solche Beschränkung den Wesensgehalt der Grundrechte und Grundfreiheiten achtet und in einer demokratischen Gesellschaft eine notwendige und verhältnismäßige Maßnahme darstellt,[3] die Folgendes sicherstellt:
a) die nationale Sicherheit;[4]
b) die Landesverteidigung;
c) die öffentliche Sicherheit;[5]
d) die Verhütung, Ermittlung, Aufdeckung oder Verfolgung von Straftaten oder die Strafvollstreckung, einschließlich des Schutzes vor und der Abwehr von Gefahren für die öffentliche Sicherheit;[6]
e) den Schutz sonstiger wichtiger Ziele des allgemeinen öffentlichen Interesses der Union oder eines Mitgliedstaats, insbesondere eines wichtigen wirtschaftlichen oder finanziellen Interesses der Union oder eines Mitgliedstaats, etwa im Währungs-, Haushalts- und Steuerbereich sowie im Bereich der öffentlichen Gesundheit und der sozialen Sicherheit;[7]
f) den Schutz der Unabhängigkeit der Justiz und den Schutz von Gerichtsverfahren;
g) die Verhütung, Aufdeckung, Ermittlung und Verfolgung von Verstößen gegen die berufsständischen Regeln reglementierter Berufe;
h) Kontroll-, Überwachungs- und Ordnungsfunktionen, die dauernd oder zeitweise mit der Ausübung öffentlicher Gewalt für die unter den Buchstaben a bis e und g genannten Zwecke verbunden sind;

i) den Schutz der betroffenen Person oder der Rechte und Freiheiten anderer Personen;[8]
j) die Durchsetzung zivilrechtlicher Ansprüche.[9]

(2) Jede Gesetzgebungsmaßnahme im Sinne des Absatzes 1 muss insbesondere gegebenenfalls[10] spezifische Vorschriften enthalten zumindest in Bezug auf
a) die Zwecke der Verarbeitung oder die Verarbeitungskategorien,
b) die Kategorien personenbezogener Daten,
c) den Umfang der vorgenommenen Beschränkungen,
d) die Garantien gegen Missbrauch oder unrechtmäßigen Zugang oder unrechtmäßige Übermittlung;
e) die Angaben zu dem Verantwortlichen oder den Kategorien von Verantwortlichen,
f) die jeweiligen Speicherfristen sowie die geltenden Garantien unter Berücksichtigung von Art, Umfang und Zwecken der Verarbeitung oder der Verarbeitungskategorien,
g) die Risiken für die Rechte und Freiheiten der betroffenen Personen und
h) das Recht der betroffenen Personen auf Unterrichtung über die Beschränkung, sofern dies nicht dem Zweck der Beschränkung abträglich ist.

Erwägungsgrund

(73) Im Recht der Union oder der Mitgliedstaaten können Beschränkungen hinsichtlich bestimmter Grundsätze und hinsichtlich des Rechts auf Unterrichtung, Auskunft zu und Berichtigung oder Löschung personenbezogener Daten, des Rechts auf Datenübertragbarkeit und Widerspruch, Entscheidungen, die auf der Erstellung von Profilen beruhen, sowie Mitteilungen über eine Verletzung des Schutzes personenbezogener Daten an eine betroffene Person und bestimmten damit zusammenhängenden Pflichten der Verantwortlichen vorgesehen werden, soweit dies in einer demokratischen Gesellschaft notwendig und verhältnismäßig ist, um die öffentliche Sicherheit aufrechtzuerhalten, wozu unter anderem der Schutz von Menschenleben insbesondere bei Naturkatastrophen oder vom Menschen verursachten Katastrophen, die Verhütung, Aufdeckung und Verfolgung von Straftaten oder die Strafvollstreckung – was auch den Schutz vor und die Abwehr von Gefahren für die öffentliche Sicherheit einschließt – oder die Verhütung, Aufdeckung und Verfolgung von Ver-

stößen gegen Berufsstandsregeln bei reglementierten Berufen, das Führen öffentlicher Register aus Gründen des allgemeinen öffentlichen Interesses sowie die Weiterverarbeitung von archivierten personenbezogenen Daten zur Bereitstellung spezifischer Informationen im Zusammenhang mit dem politischen Verhalten unter ehemaligen totalitären Regimen gehört, und zum Schutz sonstiger wichtiger Ziele des allgemeinen öffentlichen Interesses der Union oder eines Mitgliedstaats, etwa wichtige wirtschaftliche oder finanzielle Interessen, oder die betroffene Person und die Rechte und Freiheiten anderer Personen, einschließlich in den Bereichen soziale Sicherheit, öffentliche Gesundheit und humanitäre Hilfe, zu schützen. Diese Beschränkungen sollten mit der Charta und mit der Europäischen Konvention zum Schutz der Menschenrechte und Grundfreiheiten im Einklang stehen.

Anmerkungen

Hierbei handelt es sich gleichsam um die **„Mutter aller Öffnungsklauseln"** der DSGVO. Es wird den Mitgliedstaaten sehr weitgehend gestattet, **sämtliche Betroffenenrechte und diesen entsprechende Verantwortlichenpflichten**, einschließlich der Informationspflichten, Auskunfts-, Berichtigungs-, Löschungs- und Widerspruchsrecht, Einschränkung der Verarbeitung, Datenübertragbarkeit, Profiling und Data Breach Notification zu beschränken. Soweit in den Art 12 bis 22 bereits Öffnungsklauseln enthalten sind, welche konkrete Anforderungen an den Inhalt der nationalen Regelungen festlegen, gehen diese als leges speciales der allgemeinen Öffnungsklausel des Art 23 allerdings vor. **1**

Das Recht welches Mitgliedstaates maßgeblich ist, lässt die DSGVO offen. Zur Frage des **Kollisionsrechts** im Allgemeinen siehe ausführlich Art 92 Rz 5. **2**

Mit der Verhältnismäßigkeit und Notwendigkeit in einer demokratischen Gesellschaft sind die Schranken des Art 8 Abs 2 EMRK angesprochen (vgl auch Erwägungsgrund 73 letzter Satz). **3**

Die Nennung der nationalen Sicherheit in Abs 1 lit a ist entbehrlich, da der Bereich der nationalen Sicherheit gar nicht dem Unionsrecht unterliegt (siehe Art 2 Rz 5). Soweit es um Fragen der nationalen Sicherheit geht, sind die Verpflichtungen nach Abs 2 daher auch nicht anwendbar. **4**

Zur öffentlichen Sicherheit nach Abs 1 lit c zählen der Schutz von Menschenleben insbesondere bei Naturkatastrophen oder vom Menschen **5** verursachten Katastrophen, die Verhütung, Aufdeckung und Verfolgung von Straftaten und die Strafvollstreckung (Erwägungsgrund 73 Satz 1).

6 Soweit die Verarbeitung zu Zwecken der Verhütung, Ermittlung, Aufdeckung oder Verfolgung von **Straftaten** oder der Strafvollstreckung durch eine zuständige nationale Behörde erfolgt, ist die DSGVO gar nicht anwendbar (Art 2 Abs 2 lit d). Der Anwendungsbereich des Abs 1 lit d beschränkt sich daher im Ergebnis auf Verarbeitungen zu diesen Zwecken, die von anderen Personen als den zuständigen Behörden durchgeführt werden.

7 Auf Grundlage des Abs 1 lit e kann ein Mitgliedstaat beispielsweise Beschränkungen der Betroffenenrechte iZm (i) dem Führen öffentlicher Register aus Gründen des allgemeinen öffentlichen Interesses, (ii) wichtigen wirtschaftlichen oder finanziellen nationalen Interessen vorsehen (Erwägungsgrund 73 Satz 1).

8 Hinsichtlich Konflikten zwischen dem Grundrecht auf Datenschutz einerseits und dem Grundrecht auf Freiheit der Meinungsäußerung und Informationsfreiheit andererseits kommt den Mitgliedstaaten nach Art 85 ein noch weitergehender Regelungsspielraum zu, sodass die konkrete Grundrechtsabwägung hochgradig unbestimmt bleibt.

9 Angesichts der Regelungen der Art 9 Abs 2 lit f, Art 17 Abs 3 lit e, Art 18 Abs 2, Art 21 Abs 1 und Art 49 Abs 1 lit e wäre die Öffnungsklausel des Abs 1 lit j entbehrlich gewesen.

10 Die in Abs 2 genannten Inhalte sind „insbesondere gegebenenfalls" („at least, where relevant") in die nationalen Gesetzgebungsmaßnahmen aufzunehmen. Hieraus lässt sich freilich **kein zwingender Mindestinhalt für nationale Regelungen** ableiten.

Kapitel IV
Verantwortlicher und Auftragsverarbeiter

Abschnitt 1
Allgemeine Pflichten

Artikel 24
Verantwortung des für die Verarbeitung Verantwortlichen[1]

(1) Der Verantwortliche[2] setzt unter Berücksichtigung der Art, des Umfangs, der Umstände und der Zwecke der Verarbeitung sowie der unterschiedlichen Eintrittswahrscheinlichkeit und Schwere der Risiken[3] für die Rechte und Freiheiten natürlicher Personen geeignete technische und organisatorische Maßnahmen[4] um, um sicherzustellen und den Nachweis dafür erbringen zu können,[5] dass die Verarbeitung gemäß dieser Verordnung erfolgt. Diese Maßnahmen werden erforderlichenfalls überprüft und aktualisiert.[6]

(2) Sofern dies in einem angemessenen Verhältnis zu den Verarbeitungstätigkeiten steht, müssen die Maßnahmen gemäß Absatz 1 die Anwendung geeigneter Datenschutzvorkehrungen [richtig: geeigneter Datenschutzstrategien][7] durch den Verantwortlichen umfassen.

(3) Die Einhaltung der genehmigten Verhaltensregeln gemäß Artikel 40 oder eines genehmigten Zertifizierungsverfahrens gemäß Artikel 42 kann als Gesichtspunkt herangezogen werden, um die Erfüllung der Pflichten des Verantwortlichen nachzuweisen.

Erwägungsgründe

(74) Die Verantwortung und Haftung des Verantwortlichen für jedwede Verarbeitung personenbezogener Daten, die durch ihn oder in seinem Namen erfolgt, sollte geregelt werden. Insbesondere sollte der Verantwortliche geeignete und wirksame Maßnahmen treffen müssen und nachweisen können, dass die Verarbeitungstätigkeiten im Einklang mit dieser Verordnung stehen und die Maßnahmen auch wirksam sind. Dabei sollte er die Art, den Umfang, die Umstände und die Zwecke der Verarbeitung und das Risiko für die Rechte und Freiheiten natürlicher Personen berücksichtigen.

(75) Die Risiken für die Rechte und Freiheiten natürlicher Personen – mit unterschiedlicher Eintrittswahrscheinlichkeit und Schwere – können aus einer Verarbeitung personenbezogener Daten hervorgehen, die zu einem physischen, materiellen oder immateriellen Schaden führen könnte, insbesondere wenn die Verarbeitung zu einer Diskriminierung, einem Identitätsdiebstahl oder -betrug, einem finanziellen Verlust, einer Rufschädigung, einem Verlust der Vertraulichkeit von dem Berufsgeheimnis unterliegenden personenbezogenen Daten, der unbefugten Aufhebung der Pseudonymisierung oder anderen erheblichen wirtschaftlichen oder gesellschaftlichen Nachteilen führen kann, wenn die betroffenen Personen um ihre Rechte und Freiheiten gebracht oder daran gehindert werden, die sie betreffenden personenbezogenen Daten zu kontrollieren, wenn personenbezogene Daten, aus denen die rassische oder ethnische Herkunft, politische Meinungen, religiöse oder weltanschauliche Überzeugungen oder die Zugehörigkeit zu einer Gewerkschaft hervorgehen, und genetische Daten, Gesundheitsdaten oder das Sexualleben oder strafrechtliche Verurteilungen und Straftaten oder damit zusammenhängende Sicherungsmaßregeln betreffende Daten verarbeitet werden, wenn persönliche Aspekte bewertet werden, insbesondere wenn Aspekte, die die Arbeitsleistung, wirtschaftliche Lage, Gesundheit, persönliche Vorlieben oder Interessen, die Zuverlässigkeit oder das Verhalten, den Aufenthaltsort oder Ortswechsel betreffen, analysiert oder prognostiziert werden, um persönliche Profile zu erstellen oder zu nutzen, wenn personenbezogene Daten schutzbedürftiger natürlicher Personen, insbesondere Daten von Kindern, verarbeitet werden oder wenn die Verarbeitung eine große Menge personenbezogener Daten und eine große Anzahl von betroffenen Personen betrifft.

(76) Eintrittswahrscheinlichkeit und Schwere des Risikos für die Rechte und Freiheiten der betroffenen Person sollten in Bezug auf die Art, den Umfang, die Umstände und die Zwecke der Verarbeitung bestimmt werden. Das Risiko sollte anhand einer objektiven Bewertung beurteilt werden, bei der festgestellt wird, ob die Datenverarbeitung ein Risiko oder ein hohes Risiko birgt.

(77) Anleitungen, wie der Verantwortliche oder Auftragsverarbeiter geeignete Maßnahmen durchzuführen hat und wie die Einhaltung der Anforderungen nachzuweisen ist, insbesondere was die Ermittlung des mit der Verarbeitung verbundenen Risikos, dessen Abschätzung in Bezug auf Ursache, Art, Eintrittswahrscheinlichkeit und Schwere und die Festlegung bewährter Verfahren für dessen Eindämmung betrifft, könnten

Verantwortung des für die Verarbeitung Verantwortlichen **Art 24**

insbesondere in Form von genehmigten Verhaltensregeln, genehmigten Zertifizierungsverfahren, Leitlinien des Ausschusses oder Hinweisen eines Datenschutzbeauftragten gegeben werden. Der Ausschuss kann ferner Leitlinien für Verarbeitungsvorgänge ausgeben, bei denen davon auszugehen ist, dass sie kein hohes Risiko für die Rechte und Freiheiten natürlicher Personen mit sich bringen, und angeben, welche Abhilfemaßnahmen in diesen Fällen ausreichend sein können.

Anmerkungen

Art 24 konkretisiert den in Art 5 Abs 2 normierten Grundsatz der **Rechenschaftspflicht**, welche zwei Elemente umfasst: einerseits die Pflicht, risikoangemessene **technische und organisatorische Maßnahmen** zur Einhaltung der DSGVO umzusetzen (Rz 4 unten) und andererseits eine **Nachweispflicht** (siehe Rz 5 unten; vgl auch Art 5 Rz 13). **1**

Ungeachtet der Tatsache, dass Art 83 für den Fall der Verletzung des Art 24 keine Geldbußen vorsieht, sind technische und organisatorische Maßnahmen insbesondere erforderlich, um die Verpflichtungen nach Art 25 zu erfüllen, deren Verletzung sehr wohl nach Art 83 Abs 4 lit a strafbewehrt ist. Weiters kann die Nachweispflicht von der Aufsichtsbehörde zwangsweise durchgesetzt werden und ihre (Nicht-)Erfüllung bei der Strafzumessung Berücksichtigung finden (siehe Rz 5 unten).

Da Art 24 **nur auf Verantwortliche und nicht auf Auftragsverarbeiter Bezug nimmt**, gilt diese Bestimmung nur gegenüber Ersteren (zum persönlichen Geltungsbereich des Grundsatzes der Rechenschaftspflicht im Allgemeinen vgl auch Art 5 Rz 12). **2**

Nach Erwägungsgrund 76 Satz 1 sind Eintrittswahrscheinlichkeit und Schwere des Risikos zu bestimmen in Bezug auf (i) die Art, (ii) den Umfang, (iii) die Umstände und (iv) die Zwecke der Verarbeitung. Grundsätzlich käme sowohl eine qualitative Risikobewertung (dh eine Einstufung in Risikoklassen) als auch eine quantitative Risikobewertung (dh eine mathematische Berechnung) in Betracht. Erwägungsgrund 76 Satz 2 führt jedoch aus, dass das Risiko „anhand einer objektiven Bewertung beurteilt werden [sollte], bei der festgestellt wird, ob die Datenverarbeitung ein Risiko oder ein hohes Risiko birgt". Eine **qualitative Risikobewertung** nach den Risikokategorien „mittel" und „hoch" ist daher grundsätzlich als ausreichend anzusehen. **3**

4 Während nach der DS-RL der Begriff der „technischen und organisatorischen Maßnahmen" noch auf den Bereich der Datensicherheit beschränkt war (vgl Art 17 Abs 1 DS-RL), sind **technische und organisatorische Maßnahmen** („technical and organisational measures"; in der Praxis auch als „TOMs" bezeichnet) nach der DSGVO ein umfassender Begriff für alle Maßnahmen zur Herstellung und Dokumentation der Datenschutz-Compliance.

Die getroffenen Maßnahmen einschließlich der nach Abs 2 verabschiedeten internen Strategien müssen insbesondere den Grundsätzen des **Datenschutzes durch Technik** (Art 25 Abs 1) und durch **datenschutzfreundliche Voreinstellungen** (Art 25 Abs 2) Genüge tun (siehe Erwägungsgrund 78 Satz 2).

Beispiele möglicher technischer und organisatorischer Maßnahmen iSd Abs 1 sind: (1) die freiwillige Bestellung eines Datenschutzbeauftragten (vgl Art 37) bzw anderer für den Datenschutz zuständiger Personen, (2) Mitarbeiterschulungen im Bereich Datenschutz, (3) die Festlegung von für die betroffenen Personen transparenten Verfahren für die Bearbeitung von Anträgen auf Zugang, Berichtigung oder Löschung, (4) die Einrichtung eines internen Beschwerdebearbeitungssystems, (5) die Einführung und Überwachung von Kontrollverfahren, die gewährleisten, dass die Maßnahmen nicht nur auf dem Papier bestehen, sondern in der Praxis angewandt werden und funktionieren (vgl Abs 1 letzter Satz) und (6) technische Maßnahmen, welche Fehler bei der Dateneingabe erkennen und eine unrichtige Zuordnung von personenbezogenen Daten verhindern wie zB Prüfziffern bei Kundennummern (vgl Artikel-29-Datenschutzgruppe, Stellungnahme 3/2010 zum Grundsatz der Rechenschaftspflicht, WP 173 [2010] 12 f; Art 22 Madrid Resolution vom 5. November 2009, verfügbar unter https://icdppc.org/wp-content/uploads/2015/02/The-Madrid-Resolution.pdf).

5 Da die Implementierung der technischen und organisatorischen Maßnahmen nach Abs 1 ua erforderlich ist, um „den Nachweis dafür erbringen zu können, dass die Verarbeitung gemäß dieser Verordnung erfolgt", liegt zunächst der Schluss nahe, dass grundsätzlich den Verantwortlichen die Beweislast für die Einhaltung der DSGVO trifft (vgl auch Erwägungsgrund 74 Satz 2, wonach der Verantwortliche „nachweisen können [sollte], dass die Verarbeitungstätigkeiten im Einklang mit dieser Verordnung stehen und die Maßnahmen auch wirksam sind"). Dies wäre aber im Rahmen eines Verfahrens betreffend die Verhängung von

Geldbußen nach Art 83 mit der Unschuldsvermutung nach Art 48 Abs 1 GRC unvereinbar. Richtigerweise ist die in Abs 1 normierte Nachweispflicht (vgl bereits Art 5 Abs 2) daher **keine Beweislastregel**, sondern eine materielle **Nachweispflicht** (siehe auch Art 5 Rz 13).

Entgegen dem Vorschlag der Europäischen Kommission (vgl Art 79 Abs 6 lit e iVm Art 22 des Entwurfs der Kommission, KOM[2012] 11 endgültig) enthält die DSGVO jedoch keine Strafbestimmung für den Fall der Verletzung der Nachweispflicht. Der Nachweispflicht steht auch kein Recht der betroffenen Personen gegenüber (vgl den Katalog der Betroffenenrechte nach Art 12 ff), sodass eine private Durchsetzung der Nachweispflicht ausscheidet. Allerdings kann die Nachweispflicht durch Aufsichtsbehörden durch Ausübung ihrer Untersuchungsbefugnisse zwangsweise nach Art 58 Abs 1 durchgesetzt werden (vgl bereits Art 5 Rz 13). Darüber hinaus ist eine Berücksichtigung im Rahmen der Strafzumessung nach Art 83 Abs 2 lit f denkbar. Schließlich sind Fälle denkbar, in denen den Verantwortlichen gegenüber betroffenen Personen im Rahmen eines Schadenersatzprozesses eine Nachweisobliegenheit trifft (siehe Art 82 Rz 5).

Ein regelmäßiges **Datenschutz-Audit** ist nach Abs 1 letzter Satz zwar nicht immer (arg „erforderlichenfalls") aber doch in den allermeisten Fällen verpflichtend. **6**

Hierbei handelt es sich um einen Übersetzungsfehler. Richtigerweise heißt es **„geeigneter Datenschutzstrategien"** („appropriate data protection policies"). **7**

Aus Abs 2 (vgl auch Erwägungsgrund 78 Satz 2) ergibt sich daher die grundsätzliche Verpflichtung, Datenschutzstrategien – in der Praxis meist „Data Protection Policies" genannt – festzulegen, widrigenfalls der Nachweis der Einhaltung der DSGVO schwer möglich sein wird, sofern der Verantwortliche nicht genehmigte Verhaltensregeln gem Art 40 oder ein genehmigtes Zertifizierungsverfahren gem Art 42 einhält (vgl Abs 3).

Artikel 25
Datenschutz durch Technikgestaltung und durch datenschutzfreundliche Voreinstellungen[1]

(1)[2] Unter Berücksichtigung des Stands der Technik, der Implementierungskosten und der Art, des Umfangs, der Umstände und der Zwecke der Verarbeitung sowie der unterschiedlichen Eintrittswahrscheinlichkeit und Schwere der mit der Verarbeitung verbundenen Risiken für die Rechte und Freiheiten natürlicher Personen trifft der Verantwortliche sowohl zum Zeitpunkt der Festlegung der Mittel für die Verarbeitung als auch zum Zeitpunkt der eigentlichen Verarbeitung geeignete technische und organisatorische Maßnahmen[3] – wie z.B. Pseudonymisierung[4] – ~~trifft,~~[5] die dafür ausgelegt sind, die Datenschutzgrundsätze wie etwa Datenminimierung[6] wirksam umzusetzen und die notwendigen Garantien in die Verarbeitung aufzunehmen, um den Anforderungen dieser Verordnung zu genügen und die Rechte der betroffenen Personen zu schützen.

(2)[7] Der Verantwortliche trifft geeignete technische und organisatorische Maßnahmen, die sicherstellen, dass durch Voreinstellung grundsätzlich nur personenbezogene Daten, deren Verarbeitung für den jeweiligen bestimmten Verarbeitungszweck erforderlich ist, verarbeitet werden.[8] Diese Verpflichtung gilt für die Menge der erhobenen personenbezogenen Daten, den Umfang ihrer Verarbeitung, ihre Speicherfrist und ihre Zugänglichkeit. Solche Maßnahmen müssen insbesondere sicherstellen, dass personenbezogene Daten durch Voreinstellungen nicht ohne Eingreifen der Person einer unbestimmten Zahl von natürlichen Personen zugänglich gemacht werden.[9]

(3) Ein genehmigtes Zertifizierungsverfahren gemäß Artikel 42 kann als Faktor herangezogen werden, um die Erfüllung der in den Absätzen 1 und 2 des vorliegenden Artikels genannten Anforderungen nachzuweisen.

Erwägungsgrund

(78) Zum Schutz der in Bezug auf die Verarbeitung personenbezogener Daten bestehenden Rechte und Freiheiten natürlicher Personen ist es erforderlich, dass geeignete technische und organisatorische Maßnahmen getroffen werden, damit die Anforderungen dieser Verordnung erfüllt werden. Um die Einhaltung dieser Verordnung nachweisen zu können, sollte der Verantwortliche interne Strategien festlegen und Maßnahmen ergreifen, die insbesondere den Grundsätzen des Datenschutzes durch Technik (data protection by design) und durch datenschutzfreundliche Voreinstellungen (data protection by default) Genüge tun. Solche Maßnahmen könnten unter anderem darin bestehen, dass die Verarbeitung personenbezogener Daten minimiert wird, personenbezogene Daten so schnell wie möglich pseudonymisiert werden, Transparenz in Bezug auf die Funktionen und die Verarbeitung personenbezogener Daten her-

Datenschutz durch Technikgestaltung **Art 25**

gestellt wird, der betroffenen Person ermöglicht wird, die Verarbeitung personenbezogener Daten zu überwachen, und der Verantwortliche in die Lage versetzt wird, Sicherheitsfunktionen zu schaffen und zu verbessern. In Bezug auf Entwicklung, Gestaltung, Auswahl und Nutzung von Anwendungen, Diensten und Produkten, die entweder auf der Verarbeitung von personenbezogenen Daten beruhen oder zur Erfüllung ihrer Aufgaben personenbezogene Daten verarbeiten, sollten die Hersteller der Produkte, Dienste und Anwendungen ermutigt werden, das Recht auf Datenschutz bei der Entwicklung und Gestaltung der Produkte, Dienste und Anwendungen zu berücksichtigen und unter gebührender Berücksichtigung des Stands der Technik sicherzustellen, dass die Verantwortlichen und die Verarbeiter in der Lage sind, ihren Datenschutzpflichten nachzukommen. Den Grundsätzen des Datenschutzes durch Technik und durch datenschutzfreundliche Voreinstellungen sollte auch bei öffentlichen Ausschreibungen Rechnung getragen werden.

Anmerkungen

Im Unterschied zur allgemeinen Verpflichtung des Art 24, risikoangemessene technische und organisatorische Maßnahmen zu implementieren, können Verletzungen des Art 25 nach Art 83 Abs 4 lit a mit einer Geldbuße bestraft werden. Allerdings sind die originär durch Art 25 begründeten Pflichten relativ begrenzt (vgl Rz 3, 8 und 9 unten). **1**

Die wesentlichste praktische Bedeutung von Art 25 könnte darin bestehen, dass nach Erwägungsgrund 78 letzter Satz den Grundsätzen des Datenschutzes durch Technik (Abs 1) und durch datenschutzfreundliche Voreinstellungen (Abs 2) „**auch bei öffentlichen Ausschreibungen Rechnung getragen werden [sollte]**". Zudem sollen nach Erwägungsgrund 78 Satz 4 Hersteller von Produkten, Diensten und Anwendungen ermutigt werden, das Recht auf Datenschutz bei der Entwicklung und Gestaltung der Produkte, Dienste und Anwendungen zu berücksichtigen. Dies bedeutet im Ergebnis, dass datenschutzrechtliche Anforderungen verpflichtender Inhalt öffentlicher IT-Ausschreibungen werden.

Nach dem eindeutigen Wortlaut der Abs 1 und 2 sind die Grundsätze des Datenschutzes durch Technik und durch datenschutzfreundliche Voreinstellungen **auf Auftragsverarbeiter jedoch nicht unmittelbar anwendbar**.

2 Abs 1 beschreibt den Grundsatz Datenschutz durch Technik (Data Protection by Design).

3 Die zu implementierenden **Data Protection by Design-Maßnahmen** sind zu bestimmen nach (i) der technischen Machbarkeit (dem „Stand der Technik"), (ii) den Implementierungskosten sowie (iii) den datenschutzrechtlichen Risiken für die betroffenen Personen (der „Eintrittswahrscheinlichkeit und Schwere der mit der Verarbeitung verbundenen Risiken"). Dies macht es im Ergebnis erforderlich, einerseits eine **Risikobewertung** (vgl hierzu Art 24 Rz 3) und andererseits eine **Kosten-/Nutzen-Analyse** durchzuführen.

Nach Erwägungsgrund 78 Satz 3 können derartige Maßnahmen ua darin bestehen, dass (i) die Verarbeitung personenbezogener Daten minimiert wird (vgl Art 5 Abs 1 lit c), (ii) personenbezogene Daten so schnell wie möglich pseudonymisiert werden (vgl Art 5 Abs 1 lit e), (iii) Transparenz in Bezug auf die Funktionen und die Verarbeitung personenbezogener Daten hergestellt wird (vgl Art 12 ff), (iv) der betroffenen Person ermöglicht wird, die Verarbeitung personenbezogener Daten zu überwachen, und (v) der Verantwortliche in die Lage versetzt wird, Sicherheitsfunktionen zu schaffen und zu verbessern (vgl Art 32). Bemerkenswert an dieser vom Unionsgesetzgeber vorgenommenen Aufzählung ist, dass es sich hierbei um Maßnahmen handelt, die ohnedies bereits nach anderen Bestimmungen der DSGVO verpflichtend sind (vgl die oben jeweils in den Klammern genannten Bestimmungen). Aus Abs 1 werden sich in der Praxis daher nur in wenigen Fällen neue Pflichten für Verantwortliche ergeben.

4 Siehe Art 4 Nr 5 zur Definition des Begriffs „Pseudonymisierung".

5 Übersetzungsfehler.

6 Siehe Art 5 Abs 1 lit c.

7 Abs 2 beschreibt den Grundsatz „**Datenschutz durch datenschutzfreundliche Voreinstellungen**" (Data Protection by Default).

8 Die Verpflichtung des Abs 2 Satz 1 ergibt sich bereits aus den Grundsätzen der Datenminimierung (Art 5 Abs 1 lit c) und der Zweckbindung (Art 5 Abs 1 lit b).

9 Die in Abs 2 letzter Satz normiert Pflicht, personenbezogene Daten **per Default-Einstellung nicht öffentlich zu machen** (einer „unbestimmten Zahl von natürlichen Personen" zugänglich zu machen), ist eine originär durch Abs 2 begründete Pflicht, welche sich nicht bereits aus anderen Bestimmungen der DSGVO ergibt. In der praktischen Anwendung wird Abs 2 letzter Satz primär für Anbieter eines Dienstes der Informationsgesellschaft (vgl Art 4 Nr 24) relevant sein.

Artikel 26
Gemeinsam für die Verarbeitung Verantwortliche[1]

(1) Legen zwei oder mehr Verantwortliche gemeinsam die Zwecke der und die Mittel zur Verarbeitung fest, so sind sie gemeinsam Verantwortliche. Sie legen in einer Vereinbarung in transparenter Form fest, wer von ihnen welche Verpflichtung gemäß dieser Verordnung erfüllt, insbesondere was die Wahrnehmung der Rechte der betroffenen Person angeht, und wer welchen Informationspflichten gemäß den Artikeln 13 und 14 nachkommt, sofern und soweit die jeweiligen Aufgaben der Verantwortlichen nicht durch Rechtsvorschriften der Union oder der Mitgliedstaaten, denen die Verantwortlichen unterliegen, festgelegt sind. In der Vereinbarung kann eine Anlaufstelle für die betroffenen Personen angegeben werden.

(2) Die Vereinbarung gemäß Absatz 1 muss die jeweiligen tatsächlichen Funktionen und Beziehungen der gemeinsam Verantwortlichen gegenüber betroffenen Personen gebührend widerspiegeln.[2] Das wesentliche der Vereinbarung wird der betroffenen Person zur Verfügung gestellt.[3]

(3) Ungeachtet der Einzelheiten der Vereinbarung gemäß Absatz 1 kann die betroffene Person ihre Rechte im Rahmen dieser Verordnung bei und gegenüber jedem einzelnen der Verantwortlichen geltend machen.[4]

Erwägungsgrund

(79) Zum Schutz der Rechte und Freiheiten der betroffenen Personen sowie bezüglich der Verantwortung und Haftung der Verantwortlichen und der Auftragsverarbeiter bedarf es – auch mit Blick auf die Überwachungs- und sonstigen Maßnahmen von Aufsichtsbehörden – einer klaren Zuteilung der Verantwortlichkeiten durch diese Verordnung, einschließlich der Fälle, in denen ein Verantwortlicher die Verarbeitungszwecke und -mittel gemeinsam mit anderen Verantwortlichen festlegt oder ein Verarbeitungsvorgang im Auftrag eines Verantwortlichen durchgeführt wird.

Anmerkungen

1 Bei der Verwendung des Begriffs „für die Verarbeitung Verantwortliche" in der Überschrift handelt es sich um einen Redaktionsfehler. Richtigerweise muss es (wie auch in Abs 1) „gemeinsam Verantwortliche" heißen.

2 Abs 3 stellt klar, dass beide gemeinsam Verantwortliche für die Erfüllung der Verantwortlichenpflichten gegenüber betroffenen Personen **solidarisch haften**. Nicht geregelt ist hingegen die Verteilung der verwaltungsstrafrechtlichen Haftung. Aus einem Umkehrschluss aus Abs 3 lässt sich das Argument gewinnen, dass eine solche verwaltungsstrafrechtliche Haftung eines gemeinsam Verantwortlichen für eine konkrete Pflichtverletzung nur soweit gegeben ist, wie die Erfüllung dieser Pflicht diesem gemeinsam Verantwortlichen in der nach Abs 1 geschlossenen Vereinbarung zugewiesen war.

3 Die DSGVO enthält keinerlei Hinweis über den Zeitpunkt oder das Format der **Information über das „wesentliche der Vereinbarung"** nach Abs 2. In praktischer Hinsicht sollten sich die gemeinsam Verantwortlichen allerdings an den Vorgaben des Art 12 orientieren und die Informationen in die Datenschutzerklärung nach Art 13 bzw Art 14 aufnehmen.

4 Zu den in Abs 3 genannten Betroffenenrechten zählt insbesondere auch das Recht auf Schadenersatz nach Art 82.

Artikel 27
Vertreter von nicht in der Union niedergelassenen Verantwortlichen oder Auftragsverarbeitern[1]

(1) In den Fällen gemäß Artikel 3 Absatz 2 benennt der Verantwortliche oder der Auftragsverarbeiter schriftlich einen Vertreter[2] in der Union.[3]

(2) Die Pflicht gemäß Absatz 1 des vorliegenden Artikels gilt nicht für

a) eine Verarbeitung, die gelegentlich erfolgt, nicht die umfangreiche Verarbeitung besonderer Datenkategorien im Sinne des Artikels 9 Absatz 1 oder die umfangreiche Verarbeitung von personenbezogenen Daten über strafrechtliche Verurteilungen und Straftaten im Sinne des Artikels 10 einschließt und unter Berücksichtigung der Art, der Umstände, des Umfangs und der Zwecke der Verarbeitung voraussichtlich nicht zu einem Risiko für die Rechte und Freiheiten natürlicher Personen führt,[4] oder

b) Behörden oder öffentliche Stellen.[5]

(3) Der Vertreter muss in einem der Mitgliedstaaten niedergelassen sein, in denen die betroffenen Personen, deren personenbezogene Daten im Zusammenhang mit den ihnen angebotenen Waren oder Dienstleistungen verarbeitet werden oder deren Verhalten beobachtet wird, sich befinden.

(4) Der Vertreter wird durch den Verantwortlichen oder den Auftragsverarbeiter beauftragt, zusätzlich zu diesem oder an seiner Stelle insbesondere für Aufsichtsbehörden und betroffene Personen bei sämtlichen Fragen im Zusammenhang mit der Verarbeitung zur Gewährleistung der Einhaltung dieser Verordnung als Anlaufstelle zu dienen.

(5) Die Benennung eines Vertreters durch den Verantwortlichen oder den Auftragsverarbeiter erfolgt unbeschadet etwaiger rechtlicher Schritte gegen den Verantwortlichen oder den Auftragsverarbeiter selbst.[6]

Erwägungsgrund

(80) Jeder Verantwortliche oder Auftragsverarbeiter ohne Niederlassung in der Union, dessen Verarbeitungstätigkeiten sich auf betroffene Personen beziehen, die sich in der Union aufhalten, und dazu dienen, diesen Personen in der Union Waren oder Dienstleistungen anzubieten – unabhängig davon, ob von der betroffenen Person eine Zahlung verlangt wird – oder deren Verhalten, soweit dieses innerhalb der Union erfolgt, zu beobachten, sollte einen Vertreter benennen müssen, es sei denn, die Verarbeitung erfolgt gelegentlich, schließt nicht die umfangreiche Verarbeitung besonderer Kategorien personenbezogener Daten oder die Verarbeitung von personenbezogenen Daten über strafrechtliche Verurteilungen und Straftaten ein und bringt unter Berücksichtigung ihrer Art, ihrer Umstände, ihres Umfangs und ihrer Zwecke wahrscheinlich kein Risiko für die Rechte und Freiheiten natürlicher Personen mit sich oder bei dem Verantwortlichen handelt es sich um eine Behörde oder öffentliche Stelle. Der Vertreter sollte im Namen des Verantwortlichen oder des Auftragsverarbeiters tätig werden und den Aufsichtsbehörden als Anlaufstelle dienen. Der Verantwortliche oder der Auftragsverarbeiter sollte den Vertreter ausdrücklich bestellen und schriftlich beauftragen, in

Bezug auf die ihm nach dieser Verordnung obliegenden Verpflichtungen an seiner Stelle zu handeln. Die Benennung eines solchen Vertreters berührt nicht die Verantwortung oder Haftung des Verantwortlichen oder des Auftragsverarbeiters nach Maßgabe dieser Verordnung. Ein solcher Vertreter sollte seine Aufgaben entsprechend dem Mandat des Verantwortlichen oder Auftragsverarbeiters ausführen und insbesondere mit den zuständigen Aufsichtsbehörden in Bezug auf Maßnahmen, die die Einhaltung dieser Verordnung sicherstellen sollen, zusammenarbeiten. Bei Verstößen des Verantwortlichen oder Auftragsverarbeiters sollte der bestellte Vertreter Durchsetzungsverfahren unterworfen werden.

Anmerkungen

1 Die Funktion des Vertreters (in der Praxis auch als „**Inlandsvertreter**" bezeichnet) besteht darin, dass die zuständige Aufsichtsbehörde Rechtsdurchsetzungsmaßnahmen gegen einen nicht im EWR niedergelassenen Verantwortlichen bzw Auftragsverarbeiter setzen kann, ohne an territoriale Kompetenzgrenzen zu stoßen (vgl *Dammann/Simitis*, EG-Datenschutzrichtlinie [1997] Art 4 Rz 10 zur Regelung Art 4 Abs 2 DS-RL). So sieht Erwägungsgrund 80 letzter Satz vor, dass „bei Verstößen des Verantwortlichen oder Auftragsverarbeiters […] der bestellte Vertreter Durchsetzungsverfahren unterworfen werden [sollte]" („should be subject to enforcement proceedings"). Eine schadenersatzrechtliche Haftung des Vertreters wird sich hierdurch jedoch nicht ableiten lassen (vgl Art 82 Abs 1 wonach im Falle der Verletzung der DSGVO ein Schadenersatzanspruch nur „gegen den Verantwortlichen oder gegen den Auftragsverarbeiter" besteht).

2 Siehe Art 4 Nr 17 zur Definition des Begriffs „Vertreter".

3 Nach Erwägungsgrund 80 Satz 3 hat die Bestellung des Vertreters ausdrücklich zu erfolgen. Die Bestellung hat eine Beauftragung im Umfang des Abs 4 zu umfassen.

4 Die in Abs 2 lit b genannten Tatbestandsvoraussetzungen müssen kumulativ vorliegen. Insbesondere die Tatbestandsvoraussetzung der lediglich „gelegentlichen" Verarbeitung wird selten erfüllt sein.

5 Siehe Art 37 Rz 2 zur Definition des Begriffs „Behörde oder öffentlichen Stelle".

6 Die Haftung des Verantwortlichen bzw Auftragsverarbeiters wird durch die Bestellung eines Vertreters daher nicht gemindert.

Artikel 28
Auftragsverarbeiter

(1) Erfolgt eine Verarbeitung im Auftrag eines Verantwortlichen, so arbeitet dieser nur mit Auftragsverarbeitern, die hinreichend Garantien[1] dafür bieten, dass geeignete technische und organisatorische Maßnahmen so durchgeführt werden, dass die Verarbeitung im Einklang mit den Anforderungen dieser Verordnung erfolgt und den Schutz der Rechte der betroffenen Person gewährleistet.

(2) Der Auftragsverarbeiter nimmt keinen weiteren Auftragsverarbeiter[2] ohne vorherige gesonderte oder allgemeine schriftliche[3] Genehmigung des Verantwortlichen in Anspruch. Im Fall einer allgemeinen schriftlichen Genehmigung informiert der Auftragsverarbeiter den Verantwortlichen immer über jede beabsichtigte Änderung in Bezug auf die Hinzuziehung oder die Ersetzung anderer Auftragsverarbeiter, wodurch der Verantwortliche die Möglichkeit erhält, gegen derartige Änderungen Einspruch zu erheben.[4]

(3) Die Verarbeitung durch einen Auftragsverarbeiter erfolgt auf der Grundlage eines Vertrags oder eines anderen Rechtsinstruments nach dem Unionsrecht oder dem Recht der Mitgliedstaaten, der bzw. das den Auftragsverarbeiter in Bezug auf den Verantwortlichen bindet und in dem Gegenstand und Dauer der Verarbeitung, Art und Zweck der Verarbeitung, die Art der personenbezogenen Daten, die Kategorien betroffener Personen und die Pflichten und Rechte des Verantwortlichen festgelegt sind.[5] Dieser Vertrag bzw. dieses andere Rechtsinstrument sieht insbesondere vor, dass der Auftragsverarbeiter[6]

a) die personenbezogenen Daten nur auf dokumentierte Weisung des Verantwortlichen – auch in Bezug auf die Übermittlung personenbezogener Daten an ein Drittland oder eine internationale Organisation[7] – verarbeitet,[8] sofern er nicht durch das Recht der Union oder der Mitgliedstaaten, dem der Auftragsverarbeiter unterliegt, hierzu verpflichtet ist; in einem solchen Fall teilt der Auftragsverarbeiter dem Verantwortlichen diese rechtlichen Anforderungen vor der Verarbeitung mit, sofern das betreffende Recht eine solche Mitteilung nicht wegen eines wichtigen öffentlichen Interesses verbietet;

b) gewährleistet, dass sich die zur Verarbeitung der personenbezogenen Daten befugten Personen zur Vertraulichkeit ver-

pflichtet haben oder einer angemessenen gesetzlichen Verschwiegenheitspflicht unterliegen;[9]
c) alle gemäß Artikel 32 erforderlichen Maßnahmen ergreift;[10]
d) die in den Absätzen 2 und 4 genannten Bedingungen für die Inanspruchnahme der Dienste eines weiteren Auftragsverarbeiters einhält;[11]
e) angesichts der Art der Verarbeitung den Verantwortlichen nach Möglichkeit mit geeigneten technischen und organisatorischen Maßnahmen dabei unterstützt, seiner Pflicht zur Beantwortung von Anträgen auf Wahrnehmung der in Kapitel III genannten Rechte der betroffenen Person nachzukommen;[12]
f) unter Berücksichtigung der Art der Verarbeitung und der ihm zur Verfügung stehenden Informationen den Verantwortlichen bei der Einhaltung der in den Artikeln 32 bis 36 genannten Pflichten unterstützt;[13]
g) nach Abschluss der Erbringung der Verarbeitungsleistungen alle personenbezogenen Daten nach Wahl des Verantwortlichen entweder löscht oder zurückgibt,[14] sofern nicht nach dem Unionsrecht oder dem Recht der Mitgliedstaaten eine Verpflichtung zur Speicherung der personenbezogenen Daten besteht;[15]
h) dem Verantwortlichen alle erforderlichen Informationen zum Nachweis der Einhaltung der in diesem Artikel niedergelegten Pflichten zur Verfügung stellt und Überprüfungen – einschließlich Inspektionen –, die vom Verantwortlichen oder einem anderen von diesem beauftragten Prüfer durchgeführt werden, ermöglicht und dazu beiträgt.[16]

Mit Blick auf Unterabsatz 1 Buchstabe h informiert der Auftragsverarbeiter den Verantwortlichen unverzüglich, falls er der Auffassung ist, dass eine Weisung gegen diese Verordnung oder gegen andere Datenschutzbestimmungen der Union oder der Mitgliedstaaten verstößt.

(4) Nimmt der Auftragsverarbeiter die Dienste eines weiteren Auftragsverarbeiters[17] in Anspruch, um bestimmte Verarbeitungstätigkeiten im Namen des Verantwortlichen auszuführen, so werden diesem weiteren Auftragsverarbeiter im Wege eines Vertrags oder eines anderen Rechtsinstruments nach dem Unionsrecht oder dem Recht des betreffenden Mitgliedstaats dieselben Datenschutzpflichten auferlegt, die in dem Vertrag oder anderen Rechtsinstrument zwischen

dem Verantwortlichen und dem Auftragsverarbeiter gemäß Absatz 3 festgelegt sind, wobei insbesondere hinreichende Garantien[18] dafür geboten werden muss, dass die geeigneten technischen und organisatorischen Maßnahmen so durchgeführt werden, dass die Verarbeitung entsprechend den Anforderungen dieser Verordnung erfolgt. Kommt der weitere Auftragsverarbeiter seinen Datenschutzpflichten nicht nach, so haftet der erste Auftragsverarbeiter gegenüber dem Verantwortlichen für die Einhaltung der Pflichten jenes anderen Auftragsverarbeiters.[19]

(5) Die Einhaltung genehmigter Verhaltensregeln gemäß Artikel 40 oder eines genehmigten Zertifizierungsverfahrens gemäß Artikel 42 durch einen Auftragsverarbeiter kann als Faktor herangezogen werden, um hinreichende Garantien im Sinne der Absätze 1 und 4 des vorliegenden Artikels nachzuweisen.

(6) Unbeschadet eines individuellen Vertrags zwischen dem Verantwortlichen und dem Auftragsverarbeiter kann der Vertrag oder das andere Rechtsinstrument im Sinne der Absätze 3 und 4 des vorliegenden Artikels ganz oder teilweise auf den in den Absätzen 7 und 8 des vorliegenden Artikels genannten Standardvertragsklauseln beruhen,[20] auch wenn diese Bestandteil einer dem Verantwortlichen oder dem Auftragsverarbeiter gemäß den Artikeln 42 und 43 erteilten Zertifizierung sind.

(7) Die Kommission kann im Einklang mit dem Prüfverfahren gemäß Artikel 87 [richtig: Artikel 93][21] Absatz 2 Standardvertragsklauseln[22] zur Regelung der in den Absätzen 3 und 4 des vorliegenden Artikels genannten Fragen festlegen.

(8) Eine Aufsichtsbehörde kann im Einklang mit dem Kohärenzverfahren gemäß Artikel 63 Standardvertragsklauseln zur Regelung der in den Absätzen 3 und 4 des vorliegenden Artikels genannten Fragen festlegen.[23]

(9) Der Vertrag oder das andere Rechtsinstrument im Sinne der Absätze 3 und 4 ist schriftlich abzufassen, was auch in einem elektronischen Format erfolgen kann.

(10) Unbeschadet der Artikel 82, 83 und 84 gilt ein Auftragsverarbeiter, der unter Verstoß gegen diese Verordnung die Zwecke und Mittel der Verarbeitung bestimmt, in Bezug auf diese Verarbeitung als Verantwortlicher.[24]

Art 28

Erwägungsgrund

(81) Damit die Anforderungen dieser Verordnung in Bezug auf die vom Auftragsverarbeiter im Namen des Verantwortlichen vorzunehmende Verarbeitung eingehalten werden, sollte ein Verantwortlicher, der einen Auftragsverarbeiter mit Verarbeitungstätigkeiten betrauen will, nur Auftragsverarbeiter heranziehen, die – insbesondere im Hinblick auf Fachwissen, Zuverlässigkeit und Ressourcen – hinreichende Garantien dafür bieten, dass technische und organisatorische Maßnahmen – auch für die Sicherheit der Verarbeitung – getroffen werden, die den Anforderungen dieser Verordnung genügen. Die Einhaltung genehmigter Verhaltensregeln oder eines genehmigten Zertifizierungsverfahrens durch einen Auftragsverarbeiter kann als Faktor herangezogen werden, um die Erfüllung der Pflichten des Verantwortlichen nachzuweisen. Die Durchführung einer Verarbeitung durch einen Auftragsverarbeiter sollte auf Grundlage eines Vertrags oder eines anderen Rechtsinstruments nach dem Recht der Union oder der Mitgliedstaaten erfolgen, der bzw. das den Auftragsverarbeiter an den Verantwortlichen bindet und in dem Gegenstand und Dauer der Verarbeitung, Art und Zwecke der Verarbeitung, die Art der personenbezogenen Daten und die Kategorien von betroffenen Personen festgelegt sind, wobei die besonderen Aufgaben und Pflichten des Auftragsverarbeiters bei der geplanten Verarbeitung und das Risiko für die Rechte und Freiheiten der betroffenen Person zu berücksichtigen sind. Der Verantwortliche und der Auftragsverarbeiter können entscheiden, ob sie einen individuellen Vertrag oder Standardvertragsklauseln verwenden, die entweder unmittelbar von der Kommission erlassen oder aber nach dem Kohärenzverfahren von einer Aufsichtsbehörde angenommen und dann von der Kommission erlassen wurden. Nach Beendigung der Verarbeitung im Namen des Verantwortlichen sollte der Auftragsverarbeiter die personenbezogenen Daten nach Wahl des Verantwortlichen entweder zurückgeben oder löschen, sofern nicht nach dem Recht der Union oder der Mitgliedstaaten, dem der Auftragsverarbeiter unterliegt, eine Verpflichtung zur Speicherung der personenbezogenen Daten besteht.

Anmerkungen

1 Nach Abs 5 können die in Abs 1 genannten Garantien vom Auftragsverarbeiter durch die Einhaltung genehmigter Verhaltensregeln gem Art 40 oder eines genehmigten Zertifizierungsverfahrens gem Art 42 nach-

gewiesen werden (vgl auch Erwägungsgrund 81 Satz 2). Für den Bereich der Datensicherheit sind weiters Zertifizierungen nach einschlägigen technischen Standards üblich, insbesondere nach ISO/IEC 27001:2013, „Information technology – Security techniques – Information security management systems – Requirements".

Der Begriff „weiterer Auftragsverarbeiter" lässt offen, ob Abs 2 ausschließlich **Subauftragsverarbeiter** erfasst (dh Auftragsverarbeiter, welche vom Auftragsverarbeiter im eigenen Namen beauftragt werden) oder aber auch Vollmachtskonstruktionen, bei welchen der Auftragsverarbeiter vom Verantwortlichen die Vollmacht erhält, zusätzliche Auftragsverarbeiter dadurch hinzuzuziehen, dass er mit diesen namens des Verantwortlichen Auftragsverarbeitervereinbarungen abschließt. In praktischer Hinsicht empfiehlt es sich bis zur einer Klarstellung durch den EuGH beide Konstruktionen unter den Begriff „weiterer Auftragsverarbeiter" zu subsumieren. **2**

Für die Genehmigung eines Subauftragsverarbeiters sollte uE keine strengere Formpflicht gelten, als für die ursprüngliche Auftragsverarbeitervereinbarung. Ein elektronische Form ist daher ausreichend (vgl Abs 9). **3**

Die Regelung des Abs 2 entspricht im Wesentlichen § 11 Abs 1 Z 3 DSG 2000. Abs 2 lässt jedoch offen, inwieweit die Entscheidungsfreiheit des Verantwortlichen eingeschränkt werden darf. Steht dem Auftragsverarbeiter beispielsweise im Falle des Erhebens eines Einspruchs gegen einen Subauftragsverarbeiter ein außerordentliches Kündigungsrecht zu, so ist die Willensfreiheit des Verantwortlichen zumindest verdünnt. Dies gilt insbesondere, wenn ein Wechsel von einem Auftragsverarbeiter zu einem anderen Auftragsverarbeiter erhebliche zeitliche oder finanzielle Ressourcen erfordern würde. **4**

Hinsichtlich des Detailgrads der vertraglichen Regelung von Gegenstand und Dauer der Verarbeitung, Art und Zweck der Verarbeitung, Art der personenbezogenen Daten, Kategorien betroffener Personen und Pflichten und Rechte des Verantwortlichen, kann in praktischer Hinsicht **Anlehnung an Appendix 1 der Standardvertragsklauseln nach Entscheidung 2010/87/EU** genommen werden. **5**

Bisherige Dienstleistungsvereinbarungen, welche lediglich den Mindestinhalt nach § 11 DSG 2000 enthalten, **entsprechen diesen Vorgaben nicht** – siehe insbesondere Rz 13 zu Abs 3 lit f und Rz 16 zu Abs 3 lit h. **6**

7 Siehe Art 4 Nr 26 zur Definition des Begriffs „internationale Organisation".

8 Abs 3 lit a entspricht im Wesentlichen § 11 Abs 1 Z 1 DSG 2000.

9 Abs 3 lit b entspricht im Wesentlichen § 11 Abs 1 Z 2 Halbsatz 2 DSG 2000.

10 Abs 3 lit c entspricht im Wesentlichen § 11 Abs 1 Z 2 Halbsatz 1 DSG 2000.

11 Abs 3 lit d entspricht im Wesentlichen § 11 Abs 1 Z 3 DSG 2000.

12 Abs 3 lit e entspricht im Wesentlichen § 11 Abs 1 Z 4 DSG 2000.

13 Abs 3 lit f geht über den Mindestregelungsinhalt einer Dienstleistungsvereinbarung nach § 11 DSG 2000 hinaus. Insbesondere erfordert es Abs 3 lit f, dass sich der Auftragsverarbeiter vertraglich dazu verpflichtet, den Verantwortlichen über Verletzungen des Schutzes personenbezogener Daten zu informieren, sodass der Verantwortliche seine Informationspflichten nach Art 33 f erfüllen kann (vgl auch Art 33 Abs 2).

14 Da das Recht auf Datenübertragbarkeit nicht im Verhältnis zwischen Verantwortlichem und Auftragsverarbeiter anwendbar ist (siehe Art 20 Rz 3), besteht aus sich eines Verantwortlichen ein erhebliches Risiko, dass im Sinne der bisherigen Rsp des OGH zum DSG 2000 aus Abs 3 lit g kein Recht auf Rückgabe der Daten in einem bestimmten (wiederverwendbaren) Format abgeleitet werden kann. Verantwortliche wären daher gut beraten, ein solches Recht ausdrücklich vertraglich zu verankern.

15 Abs 3 lit g entspricht im Wesentlichen § 11 Abs 1 Z 5 DSG 2000, wobei Abs 3 lit g die Variante der Datenaufbewahrung nicht kennt.

16 Abs 3 lit h geht insofern über § 11 Abs 1 Z 6 DSG 2000 hinaus, dass der Auftragsverarbeiter nicht nur zur Bereitstellung von Informationen, sondern auch zur **Duldung und Unterstützung von Audits** verpflichtet werden muss. Bemerkenswerterweise muss dem Auftragsverarbeiter das Recht zustehen, das Audit entweder selbst durchzuführen oder hierfür einen Prüfer zu beauftragen. Ein Audit durch einen vom Auftragsverarbeiter beauftragten Prüfer wäre nach dem Wortlaut des Abs 3 lit g hingegen nicht ausreichend.

17 Siehe Rz 2 oben zum Begriff des „weiteren Auftragsverarbeiters".

18 Siehe Rz 1 oben.

Abs 4 letzter Satz normiert eine datenschutzrechtliche Erfüllungsgehilfenhaftung. **19**

Aus Abs 6 stellt klar, dass die Verwendung der nach Abs 7 und 8 verabschiedeten Standardvertragsklauseln nicht verpflichtend ist. **20**

Übersetzungsfehler. **21**

Die DSGVO verwendet den Begriff „**Standardvertragsklauseln**" („standard contractual clauses") entgegen der DS-RL sowie der bisherigen Rechtspraxis nicht nur zur Bezeichnung von Vertragsmustern, welche das Fehlen eines angemessenen Datenschutzniveaus in einem Drittstaat kompensieren sollen, sondern auch zur Bezeichnung von Vertragsmustern, die im Verhältnis zu einem in der EU bzw dem EWR niedergelassenen Auftragsverarbeiter zum Einsatz kommen. Bei zweiteren könnte auch von „Intra-EU Standardvertragsklauseln" gesprochen werden. **22**

Im Übrigen verwendet die DSGVO den Begriff „Standarddatenschutzklauseln" („standard data protection clauses") auch als Synonym für „Standardvertragsklauseln" (vgl Art 58 Abs 3 lit g).

Vor Festlegung der Standardvertragsklauseln nach Abs 8 müssen diese dem EDSA zur Stellungnahme vorgelegt werden (Art 64 Abs 1 lit d). **23**

Vgl auch Art 29. **24**

Artikel 29
Verarbeitung unter der Aufsicht des Verantwortlichen oder des Auftragsverarbeiters

Der Auftragsverarbeiter und jede dem Verantwortlichen oder dem Auftragsverarbeiter unterstellte Person, die Zugang zu personenbezogenen Daten hat, dürfen diese Daten ausschließlich auf Weisung des Verantwortlichen verarbeiten, es sei denn, dass sie nach dem Unionsrecht oder dem Recht der Mitgliedstaaten zur Verarbeitung verpflichtet sind.[1]

Anmerkungen

Ein Verstoß gegen Art 29 resultiert für den Auftragsverarbeiter bzw die ihm unterstellte Person in einer Einstufung als Verantwortlicher (siehe Art 28 Abs 10). **1**

Artikel 30
Verzeichnis von Verarbeitungstätigkeiten

(1) Jeder Verantwortliche und gegebenenfalls sein Vertreter[1] führen ein Verzeichnis aller Verarbeitungstätigkeiten,[2] die ihrer Zuständigkeit unterliegen. Dieses Verzeichnis enthält sämtliche folgenden Angaben:[3]

   a) den Namen und die Kontaktdaten[4] des Verantwortlichen und gegebenenfalls des gemeinsam mit ihm Verantwortlichen, des Vertreters des Verantwortlichen sowie eines etwaigen Datenschutzbeauftragten;
   b) die Zwecke der Verarbeitung;
   c) eine Beschreibung der Kategorien betroffener Personen und der Kategorien personenbezogener Daten;
   d) die Kategorien von Empfängern,[5] gegenüber denen die personenbezogenen Daten offengelegt worden sind oder noch offengelegt werden, einschließlich Empfänger in Drittländern oder internationalen Organisationen;
   e) gegebenenfalls Übermittlungen von personenbezogenen Daten an ein Drittland oder an eine internationale Organisation,[6] einschließlich der Angabe des betreffenden Drittlands oder der betreffenden internationalen Organisation, sowie bei den in Artikel 49 Absatz 1 Unterabsatz 2 genannten Datenübermittlungen die Dokumentierung geeigneter Garantien;[7]
   f) wenn möglich, die vorgesehenen Fristen für die Löschung der verschiedenen Datenkategorien;
   g) wenn möglich, eine allgemeine Beschreibung der technischen und organisatorischen Maßnahmen gemäß Artikel 32 Absatz 1.

(2) Jeder Auftragsverarbeiter und gegebenenfalls sein Vertreter führen ein Verzeichnis zu allen Kategorien von im Auftrag eines Verantwortlichen durchgeführten Tätigkeiten der Verarbeitung, die Folgendes enthält:[8]

   a) den Namen und die Kontaktdaten des Auftragsverarbeiters oder der Auftragsverarbeiter und jedes Verantwortlichen, in dessen Auftrag der Auftragsverarbeiter tätig ist, sowie gegebenenfalls des Vertreters des Verantwortlichen oder des Auftragsverarbeiters und eines etwaigen Datenschutzbeauftragten;
   b) die Kategorien von Verarbeitungen, die im Auftrag jedes Verantwortlichen durchgeführt werden;

Art 30

c) gegebenenfalls Übermittlungen von personenbezogenen Daten an ein Drittland oder an eine internationale Organisation, einschließlich der Angabe des betreffenden Drittlands oder der betreffenden internationalen Organisation, sowie bei den in Artikel 49 Absatz 1 Unterabsatz 2 genannten Datenübermittlungen die Dokumentierung geeigneter Garantien;[9]

d) wenn möglich, eine allgemeine Beschreibung der technischen und organisatorischen Maßnahmen gemäß Artikel 32 Absatz 1.

(3) Das in den Absätzen 1 und 2 genannte Verzeichnis ist schriftlich zu führen, was auch in einem elektronischen Format erfolgen kann.

(4) Der Verantwortliche oder der Auftragsverarbeiter sowie gegebenenfalls der Vertreter des Verantwortlichen oder des Auftragsverarbeiters stellen der Aufsichtsbehörde[10] das Verzeichnis auf Anfrage zur Verfügung.[11]

(5) Die in den Absätzen 1 und 2 genannten Pflichten gelten nicht für Unternehmen[12] oder Einrichtungen, die weniger als 250 Mitarbeiter beschäftigen,[13] sofern die von ihnen vorgenommene Verarbeitung nicht ein Risiko für die Rechte und Freiheiten der betroffenen Personen birgt, die Verarbeitung ~~nicht~~[14] nur gelegentlich erfolgt oder [richtig: und][15] nicht die Verarbeitung besonderer Datenkategorien gemäß Artikel 9 Absatz 1 bzw. die Verarbeitung von personenbezogenen Daten über strafrechtliche Verurteilungen und Straftaten im Sinne des Artikels 10 einschließt.

Erwägungsgrund

(82) Zum Nachweis der Einhaltung dieser Verordnung sollte der Verantwortliche oder der Auftragsverarbeiter ein Verzeichnis der Verarbeitungstätigkeiten, die seiner Zuständigkeit unterliegen, führen. Jeder Verantwortliche und jeder Auftragsverarbeiter sollte verpflichtet sein, mit der Aufsichtsbehörde zusammenzuarbeiten und dieser auf Anfrage das entsprechende Verzeichnis vorzulegen, damit die betreffenden Verarbeitungsvorgänge anhand dieser Verzeichnisse kontrolliert werden können.

Anmerkungen

[1] Siehe Art 4 Nr 17 zur Definition des Begriffs „Vertreter". Ungeachtet der Tatsache, dass Abs 1 auch dem Vertreter die Pflicht zur Führung des Verzeichnisses von Verarbeitungstätigkeiten auferlegt, sieht Art 83 Abs 4

lit a nur für die Verletzung der „Pflichten der Verantwortlichen und der Auftragsverarbeiter" eine Geldbuße vor.

2 Der in der DSGVO nicht näher definierte Begriff der **Verarbeitungstätigkeit** entspricht im Wesentlichen jenem der Datenanwendung iSd § 4 Z 7 DSG 2000. Die Summe aller Datenverarbeitungen, die für einen bestimmten Zweck oder für mehrere miteinander zusammenhängende Zwecke durchgeführt werden, können daher als eine Verarbeitungstätigkeit verstanden werden. Dies gilt unabhängig davon, welche und wie viele Softwareprodukte im Rahmen der Verarbeitungstätigkeit eingesetzt werden.

3 Die in das Verzeichnis nach Abs 1 aufzunehmenden Informationen sind nach Art 13 f größtenteils auch den betroffenen Personen mitzuteilen. Dies gilt nicht für: (i) den Namen des Datenschutzbeauftragten nach Abs 1 lit a und (ii) die allgemeine Beschreibung der technischen und organisatorischen Sicherheitsmaßnahmen nach Abs 1 lit g.

4 Der Siehe Art 13 Rz 7 zur Definition des Begriffs „Kontaktdaten".

5 Siehe Art 4 Nr 9 zur Definition des Begriffs „Empfänger", welcher Behörden, die im Rahmen eines bestimmten Untersuchungsauftrags nach dem Unionsrecht oder dem Recht der Mitgliedstaaten personenbezogene Daten erhalten, nicht umfasst. Nach dem Wortlaut von Abs 1 lit d iVm Art 4 Nr 9 muss eine gesetzeskonforme Übermittlung an Strafverfolgungsbehörden eines Mitgliedstaates daher nicht dokumentiert werden. Dessen ungeachtet empfiehlt sich eine Dokumentation, um der Beweislast des Verantwortlichen (vgl Art 24 Rz 5) gerecht zu werden.

6 Siehe Art 4 Nr 26 zur Definition des Begriffs „internationale Organisation".

7 Bei den in Abs 1 lit e genannten Datenübermittlungen gemäß Art 49 Abs 1 UAbs 2 ist auch die vorgenommene Beurteilung zu erfassen (Art 49 Abs 6).

8 Abs 2 begründet **für Auftragsverarbeiter die Pflicht zur Führung eines Verzeichnisses**, welches unabhängig vom Verzeichnis des Verantwortlichen ist. Das von einem Auftragsverarbeiter zu führenden Verzeichnis muss nicht alle „Verarbeitungstätigkeiten" (vgl Abs 1), sondern lediglich „allen Kategorien von im Auftrag eines Verantwortlichen durchgeführten Tätigkeiten der Verarbeitung" enthalten, kann daher allgemeiner gehalten sein.

Bei den in Abs 2 lit c genannten Datenübermittlungen gemäß Art 49 Abs 1 UAbs 2 ist auch die vorgenommene Beurteilung zu erfassen (Art 49 Abs 6). **9**

Aus Abs 4 ergibt sich im Umkehrschluss, dass **keine Pflicht besteht, das Verzeichnis einer betroffenen Person zur Verfügung zu stellen.** **10**

Zur Pflicht zur Zusammenarbeit mit der Aufsichtsbehörde im Allgemeinen siehe Art 31. **11**

Siehe Art 4 Nr 18 zur Definition des Begriffs „Unternehmen". **12**

Vgl Erwägungsgrund 13, wonach die Ausnahmeregelung des Abs 5 geschaffen wurde, um „der besonderen Situation der Kleinstunternehmen sowie der kleinen und mittleren Unternehmen Rechnung zu tragen". **13**

Übersetzungsfehler (in der englischen Sprachfassung des Abs 5 heißt es „unless [...] the processing is not occasional"). **14**

Übersetzungsfehler (in der englischen Sprachfassung des Abs 5 heißt es „unless [...] the processing is not occasional, or the processing includes special categories of data"). **15**

Artikel 31
Zusammenarbeit mit der Aufsichtsbehörde

Der Verantwortliche und der Auftragsverarbeiter und gegebenenfalls deren Vertreter[1] arbeiten auf Anfrage mit der Aufsichtsbehörde bei der Erfüllung ihrer Aufgaben zusammen.[2]

Anmerkungen

Siehe Art 4 Nr 17 zur Definition des Begriffs „Vertreter". Ungeachtet der Tatsache, dass Abs 1 auch dem Vertreter die Pflicht zur Zusammenarbeit auferlegt, sieht Art 83 Abs 4 lit a nur für die Verletzung der „Pflichten der Verantwortlichen und der Auftragsverarbeiter" eine Geldbuße vor. **1**

Die Verletzung der Pflicht zur Zusammenarbeit ist nach Art 83 Abs 4 lit a **mit einer Geldbuße bedroht.** Dies ist vor dem Hintergrund des sich aus dem Grundrecht auf ein faires Verfahren (Art 47 Abs 2 GRC) ergebenden *nemo-tenetur*-**Prinzips** äußerst bedenklich, zumal der Umfang der Zusammenarbeit gem Art 83 Abs 2 lit f ohnedies bei der Bemessung der Geldbuße zu berücksichtigen ist. Grundrechtskonform wird man **2** daher vertreten müssen, dass die Verpflichtung zur Zusammenarbeit nur so weit besteht, soweit daraus kein Risiko einer verfassungswirdigen Selbstbelastung erwächst.

Abschnitt 2
Sicherheit personenbezogener Daten

Artikel 32
Sicherheit der Verarbeitung[1]

(1) Unter Berücksichtigung des Stands der Technik, der Implementierungskosten und der Art, des Umfangs, der Umstände und der Zwecke der Verarbeitung sowie der unterschiedlichen Eintrittswahrscheinlichkeit und Schwere des Risikos[2] für die Rechte und Freiheiten natürlicher Personen treffen der Verantwortliche und der Auftragsverarbeiter[3] geeignete technische und organisatorische Maßnahmen,[4] um ein dem Risiko angemessenes Schutzniveau[5,6] zu gewährleisten; diese Maßnahmen schließen [gegebenenfalls][7] unter anderem Folgendes ein:[8]
- a) die Pseudonymisierung[9] und Verschlüsselung personenbezogener Daten;
- b) die Fähigkeit, die Vertraulichkeit, Integrität, Verfügbarkeit und Belastbarkeit der Systeme und Dienste im Zusammenhang mit der Verarbeitung auf Dauer sicherzustellen;[10]
- c) die Fähigkeit, die Verfügbarkeit der personenbezogenen Daten und den Zugang zu ihnen bei einem physischen oder technischen Zwischenfall rasch wiederherzustellen;[11]
- d) ein Verfahren zur regelmäßigen Überprüfung, Bewertung und Evaluierung der Wirksamkeit der technischen und organisatorischen Maßnahmen zur Gewährleistung der Sicherheit der Verarbeitung.

(2) Bei der Beurteilung des angemessenen Schutzniveaus sind insbesondere die Risiken zu berücksichtigen, die mit der Verarbeitung verbunden sind, insbesondere durch– ob unbeabsichtigt oder unrechtmäßig – Vernichtung, Verlust, Veränderung oder unbefugte Offenlegung von beziehungsweise unbefugten Zugang zu personenbezogenen Daten, die übermittelt, gespeichert oder auf andere Weise verarbeitet wurden.[12]

Sicherheit der Verarbeitung   **Art 32**

(3) Die Einhaltung genehmigter Verhaltensregeln gemäß Artikel 40 oder eines genehmigten Zertifizierungsverfahrens gemäß Artikel 42 kann als Faktor herangezogen werden, um die Erfüllung der in Absatz 1 des vorliegenden Artikels genannten Anforderungen nachzuweisen.

(4) Der Verantwortliche und der Auftragsverarbeiter unternehmen Schritte, um sicherzustellen, dass ihnen unterstellte natürliche Personen, die Zugang zu personenbezogenen Daten haben, diese nur auf Anweisung des Verantwortlichen verarbeiten, es sei denn, sie sind nach dem Recht der Union oder der Mitgliedstaaten zur Verarbeitung verpflichtet.

Erwägungsgründe

(83) Zur Aufrechterhaltung der Sicherheit und zur Vorbeugung gegen eine gegen diese Verordnung verstoßende Verarbeitung sollte der Verantwortliche oder der Auftragsverarbeiter die mit der Verarbeitung verbundenen Risiken ermitteln und Maßnahmen zu ihrer Eindämmung, wie etwa eine Verschlüsselung, treffen. Diese Maßnahmen sollten unter Berücksichtigung des Stands der Technik und der Implementierungskosten ein Schutzniveau – auch hinsichtlich der Vertraulichkeit – gewährleisten, das den von der Verarbeitung ausgehenden Risiken und der Art der zu schützenden personenbezogenen Daten angemessen ist. Bei der Bewertung der Datensicherheitsrisiken sollten die mit der Verarbeitung personenbezogener Daten verbundenen Risiken berücksichtigt werden, wie etwa – ob unbeabsichtigt oder unrechtmäßig – Vernichtung, Verlust, Veränderung oder unbefugte Offenlegung von oder unbefugter Zugang zu personenbezogenen Daten, die übermittelt, gespeichert oder auf sonstige Weise verarbeitet wurden, insbesondere wenn dies zu einem physischen, materiellen oder immateriellen Schaden führen könnte.

[Erwägungsgrund 84 ist bei Art 35 abgedruckt.]

Anmerkungen

Gegenstand des Art 32 sind technische und organisatorische Maßnahmen **1** zum Schutz der **Vertraulichkeit, Integrität und Verfügbarkeit** personenbezogener Daten (siehe Rz 6 unten). Technische und organisatorische Maßnahmen zum Schutz der Rechtmäßigkeit der Verarbeitung sind demgegenüber Gegenstand von Art 24.

Nicht jede Verletzung der nach Art 33 zu gewährleistenden Sicherheit stellt eine „Verletzung des Schutzes personenbezogener Daten" iSd Art 4 Nr 12 dar und begründet daher eine Notifikationspflicht nach Art 33 f – vorübergehenden Verletzungen der Verfügbarkeit personenbezogener Daten ist zwar nach Art 32 vorzubeugen, sie begründen nach Art 33 f jedoch keine Notifikationspflicht (siehe Rz 6 unten).

2 Nach Erwägungsgrund 83 letzter Satz sollten bei der Bewertung der Datensicherheitsrisiken „die mit der Verarbeitung personenbezogener Daten verbundenen Risiken berücksichtigt werden, wie etwa – ob unbeabsichtigt oder unrechtmäßig – Vernichtung, Verlust oder Veränderung oder unbefugte Offenlegung von oder unbefugter Zugang zu personenbezogenen Daten". Insbesondere ist zu berücksichtigen, ob „dies zu einem physischen, materiellen oder immateriellen Schaden führen könnte".

Hieraus lässt sich – im Gegensatz zur Risikobewertung nach Art 24 – nicht ableiten, welche Art der Risikobewertung vorzunehmen ist. Grundsätzlich käme sowohl eine **qualitative Risikobewertung** (dh eine Einstufung in Risikoklassen) als auch eine **quantitative Risikobewertung** (dh eine mathematische Berechnung) wie auch eine Mischform in Betracht. Bei einer quantitativen Risikobewertung werden Risiken typischerweise in Geldbeträgen ausgedrückt, wobei dies in der Praxis häufig durch den jährlich zu erwartenden Schaden – die Annualized Loss Expectancy (ALE) – erfolgt. ALE wird wie folgt als mathematisches Produkt von potentiellem Schaden und Eintrittswahrscheinlichkeit definiert (vgl zB *Landoll*, The Security Risk Assessment Handbook [2006] 416; *Endorf*, Measuring ROI on Security in *Tipton/Krause* [Hrsg], Information Security Management Handbook6 [2007] 133 [135]):

ALE = Annual Rate of Occurrence (ARO) * Single Loss Expectancy (SLE)

Die Höhe des Schadens bei einmaligem Eintritt des Risikos (SLE) könnte mit dem von Erwägungsgrund 83 letzter Satz angesprochenen „physischen, materiellen oder immateriellen Schaden" bemessen werden. Die Quantifizierung dieses Schadens ist zwar eine erhebliche Herausforderung, jedoch ohnedies eine Notwendigkeit, da dieser gem Art 82 ersatzfähig ist und hierfür daher ohnedies Berechnungsmodelle gefunden werden müssen.

Die Eintrittswahrscheinlichkeit (ARO) kann demgegenüber weitgehend anhand von Erfahrungswerten bemessen werden. Hierdurch kann ein Quantifizierung einzelner Datensicherheitsrisiken erfolgen, wobei die

Sicherheit der Verarbeitung **Art 32**

in Abs 1 angesprochenen „Implementierungskosten" einer Sicherheitsmaßnahme dann unmittelbar der errechneten ALE gegenübergestellt werden können, um zu bestimmen, ob die fragliche Sicherheitsmaßnahme noch angemessen ist.

Die Verpflichtungen nach Art 32 treffen – im Unterschied sowohl zu den 3 Pflichten nach Art 24 als auch zu jenen nach Art 17 Abs 1 DS-RL – **nicht nur den Verantwortlichen, sondern auch den Auftragsverarbeiter**.

Der Begriff der „technischen und organisatorischen Maßnahmen" („technical and organizational measures" oder „TOMs") wird sowohl für die 4 nach Art 24 erforderlichen Maßnahmen als auch für die nach Art 32 erforderlichen Datensicherheitsmaßnahmen verwendet (siehe bereits Art 24 Rz 4). Folgende Tabelle veranschaulicht den Zusammenhang zwischen den jeweils von einem Verantwortlichen und einem Auftragsverarbeiter zu implementierenden TOMs und den Notifikationspflichten bei Sicherheitsverletzungen (vgl hierzu auch Art 33 Rz 2):

	Verantwortlicher		Auftragsverarbeiter	
	TOM	Breach Notification	TOM	Breach Notification
Vertraulichkeit	Art 32	Art 33 f	Art 32	Art 33 Abs 2
Integrität	Art 32	Art 33 f	Art 32	Art 33 Abs 2
grundsätzliche Verfügbarkeit	Art 32	Art 33 f	Art 32	Art 33 Abs 2
jederzeitige Verfügbarkeit	Art 32		Art 32	
Rechtmäßigkeit	Art 24			

In der deutschen Sprachfassung der DSGVO wird der Begriff „**Schutz**" 5 unrichtigerweise als Synonym für „Sicherheit" verwendet. So lautet die Überschrift des Art 32 „Sicherheit der Verarbeitung", während Abs 1 Satz 1 den Begriff „Schutzniveau" verwendet. Die englische Sprachfassung verwendet demgegenüber konsequent die Überschrift „Security of processing" und in Abs 1 Satz 1 die Formulierung „level of security".

Die DSGVO definiert den Begriff des „Schutzes" bzw der „**Sicherheit**" 6 nicht ausdrücklich. Aus Abs 2 ergibt sich allerdings, dass personenbezogene Daten nach Abs 1 zu schützen sind vor Verletzungen der (i) Verfügbarkeit („Vernichtung, Verlust"), (ii) Integrität („Veränderung") und (iii) Vertraulichkeit („unbefugte Offenlegung" und „unbefugter Zugang").

Der noch in Art 17 Abs 1 DS-RL und Art 5 Abs 1 lit f angesprochene Schutz vor „unbefugter oder unrechtmäßiger Verarbeitung" ist hingegen nicht Gegenstand des Art 32, sondern des Art 24 (vgl bereits Art 5 Rz 11).

Aus den in Abs 1 lit b und c genannten Sicherheitsmaßnahmen ergibt sich weiteres, dass personenbezogene Daten auch vor einem vorübergehenden Verlust der Verfügbarkeit zu schützen sind, was über die Anforderungen des Art 17 DS-RL hinausgeht (vgl *Feiler*, Risikoadäquate Datensicherheitsmaßnahmen gemäß § 14 DSG 2000 – Eine kritische Betrachtung in *Jahnel* [Hrsg], Jahrbuch Datenschutzrecht 2015 [2015] 97 [99]). Ein derartiger **lediglich vorübergehender Verlust der Verfügbarkeit** stellt jedoch keine Verletzung des Schutzes personenbezogener Daten iSd Art 4 Nr 12 dar und begründet daher keine Notifikationspflicht nach Art 33 f (vgl Art 4 Rz 30).

7 Hierbei handelt es sich um einen Übersetzungsfehler. Richtigerweise muss es „schließen gegebenenfalls unter anderem Folgendes ein" heißen („including inter alia as appropriate").

Obwohl die in Abs 1 lit a bis d genannten Maßnahmen daher nicht notwendigerweise in jedem Fall verpflichtend zu implementieren sind, werden sie dennoch in den allermeisten Fällen zu den nach Abs 1 verpflichtenden Maßnahmen zählen.

8 Im Bereich der Informationssicherheit ist es in der Praxis üblich, Sicherheitsmaßnahmen einerseits nach ihrer Wirkungsweise und andererseits nach ihrer Beschaffenheit zu klassifizieren. Hinsichtlich der Wirkungsweise werden Sicherheitsmaßnahmen in der Praxis danach eingeteilt, ob sie **abschreckend** (zB eine Disziplinarordnung), **präventiv** (zB Verschlüsselungsmaßnahmen; vgl Abs 1 lit a), **detektiv** (zB ein netzwerkbasiertes Einbruchserkennungssystem) oder **reaktiv** (zB ein System zur Datenwiederherstellung; vgl Abs 1 lit c) wirken. Hinsichtlich ihrer Beschaffenheit werden Sicherheitsmaßnahmen danach eingeteilt, ob es sich um **technische** (zB Anti-Viren-Software), **organisatorische** (zB Mitarbeiterschulungen) oder **physische** Sicherheitsmaßnahmen (zB ein Schloss) handelt (vgl *Feiler*, Information Security Law in the EU and the U.S. [2011] 61).

9 Siehe Art 4 Nr 5 zur Definition des Begriffs „Pseudonymisierung".

10 Soweit personenbezogene Daten in IT-Systemen verarbeitet werden, ist die Sicherheit dieser Systeme eine logische Vorbedingung für die Sicherheit der personenbezogenen Daten. Daher ist es durchaus zweckmäßig, dass Abs 1 lit b Maßnahmen der IT-Sicherheit erfordert.

Abs 1 lit c erfordert **reaktive Maßnahmen**, die eine Wiederherstellung nach einem Zwischenfall ermöglichen. Hierzu zählen insbesondere **Backup- und Datenwiederherstellungsprozesse.** 11

Die Aufzählung der Schutzziele enthält – im Unterschied zu Art 17 Abs 1 DS-RL und Art 5 Abs 1 lit f DSGVO – nicht den Schutz vor „unbefugter oder unrechtmäßiger Verarbeitung". Dieses Schutzziel und die für seine Gewährleistung zu implementierenden Maßnahmen sind daher nicht Gegenstand des Art 32, sondern des Art 24 (vgl bereits Rz 6 oben und Art 5 Rz 11). 12

Artikel 33
Meldung von Verletzungen des Schutzes personenbezogener Daten an die Aufsichtsbehörde[1]

(1) Im Falle einer Verletzung des Schutzes personenbezogener Daten[2] meldet der Verantwortliche unverzüglich[3] und möglichst binnen 72 Stunden, nachdem ihm die Verletzung bekannt wurde, diese der gemäß Artikel 51 [richtig: Artikel 55][4,5] zuständigen Aufsichtsbehörde, es sei denn, dass die Verletzung des Schutzes personenbezogener Daten voraussichtlich nicht zu einem Risiko für die Rechte und Freiheiten natürlicher Personen führt.[6] Erfolgt die Meldung an die Aufsichtsbehörde nicht binnen 72 Stunden, so ist ihr eine Begründung für die Verzögerung beizufügen.

(2) Wenn dem Auftragsverarbeiter eine Verletzung des Schutzes personenbezogener Daten bekannt wird, meldet er diese dem Verantwortlichen unverzüglich.[7]

(3) Die Meldung gemäß Absatz 1[8] enthält zumindest folgende Informationen:
  a) eine Beschreibung der Art der Verletzung des Schutzes personenbezogener Daten, soweit möglich mit Angabe der Kategorien und der ungefähren Zahl der betroffenen Personen, der betroffenen Kategorien und der ungefähren Zahl der betroffenen personenbezogenen Datensätze;
  b) den Namen und die Kontaktdaten des Datenschutzbeauftragten oder einer sonstigen Anlaufstelle für weitere Informationen;

c) eine Beschreibung der wahrscheinlichen Folgen der Verletzung des Schutzes personenbezogener Daten;
d) eine Beschreibung der von dem Verantwortlichen ergriffenen oder vorgeschlagenen Maßnahmen zur Behebung der Verletzung des Schutzes personenbezogener Daten und gegebenenfalls Maßnahmen zur Abmilderung ihrer möglichen nachteiligen Auswirkungen.

(4) Wenn und soweit die Informationen nicht zur gleichen Zeit bereitgestellt werden können, kann der Verantwortliche diese Informationen ohne unangemessene weitere Verzögerung schrittweise zur Verfügung stellen.

(5) Der Verantwortliche dokumentiert Verletzungen des Schutzes personenbezogener Daten[9] einschließlich aller im Zusammenhang mit der Verletzung des Schutzes personenbezogener Daten stehenden Fakten, von deren Auswirkungen und der ergriffenen Abhilfemaßnahmen. Diese Dokumentation muss der Aufsichtsbehörde die Überprüfung der Einhaltung der Bestimmungen dieses Artikels ermöglichen.

Erwägungsgrund

(85) Eine Verletzung des Schutzes personenbezogener Daten kann – wenn nicht rechtzeitig und angemessen reagiert wird – einen physischen, materiellen oder immateriellen Schaden für natürliche Personen nach sich ziehen, wie etwa Verlust der Kontrolle über ihre personenbezogenen Daten oder Einschränkung ihrer Rechte, Diskriminierung, Identitätsdiebstahl oder -betrug, finanzielle Verluste, unbefugte Aufhebung der Pseudonymisierung, Rufschädigung, Verlust der Vertraulichkeit von dem Berufsgeheimnis unterliegenden Daten oder andere erhebliche wirtschaftliche oder gesellschaftliche Nachteile für die betroffene natürliche Person. Deshalb sollte der Verantwortliche, sobald ihm eine Verletzung des Schutzes personenbezogener Daten bekannt wird, die Aufsichtsbehörde von der Verletzung des Schutzes personenbezogener Daten unverzüglich und, falls möglich, binnen höchstens 72 Stunden, nachdem ihm die Verletzung bekannt wurde, unterrichten, es sei denn, der Verantwortliche kann im Einklang mit dem Grundsatz der Rechenschaftspflicht nachweisen, dass die Verletzung des Schutzes personenbezogener Daten voraussichtlich nicht zu einem Risiko für die persönlichen Rechte und Freiheiten natürlicher Personen führt. Falls diese Benachrichtigung nicht binnen 72 Stunden erfolgen kann, sollten in ihr die Gründe für

Meldung von Verletzungen des Schutzes — **Art 33**

die Verzögerung angegeben werden müssen, und die Informationen können schrittweise ohne unangemessene weitere Verzögerung bereitgestellt werden.

Anmerkungen

Die Verpflichtung zur Meldung von Verletzungen des Schutzes personenbezogener Daten wird in der Praxis auch als Pflicht zur „**Data Breach Notification**" bezeichnet. Die Pflicht zur **Notifikation gegenüber der Aufsichtsbehörde** nach Art 33 besteht, sofern ein Risiko für die Rechte und Freiheiten natürlicher Personen gegeben ist, was in der Regel anzunehmen und nur in der Ausnahme („es sei denn ...") zu verneinen ist. Die Pflicht zur Notifikation **gegenüber betroffenen Personen** nach Art 34 ist hingegen nur gegeben, wenn das bestehende Risiko hoch ist. Unabhängig von der Höhe des Risikos ist jede Verletzung des Schutzes personenbezogener Daten vom Verantwortlichen jedenfalls zu **dokumentieren** (Art 33 Abs 5). **1**

Die Details der Informationspflicht gegenüber der Aufsichtsbehörde (Art 70 Abs 1 lit g) sowie gegenüber den betroffenen Personen (Art 70 Abs 1 lit h) können vom EDSA durch Leitlinien, Empfehlungen und Bestimmung bewährter Verfahren geregelt werden.

Siehe Art 4 Nr 12 zur Definition des Begriffs „**Verletzung des Schutzes personenbezogener Daten**", welcher eine dauerhafte Verletzung der Verfügbarkeit, eine Verletzung der Integrität und einer Verletzung der Vertraulichkeit personenbezogener Daten umfasst. Eine lediglich vorübergehende Verletzung der Verfügbarkeit (zB ein Serverausfall) stellt somit keine „Verletzung des Schutzes personenbezogener Daten" dar. Dessen ungeachtet sind nach Art 32 Maßnahmen zur Verhinderung eines solchen vorübergehenden Verlustes der Verfügbarkeit zu implementieren (Art 32 Rz 4 und 6). **2**

Nach Art 70 Abs 1 lit g kann der EDSA Leitlinien, Empfehlungen und bewährte Verfahren für die Feststellung von Verletzungen des Schutzes personenbezogener Daten und zu den spezifischen Umständen, unter denen der Verantwortliche oder der Auftragsverarbeiter die Verletzung des Schutzes personenbezogener Daten zu melden hat, erlassen.

Dh grundsätzlich ohne schuldhafte Verzögerung. Nach Art 70 Abs 1 lit g kann der EDSA Leitlinien, Empfehlungen und bewährte Verfahren für die Festlegung der Unverzüglichkeit erlassen. **3**

4 Übersetzungsfehler.

5 Da Abs 1 ausschließlich auf die allgemeine Zuständigkeit nach Art 55 verweist, läge es nahe, eine Meldung an jede gemäß Art 55 zuständige Aufsichtsbehörde auch dann zu verlangen, wenn eine federführende Zuständigkeit nach Art 56 gegeben ist. Allerdings normiert Art 56 Abs 6, dass die **federführende Aufsichtsbehörde** „der einzige Ansprechpartner der Verantwortlichen oder der Auftragsverarbeiter für Fragen der von diesem Verantwortlichen oder diesem Auftragsverarbeiter durchgeführten grenzüberschreitenden Verarbeitung [ist]". Besteht eine federführende Zuständigkeit nach Art 56, so ist daher davon auszugehen, dass eine Verletzung des Schutzes personenbezogener Daten ausschließlich der federführend zuständigen Aufsichtsbehörde zu melden ist.

Besteht allerdings keine federführende Zuständigkeit, bleibt es bei der Pflicht zur Meldung an jede nach Art 55 allgemein zuständige Aufsichtsbehörde. In vielen Fällen werden daher die Aufsichtsbehörden mehrerer Mitgliedstaaten zu informieren sein (siehe Art 55 Rz 5).

6 Die Notifikationspflicht entfällt daher, wenn kein Risiko für die Rechte und Freiheiten natürlicher Personen besteht. Dies wäre zB der Fall, wenn die Daten mit sicheren kryptografischer Verfahren **verschlüsselt** waren und der für die Entschlüsselung erforderliche kryptografische Schlüssel weder kompromittiert wurde noch aufgrund unzureichender Komplexität erraten oder errechnet werden kann.

7 Zur Erforderlichkeit der **vertraglichen Reglung** der Notifikationspflicht des Auftragsverarbeiters gegenüber dem Verantwortlichen siehe Art 28 Abs 3 lit f.

8 Richtigerweise wird der in Abs 3 normierte Mindestinhalt der Notifikation auch für die **Notifikationspflicht des Auftragsverarbeiters** nach Abs 2 gelten.

9 Die **Dokumentationspflicht** nach Abs 5 gilt für sämtliche Verletzungen des Schutzes personenbezogener Daten, unabhängig davon, ob diese zu einem Risiko für die Rechte und Freiheiten natürlicher Personen führen und damit eine Notifikationspflicht nach Abs 1 besteht.

Artikel 34
Benachrichtigung der von einer Verletzung des Schutzes personenbezogener Daten betroffenen Person[1]

(1) Hat die Verletzung des Schutzes personenbezogener Daten[2] voraussichtlich ein hohes Risiko[3] für die persönlichen Rechte und Freiheiten natürlicher Personen zur Folge, so benachrichtigt[4] der Verantwortliche die betroffene Person unverzüglich[5] von der Verletzung.

(2) Die in Absatz 1 genannte Benachrichtigung der betroffenen Person beschreibt in klarer und einfacher Sprache die Art der Verletzung des Schutzes personenbezogener Daten und enthält zumindest die in Artikel 33 Absatz 3 Buchstaben b, c und d genannten Informationen und Maßnahmen.[6]

(3) Die Benachrichtigung der betroffenen Person gemäß Absatz 1 ist nicht erforderlich, wenn eine der folgenden Bedingungen erfüllt ist:
a) der Verantwortliche geeignete technische und organisatorische Sicherheitsvorkehrungen getroffen hat und diese Vorkehrungen auf die von der Verletzung betroffenen personenbezogenen Daten angewandt wurden, insbesondere solche, durch die die personenbezogenen Daten für alle Personen, die nicht zum Zugang zu den personenbezogenen Daten befugt sind, unzugänglich gemacht werden, etwa durch Verschlüsselung;
b) der Verantwortliche durch nachfolgende Maßnahmen sichergestellt hat, dass das hohe Risiko für die Rechte und Freiheiten der betroffenen Personen gemäß Absatz 1 aller Wahrscheinlichkeit nach nicht mehr besteht;
c) dies mit einem unverhältnismäßigen Aufwand verbunden wäre. In diesem Fall hat stattdessen eine öffentliche Bekanntmachung oder eine ähnliche Maßnahme zu erfolgen, durch die die betroffenen Personen vergleichbar wirksam informiert werden.

(4) Wenn der Verantwortliche die betroffene Person nicht bereits über die Verletzung des Schutzes personenbezogener Daten benachrichtigt hat, kann die Aufsichtsbehörde unter Berücksichtigung der Wahrscheinlichkeit, mit der die Verletzung des Schutzes personenbezogener Daten zu einem hohen Risiko führt, von dem Verantwortlichen verlangen, dies nachzuholen, oder sie kann mit einem Beschluss feststellen, dass bestimmte der in Absatz 3 genannten Voraussetzungen erfüllt sind.

Erwägungsgründe

(86) Der für die Verarbeitung Verantwortliche sollte die betroffene Person unverzüglich von der Verletzung des Schutzes personenbezogener Daten benachrichtigen, wenn diese Verletzung des Schutzes personenbezogener Daten voraussichtlich zu einem hohen Risiko für die persönlichen Rechte und Freiheiten natürlicher Personen führt, damit diese die erforderlichen Vorkehrungen treffen können. Die Benachrichtigung sollte eine Beschreibung der Art der Verletzung des Schutzes personenbezogener Daten sowie an die betroffene natürliche Person gerichtete Empfehlungen zur Minderung etwaiger nachteiliger Auswirkungen dieser Verletzung enthalten. Solche Benachrichtigungen der betroffenen Person sollten stets so rasch wie nach allgemeinem Ermessen möglich, in enger Absprache mit der Aufsichtsbehörde und nach Maßgabe der von dieser oder von anderen zuständigen Behörden wie beispielsweise Strafverfolgungsbehörden erteilten Weisungen erfolgen. Um beispielsweise das Risiko eines unmittelbaren Schadens mindern zu können, müssten betroffene Personen sofort benachrichtigt werden, wohingegen eine längere Benachrichtigungsfrist gerechtfertigt sein kann, wenn es darum geht, geeignete Maßnahmen gegen fortlaufende oder vergleichbare Verletzungen des Schutzes personenbezogener Daten zu treffen.

(87) Es sollte festgestellt werden, ob alle geeigneten technischen Schutz- sowie organisatorischen Maßnahmen getroffen wurden, um sofort feststellen zu können, ob eine Verletzung des Schutzes personenbezogener Daten aufgetreten ist, und um die Aufsichtsbehörde und die betroffene Person umgehend unterrichten zu können. Bei der Feststellung, ob die Meldung unverzüglich erfolgt ist, sollten die Art und Schwere der Verletzung des Schutzes personenbezogener Daten sowie deren Folgen und nachteilige Auswirkungen für die betroffene Person berücksichtigt werden. Die entsprechende Meldung kann zu einem Tätigwerden der Aufsichtsbehörde im Einklang mit ihren in dieser Verordnung festgelegten Aufgaben und Befugnissen führen.

(88) Bei der detaillierten Regelung des Formats und der Verfahren für die Meldung von Verletzungen des Schutzes personenbezogener Daten sollten die Umstände der Verletzung hinreichend berücksichtigt werden, beispielsweise ob personenbezogene Daten durch geeignete technische Sicherheitsvorkehrungen geschützt waren, die die Wahrscheinlichkeit eines Identitätsbetrugs oder anderer Formen des Datenmissbrauchs wirksam verringern. Überdies sollten solche Regeln und Verfahren den

Benachrichtigung der betroffenen Person **Art 34**

berechtigten Interessen der Strafverfolgungsbehörden in Fällen Rechnung tragen, in denen die Untersuchung der Umstände einer Verletzung des Schutzes personenbezogener Daten durch eine frühzeitige Offenlegung in unnötiger Weise behindert würde.

Anmerkungen

Zweck der Informationspflicht gegenüber betroffenen Personen ist **1** es, dass diese „die erforderlichen Vorkehrungen treffen können" (Erwägungsgrund 86 Satz 1), um die Folgen der Schutzverletzung möglichst zu minimieren.

Die Details der Informationspflicht können vom EDSA durch Leitlinien, Empfehlungen und bewährte Verfahren geregelt werden (Art 70 Abs 1 lit h).

Siehe Art 4 Nr 12 zur Definition des Begriffs „**Verletzung des Schutzes** **2** **personenbezogener Daten**", welcher eine dauerhafte Verletzung der Verfügbarkeit, eine Verletzung der Integrität und einer Verletzung der Vertraulichkeit personenbezogener Daten umfasst. Eine lediglich vorübergehende Verletzung der Verfügbarkeit (zB ein Serverausfall) stellt somit keine „Verletzung des Schutzes personenbezogener Daten" dar. Dessen ungeachtet sind nach Art 32 Maßnahmen zur Verhinderung eines solchen vorübergehenden Verlustes der Verfügbarkeit zu implementieren (Art 32 Rz 6).

Ein **hohes Risiko** iSd Abs 1 ist insbesondere dann indiziert, wenn die **3** Sicherheit einer Datenverarbeitungstätigkeit verletzt wird, für welche eine Datenschutz-Folgenabschätzung nach Art 35 durchzuführen war.

Im Übrigen kann der EDSA Leitlinien, Empfehlungen und bewährte Verfahren zu den Umständen erlassen, unter denen eine Verletzung des Schutzes personenbezogener Daten voraussichtlich ein hohes Risiko für die Rechte und Freiheiten natürlicher Personen zur Folge hat (Art 70 Abs 1 lit h).

Siehe Art 12 hinsichtlich der **Form und Modalität der Benachrichti-** **4** **gung**; insbesondere kann diese auch elektronisch (zB per E-Mail) erfolgen (Art 12 Abs 1 Satz 2).

Nach Erwägungsgrund 86 letzter Satz müssen betroffene Personen **sofort** **5** **benachrichtigt werden, wenn das Risiko eines (zeitlich) unmittelbaren Schadens besteht,** „wohingegen eine längere Benachrichtigungsfrist gerechtfertigt sein kann, wenn es darum geht, geeignete Maßnahmen gegen fortlaufende oder vergleichbare Verletzungen des Schutzes personenbezogener Daten zu treffen".

Erwägungsgrund 87 führt iZm der Frage der Unverzüglichkeit der Mitteilung aus, dass „festgestellt werden [sollte], ob alle geeigneten technischen Schutz- sowie organisatorischen Maßnahmen getroffen wurden, um sofort feststellen zu können, ob eine Verletzung des Schutzes personenbezogener Daten aufgetreten ist, und um die Aufsichtsbehörde und die betroffene Person umgehend unterrichten zu können". Dies legt nahe, dass angemessene detektive Sicherheitsmaßnahmen implementiert werden müssen (sog. Intrusion Detection Systems), um die Pflicht zur unverzüglichen Notifikation erfüllen zu können.

6 Über (i) die Kategorien und die ungefähre Zahl der betroffenen Personen sowie (ii) die betroffenen Kategorien und die ungefähre Zahl der betroffenen personenbezogenen Datensätze müssen betroffene Personen somit nicht informiert werden. Dies ist zwar der Transparenz gegenüber den betroffenen Personen nicht zuträglich, senkt jedoch die Hemmschwelle für eine Notifikation gegenüber betroffenen Personen.

Zusätzlich zu den in Abs 2 genannten Informationen hat die Notifikation an die betroffenen Personen auch eine „**Empfehlungen zur Minderung etwaiger nachteiliger Auswirkungen**" zu enthalten (Erwägungsgrund 86 Satz 2).

Abschnitt 3
Datenschutz-Folgenabschätzung und vorherige Konsultation

Artikel 35
Datenschutz-Folgenabschätzung[1]

(1) Hat eine Form der Verarbeitung, insbesondere bei Verwendung neuer Technologien, aufgrund der Art, des Umfangs, der Umstände und der Zwecke der Verarbeitung voraussichtlich ein hohes Risiko für die Rechte und Freiheiten natürlicher Personen zur Folge,[2] so führt der Verantwortliche[3] vorab[4] eine Abschätzung der Folgen der vorgesehenen Verarbeitungsvorgänge für den Schutz personenbezogener Daten durch. Für die Untersuchung mehrerer ähnlicher

Verarbeitungsvorgänge mit ähnlich hohen Risiken kann eine einzige Abschätzung vorgenommen werden.[5]

(2) Der Verantwortliche holt bei der Durchführung einer Datenschutz-Folgenabschätzung den Rat des Datenschutzbeauftragten, sofern ein solcher benannt wurde, ein.

(3) Eine Datenschutz-Folgenabschätzung gemäß Absatz 1 ist insbesondere in folgenden Fällen erforderlich:[6]
 a) systematische und umfassende Bewertung persönlicher Aspekte natürlicher Personen, die sich auf automatisierte Verarbeitung einschließlich Profiling[7] gründet und die ihrerseits als Grundlage für Entscheidungen dient, die Rechtswirkung gegenüber natürlichen Personen entfalten oder diese in ähnlich erheblicher Weise beeinträchtigen;
 b) umfangreiche[8] Verarbeitung besonderer Kategorien von personenbezogenen Daten gemäß Artikel 9 Absatz 1 oder von personenbezogenen Daten über strafrechtliche Verurteilungen und Straftaten gemäß Artikel 10 oder
 c) systematische umfangreiche Überwachung öffentlich zugänglicher Bereiche.[9]

(4) Die Aufsichtsbehörde[10] erstellt eine Liste der Verarbeitungsvorgänge, für die gemäß Absatz 1 eine Datenschutz-Folgenabschätzung durchzuführen ist, und veröffentlicht diese.[11] Die Aufsichtsbehörde übermittelt diese Listen dem in Artikel 68 genannten Ausschuss.[12]

(5) Die Aufsichtsbehörde[13] kann des Weiteren eine Liste der Arten von Verarbeitungsvorgängen erstellen und veröffentlichen, für die keine Datenschutz-Folgenabschätzung erforderlich ist.[14] Die Aufsichtsbehörde übermittelt diese Listen dem Ausschuss.

(6) Vor Festlegung der in den Absätzen 4 und 5 genannten Listen wendet die zuständige Aufsichtsbehörde das Kohärenzverfahren gemäß Artikel 63 an, wenn solche Listen Verarbeitungstätigkeiten umfassen, die mit dem Angebot von Waren oder Dienstleistungen für betroffene Personen oder der Beobachtung des Verhaltens dieser Personen in mehreren Mitgliedstaaten im Zusammenhang stehen oder die den freien Verkehr personenbezogener Daten innerhalb der Union erheblich beeinträchtigen könnten.[15]

(7) Die Folgenabschätzung enthält zumindest Folgendes:
 a) eine systematische Beschreibung der geplanten Verarbeitungsvorgänge und der Zwecke der Verarbeitung, gegebenenfalls einschließlich der von dem Verantwortlichen verfolgten berechtigten Interessen;

b) eine Bewertung der Notwendigkeit und Verhältnismäßigkeit der Verarbeitungsvorgänge in Bezug auf den Zweck;
c) eine Bewertung der Risiken für die Rechte und Freiheiten der betroffenen Personen gemäß Absatz 1[16] und
d) die zur Bewältigung der Risiken geplanten Abhilfemaßnahmen, einschließlich Garantien, Sicherheitsvorkehrungen und Verfahren, durch die der Schutz personenbezogener Daten sichergestellt und der Nachweis dafür erbracht wird, dass diese Verordnung eingehalten wird, wobei den Rechten und berechtigten Interessen der betroffenen Personen und sonstiger Betroffener Rechnung getragen wird.

(8) Die Einhaltung genehmigter Verhaltensregeln gemäß Artikel 40 durch die zuständigen Verantwortlichen oder die zuständigen Auftragsverarbeiter ist bei der Beurteilung der Auswirkungen der von diesen durchgeführten Verarbeitungsvorgänge, insbesondere für die Zwecke einer Datenschutz-Folgenabschätzung, gebührend zu berücksichtigen.[17]

(9) Der Verantwortliche holt gegebenenfalls den Standpunkt der betroffenen Personen oder ihrer Vertreter[18] zu der beabsichtigten Verarbeitung unbeschadet des Schutzes gewerblicher oder öffentlicher Interessen oder der Sicherheit der Verarbeitungsvorgänge ein.

(10) Falls die Verarbeitung gemäß Artikel 6 Absatz 1 Buchstabe c oder e auf einer Rechtsgrundlage im Unionsrecht oder im Recht des Mitgliedstaats, dem der Verantwortliche unterliegt, beruht und falls diese Rechtsvorschriften den konkreten Verarbeitungsvorgang oder die konkreten Verarbeitungsvorgänge regeln und bereits im Rahmen der allgemeinen Folgenabschätzung im Zusammenhang mit dem Erlass dieser Rechtsgrundlage eine Datenschutz-Folgenabschätzung erfolgte, gelten die Absätze 1 bis 7 nur, wenn es nach dem Ermessen der Mitgliedstaaten erforderlich ist, vor den betreffenden Verarbeitungstätigkeiten eine solche Folgenabschätzung durchzuführen.[19]

(11) Erforderlichenfalls führt der Verantwortliche eine Überprüfung durch, um zu bewerten, ob die Verarbeitung gemäß der Datenschutz-Folgenabschätzung durchgeführt wird; dies gilt zumindest, wenn hinsichtlich des mit den Verarbeitungsvorgängen verbundenen Risikos Änderungen eingetreten sind.[20]

Datenschutz-Folgenabschätzung **Art 35**

Erwägungsgründe

(84) Damit diese Verordnung in Fällen, in denen die Verarbeitungsvorgänge wahrscheinlich ein hohes Risiko für die Rechte und Freiheiten natürlicher Personen mit sich bringen, besser eingehalten wird, sollte der Verantwortliche für die Durchführung einer Datenschutz-Folgenabschätzung, mit der insbesondere die Ursache, Art, Besonderheit und Schwere dieses Risikos evaluiert werden, verantwortlich sein. Die Ergebnisse der Abschätzung sollten berücksichtigt werden, wenn darüber entschieden wird, welche geeigneten Maßnahmen ergriffen werden müssen, um nachzuweisen, dass die Verarbeitung der personenbezogenen Daten mit dieser Verordnung in Einklang steht. Geht aus einer Datenschutz-Folgenabschätzung hervor, dass Verarbeitungsvorgänge ein hohes Risiko bergen, das der Verantwortliche nicht durch geeignete Maßnahmen in Bezug auf verfügbare Technik und Implementierungskosten eindämmen kann, so sollte die Aufsichtsbehörde vor der Verarbeitung konsultiert werden.

(89) Gemäß der Richtlinie 95/46/EG waren Verarbeitungen personenbezogener Daten bei den Aufsichtsbehörden generell meldepflichtig. Diese Meldepflicht ist mit einem bürokratischen und finanziellen Aufwand verbunden und hat dennoch nicht in allen Fällen zu einem besseren Schutz personenbezogener Daten geführt. Diese unterschiedslosen allgemeinen Meldepflichten sollten daher abgeschafft und durch wirksame Verfahren und Mechanismen ersetzt werden, die sich stattdessen vorrangig mit denjenigen Arten von Verarbeitungsvorgängen befassen, die aufgrund ihrer Art, ihres Umfangs, ihrer Umstände und ihrer Zwecke wahrscheinlich ein hohes Risiko für die Rechte und Freiheiten natürlicher Personen mit sich bringen. Zu solchen Arten von Verarbeitungsvorgängen gehören insbesondere solche, bei denen neue Technologien eingesetzt werden oder die neuartig sind und bei denen der Verantwortliche noch keine Datenschutz-Folgenabschätzung durchgeführt hat bzw. bei denen aufgrund der seit der ursprünglichen Verarbeitung vergangenen Zeit eine Datenschutz-Folgenabschätzung notwendig geworden ist.

(90) In derartigen Fällen sollte der Verantwortliche vor der Verarbeitung eine Datenschutz- Folgenabschätzung durchführen, mit der die spezifische Eintrittswahrscheinlichkeit und die Schwere dieses hohen Risikos unter Berücksichtigung der Art, des Umfangs, der Umstände und der Zwecke der Verarbeitung und der Ursachen des Risikos bewertet werden. Diese Folgenabschätzung sollte sich insbesondere mit den Maßnahmen,

Garantien und Verfahren befassen, durch die dieses Risiko eingedämmt, der Schutz personenbezogener Daten sichergestellt und die Einhaltung der Bestimmungen dieser Verordnung nachgewiesen werden soll.

(91) Dies sollte insbesondere für umfangreiche Verarbeitungsvorgänge gelten, die dazu dienen, große Mengen personenbezogener Daten auf regionaler, nationaler oder supranationaler Ebene zu verarbeiten, eine große Zahl von Personen betreffen könnten und – beispielsweise aufgrund ihrer Sensibilität – wahrscheinlich ein hohes Risiko mit sich bringen und bei denen entsprechend dem jeweils aktuellen Stand der Technik in großem Umfang eine neue Technologie eingesetzt wird, sowie für andere Verarbeitungsvorgänge, die ein hohes Risiko für die Rechte und Freiheiten der betroffenen Personen mit sich bringen, insbesondere dann, wenn diese Verarbeitungsvorgänge den betroffenen Personen die Ausübung ihrer Rechte erschweren. Eine Datenschutz-Folgenabschätzung sollte auch durchgeführt werden, wenn die personenbezogenen Daten für das Treffen von Entscheidungen in Bezug auf bestimmte natürliche Personen im Anschluss an eine systematische und eingehende Bewertung persönlicher Aspekte natürlicher Personen auf der Grundlage eines Profilings dieser Daten oder im Anschluss an die Verarbeitung besonderer Kategorien von personenbezogenen Daten, biometrischen Daten oder von Daten über strafrechtliche Verurteilungen und Straftaten sowie damit zusammenhängende Sicherungsmaßregeln verarbeitet werden. Gleichermaßen erforderlich ist eine Datenschutz-Folgenabschätzung für die weiträumige Überwachung öffentlich zugänglicher Bereiche, insbesondere mittels optoelektronischer Vorrichtungen, oder für alle anderen Vorgänge, bei denen nach Auffassung der zuständigen Aufsichtsbehörde die Verarbeitung wahrscheinlich ein hohes Risiko für die Rechte und Freiheiten der betroffenen Personen mit sich bringt, insbesondere weil sie die betroffenen Personen an der Ausübung eines Rechts oder der Nutzung einer Dienstleistung bzw. Durchführung eines Vertrags hindern oder weil sie systematisch in großem Umfang erfolgen. Die Verarbeitung personenbezogener Daten sollte nicht als umfangreich gelten, wenn die Verarbeitung personenbezogene Daten von Patienten oder von Mandanten betrifft und durch einen einzelnen Arzt, sonstigen Angehörigen eines Gesundheitsberufes oder Rechtsanwalt erfolgt. In diesen Fällen sollte eine Datenschutz-Folgenabschätzung nicht zwingend vorgeschrieben sein.

(92) Unter bestimmten Umständen kann es vernünftig und unter ökonomischen Gesichtspunkten zweckmäßig sein, eine Datenschutz-Folgen-

Datenschutz-Folgenabschätzung — Art 35

abschätzung nicht lediglich auf ein bestimmtes Projekt zu beziehen, sondern sie thematisch breiter anzulegen – beispielsweise wenn Behörden oder öffentliche Stellen eine gemeinsame Anwendung oder Verarbeitungsplattform schaffen möchten oder wenn mehrere Verantwortliche eine gemeinsame Anwendung oder Verarbeitungsumgebung für einen gesamten Wirtschaftssektor, für ein bestimmtes Marktsegment oder für eine weit verbreitete horizontale Tätigkeit einführen möchten.

(93) Anlässlich des Erlasses des Gesetzes des Mitgliedstaats, auf dessen Grundlage die Behörde oder öffentliche Stelle ihre Aufgaben wahrnimmt und das den fraglichen Verarbeitungsvorgang oder die fraglichen Arten von Verarbeitungsvorgängen regelt, können die Mitgliedstaaten es für erforderlich erachten, solche Folgeabschätzungen vor den Verarbeitungsvorgängen durchzuführen.

Anmerkungen

In der Praxis ist der Begriff „Privacy Impact Assessment" bzw die Abkürzung „PIA" gebräuchlich. **1**

Eine Verarbeitung hat „**voraussichtlich ein hohes Risiko [...] zur Folge**" und erfordert daher eine Datenschutz-Folgenabschätzung, wenn (i) einer der Fälle des Abs 3 vorliegt, (ii) die Form der Verarbeitung auf einer „schwarzen Liste" der zuständigen Aufsichtsbehörde nach Abs 4 enthalten ist oder (iii) sich sonst unter Berücksichtigung der Art, des Umfangs, der Umstände und der Zwecke der Verarbeitung (vgl Erwägungsgrund 90 Satz 1) nach einer vorläufigen Beurteilung ein hohes Risiko ergibt, insbesondere weil „neue Technologien eingesetzt werden" (Erwägungsgrund 89 Satz 4). **2**

Eine Verarbeitung hat umgekehrt jedenfalls kein hohes Risiko zu Folge, wenn sie sich auf der „weißen Liste" der zuständigen Aufsichtsbehörde nach Abs 5 befindet.

Die Durchführung der Datenschutz-Folgenabschätzung ist grundsätzlich **nicht die Aufgabe des Datenschutzbeauftragten**. Dieser hat lediglich auf Anfrage iZm Datenschutz-Folgenabschätzungen zu beraten (Art 39 Abs 1 lit c). **3**

Dass die Datenschutz-Folgenabschätzung nach Abs 1 „**vorab**" durchzuführen ist, bedeutet, dass die Datenverarbeitung vor Abschluss der Datenschutz-Folgenabschätzung (und gegebenenfalls der Einleitung **4** der Konsultation der Aufsichtsbehörde nach Art 36) nicht begonnen werden darf.

Hieran knüpft sich allerdings die Frage, ob Datenschutz-Folgenabschätzungen auch für Verarbeitungsvorgänge erforderlich sind, die bereits vor dem Geltungsbeginn der DSGVO am 25. Mai 2018 begonnen haben. Da in diesen Fällen eine Datenschutz-Folgenabschätzung „vorab" durchzuführen gar nicht möglich ist (die Verarbeitung hat längst begonnen) und die in Abs 1 normierte Pflicht ihrem Wortlaut nach daher gar nicht erfüllt werden kann, sprechen uE gute Argumente dafür, dass die Durchführung von **Datenschutz-Folgenabschätzungen für alte Verarbeitungsvorgänge**, die vor dem 25. Mai 2018 in Betrieb genommen wurden, nicht erforderlich ist (zur selben Problematik bei der Pflicht zur vorherigen Konsultation sieht Art 36 Rz 2 und bei der Erfüllung der Informationspflichten Art 13 Rz 3).

5 Es kann auch zulässig sein, eine Datenschutz-Folgenabschätzung „nicht lediglich auf ein bestimmtes Projekt zu beziehen", sondern sie thematisch breiter anzulegen und zB eine von mehreren Verantwortlichen geschaffene Anwendung oder Verarbeitungsplattform zu erfassen (vgl Erwägungsgrund 92).

6 Die Aufzählung des Abs 3 ist nicht abschließend (arg „insbesondere"), sodass zusätzlich zu den Fällen des Abs 3 und der schwarzen Liste der zuständigen Aufsichtsbehörde nach Abs 4 noch weitere Fälle denkbar sind, in denen eine Datenschutz-Folgenabschätzung durchgeführt werden muss.

7 Siehe Art 4 Nr 4 zur Definition des Begriffs „Profiling"; siehe Art 22 zum Recht einer betroffenen Person, nicht einer ausschließlich auf einer automatisierten Verarbeitung – einschließlich Profiling – beruhenden Entscheidung unterworfen zu werden.

8 Keine „**umfangreiche**" Verarbeitung iSd Abs 3 lit b liegt vor, wenn „die Verarbeitung personenbezogene Daten von Patienten oder von Mandanten betrifft und durch einen einzelnen Arzt, sonstigen Angehörigen eines Gesundheitsberufes oder Rechtsanwalt erfolgt" (Erwägungsgrund 91 Satz 4). In diesen Fällen ist eine Datenschutz-Folgenabschätzung daher grundsätzlich nicht erforderlich.

9 Als Beispiel einer „**Überwachung öffentlich zugänglicher Bereiche**", welche nach Abs 3 lit c eine Datenschutz-Folgenabschätzung erfordert, nennt Erwägungsgrund 91 Satz 3 eine Überwachung „mittels opto-

elektronischer Vorrichtungen", dh elektronische Videoüberwachung. Zumindest bei der Verwendung einer größeren Anzahl von elektronischen Videoüberwachungskameras wird daher eine „systematische umfangreiche" Überwachung gegeben sein, welche nach Abs 3 lit c die Durchführung einer Datenschutz-Folgenabschätzung erfordert.

„Die Aufsichtsbehörde" bezeichnet in Abs 4 (und Abs 5) uE grundsätzlich die nach Art 55 zuständige Aufsichtsbehörde(n). Ist hingegen eine federführende Zuständigkeit nach Art 56 gegeben, so sollte ausschließlich die federführende Aufsichtsbehörde maßgeblich sein (vgl Art 56 Abs 6). **10**

Die Liste der Verarbeitungsvorgänge nach Abs 4 ist gleichsam eine **„schwarze Liste"**. **11**

Art 64 Abs 1 lit a stellt klar, dass die in Abs 4 genannte Liste der Verarbeitungsvorgänge, für die gemäß Abs 1 eine Datenschutz-Folgenabschätzung durchzuführen ist, in Form eines Entwurfes vor ihrer Verabschiedung dem EDSA zur Stellungnahme vorzulegen ist. **12**

Siehe Rz 10 oben. **13**

Die Liste der Verarbeitungsvorgänge nach Abs 5 ist gleichsam eine **„weiße Liste"**. **14**

Die in Abs 6 Halbsatz 2 normierte Einschränkung der Pflicht zur Anwendung des Kohärenzverfahrens vor Verabschiedung einer schwarzen Liste nach Abs 4 oder einer weißen Liste nach Abs 5 ist bedauerlich. Im Ergebnis werden in unterschiedlichen Mitgliedstaaten unterschiedliche schwarze und weiße Listen existieren. **15**

Die **Risikobewertung nach Abs 7 lit c** hat unter Berücksichtigung der nach Abs 7 lit d geplanten Abhilfemaßnahmen zu erfolgen. Denn für die Frage, ob eine Konsultation mit der Aufsichtsbehörde nach Art 36 Abs 1 durchgeführt werden muss, ist die finale Risikobewertung maßgeblich, welche auch Abhilfemaßnahmen iSd Abs 7 lit d berücksichtigt (siehe Art 36 Rz 5). **16**

Aus Art 36 Abs 1 folgt auch, dass nach Abs 7 lit c eine **qualitative Risikobewertung vorzunehmen ist, welche die Frage, ob ein „hohes Risiko" vorliegt, eindeutig beantwortet**. Diese qualitative Einordnung ist für die Zwecke des Art 36 erforderlich, um zu bestimmen, ob eine Konsultation mit der Aufsichtsbehörde durchzuführen ist.

Ein hohes Risiko ist indiziert (vgl Rz 2 oben), wenn (i) einer der Fälle des Abs 3 vorliegt oder (ii) die Form der Verarbeitung auf einer schwarzen Liste einer zuständigen Aufsichtsbehörde nach Abs 4 enthalten ist. Allerdings sind Abhilfemaßnahmen iSd Abs 7 lit d denkbar, welche das Risiko soweit reduzieren, dass die Schwelle des hohen Risikos nicht mehr erreicht wird. Dies wird zB meist bei einer Pseudonymisierung iSd Art 4 Nr 5 der Fall sein.

17 Die Einhaltung genehmigter Verhaltensregeln gem Art 40 wird nur zu berücksichtigen sein, soweit diese bereits Abhilfemaßnahmen iSd Abs 7 lit d vorsehen.

18 Hierbei handelt es sich um einen anderen Vertreterbegriff als in Art 4 Nr 17.

19 Sofern der Gesetzgeber nicht Gegenteiliges anordnet, gilt die Pflicht zur Durchführung einer Datenschutz-Folgenabschätzung daher nicht in den Fällen des Art 6 Abs 1 UAbs 1 lit c und e.

20 Eine **Re-Evaluierung der Datenschutz-Folgenabschätzung** ist daher grundsätzlich nach jeder Verletzung des Schutzes personenbezogener Daten iSd Art 4 Nr 12 sowie nach jeder Verletzung der Bestimmungen der DSGVO notwendig.

Artikel 36
Vorherige Konsultation[1]

(1) Der Verantwortliche konsultiert vor[2] der Verarbeitung die Aufsichtsbehörde,[3] wenn aus einer Datenschutz-Folgenabschätzung gemäß Artikel 35 hervorgeht, dass die Verarbeitung ein hohes Risiko[4] zur Folge hätte, sofern der Verantwortliche keine Maßnahmen zur Eindämmung des Risikos trifft.[5]

(2) Falls die Aufsichtsbehörde der Auffassung ist, dass die geplante Verarbeitung gemäß Absatz 1 nicht im Einklang mit dieser Verordnung stünde, insbesondere weil der Verantwortliche das Risiko nicht ausreichend ermittelt oder nicht ausreichend eingedämmt hat, unterbreitet sie dem Verantwortlichen und gegebenenfalls dem Auftragsverarbeiter[6] innerhalb eines Zeitraums von bis zu acht Wochen nach Erhalt des Ersuchens um Konsultation entsprechende schriftliche Empfehlungen und kann ihre in Artikel 58 genannten Befugnisse ausüben.[7] Diese Frist kann unter Berücksichtigung der Komplexität der geplanten Verarbeitung um sechs Wochen verlängert werden. Die Aufsichtsbehörde unterrichtet den Verantwortlichen oder gegebenenfalls

Vorherige Konsultation — Art 36

den Auftragsverarbeiter über eine solche Fristverlängerung innerhalb eines Monats nach Eingang des Antrags auf Konsultation zusammen mit den Gründen für die Verzögerung. Diese Fristen können ausgesetzt werden, bis die Aufsichtsbehörde die für die Zwecke der Konsultation angeforderten Informationen erhalten hat.[8]

(3) Der Verantwortliche stellt der Aufsichtsbehörde bei einer Konsultation gemäß Absatz 1 folgende Informationen zur Verfügung:

a) gegebenenfalls Angaben zu den jeweiligen Zuständigkeiten des Verantwortlichen, der gemeinsam Verantwortlichen und der an der Verarbeitung beteiligten Auftragsverarbeiter, insbesondere bei einer Verarbeitung innerhalb einer Gruppe von Unternehmen;[9]

b) die Zwecke und die Mittel der beabsichtigten Verarbeitung;

c) die zum Schutz der Rechte und Freiheiten der betroffenen Personen gemäß dieser Verordnung vorgesehenen Maßnahmen und Garantien;

d) gegebenenfalls die Kontaktdaten[10] des Datenschutzbeauftragten;

e) die Datenschutz-Folgenabschätzung gemäß Artikel 35 und

f) alle sonstigen von der Aufsichtsbehörde angeforderten Informationen.

(4) Die Mitgliedstaaten konsultieren die Aufsichtsbehörde bei der Ausarbeitung eines Vorschlags für von einem nationalen Parlament zu erlassende Gesetzgebungsmaßnahmen oder von auf solchen Gesetzgebungsmaßnahmen basierenden Regelungsmaßnahmen, die die Verarbeitung betreffen.[11]

(5) Ungeachtet des Absatzes 1 können Verantwortliche durch das Recht der Mitgliedstaaten verpflichtet werden, bei der Verarbeitung zur Erfüllung einer im öffentlichen Interesse liegenden Aufgabe,[12] einschließlich der Verarbeitung zu Zwecken der sozialen Sicherheit und der öffentlichen Gesundheit, die Aufsichtsbehörde zu konsultieren und deren vorherige Genehmigung einzuholen.

Erwägungsgründe

(94) Geht aus einer Datenschutz-Folgenabschätzung hervor, dass die Verarbeitung bei Fehlen von Garantien, Sicherheitsvorkehrungen und Mechanismen zur Minderung des Risikos ein hohes Risiko für die Rechte und Freiheiten natürlicher Personen mit sich bringen würde, und ist der Verantwortliche der Auffassung, dass das Risiko nicht durch

in Bezug auf verfügbare Technologien und Implementierungskosten vertretbare Mittel eingedämmt werden kann, so sollte die Aufsichtsbehörde vor Beginn der Verarbeitungstätigkeiten konsultiert werden. Ein solches hohes Risiko ist wahrscheinlich mit bestimmten Arten der Verarbeitung und dem Umfang und der Häufigkeit der Verarbeitung verbunden, die für natürliche Personen auch eine Schädigung oder eine Beeinträchtigung der persönlichen Rechte und Freiheiten mit sich bringen können. Die Aufsichtsbehörde sollte das Beratungsersuchen innerhalb einer bestimmten Frist beantworten. Allerdings kann sie, auch wenn sie nicht innerhalb dieser Frist reagiert hat, entsprechend ihren in dieser Verordnung festgelegten Aufgaben und Befugnissen eingreifen, was die Befugnis einschließt, Verarbeitungsvorgänge zu untersagen. Im Rahmen dieses Konsultationsprozesses kann das Ergebnis einer im Hinblick auf die betreffende Verarbeitung personenbezogener Daten durchgeführten Datenschutz-Folgenabschätzung der Aufsichtsbehörde unterbreitet werden; dies gilt insbesondere für die zur Eindämmung des Risikos für die Rechte und Freiheiten natürlicher Personen geplanten Maßnahmen.

(95) Der Auftragsverarbeiter sollte erforderlichenfalls den Verantwortlichen auf Anfrage bei der Gewährleistung der Einhaltung der sich aus der Durchführung der Datenschutz- Folgenabschätzung und der vorherigen Konsultation der Aufsichtsbehörde ergebenden Auflagen unterstützen.

(96) Eine Konsultation der Aufsichtsbehörde sollte auch während der Ausarbeitung von Gesetzes- oder Regelungsvorschriften, in denen eine Verarbeitung personenbezogener Daten vorgesehen ist, erfolgen, um die Vereinbarkeit der geplanten Verarbeitung mit dieser Verordnung sicherzustellen und insbesondere das mit ihr für die betroffene Person verbundene Risiko einzudämmen.

Anmerkungen

1 Zweck des Mechanismus der vorherigen Konsultation ist es iVm dem Instrument der Datenschutz-Folgenabschätzung die allgemeine Meldepflicht nach Art 18 Abs 1 DS-RL abzulösen (vgl Erwägungsgrund 89). Dessen ungeachtet handelt es sich bei der Konsultation ihrem Wesen nach jedoch um eine Meldung, zumal am Ende des Konsultationsverfahrens allenfalls eine Empfehlung der Aufsichtsbehörde steht, jedoch **keine Genehmigung**. Der Verantwortliche muss daher nach Einleitung des Konsultationsverfahrens nicht auf die Reaktion der Aufsichtsbehörde warten, bevor er mit der Datenverarbeitung beginnt. Ein Genehmigungs-

verfahren kann vom nationalen Gesetzgeber nur in den eingeschränkten Fällen des Abs 5 eingeführt werden.

Abs 1 stellt klar, dass die Konsultation der Aufsichtsbehörde **vor Aufnahme der Verarbeitungstätigkeit eingeleitet (nicht jedoch abgeschlossen) sein muss.** **2**

In Fällen, in denen die Verarbeitung jedoch vor Geltungsbeginn der DSGVO am 25. Mai 2018 begonnen hat, ist es gar nicht möglich, die Aufsichtsbehörde „vor" Aufnahme der Verarbeitungstätigkeit zu konsultieren (die Verarbeitung hat längst begonnen). Es sprechen uE daher gute Argumente dafür, dass die **Konsultation der Aufsichtsbehörde hinsichtlich alter Verarbeitungsvorgänge, die vor dem 25. Mai 2018 in Betrieb genommen wurden, nicht erforderlich ist** (zur selben Problematik bei Datenschutz-Folgenabschätzungen siehe Art 35 Rz 4 und bei der Erfüllung der Informationspflichten Art 13 Rz 3).

Besteht für eine Aufsichtsbehörde eine **federführende Zuständigkeit** **3** nach Art 56, so ist ausschließlich diese zu konsultieren (vgl Art 56 Abs 6). Ist keine federführende Zuständigkeit gegeben, so ist die gemäß Art 55 Abs 1 allgemein zuständige Aufsichtsbehörde zu konsultieren. Aufgrund der zahlreichen unterschiedlichen Anknüpfungspunkte für eine Zuständigkeit nach Art 55 Abs 1 werden bei Nichtvorliegen einer federführenden Zuständigkeit regelmäßig die Aufsichtsbehörden mehrerer Mitgliedstaaten zu konsultieren sein (siehe Art 55 Rz 5).

Ob ein „**hohes Risiko**" vorliegt, ist im Rahmen der Risikobewertung **4** nach Art 35 Abs 7 lit c festzustellen (siehe insbesondere Art 35 Rz 16).

Die Formulierung des Abs 1 ist mehrdeutig, da nicht eindeutig hervorgeht, ob die Höhe des Risikos mit oder ohne Berücksichtigung der vom Verantwortlichen getroffenen Maßnahmen zur Eindämmung des Risikos zu beurteilen ist. **5**

Erwägungsgrund 84 letzter Satz stellt jedoch klar, dass die Aufsichtsbehörde konsultiert werden sollte, wenn aus der Datenschutz-Folgenabschätzung hervorgeht, dass „Verarbeitungsvorgänge ein hohes Risiko bergen, das der Verantwortliche nicht durch geeignete Maßnahmen [...] eindämmen kann". Auch Erwägungsgrund 94 Satz 1 führt aus, dass eine Konsultation erforderlich ist, wenn „aus einer Datenschutz-Folgenabschätzung hervor[geht], dass die Verarbeitung bei Fehlen von Garantien, Sicherheitsvorkehrungen und Mechanismen zur Minderung des Risikos ein hohes Risiko für die Rechte und Freiheiten natürlicher Personen mit sich bringen würde, und [...] der Verantwortliche der Auffassung [ist], dass das Risiko nicht durch in Bezug auf verfügbare Technologien und Implementierungskosten vertretbare Mittel eingedämmt werden kann".

Eine Konsultation der Aufsichtsbehörde ist (vorbehaltlich des Abs 5) daher **nur verpflichtend, wenn trotz getroffener Abhilfemaßnahmen das Risiko weiterhin hoch ist.**

6 Nach Abs 2 kann auch der **Auftragsverarbeiter Adressat einer Empfehlung** Erwägungsgrund der Aufsichtsbehörde sein. Hierzu führt Erwägungsgrund 95 aus, dass der Auftragsverarbeiter „erforderlichenfalls den Verantwortlichen auf Anfrage bei der Gewährleistung der Einhaltung der sich aus der Durchführung der Datenschutz-Folgenabschätzung und der vorherigen Konsultation der Aufsichtsbehörde ergebenden Auflagen unterstützen [sollte]". Eine Rechtspflicht ergibt sich hieraus für den Auftragsverarbeiter freilich nicht.

7 Ungeachtet der Pflicht der Aufsichtsbehörde nach Abs 2 innerhalb der **(auf 14 Wochen erstreckbaren) achtwöchigen Frist** zu reagieren, kann sie ihre Befugnisse, wie insbesondere die Untersagung der Verarbeitungsvorgänge, auch dann ausüben, wenn sie nicht innerhalb der Frist des Abs 2 reagiert hat (Erwägungsgrund 94 Satz 4).

8 Im Falle eines Verbesserungsauftrags kommt es somit zu einer Fortlaufshemmung.

9 In der englischen, französischen und spanischen Sprachfassung wird in Abs 3 lit a der in Art 4 Nr 19 definierte Begriff („group of undertakings", „groupe d'entreprises" bzw „grupo empresarial") verwendet. Es ist daher davon auszugehen, dass in der deutschen Sprachfassung ein Redaktionsfehler vorliegt und mit dem hier verwendeten Begriff der „Gruppe von Unternehmen" die „Unternehmensgruppe" iSd Art 4 Nr 19 gemeint ist.

10 Siehe Art 13 Rz 7 zur Definition des Begriffs „Kontaktdaten".

11 Abs 4 normiert die Pflicht für die Mitgliedstaaten ihre jeweilige Aufsichtsbehörde „während der Ausarbeitung von Gesetzes- oder Regelungsvorschriften, in denen eine Verarbeitung personenbezogener Daten vorgesehen ist", zu konsultieren (vgl Erwägungsgrund 96).

12 Mit der in Abs 5 angesprochenen „Verarbeitung zur Erfüllung einer im öffentlichen Interesse liegenden Aufgabe" ist eine Verarbeitung auf Grundlage des Art 6 Abs 1 UAbs 1 lit e bzw Art 9 Abs 2 lit i angesprochen.

Abschnitt 4
Datenschutzbeauftragter

Artikel 37
Benennung eines Datenschutzbeauftragten

(1) Der Verantwortliche und der Auftragsverarbeiter benennen[1] auf jeden Fall einen Datenschutzbeauftragten, wenn
a) die Verarbeitung von einer Behörde oder öffentlichen Stelle[2] durchgeführt wird, mit Ausnahme von Gerichten, die im Rahmen ihrer justiziellen Tätigkeit handeln,
b) die Kerntätigkeit[3] des Verantwortlichen oder des Auftragsverarbeiters in der Durchführung von Verarbeitungsvorgängen besteht, welche aufgrund ihrer Art, ihres Umfangs und/oder ihrer Zwecke eine umfangreiche regelmäßige und systematische Überwachung von betroffenen Personen erforderlich machen,[4] oder
c) die Kerntätigkeit[5] des Verantwortlichen oder des Auftragsverarbeiters in der umfangreichen Verarbeitung besonderer Kategorien von Daten gemäß Artikel 9 oder von personenbezogenen Daten über strafrechtliche Verurteilungen und Straftaten gemäß Artikel 10 besteht.[6]

(2) Eine Unternehmensgruppe[7] darf einen gemeinsamen Datenschutzbeauftragten ernennen, sofern von jeder Niederlassung[8] aus der Datenschutzbeauftragte leicht erreicht werden kann.[9]

(3) Falls es sich bei dem Verantwortlichen oder dem Auftragsverarbeiter um eine Behörde oder öffentliche Stelle handelt, kann für mehrere solcher Behörden oder Stellen unter Berücksichtigung ihrer Organisationsstruktur[10] und ihrer Größe ein gemeinsamer Datenschutzbeauftragter benannt werden.

(4) In anderen als den in Absatz 1 genannten Fällen können der Verantwortliche oder der Auftragsverarbeiter oder Verbände und andere Vereinigungen, die Kategorien von Verantwortlichen oder Auftragsverarbeitern vertreten, einen Datenschutzbeauftragten benennen;[11] falls dies nach dem Recht der Union oder der Mitgliedstaaten vorgeschrieben ist, müssen sie einen solchen benennen.[12] Der Datenschutzbeauftragte kann für derartige Verbände und andere Vereinigungen, die Verantwortliche oder Auftragsverarbeiter vertreten, handeln.

(5) Der Datenschutzbeauftragte wird auf der Grundlage seiner beruflichen Qualifikation und insbesondere des Fachwissens benannt, das er auf dem Gebiet des Datenschutzrechts und der Datenschutzpraxis besitzt, sowie auf der Grundlage seiner Fähigkeit zur Erfüllung der in Artikel 39 genannten Aufgaben.[13]

(6) Der Datenschutzbeauftragte kann Beschäftigter des Verantwortlichen oder des Auftragsverarbeiters sein oder seine Aufgaben auf der Grundlage eines Dienstleistungsvertrags erfüllen.[14]

(7) Der Verantwortliche oder der Auftragsverarbeiter veröffentlicht die Kontaktdaten[15] des Datenschutzbeauftragten und teilt diese Daten der Aufsichtsbehörde mit.

Erwägungsgrund

(97) In Fällen, in denen die Verarbeitung durch eine Behörde – mit Ausnahmen von Gerichten oder unabhängigen Justizbehörden, die im Rahmen ihrer justiziellen Tätigkeit handeln –, im privaten Sektor durch einen Verantwortlichen erfolgt, dessen Kerntätigkeit in Verarbeitungsvorgängen besteht, die eine regelmäßige und systematische Überwachung der betroffenen Personen in großem Umfang erfordern, oder wenn die Kerntätigkeit des Verantwortlichen oder des Auftragsverarbeiters in der umfangreichen Verarbeitung besonderer Kategorien von personenbezogenen Daten oder von Daten über strafrechtliche Verurteilungen und Straftaten besteht, sollte der Verantwortliche oder der Auftragsverarbeiter bei der Überwachung der internen Einhaltung der Bestimmungen dieser Verordnung von einer weiteren Person, die über Fachwissen auf dem Gebiet des Datenschutzrechts und der Datenschutzverfahren verfügt, unterstützt werden[.] Im privaten Sektor bezieht sich die Kerntätigkeit eines Verantwortlichen auf seine Haupttätigkeiten und nicht auf die Verarbeitung personenbezogener Daten als Nebentätigkeit. Das erforderliche Niveau des Fachwissens sollte sich insbesondere nach den durchgeführten Datenverarbeitungsvorgängen und dem erforderlichen Schutz für die von dem Verantwortlichen oder dem Auftragsverarbeiter verarbeiteten personenbezogenen Daten richten. Derartige Datenschutzbeauftragte sollten unabhängig davon, ob es sich bei ihnen um Beschäftigte des Verantwortlichen handelt oder nicht, ihre Pflichten und Aufgaben in vollständiger Unabhängigkeit ausüben können.

Benennung eines Datenschutzbeauftragten **Art 37**

Anmerkungen

Nach Abs 1 trifft auch einen Auftragsverarbeiter (unter den Voraussetzungen des Abs 1 lit a bis c) die Pflicht zur Bestellung eines Datenschutzbeauftragten. **1**

Der Begriff der „**Behörde oder öffentlichen Stelle**" ist in der DSGVO nicht definiert. Gemessen am Zweck der DSGVO erscheint es zweckmäßig, den Begriff „Behörde oder öffentlichen Stelle" in Anlehnung an den (öffentliche Unternehmen nicht umfassenden) Begriff des „öffentlichen Auftraggebers" nach Art 2 Abs 1 Z 1 Richtlinie 2014/24/EU zu definieren: „der Staat, die Gebietskörperschaften, die Einrichtungen des öffentlichen Rechts oder die Verbände, die aus einer oder mehreren dieser Körperschaften oder Einrichtungen des öffentlichen Rechts bestehen". Öffentliche Unternehmen unterliegen daher nach Abs 1 lit a nicht der Pflicht zu Bestellung eines Datenschutzbeauftragten (und können vom nationalen Gesetzgeber nach Art 83 Abs 7 auch nicht von Geldbußen befreit werden; siehe Art 83 Rz 20). **2**

Zum Begriff der **Kerntätigkeit** nach Abs 1 lit b führt Erwägungsgrund 97 Satz 2 aus, dass sich die Kerntätigkeit eines Verantwortlichen im privaten Sektor „auf seine Haupttätigkeiten und nicht auf die Verarbeitung personenbezogener Daten als Nebentätigkeit [bezieht]". **3**

Dass die Kerntätigkeit nach Abs 1 lit b in Verarbeitungsvorgängen besteht, welche eine „**umfangreiche regelmäßige und systematische Überwachung von betroffenen Personen**" erforderlich machen, wird grundsätzlich nur dann der Fall sein, wenn es sich um ein datengetriebenes Geschäftsmodell handelt, bei welchem die Daten durch eine Überwachung der betroffenen Personen (zB durch die Protokollierung ihrer Internetaktivitäten) erhoben werden. Der Betrieb von Überwachungskameras durch ein Kaufhaus wäre hingegen nicht unter Abs 1 lit b zu subsumieren, da die Überwachung lediglich eine „Nebentätigkeit" (vgl Rz 3 oben) des Kaufhausbetreibers darstellt. **4**

Siehe Rz 3 zum Begriff der „Kerntätigkeit". **5**

Dass die Kerntätigkeit nach Abs 1 lit c in der **umfangreichen Verarbeitung von sensiblen oder strafrechtlich relevanten Daten** besteht, wird primär bei datengetriebenen Geschäftsmodellen der Fall sein. Dies wäre zB bei einem auf DNA-Analysen spezialisierten Unternehmen der Fall. Ist hingegen die Datenverarbeitung lediglich eine Nebentätigkeit, erscheint es im Licht des Erwägungsgrund 97 Satz 2 fraglich, ob der **6**

Tatbestand des Abs 1 lit c erfüllt ist (so zB im Falle des Rechtsträgers eines Krankenhauses, eines niedergelassenen Arztes oder eines Strafverteidigers). Jedenfalls nicht erfüllt ist der Tatbestand des Abs 1 lit c, wenn ein Arbeitgeber lediglich die Sozialversicherungsnummern und Krankenstanddaten seiner Mitarbeiter verarbeitet.

7 Siehe Art 4 Nr 19 zur Definition des Begriffs „Unternehmensgruppe".

8 Siehe Art 3 Rz 3 zur Definition des Begriffs „Niederlassung".

9 Die Voraussetzung der **leichten Erreichbarkeit des Datenschutzbeauftragten** nach Abs 2 wird bereits dann erfüllt sein, wenn eine telefonische und eine unmittelbare elektronische Kontaktaufnahme (zB per E-Mail) möglich ist.

10 Die in Abs 3 verwendete Formulierung „unter Berücksichtigung ihrer Organisationsstruktur" bedeutet nicht, dass die Behörden oder öffentliche Stellen, für welche ein gemeinsamer Datenschutzbeauftragter benannt wird, einander notwendigerweise über- oder untergeordnet sein müssen. So wäre es uE zB zulässig – und wegen der Vermeidung von Redundanzen und der möglichen Bündelung von Kompetenzen im Übrigen uU sogar wünschenswert – für mehrere Bundesministerien einen Datenschutzbeauftragten zu bestellen.

11 Abs 4 Satz 1 Halbsatz 1 stellt klar, dass ein Datenschutzbeauftragter **jederzeit auch freiwillig bestellt werden kann**, ohne dass der Verantwortliche bzw der Auftragsverarbeiter hierzu verpflichtet ist.

12 Die **Öffnungsklausel** des Abs 4 Satz 1 Halbsatz 2 gewährt dem nationalen Gesetzgeber die Möglichkeit, zusätzliche Tatbestände zu schaffen, deren Erfüllung die Verpflichtung zur Bestellung eines Datenschutzbeauftragten begründet. So ist insbesondere möglich, dass die Bundesrepublik Deutschland § 4f BDSG beibehalten und daher das Konzept eines Datenschutzbeauftragten in deutlich mehr Fääen als europarechtlich vorgegeben weiterhin vertreten wird.

13 In Bezug auf Abs 5 führt Erwägungsgrund 97 Satz 3 aus, dass „[d]as **erforderliche Niveau des Fachwissens** [...] sich insbesondere nach den durchgeführten Datenverarbeitungsvorgängen und dem erforderlichen Schutz für die von dem Verantwortlichen oder dem Auftragsverarbeiter verarbeiteten personenbezogenen Daten richten [sollte]". Im Allgemeinen wird das nach Abs 5 erforderliche Fachwissen (i) ein abgeschlossenes einschlägiges Studium, (ii) eine technische Sachkenntnis sowie (iii) Sonderkenntnisse im Bereich des Datenschutzrechts voraussetzen.

Gemäß Abs 6 kann daher **auch eine unternehmensexterne Person als Datenschutzbeauftragter** tätig sein. Unabhängig davon, ob es sich beim Datenschutzbeauftragten um einen Beschäftigten oder externen Dienstleister handelt, ist es erforderlich, dass er seine „Pflichten und Aufgaben in vollständiger Unabhängigkeit ausüben [kann]" (Erwägungsgrund 97 Satz 4; vgl auch Art 38 Abs 3). **14**

Siehe Art 13 Rz 7 zur Definition des Begriffs „Kontaktdaten". **15**

Artikel 38
Stellung des Datenschutzbeauftragten

(1) Der Verantwortliche und der Auftragsverarbeiter stellen sicher, dass der Datenschutzbeauftragte ordnungsgemäß und frühzeitig in alle mit dem Schutz personenbezogener Daten zusammenhängenden Fragen eingebunden wird.

(2) Der Verantwortliche und der Auftragsverarbeiter unterstützen den Datenschutzbeauftragten bei der Erfüllung seiner Aufgaben gemäß Artikel 39, indem sie die für die Erfüllung dieser Aufgaben erforderlichen Ressourcen[1] und den Zugang zu personenbezogenen Daten und Verarbeitungsvorgängen sowie die zur Erhaltung seines Fachwissens erforderlichen Ressourcen[2] zur Verfügung stellen.

(3) Der Verantwortliche und der Auftragsverarbeiter stellen sicher, dass der Datenschutzbeauftragte bei der Erfüllung seiner Aufgaben keine Anweisungen bezüglich der Ausübung dieser Aufgaben erhält.[3] Der Datenschutzbeauftragte darf von dem Verantwortlichen oder dem Auftragsverarbeiter wegen der Erfüllung seiner Aufgaben nicht abberufen oder benachteiligt werden.[4] Der Datenschutzbeauftragte berichtet unmittelbar der höchsten Managementebene des Verantwortlichen oder des Auftragsverarbeiters.[5]

(4) Betroffene Personen können den Datenschutzbeauftragten zu allen mit der Verarbeitung ihrer personenbezogenen Daten und mit der Wahrnehmung ihrer Rechte gemäß dieser Verordnung im Zusammenhang stehenden Fragen zu Rate ziehen [richtig: kontaktieren].[6]

(5) Der Datenschutzbeauftragte ist nach [richtig: in Übereinstimmung mit][7] dem Recht der Union oder der Mitgliedstaaten bei der Erfüllung seiner Aufgaben an die Wahrung der Geheimhaltung oder der Vertraulichkeit gebunden.

(6) Der Datenschutzbeauftragte kann andere Aufgaben und Pflichten wahrnehmen.[8] Der Verantwortliche oder der Auftragsverarbeiter stellt sicher, dass derartige Aufgaben und Pflichten nicht zu einem Interessenkonflikt führen.

Anmerkungen

1 In größeren Organisationen können die gemäß Abs 2 zur Verfügung zu stellenden Ressourcen insbesondere auch Personalressourcen umfassen.

2 Bei den zur Erhaltung des Fachwissens gemäß Abs 2 erforderlichen Ressourcen wird es sich va um Fachliteratur und Schulungen, bei internen Datenschutzbeauftragten aber auch um Zeitressourcen, handeln.

3 Abs 3 Satz 1 normiert damit den Grundsatz der **Weisungsfreiheit** des Datenschutzbeauftragten.

4 Eine Kündigung eines angestellten Datenschutzbeauftragten in Verletzung des Abs 3 Satz 2 wäre als motivwidrige Kündigung anfechtbar, insofern dem Datenschutzbeauftragten ein weitreichender **Kündigungsschutz** zukommt. Vgl auch Erwägungsgrund 97 Satz 4, wonach es erforderlich ist, dass der Datenschutzbeauftragte seine „Pflichten und Aufgaben in vollständiger Unabhängigkeit ausüben [kann]".

5 Abs 3 Satz 3 verankert den Grundsatz der **unmittelbaren Berichterstattung an die Geschäftsleitung**.

6 Abs 4 enthält einen Übersetzungsfehler; richtigerweise heißt es „kontaktieren" („may contact" in der englischen, „peuvent prendre contact" in der französischen und „podrán ponerse en contacto" in der spanischen Sprachfassung). Der Datenschutzbeauftragte hat daher nach der DSGVO – neben der Beratungspflicht gegenüber dem Verantwortlichen bzw Auftragsverarbeiter gem Art 39 Abs 1 lit a – **keine beratende Funktion gegenüber den betroffenen Personen** (vgl auch Art 39 Rz 3). Wäre dies der Fall, so würde das standesrechtliche Doppelvertretungsverbot der Rechtsanwälte (vgl § 10 Abs 1 RAO) es diesen unmöglich machen, als Datenschutzbeauftragte zu fungieren.

7 Abs 5 enthält einen Übersetzungsfehler. In der englischen Sprachfassung heißt es „shall be bound by secrecy or confidentiality concerning the performance of his or her tasks, in accordance with Union or Member State law". Die **Verschwiegenheitspflicht** des Datenschutzbeauftragten ergibt sich daher bereits unmittelbar aus Abs 5.

Aus der Formulierung, dass die Verschwiegenheitspflicht „in Übereinstimmung mit" („in accordance with") dem nationalen Recht bzw Unionsrecht besteht, ergibt sich insbesondere, dass Ausnahmeregelungen – wie zB eine Pflicht zur Zeugenaussage – möglich sind.

Abs 6 Satz 1 stellt klar, dass auch ein **Teilzeit-Datenschutzbeauftragter** 8 zulässig sein kann.

Artikel 39
Aufgaben des Datenschutzbeauftragten[1]

(1) Dem Datenschutzbeauftragten obliegen zumindest folgende Aufgaben:[2]
a) Unterrichtung und Beratung des Verantwortlichen oder des Auftragsverarbeiters und der Beschäftigten, die Verarbeitungen durchführen, hinsichtlich ihrer Pflichten nach dieser Verordnung sowie nach sonstigen Datenschutzvorschriften der Union bzw. der Mitgliedstaaten;[3]
b) Überwachung der Einhaltung dieser Verordnung, anderer Datenschutzvorschriften der Union bzw. der Mitgliedstaaten sowie der Strategien des Verantwortlichen oder des Auftragsverarbeiters für den Schutz personenbezogener Daten einschließlich der Zuweisung von Zuständigkeiten, der Sensibilisierung und Schulung der an den Verarbeitungsvorgängen beteiligten Mitarbeiter und der diesbezüglichen Überprüfungen;
c) Beratung – auf Anfrage – im Zusammenhang mit der Datenschutz- Folgenabschätzung und Überwachung ihrer Durchführung gemäß Artikel 35;
d) Zusammenarbeit mit der Aufsichtsbehörde;
e) Tätigkeit als Anlaufstelle für die Aufsichtsbehörde in mit der Verarbeitung zusammenhängenden Fragen, einschließlich der vorherigen Konsultation gemäß Artikel 36, und gegebenenfalls Beratung zu allen sonstigen Fragen.

(2) Der Datenschutzbeauftragte trägt bei der Erfüllung seiner Aufgaben dem mit den Verarbeitungsvorgängen verbundenen Risiko gebührend Rechnung, wobei er die Art, den Umfang, die Umstände und die Zwecke der Verarbeitung berücksichtigt.

Anmerkungen

1. Eine Verletzung des Art 39 ist nach Art 83 Abs 4 lit a mit einer Geldbuße bedroht. Dies gilt allerdings nur, soweit es „die Pflichten der Verantwortlichen und der Auftragsverarbeiter" betrifft. Die DSGVO selbst **sieht daher keine Sanktionen für den Datenschutzbeauftragten** vor, sollte dieser seine Aufgaben nach Art 39 nicht wahrnehmen. Erleidet ein Verantwortlicher bzw Auftragsverarbeiter jedoch einen Schaden, der auf eine schuldhafte Pflichtverletzung seines Datenschutzbeauftragen zurückzuführen ist, kommt nach allgemeinen Grundsätzen eine zivilrechtliche Haftung des Datenschutzbeauftragten in Betracht.

2. Zusätzlich zu den in Abs 1 lit a bis e genannten Aufhaben fungiert der Datenschutzbeauftragte auch als Anlaufstelle für Anfragen der betroffenen Personen (siehe Art 38 Abs 4). Die Führung des Verzeichnisses von Verarbeitungstätigkeiten nach Art 30 zählt allerdings nicht zu den zwingend dem Datenschutzbeauftragten zugewiesenen Aufgaben.

3. Nach Abs 1 lit b sind die Beschäftigten des Verantwortlichen bzw Auftragsverarbeiters ausschließlich über ihre Pflichten nach der DSGVO zu beraten, dh nicht in ihrer Funktion als betroffene Personen (vgl auch Art 38 Rz 6).

Abschnitt 5
Verhaltensregeln und Zertifizierung

Artikel 40
Verhaltensregeln[1]

(1) **Die Mitgliedstaaten, die Aufsichtsbehörden, der Ausschuss und die Kommission fördern die Ausarbeitung von Verhaltensregeln, die nach Maßgabe der Besonderheiten der einzelnen Verarbeitungsbereiche und der besonderen Bedürfnisse von Kleinstunternehmen sowie kleinen und mittleren Unternehmen**[2,3] **zur ordnungsgemäßen Anwendung dieser Verordnung beitragen sollen.**

(2) Verbände und andere Vereinigungen, die Kategorien von Verantwortlichen oder Auftragsverarbeitern vertreten, können Verhaltensregeln ausarbeiten oder ändern oder erweitern, mit denen die Anwendung dieser Verordnung beispielsweise zu dem Folgenden präzisiert wird:

a) faire und transparente Verarbeitung;[4]
b) die berechtigten Interessen des Verantwortlichen in bestimmten Zusammenhängen;[5]
c) Erhebung personenbezogener Daten;
d) Pseudonymisierung personenbezogener Daten;[6]
e) Unterrichtung der Öffentlichkeit und der betroffenen Personen;[7]
f) Ausübung der Rechte betroffener Personen;[8]
g) Unterrichtung und Schutz von Kindern[9] und Art und Weise, in der die Einwilligung des Trägers der elterlichen Verantwortung für das Kind einzuholen ist;[10]
h) die Maßnahmen und Verfahren gemäß den Artikeln 24 und 25 und die Maßnahmen für die Sicherheit der Verarbeitung gemäß Artikel 32;
i) die Meldung von Verletzungen des Schutzes personenbezogener Daten an Aufsichtsbehörden und die Benachrichtigung der betroffenen Person von solchen Verletzungen des Schutzes personenbezogener Daten;[11]
j) die Übermittlung personenbezogener Daten an Drittländer oder an internationale Organisationen[12] oder
k) außergerichtliche Verfahren und sonstige Streitbeilegungsverfahren zur Beilegung von Streitigkeiten zwischen Verantwortlichen und betroffenen Personen im Zusammenhang mit der Verarbeitung, unbeschadet der Rechte betroffener Personen gemäß den Artikeln 77 und 79.

(3) Zusätzlich zur Einhaltung durch die unter diese Verordnung fallenden Verantwortlichen oder Auftragsverarbeiter können Verhaltensregeln, die gemäß Absatz 5 des vorliegenden Artikels genehmigt wurden und gemäß Absatz 9 des vorliegenden Artikels allgemeine Gültigkeit besitzen, können auch von Verantwortlichen oder Auftragsverarbeitern, die gemäß Artikel 3 nicht unter diese Verordnung fallen, eingehalten werden, um geeignete Garantien im Rahmen der Übermittlung personenbezogener Daten an Drittländer oder internationale Organisationen nach Maßgabe des Artikels 46 Absatz 2 Buchstabe e zu bieten. Diese Verantwortlichen oder Auftragsverarbeiter gehen mittels vertraglicher oder sonstiger rechtlich bindender Instrumente die verbindliche und durchsetzbare Verpflichtung ein, die geeigneten Garantien anzuwenden, auch im Hinblick auf die Rechte der betroffenen Personen.

(4) Die Verhaltensregeln gemäß Absatz 2 des vorliegenden Artikels müssen Verfahren vorsehen, die es der in Artikel 41 Absatz 1 genannten Stelle ermöglichen, die obligatorische Überwachung der Einhaltung ihrer Bestimmungen durch die Verantwortlichen oder die Auftragsverarbeiter, die sich zur Anwendung der Verhaltensregeln verpflichten, vorzunehmen, unbeschadet der Aufgaben und Befugnisse der Aufsichtsbehörde, die nach Artikel 55 oder 56 zuständig ist.

(5) Verbände und andere Vereinigungen gemäß Absatz 2 des vorliegenden Artikels, die beabsichtigen, Verhaltensregeln auszuarbeiten oder bestehende Verhaltensregeln zu ändern oder zu erweitern, legen den Entwurf der Verhaltensregeln bzw. den Entwurf zu deren Änderung oder Erweiterung der Aufsichtsbehörde vor, die nach Artikel 55 zuständig ist. Die Aufsichtsbehörde gibt eine Stellungnahme darüber ab, ob der Entwurf der Verhaltensregeln bzw. der Entwurf zu deren Änderung oder Erweiterung mit dieser Verordnung vereinbar ist und genehmigt diesen Entwurf der Verhaltensregeln bzw. den Entwurf zu deren Änderung oder Erweiterung, wenn sie der Auffassung ist, dass er ausreichende geeignete Garantien bietet.

(6) Wird durch die Stellungnahme nach Absatz 5 der Entwurf der Verhaltensregeln bzw. der Entwurf zu deren Änderung oder Erweiterung genehmigt und beziehen sich die betreffenden Verhaltensregeln nicht auf Verarbeitungstätigkeiten in mehreren Mitgliedstaaten, so nimmt die Aufsichtsbehörde die Verhaltensregeln in ein Verzeichnis auf und veröffentlicht sie.

(7) Bezieht sich der Entwurf der Verhaltensregeln auf Verarbeitungstätigkeiten in mehreren Mitgliedstaaten, so legt die nach Artikel 55 zuständige Aufsichtsbehörde – bevor sie den Entwurf der Verhaltensregeln bzw. den Entwurf zu deren Änderung oder Erweiterung genehmigt – ihn nach dem Verfahren gemäß Artikel 63 dem Ausschuss vor,[13] der zu der Frage Stellung nimmt, ob der Entwurf der Verhaltensregeln bzw. der Entwurf zu deren Änderung oder Erweiterung mit dieser Verordnung vereinbar ist oder – im Fall nach Absatz 3 dieses Artikels – geeignete Garantien vorsieht.

(8) Wird durch die Stellungnahme nach Absatz 7 bestätigt, dass der Entwurf der Verhaltensregeln bzw. der Entwurf zu deren Änderung oder Erweiterung mit dieser Verordnung vereinbar ist oder – im Fall nach Absatz 3 – geeignete Garantien vorsieht, so übermittelt der Ausschuss seine Stellungnahme der Kommission.

(9) Die Kommission kann im Wege von Durchführungsrechtsakten beschließen, dass die ihr gemäß Absatz 8 übermittelten ge-

nehmigten Verhaltensregeln bzw. deren genehmigte Änderung oder Erweiterung allgemeine Gültigkeit in der Union besitzen. Diese Durchführungsrechtsakte werden gemäß dem Prüfverfahren nach Artikel 93 Absatz 2 erlassen.

(10) Die Kommission trägt dafür Sorge, dass die genehmigten Verhaltensregeln, denen gemäß Absatz 9 allgemeine Gültigkeit zuerkannt wurde, in geeigneter Weise veröffentlicht werden.

(11) Der Ausschuss nimmt alle genehmigten Verhaltensregeln bzw. deren genehmigte Änderungen oder Erweiterungen in ein Register auf und veröffentlicht sie in geeigneter Weise.

Erwägungsgründe

(98) Verbände oder andere Vereinigungen, die bestimmte Kategorien von Verantwortlichen oder Auftragsverarbeitern vertreten, sollten ermutigt werden, in den Grenzen dieser Verordnung Verhaltensregeln auszuarbeiten, um eine wirksame Anwendung dieser Verordnung zu erleichtern, wobei den Besonderheiten der in bestimmten Sektoren erfolgenden Verarbeitungen und den besonderen Bedürfnissen der Kleinstunternehmen sowie der kleinen und mittleren Unternehmen Rechnung zu tragen ist. Insbesondere könnten in diesen Verhaltensregeln – unter Berücksichtigung des mit der Verarbeitung wahrscheinlich einhergehenden Risikos für die Rechte und Freiheiten natürlicher Personen – die Pflichten der Verantwortlichen und der Auftragsverarbeiter bestimmt werden.

(99) Bei der Ausarbeitung oder bei der Änderung oder Erweiterung solcher Verhaltensregeln sollten Verbände und oder andere Vereinigungen, die bestimmte Kategorien von Verantwortlichen oder Auftragsverarbeitern vertreten, die maßgeblichen Interessenträger, möglichst auch die betroffenen Personen, konsultieren und die Eingaben und Stellungnahmen, die sie dabei erhalten, berücksichtigen.

Anmerkungen

Ob Verhaltensregeln in der Praxis Bedeutung erlangen werden, bleibt abzuwarten. Die **Rechtsvorteile von Verhaltensregeln sind jedenfalls überschaubau**, da die Einhaltung genehmigter Verhaltensregeln **lediglich als „Faktor" bzw als „Gesichtspunkt" herangezogen wird, um die Einhaltung der DSGVO nachzuweisen** (vgl Art 24 Abs 3; Art 28 Abs 5; Art 32 Abs 3), jedoch keine Vermutung der Einhaltung der DSGVO 1 begründet. Weiters ist die Einhaltung genehmigter Verhaltensregeln bei der Risikobewertung im Rahmen der Datenschutz-Folgenabschätzung lediglich „zu berücksichtigen" (vgl Art 35 Abs 8). Daher ist mit der Erarbeitung und Befolgung von Verhaltensregeln kein unmittelbarer Vorteil für die Erhöhung der Wahrscheinlichkeit einer rechtssicheren Bewältigung der Anforderungen der DSGVO verbunden.

2 Siehe Art 4 Nr 18 zur Definition des Begriffs „Unternehmen". Nach Erwägungsgrund 13 ist für die Definition des Begriffs **„Kleinstunternehmen sowie kleine und mittlere Unternehmen"** Art 2 des Anhangs zur Empfehlung 2003/361/EG der Kommission maßgebend. Dieser lautet:

Artikel 2 – Mitarbeiterzahlen und finanzielle Schwellenwerte zur Definition der Unternehmensklassen

(1) Die Größenklasse der Kleinstunternehmen sowie der kleinen und mittleren Unternehmen (KMU) setzt sich aus Unternehmen zusammen, die weniger als 250 Personen beschäftigen und die entweder einen Jahresumsatz von höchstens 50 Mio. EUR erzielen oder deren Jahresbilanzsumme sich auf höchstens 43 Mio. EUR beläuft.

(2) Innerhalb der Kategorie der KMU wird ein kleines Unternehmen als ein Unternehmen definiert, das weniger als 50 Personen beschäftigt und dessen Jahresumsatz bzw. Jahresbilanz 10 Mio. EUR nicht übersteigt.

(3) Innerhalb der Kategorie der KMU wird ein Kleinstunternehmen als ein Unternehmen definiert, das weniger als 10 Personen beschäftigt und dessen Jahresumsatz bzw. Jahresbilanz 2 Mio. EUR nicht überschreitet.

3 Vgl Erwägungsgrund 98, wonach „den besonderen Bedürfnissen der Kleinstunternehmen sowie der kleinen und mittleren Unternehmen Rechnung zu tragen ist". Vgl auch Erwägungsgrund 13, wonach „die Organe und Einrichtungen der Union sowie die Mitgliedstaaten und deren Aufsichtsbehörden dazu angehalten [werden], bei der Anwendung dieser Verordnung die besonderen Bedürfnisse von Kleinstunternehmen sowie von kleinen und mittleren Unternehmen zu berücksichtigen".

4 Vgl Art 5 Abs 1 lit a; Art 12 bis 14.

5 Vgl Art 6 Abs 1 UAbs 1 lit f.

Siehe Art 4 Nr 5 zur Definition des Begriffs „Pseudonymisierung". Zu 6
möglichen Regelungsbereichen siehe Art 6 Abs 4 lit e, Art 25 Abs 1 und
Art 32 Abs 1 lit d.

Vgl insbesondere Art 12 ff und Art 34. 7

Siehe Art 12 bis 22. 8

Siehe Art 6 Rz 10 zur Definition des Begriffs „Kind". 9

Siehe Art 8. 10

Siehe Art 33 f. 11

Siehe Art 44 bis 50. 12

Siehe Art 64 Abs 1 lit b. 13

Artikel 41
Überwachung der genehmigten Verhaltensregeln

(1) Unbeschadet der Aufgaben und Befugnisse der zuständigen Aufsichtsbehörde gemäß den Artikeln 57 und 58 kann die Überwachung der Einhaltung von Verhaltensregeln gemäß Artikel 40 von einer Stelle durchgeführt werden, die über das geeignete Fachwissen hinsichtlich des Gegenstands der Verhaltensregeln verfügt und die von der zuständigen Aufsichtsbehörde zu diesem Zweck akkreditiert wurde.[1]

(2) Eine Stelle gemäß Absatz 1 kann zum Zwecke der Überwachung der Einhaltung von Verhaltensregeln akkreditiert werden, wenn sie

a) ihre Unabhängigkeit und ihr Fachwissen hinsichtlich des Gegenstands der Verhaltensregeln zur Zufriedenheit der zuständigen Aufsichtsbehörde nachgewiesen hat;

b) Verfahren festgelegt hat, die es ihr ermöglichen, zu bewerten, ob Verantwortliche und Auftragsverarbeiter die Verhaltensregeln anwenden können, die Einhaltung der Verhaltensregeln durch die Verantwortlichen und Auftragsverarbeiter zu überwachen und die Anwendung der Verhaltensregeln regelmäßig zu überprüfen;

c) Verfahren und Strukturen festgelegt hat, mit denen sie Beschwerden über Verletzungen der Verhaltensregeln oder über die Art und Weise, in der die Verhaltensregeln von dem Verantwortlichen oder dem Auftragsverarbeiter angewendet werden oder wurden, nachgeht und diese Verfahren und Strukturen für betroffene Personen und die Öffentlichkeit transparent macht, und

d) zur Zufriedenheit der zuständigen Aufsichtsbehörde nachgewiesen hat, dass ihre Aufgaben und Pflichten nicht zu einem Interessenkonflikt führen.[2]

(3) Die zuständige Aufsichtsbehörde übermittelt den Entwurf der Kriterien für die Akkreditierung einer Stelle nach Absatz 1 gemäß dem Kohärenzverfahren nach Artikel 63 an den Ausschuss.[3]

(4) Unbeschadet der Aufgaben und Befugnisse der zuständigen Aufsichtsbehörde und der Bestimmungen des Kapitels VIII ergreift eine Stelle gemäß Absatz 1 vorbehaltlich geeigneter Garantien im Falle einer Verletzung der Verhaltensregeln durch einen Verantwortlichen oder einen Auftragsverarbeiter geeignete Maßnahmen, einschließlich eines vorläufigen oder endgültigen Ausschlusses des Verantwortlichen oder Auftragsverarbeiters von den Verhaltensregeln. Sie unterrichtet die zuständige Aufsichtsbehörde über solche Maßnahmen und deren Begründung.[4]

(5) Die zuständige Aufsichtsbehörde widerruft die Akkreditierung einer Stelle gemäß Absatz 1, wenn die Voraussetzungen für ihre Akkreditierung nicht oder nicht mehr erfüllt sind oder wenn die Stelle Maßnahmen ergreift, die nicht mit dieser Verordnung vereinbar sind.

(6) Dieser Artikel gilt nicht für die Verarbeitung durch Behörden oder öffentliche Stellen.[5]

Anmerkungen

1 Die Akkreditierung soll sicherstellen, dass im **Vorhinein** durch die Aufsichtsstelle geprüft und verifiziert wird, dass die Überwachungsstelle **fachlich** und **organisatorisch** in der Lage ist, ihre Aufgabe wahrzunehmen. Es geht also entgegen des Wortlauts nicht allein um die Prüfung des Fachwissens. Allerdings bleibt unklar, ob die Aufsichtsstelle verpflichtet ist, die Möglichkeit einer solchen Akkreditierung anzubieten und wie das Akkreditierungsverfahren selbst zu gestalten ist.

2 Ein in Abs 2 lit d genannter **Interessenskonflikt** wäre uE insbesondere dann indiziert (aber noch nicht zwingend zu bejahen), wenn die überwachende Stelle sich überwiegend aus Zahlungen der überwachten Verantwortlichen bzw Auftragsverarbeitern finanziert.

Siehe Art 64 Abs 1 lit c. **3**

Die überwachende Stelle hat die Aufsichtsbehörde nach Abs 4 somit **4**
über Maßnahmen zu informieren, welche im Falle einer Verletzung der
Verhaltensregeln gegen einen Verantwortliche bzw Auftragsverarbeiter
ergriffen werden. Hinsichtlich der Verletzung als solcher besteht hingegen keine ausdrückliche Informationspflicht.

Siehe Art 37 Rz 2 zur Definition des Begriffs „Behörde oder öffentlichen **5**
Stelle".

Artikel 42
Zertifizierung[1]

(1) Die Mitgliedstaaten, die Aufsichtsbehörden, der Ausschuss
und die Kommission fördern insbesondere auf Unionsebene die Einführung von datenschutzspezifischen Zertifizierungsverfahren sowie
von Datenschutzsiegeln und -prüfzeichen, die dazu dienen, nachzuweisen, dass diese Verordnung bei Verarbeitungsvorgängen von
Verantwortlichen oder Auftragsverarbeitern eingehalten wird. Den
besonderen Bedürfnissen von Kleinstunternehmen sowie kleinen und
mittleren Unternehmen[2,3] wird Rechnung getragen.

(2) Zusätzlich zur Einhaltung durch die unter diese Verordnung
fallenden Verantwortlichen oder Auftragsverarbeiter können auch
datenschutzspezifische Zertifizierungsverfahren, Siegel oder Prüf-
zeichen, die gemäß Absatz 5 des vorliegenden Artikels genehmigt
worden sind, vorgesehen werden, um nachzuweisen, dass die Verantwortlichen oder Auftragsverarbeiter, die gemäß Artikel 3 nicht
unter diese Verordnung fallen, im Rahmen der Übermittlung personenbezogener Daten an Drittländer oder internationale Organisationen nach Maßgabe von Artikel 46 Absatz 2 Buchstabe f geeignete
Garantien bieten. Diese Verantwortlichen oder Auftragsverarbeiter
gehen mittels vertraglicher oder sonstiger rechtlich bindender Instrumente die verbindliche und durchsetzbare Verpflichtung ein,
diese geeigneten Garantien anzuwenden, auch im Hinblick auf die
Rechte der betroffenen Personen.

(3) Die Zertifizierung muss freiwillig und über ein transparentes
Verfahren zugänglich sein.

(4) Eine Zertifizierung gemäß diesem Artikel mindert nicht die
Verantwortung des Verantwortlichen oder des Auftragsverarbeiters

für die Einhaltung dieser Verordnung und berührt nicht die Aufgaben und Befugnisse der Aufsichtsbehörden, die gemäß Artikel 55 oder 56 zuständig sind.

(5) Eine Zertifizierung nach diesem Artikel wird durch die Zertifizierungsstellen nach Artikel 43 oder durch die zuständige Aufsichtsbehörde anhand der von dieser zuständigen Aufsichtsbehörde gemäß Artikel 58 Absatz 3 oder – gemäß Artikel 63 – durch den Ausschuss genehmigten Kriterien erteilt. Werden die Kriterien vom Ausschuss genehmigt, kann dies zu einer gemeinsamen Zertifizierung, dem Europäischen Datenschutzsiegel,[4] führen.

(6) Der Verantwortliche oder der Auftragsverarbeiter, der die von ihm durchgeführte Verarbeitung dem Zertifizierungsverfahren unterwirft, stellt der Zertifizierungsstelle nach Artikel 43 oder gegebenenfalls der zuständigen Aufsichtsbehörde alle für die Durchführung des Zertifizierungsverfahrens erforderlichen Informationen zur Verfügung und gewährt ihr den in diesem Zusammenhang erforderlichen Zugang zu seinen Verarbeitungstätigkeiten.

(7) Die Zertifizierung wird einem Verantwortlichen oder einem Auftragsverarbeiter für eine Höchstdauer von drei Jahren erteilt und kann unter denselben Bedingungen verlängert werden, sofern die einschlägigen Voraussetzungen weiterhin erfüllt werden. Die Zertifizierung wird gegebenenfalls durch die Zertifizierungsstellen nach Artikel 43 oder durch die zuständige Aufsichtsbehörde widerrufen, wenn die Voraussetzungen für die Zertifizierung nicht oder nicht mehr erfüllt werden.

(8) Der Ausschuss nimmt alle Zertifizierungsverfahren und Datenschutzsiegel und -prüfzeichen in ein Register auf und veröffentlicht sie in geeigneter Weise.

Erwägungsgrund

(100) Um die Transparenz zu erhöhen und die Einhaltung dieser Verordnung zu verbessern, sollte angeregt werden, dass Zertifizierungsverfahren sowie Datenschutzsiegel und -prüfzeichen eingeführt werden, die den betroffenen Personen einen raschen Überblick über das Datenschutzniveau einschlägiger Produkte und Dienstleistungen ermöglichen.

Anmerkungen

Ob Zertifizierungen in der Praxis Bedeutung erlangen werden, bleibt **1** abzuwarten. Die **Rechtsvorteile von Zertifizierungen sind jedenfalls überschaubar**, da die Einhaltung genehmigter Zertifizierungsverfahren lediglich als „Faktor" bzw als „Gesichtspunkt" herangezogen wird, um die Einhaltung der DSGVO nachzuweisen (vgl Art 24 Abs 3; Art 25 Abs 3; Art 28 Abs 5; Art 32 Abs 3), jedoch keine Vermutung der Einhaltung der DSGVO begründet.

Siehe Art 40 Rz 2 zur Definition des Begriffs „Kleinstunternehmen sowie **2** kleine und mittlere Unternehmen".

Vgl Erwägungsgrund 13, wonach „die Organe und Einrichtungen der **3** Union sowie die Mitgliedstaaten und deren Aufsichtsbehörden dazu angehalten [werden], bei der Anwendung dieser Verordnung die besonderen Bedürfnisse von Kleinstunternehmen sowie von kleinen und mittleren Unternehmen zu berücksichtigen".

Eine Zertifizierung nach Kriterien, welche vom EDSA genehmigt wurden, **4** wird von Abs 5 als „Europäisches Datenschutzsiegel" bezeichnet. Damit sind das bestehende European Privacy Seal (https://www.european-privacy-seal.eu/) und das Datenschutz-Gütesiegel des Unabhängigen Landeszentrum für Datenschutz Schleswig-Holstein (https://www.datenschutzzentrum.de/guetesiegel/) nicht gemeint.

Artikel 43
Zertifizierungsstellen

(1) Unbeschadet der Aufgaben und Befugnisse der zuständigen Aufsichtsbehörde gemäß den Artikeln 57 und 58 erteilen oder verlängern Zertifizierungsstellen, die über das geeignete Fachwissen hinsichtlich des Datenschutzes verfügen, nach Unterrichtung der Aufsichtsbehörde[1] – damit diese erforderlichenfalls von ihren Befugnissen gemäß Artikel 58 Absatz 2 Buchstabe h Gebrauch machen kann[2] – die Zertifizierung. Die Mitgliedstaaten stellen sicher, dass diese Zertifizierungsstellen von einer oder beiden der folgenden Stellen akkreditiert werden:
  a) der gemäß Artikel 55 oder 56 zuständigen Aufsichtsbehörde;[3]
  b) der nationalen Akkreditierungsstelle, die gemäß der Verordnung (EG) Nr. 765/2008 des Europäischen Parlaments und

des Rates im Einklang mit EN-ISO/IEC 17065/2012[4] und mit den zusätzlichen von der gemäß Artikel 55 oder 56 zuständigen Aufsichtsbehörde festgelegten Anforderungen[5] benannt wurde.

(2) Zertifizierungsstellen nach Absatz 1 dürfen nur dann gemäß dem genannten Absatz akkreditiert werden, wenn sie
a) ihre Unabhängigkeit und ihr Fachwissen hinsichtlich des Gegenstands der Zertifizierung zur Zufriedenheit der zuständigen Aufsichtsbehörde nachgewiesen haben;
b) sich verpflichtet haben, die Kriterien nach Artikel 42 Absatz 5, die von der gemäß Artikel 55 oder 56 zuständigen Aufsichtsbehörde oder – gemäß Artikel 63 – von dem Ausschuss genehmigt wurden, einzuhalten;
c) Verfahren für die Erteilung, die regelmäßige Überprüfung und den Widerruf der Datenschutzzertifizierung sowie der Datenschutzsiegel und -prüfzeichen festgelegt haben;
d) Verfahren und Strukturen festgelegt haben, mit denen sie Beschwerden über Verletzungen der Zertifizierung oder die Art und Weise, in der die Zertifizierung von dem Verantwortlichen oder dem Auftragsverarbeiter umgesetzt wird oder wurde, nachgehen und diese Verfahren und Strukturen für betroffene Personen und die Öffentlichkeit transparent machen, und
e) zur Zufriedenheit der zuständigen Aufsichtsbehörde nachgewiesen haben, dass ihre Aufgaben und Pflichten nicht zu einem Interessenkonflikt führen.

(3) Die Akkreditierung von Zertifizierungsstellen nach den Absätzen 1 und 2 erfolgt anhand der Kriterien, die von der gemäß Artikel 55 oder 56 zuständigen Aufsichtsbehörde oder – gemäß Artikel 63 – von dem Ausschuss genehmigt wurden.[6] Im Fall einer Akkreditierung nach Absatz 1 Buchstabe b des vorliegenden Artikels ergänzen diese Anforderungen diejenigen, die in der Verordnung (EG) Nr. 765/2008 und in den technischen Vorschriften, in denen die Methoden und Verfahren der Zertifizierungsstellen beschrieben werden, vorgesehen sind.

(4) Die Zertifizierungsstellen nach Absatz 1 sind unbeschadet der Verantwortung, die der Verantwortliche oder der Auftragsverarbeiter für die Einhaltung dieser Verordnung hat, für die angemessene Bewertung, die der Zertifizierung oder dem Widerruf einer Zertifizierung zugrunde liegt, verantwortlich. Die Akkreditierung wird für eine Höchstdauer von fünf Jahren erteilt und kann unter denselben

Bedingungen verlängert werden, sofern die Zertifizierungsstelle die Anforderungen dieses Artikels erfüllt.

(5) Die Zertifizierungsstellen nach Absatz 1 teilen den zuständigen Aufsichtsbehörden die Gründe für die Erteilung oder den Widerruf der beantragten Zertifizierung mit.

(6) Die Anforderungen nach Absatz 3 des vorliegenden Artikels und die Kriterien nach Artikel 42 Absatz 5 werden von der Aufsichtsbehörde in leicht zugänglicher Form veröffentlicht. Die Aufsichtsbehörden übermitteln diese Anforderungen und Kriterien auch dem Ausschuss. Der Ausschuss nimmt alle Zertifizierungsverfahren und Datenschutzsiegel in ein Register auf und veröffentlicht sie in geeigneter Weise.[7]

(7) Unbeschadet des Kapitels VIII widerruft die zuständige Aufsichtsbehörde oder die nationale Akkreditierungsstelle die Akkreditierung einer Zertifizierungsstelle nach Absatz 1, wenn die Voraussetzungen für die Akkreditierung nicht oder nicht mehr erfüllt sind oder wenn eine Zertifizierungsstelle Maßnahmen ergreift, die nicht mit dieser Verordnung vereinbar sind.

(8) Der Kommission wird die Befugnis übertragen, gemäß Artikel 92 delegierte Rechtsakte zu erlassen, um die Anforderungen festzulegen, die für die in Artikel 42 Absatz 1 genannten datenschutzspezifischen Zertifizierungsverfahren zu berücksichtigen sind.

(9) Die Kommission kann Durchführungsrechtsakte erlassen, mit denen technische Standards für Zertifizierungsverfahren und Datenschutzsiegel und -prüfzeichen sowie Mechanismen zur Förderung und Anerkennung dieser Zertifizierungsverfahren und Datenschutzsiegel und -prüfzeichen festgelegt werden. Diese Durchführungsrechtsakte werden gemäß dem in Artikel 93 Absatz 2 genannten Prüfverfahren erlassen.

Anmerkungen

Nach Abs 1 ist die für den zu zertifizierenden Verantwortlichen bzw Auftragsverarbeiter **zuständige Aufsichtsbehörde** zu unterrichten. Besteht keine federführende Zuständigkeit nach Art 56 Abs 1, ist jede nach Art 55 Abs 1 allgemein zuständige Aufsichtsbehörde zu unterrichten. In vielen Fällen werden daher die Aufsichtsbehörden mehrerer Mitgliedstaaten zu unterrichten sein (siehe Art 55 Rz 5).

2 Der zuständigen Aufsichtsbehörde kommt nach Abs 1 iVm Art 58 Abs 2 lit h somit hinsichtlich jeder Zertifizierung effektiv ein **Vetorecht** zu.

3 Der in Abs 1 lit a enthaltene Verweis auf die „gemäß Artikel 55 oder 56 zuständigen Aufsichtsbehörde" ist uE dahingehend zu verstehen, dass – vorbehaltlich des Abs 1 lit b – eine Zertifizierungsstelle über eine Akkreditierung von einer Aufsichtsbehörde verfügen muss, die für die Zertifizierungsstelle (und nicht zwingend den zu zertifizierenden Verantwortlichen bzw Auftragsverarbeiter) zuständig ist.

4 Der in Abs 1 lit b genannte Standard ISO/IEC 17065:2012 trägt den Titel „Conformity assessment – Requirements for bodies certifying products, processes and services" und enthält rechtliche und finanzielle Anforderungen sowie Anforderungen an die Struktur, die Ressourcen, die Prozesse und das Managementsystem der Akkreditierungsstelle.

5 Der in Abs 1 lit b enthaltene Verweis auf die „**zusätzlichen von der gemäß Artikel 55 oder 56 zuständigen Aufsichtsbehörde festgelegten Anforderungen**" ist uE dahingehend zu verstehen, dass die für einen konkreten Verantwortlichen oder Auftragsverarbeiter zuständige Behörde materielle Voraussetzungen für die Benennung der Akkreditierungsstelle festlegen kann.

6 Siehe Art 64 Abs 1 lit c.

7 Zur Führung eines öffentlichen Registers der akkreditierten Einrichtungen durch den EDSA nach Abs 6 siehe Art 70 Abs 1 lit o.

Kapitel V
Übermittlungen personenbezogener Daten an Drittländer oder an internationale Organisationen

Artikel 44
Allgemeine Grundsätze der Datenübermittlung

Jedwede Übermittlung[1] personenbezogener Daten, die bereits verarbeitet werden oder nach ihrer Übermittlung an ein Drittland[2,3] oder eine internationale Organisation[4] verarbeitet werden sollen, ist nur zulässig, wenn der Verantwortliche und der Auftragsverarbeiter die in diesem Kapitel niedergelegten Bedingungen einhalten und auch die sonstigen Bestimmungen dieser Verordnung eingehalten werden;[5] dies gilt auch für die etwaige Weiterübermittlung personenbezogener Daten durch das betreffende Drittland oder die betreffende internationale Organisation an ein anderes Drittland oder eine andere internationale Organisation.[6] Alle Bestimmungen dieses Kapitels sind anzuwenden, um sicherzustellen, dass das durch diese Verordnung gewährleistete Schutzniveau für natürliche Personen nicht untergraben wird.

Erwägungsgründe

(101) Der Fluss personenbezogener Daten aus Drittländern und internationalen Organisationen und in Drittländer und internationale Organisationen ist für die Ausweitung des internationalen Handels und der internationalen Zusammenarbeit notwendig. Durch die Zunahme dieser Datenströme sind neue Herausforderungen und Anforderungen in Bezug auf den Schutz personenbezogener Daten entstanden. Das durch diese Verordnung unionsweit gewährleistete Schutzniveau für natürliche Personen sollte jedoch bei der Übermittlung personenbezogener Daten aus der Union an Verantwortliche, Auftragsverarbeiter oder andere Empfänger in Drittländern oder an internationale Organisationen nicht untergraben werden, und zwar auch dann nicht, wenn aus einem Drittland oder von einer internationalen Organisation personenbezogene Daten an Verantwortliche oder Auftragsverarbeiter in demselben oder einem anderen Drittland oder an dieselbe oder eine andere internationale

Organisation weiterübermittelt werden. In jedem Fall sind derartige Datenübermittlungen an Drittländer und internationale Organisationen nur unter strikter Einhaltung dieser Verordnung zulässig. Eine Datenübermittlung könnte nur stattfinden, wenn die in dieser Verordnung festgelegten Bedingungen zur Übermittlung personenbezogener Daten an Drittländer oder internationale Organisationen vorbehaltlich der übrigen Bestimmungen dieser Verordnung von dem Verantwortlichen oder dem Auftragsverarbeiter erfüllt werden.

(102) Internationale Abkommen zwischen der Union und Drittländern über die Übermittlung von personenbezogenen Daten einschließlich geeigneter Garantien für die betroffenen Personen werden von dieser Verordnung nicht berührt. Die Mitgliedstaaten können völkerrechtliche Übereinkünfte schließen, die die Übermittlung personenbezogener Daten an Drittländer oder internationale Organisationen beinhalten, sofern sich diese Übereinkünfte weder auf diese Verordnung noch auf andere Bestimmungen des Unionsrechts auswirken und ein angemessenes Schutzniveau für die Grundrechte der betroffenen Personen umfassen.

Anmerkungen

1 Der Begriff der „**Übermittlung**" ist in der DSGVO nicht definiert, erfasst jedoch grundsätzlich sowohl eine Offenlegung gegenüber einem anderen Verantwortlichen als auch gegenüber einem Auftragsverarbeiter bzw Subauftragsverarbeiter.

Unter Berücksichtigung des Zwecks der Art 44 ff stellt es uE hingegen kein Übermittlung dar, wenn (i) ein Verantwortlicher mit Sitz in einem Drittland selbst personenbezogene Daten in der Union erhebt oder (ii) ein Verantwortlicher mit Sitz in einem Drittland einen Auftragsverarbeiter mit Sitz in der Union zum Zweck der Datenerhebung einsetzt und es so zu einer Offenlegung von personenbezogenen Daten durch den Auftragsverarbeiter gegenüber dem Verantwortlichen kommt oder (iii) ein Verantwortlicher personenbezogene Daten gegenüber dem Betroffenen offenlegt (zB in Antwort auf ein Auskunftsbegehren nach Art 15).

2 Der in der DSGVO nicht definierte Begriff „**Drittland**" umfasst alle Staaten außer (1) die Mitgliedstaaten der Union sowie (2) die Mitgliedstaaten des EWR, dh über die EU-Mitgliedstaaten hinaus Island, Liechtenstein und Norwegen (vgl Art 3 Rz 5).

Die DSGVO definiert nicht, wann eine **„Übermittlung an ein Drittland"** vorliegt, insbesondere ob hierbei auf den Sitz des Empfängers und/oder den Ort der Datenverarbeitung abzustellen ist. Richtigerweise wird bereits eines der beiden Kriterien ausreichend sein, um eine „Übermittlung an ein Drittland" zu begründen. Dies wird uE unabhängig davon gelten, ob der Empfänger im Drittland gem Art 3 Abs 2 der DSGVO unterliegt (vgl Art 3 Rz 7). **3**

Eine Übermittlung an eine Gesellschaft mit Sitz in der Union, welche von einer Gesellschaft mit Sitz in einem Drittland kontrolliert wird, stellt hingegen keine „Übermittlung an ein Drittland" dar. Dies gilt auch dann, wenn die kontrollierende Gesellschaft mit Sitz im Drittland nach dem Recht dieses Drittlandes dazu gezwungen werden kann, ihren kontrollierenden Einfluss über die Gesellschaft in der Union dahingehend zu nutzen, dass diese personenbezogene Daten gegenüber Behörden im Drittland offenlegt (zB dies für den U.S. Stored Communications Act verneinend, *Microsoft Corp. vs. U.S.*, U.S. Court of Appeals for the Second Circuit, Docket-No. 14-2985, 14.7.2016). Erst die Offenlegung selbst wäre als „Übermittlung an ein Drittland" zu beurteilen.

Siehe Art 4 Nr 26 zur Definition des Begriffs „internationale Organisation". **4**

Neben den in diesem Kapitel festgelegten besonderen Vorschriften für internationale Datenübermittlungen müssen daher auch die sonstigen Voraussetzungen der Art 5 ff erfüllt sein. Insbesondere muss für die Übermittlung eine entsprechende Rechtsgrundlage nach Art 6, 9 bzw 10 gegeben sein bzw im Falle einer Übermittlung an einen Auftragsverarbeiter eine Auftragsverarbeitervereinbarung nach Art 28 abgeschlossen werden. **5**

Weiterübermittlungen („onward transfers") vom primären Übermittlungsempfänger an einen Dritten unterliegen daher grundsätzlich denselben Voraussetzungen, wie die ursprüngliche Übermittlung an den primären Übermittlungsempfänger. Dies gilt auch dann, wenn der primäre Übermittlungsempfänger und der Dritte ihren Sitz in demselben Drittland haben (vgl Erwägungsgrund 101 Satz 3, wonach „[d]as durch diese Verordnung unionsweit gewährleistete Schutzniveau für natürliche Personen […] auch dann nicht [untergraben werden sollte], wenn aus einem Drittland oder von einer internationalen Organisation personenbezogene Daten an Verantwortliche oder Auftragsverarbeiter in demselben oder einem anderen Drittland oder an dieselbe oder eine andere internationale Organisation weiterübermittelt werden"). **6**

Artikel 45
Datenübermittlung auf der Grundlage eines Angemessenheitsbeschlusses[1]

(1) Eine Übermittlung[2] personenbezogener Daten an ein Drittland[3,4] oder eine internationale Organisation[5] darf vorgenommen werden, wenn die Kommission beschlossen hat,[6] dass das betreffende Drittland, ein Gebiet oder ein oder mehrere spezifische Sektoren in diesem Drittland oder die betreffende internationale Organisation ein angemessenes Schutzniveau bietet. Eine solche Datenübermittlung bedarf keiner besonderen Genehmigung.[7]

(2) Bei der Prüfung der Angemessenheit des gebotenen Schutzniveaus berücksichtigt die Kommission insbesondere das Folgende:[8]

    a) die Rechtsstaatlichkeit, die Achtung der Menschenrechte und Grundfreiheiten, die in dem betreffenden Land bzw. bei der betreffenden internationalen Organisation geltenden einschlägigen Rechtsvorschriften sowohl allgemeiner als auch sektoraler Art – auch in Bezug auf öffentliche Sicherheit, Verteidigung, nationale Sicherheit und Strafrecht sowie Zugang der Behörden zu personenbezogenen Daten – sowie die Anwendung dieser Rechtsvorschriften, Datenschutzvorschriften, Berufsregeln und Sicherheitsvorschriften einschließlich der Vorschriften für die Weiterübermittlung personenbezogener Daten an ein anderes Drittland bzw. eine andere internationale Organisation, die Rechtsprechung sowie wirksame und durchsetzbare Rechte der betroffenen Person und wirksame verwaltungsrechtliche und gerichtliche Rechtsbehelfe für betroffene Personen, deren personenbezogene Daten übermittelt werden,

    b) die Existenz und die wirksame Funktionsweise einer oder mehrerer unabhängiger Aufsichtsbehörden in dem betreffenden Drittland oder denen eine internationale Organisation untersteht und die für die Einhaltung und Durchsetzung der Datenschutzvorschriften, einschließlich angemessener Durchsetzungsbefugnisse, für die Unterstützung und Beratung der betroffenen Personen bei der Ausübung ihrer Rechte und für die Zusammenarbeit mit den Aufsichtsbehörden der Mitgliedstaaten zuständig sind, und

    c) die von dem betreffenden Drittland bzw. der betreffenden internationalen Organisation eingegangenen internationalen

Verpflichtungen oder andere Verpflichtungen, die sich aus rechtsverbindlichen Übereinkünften oder Instrumenten sowie aus der Teilnahme des Drittlands oder der internationalen Organisation an multilateralen oder regionalen Systemen insbesondere in Bezug auf den Schutz personenbezogener Daten ergeben.

(3) Nach der Beurteilung der Angemessenheit des Schutzniveaus kann die Kommission im Wege eines Durchführungsrechtsaktes beschließen, dass ein Drittland, ein Gebiet oder ein oder mehrere spezifische Sektoren in einem Drittland oder eine internationale Organisation ein angemessenes Schutzniveau im Sinne des Absatzes 2 des vorliegenden Artikels bieten. In dem Durchführungsrechtsakt ist ein Mechanismus für eine regelmäßige Überprüfung, die mindestens alle vier Jahre erfolgt, vorzusehen, bei der allen maßgeblichen Entwicklungen in dem Drittland oder bei der internationalen Organisation Rechnung getragen wird. Im Durchführungsrechtsakt werden der territoriale und der sektorale Anwendungsbereich sowie gegebenenfalls die in Absatz 2 Buchstabe b des vorliegenden Artikels genannte Aufsichtsbehörde bzw. genannten Aufsichtsbehörden angegeben. Der Durchführungsrechtsakt wird gemäß dem in Artikel 93 Absatz 2 genannten Prüfverfahren erlassen.

(4) Die Kommission überwacht fortlaufend die Entwicklungen in Drittländern und bei internationalen Organisationen, die die Wirkungsweise der nach Absatz 3 des vorliegenden Artikels erlassenen Beschlüsse und der nach Artikel 25 Absatz 6 der Richtlinie 95/46/EG erlassenen Feststellungen beeinträchtigen könnten.[9]

(5) Die Kommission widerruft, ändert oder setzt die in Absatz 3 des vorliegenden Artikels genannten Beschlüsse im Wege von Durchführungsrechtsakten aus, soweit dies nötig ist und ohne rückwirkende Kraft, soweit entsprechende Informationen – insbesondere im Anschluss an die in Absatz 3 des vorliegenden Artikels genannte Überprüfung – dahingehend vorliegen, dass ein Drittland, ein Gebiet oder ein oder mehrere spezifischer Sektor in einem Drittland oder eine internationale Organisation kein angemessenes Schutzniveau im Sinne des Absatzes 2 des vorliegenden Artikels mehr gewährleistet. Diese Durchführungsrechtsakte werden gemäß dem Prüfverfahren nach Artikel 93 Absatz 2 erlassen.

In hinreichend begründeten Fällen äußerster Dringlichkeit erlässt die Kommission gemäß dem in Artikel 93 Absatz 3 genannten Verfahren sofort geltende Durchführungsrechtsakte.[10]

(6) Die Kommission nimmt Beratungen mit dem betreffenden Drittland bzw. der betreffenden internationalen Organisation auf, um Abhilfe für die Situation zu schaffen, die zu dem gemäß Absatz 5 erlassenen Beschluss geführt hat.

(7) Übermittlungen personenbezogener Daten an das betreffende Drittland, das Gebiet oder einen oder mehrere spezifische Sektoren in diesem Drittland oder an die betreffende internationale Organisation gemäß den Artikeln 46 bis 49 werden durch einen Beschluss nach Absatz 5 des vorliegenden Artikels nicht berührt.[11]

(8) Die Kommission veröffentlicht im Amtsblatt der Europäischen Union und auf ihrer Website[12] eine Liste aller Drittländer beziehungsweise Gebiete und spezifischen Sektoren in einem Drittland und aller internationalen Organisationen, für die sie durch Beschluss festgestellt hat, dass sie ein angemessenes Schutzniveau gewährleisten bzw. nicht mehr gewährleisten.

(9) Von der Kommission auf der Grundlage von Artikel 25 Absatz 6 der Richtlinie 95/46/EG erlassene Feststellungen bleiben so lange in Kraft, bis sie durch einen nach dem Prüfverfahren gemäß den Absätzen 3 oder 5 des vorliegenden Artikels erlassenen Beschluss der Kommission geändert, ersetzt oder aufgehoben werden.[13]

Erwägungsgründe

Zu Abs 1

(103) Die Kommission darf mit Wirkung für die gesamte Union beschließen, dass ein bestimmtes Drittland, ein Gebiet oder ein bestimmter Sektor eines Drittlands oder eine internationale Organisation ein angemessenes Datenschutzniveau bietet, und auf diese Weise in Bezug auf das Drittland oder die internationale Organisation, das bzw. die für fähig gehalten wird, ein solches Schutzniveau zu bieten, in der gesamten Union Rechtssicherheit schaffen und eine einheitliche Rechtsanwendung sicherstellen. In derartigen Fällen dürfen personenbezogene Daten ohne weitere Genehmigung an dieses Land oder diese internationale Organisation übermittelt werden. Die Kommission kann, nach Abgabe einer ausführlichen Erklärung, in der dem Drittland oder der internationalen Organisation eine Begründung gegeben wird, auch entscheiden, eine solche Feststellung zu widerrufen.

Zu Abs 2

(104) In Übereinstimmung mit den Grundwerten der Union, zu denen insbesondere der Schutz der Menschenrechte zählt, sollte die Kommission bei der Bewertung des Drittlands oder eines Gebiets oder eines bestimmten Sektors eines Drittlands berücksichtigen, inwieweit dort die Rechtsstaatlichkeit gewahrt ist, der Rechtsweg gewährleistet ist und die internationalen Menschenrechtsnormen und -standards eingehalten werden und welche allgemeinen und sektorspezifischen Vorschriften, wozu auch die Vorschriften über die öffentliche Sicherheit, die Landesverteidigung und die nationale Sicherheit sowie die öffentliche Ordnung und das Strafrecht zählen, dort gelten. Die Annahme eines Angemessenheitsbeschlusses in Bezug auf ein Gebiet oder einen bestimmten Sektor eines Drittlands sollte unter Berücksichtigung eindeutiger und objektiver Kriterien wie bestimmter Verarbeitungsvorgänge und des Anwendungsbereichs anwendbarer Rechtsnormen und geltender Rechtsvorschriften in dem Drittland erfolgen. Das Drittland sollte Garantien für ein angemessenes Schutzniveau bieten, das dem innerhalb der Union gewährleisteten Schutzniveau der Sache nach gleichwertig ist, insbesondere in Fällen, in denen personenbezogene Daten in einem oder mehreren spezifischen Sektoren verarbeitet werden. Das Drittland sollte insbesondere eine wirksame unabhängige Überwachung des Datenschutzes gewährleisten und Mechanismen für eine Zusammenarbeit mit den Datenschutzbehörden der Mitgliedstaaten vorsehen, und den betroffenen Personen sollten wirksame und durchsetzbare Rechte sowie wirksame verwaltungsrechtliche und gerichtliche Rechtsbehelfe eingeräumt werden.

(105) Die Kommission sollte neben den internationalen Verpflichtungen, die das Drittland oder die internationale Organisation eingegangen ist, die Verpflichtungen, die sich aus der Teilnahme des Drittlands oder der internationalen Organisation an multilateralen oder regionalen Systemen insbesondere im Hinblick auf den Schutz personenbezogener Daten ergeben, sowie die Umsetzung dieser Verpflichtungen berücksichtigen. Insbesondere sollte der Beitritt des Drittlands zum Übereinkommen des Europarates vom 28. Januar 1981 zum Schutz des Menschen bei der automatischen Verarbeitung personenbezogener Daten und dem dazugehörigen Zusatzprotokoll berücksichtigt werden. Die Kommission sollte den Ausschuss konsultieren, wenn sie das Schutzniveau in Drittländern oder internationalen Organisationen bewertet.

Zu Abs 4

(106) Die Kommission sollte die Wirkungsweise von Feststellungen zum Schutzniveau in einem Drittland, einem Gebiet oder einem bestimmten Sektor eines Drittlands oder einer internationalen Organisation überwachen; sie sollte auch die Wirkungsweise der Feststellungen, die auf der Grundlage des Artikels 25 Absatz 6 oder des Artikels 26 Absatz 4 der Richtlinie 95/46/EG erlassen werden, überwachen. In ihren Angemessenheitsbeschlüssen sollte die Kommission einen Mechanismus für die regelmäßige Überprüfung von deren Wirkungsweise vorsehen. Diese regelmäßige Überprüfung sollte in Konsultation mit dem betreffenden Drittland oder der betreffenden internationalen Organisation erfolgen und allen maßgeblichen Entwicklungen in dem Drittland oder der internationalen Organisation Rechnung tragen. Für die Zwecke der Überwachung und der Durchführung der regelmäßigen Überprüfungen sollte die Kommission die Standpunkte und Feststellungen des Europäischen Parlaments und des Rates sowie der anderen einschlägigen Stellen und Quellen berücksichtigen. Die Kommission sollte innerhalb einer angemessenen Frist die Wirkungsweise der letztgenannten Beschlüsse bewerten und dem durch diese Verordnung eingesetzten Ausschuss im Sinne der Verordnung (EU) Nr. 182/2011 des Europäischen Parlaments und des Rates sowie dem Europäischen Parlament und dem Rat über alle maßgeblichen Feststellungen Bericht erstatten.

Zu Abs 5 bis 7

(107) Die Kommission kann feststellen, dass ein Drittland, ein Gebiet oder ein bestimmter Sektor eines Drittlands oder eine internationale Organisation kein angemessenes Datenschutzniveau mehr bietet. Die Übermittlung personenbezogener Daten an dieses Drittland oder an diese internationale Organisation sollte daraufhin verboten werden, es sei denn, die Anforderungen dieser Verordnung in Bezug auf die Datenübermittlung vorbehaltlich geeigneter Garantien, einschließlich verbindlicher interner Datenschutzvorschriften und auf Ausnahmen für bestimmte Fälle werden erfüllt. In diesem Falle sollten Konsultationen zwischen der Kommission und den betreffenden Drittländern oder internationalen Organisationen vorgesehen werden. Die Kommission sollte dem Drittland oder der internationalen Organisation frühzeitig die Gründe mitteilen und Konsultationen aufnehmen, um Abhilfe für die Situation zu schaffen.

Übermittlung auf Grundlage eines Angemessenheitsbeschlusses **Art 45**

Anmerkungen

Wie bereits nach Art 25 Abs 6 DS-RL hat die Europäische Kommission die Möglichkeit, Angemessenheitsbeschlüsse zu erlassen, welche zu einer Genehmigungsfreiheit der Datenübermittlung führen (siehe Abs 1). Die nach Art 25 Abs 6 DS-RL erlassenen Angemessenheitsbeschlüsse bleiben aufrecht (Abs 9). **1**

Siehe Art 44 Anm 1 zur Definition des Begriffs „Übermittlung". **2**

Siehe Art 44 Anm 2 zur Definition des Begriffs „Drittland". **3**

Siehe Art 44 Anm 3 zur Definition des Begriffs „Übermittlung an ein Drittland". **4**

Siehe Art 4 Nr 26 zur Definition des Begriffs „internationale Organisation". **5**

Ein Angemessenheitsbeschluss ergeht auf Grundlage des Abs 3. **6**

Im Falle des Vorliegens eines Angemessenheitsbeschlusses ist die Übermittlung in das Drittland gem Abs 1 letzter Satz **genehmigungsfrei**. Dessen ungeachtet muss bei einer Übermittlung an einen Auftragsverarbeiter eine Auftragsverarbeitervereinbarung nach Art 28 geschlossen werden. **7**

Vgl Erwägungsgründe 104 und 105. **8**

Vgl Erwägungsgrund 106. **9**

Zur **dringlichen Aussetzung eines Angemessenheitsbeschlusses** nach Abs 5 UAbs 2 führt Erwägungsgrund 169 aus: „Die Kommission sollte sofort geltende Durchführungsrechtsakte erlassen, wenn anhand vorliegender Beweise festgestellt wird, dass ein Drittland, ein Gebiet oder ein bestimmter Sektor in diesem Drittland oder eine internationale Organisation kein angemessenes Schutzniveau gewährleistet, und dies aus Gründen äußerster Dringlichkeit erforderlich ist". **10**

Der **Widerruf eines Angemessenheitsbeschlusses** nach Abs 5 hat daher gemäß Abs 7 keine Auswirkungen auf eine Übermittlung, welche auf Grundlage angemessener Garantien nach Art 46 erfolgt. Vgl Erwägungsgrund 107 Satz 2, wonach im Falle des Widerrufs eines Angemessenheitsbeschlusses „[d]ie Übermittlung personenbezogener Daten an dieses Drittland oder an diese internationale Organisation […] daraufhin verboten werden [sollte], es sei denn, die Anforderungen dieser Verordnung **11**

Art 46

in Bezug auf die Datenübermittlung vorbehaltlich geeigneter Garantien, einschließlich verbindlicher interner Datenschutzvorschriften und auf Ausnahmen für bestimmte Fälle werden erfüllt".

12 Die in Abs 8 genannte Website der Europäischen Kommission, auf welcher alle Angemessenheitsbeschlüsse veröffentlicht sind, findet sich unter: http://ec.europa.eu/justice/data-protection/international-transfers/adequacy/index_en.htm (zuletzt aufgerufen am 19.8.2016).

13 Bisher (Stand 31.7.2016) hat die Europäischen Kommission auf der Grundlage von Art 25 Abs 6 DS-RL folgenden Drittländern ein adäquates Datenschutzniveau attestiert: Andorra, Argentinien, die Färöer Inseln, Guernsey, die Israel, Isle of Man, Jersey, Kanada (soweit der Übermittlungsempfänger dem kanadischen Personal Information Protection and Electronic Documents Act unterliegt), Neuseeland, die Schweiz, Uruguay und die Vereinigten Staaten von Amerika (soweit der Übermittlungsempfänger eine Selbstzertifizierung nach dem Privacy Shield besitzt).

Artikel 46
Datenübermittlung vorbehaltlich geeigneter Garantien[1]

(1) Falls kein Beschluss nach Artikel 45 Absatz 3 vorliegt, darf ein Verantwortlicher oder ein Auftragsverarbeiter personenbezogene Daten an ein Drittland[2,3] oder eine internationale Organisation[4] nur übermitteln,[5] sofern der Verantwortliche oder der Auftragsverarbeiter geeignete Garantien vorgesehen hat und sofern den betroffenen Personen durchsetzbare Rechte und wirksame Rechtsbehelfe zur Verfügung stehen.

(2) Die in Absatz 1 genannten geeigneten Garantien können, ohne dass hierzu eine besondere Genehmigung einer Aufsichtsbehörde erforderlich wäre,[6] bestehen in[7]
a) einem rechtlich bindenden und durchsetzbaren Dokument zwischen den Behörden oder öffentlichen Stellen,[8]
b) verbindlichen internen Datenschutzvorschriften gemäß Artikel 47,[9]
c) Standarddatenschutzklauseln,[10] die von der Kommission gemäß dem Prüfverfahren nach Artikel 93 Absatz 2 erlassen werden,[11,12]

d) von einer Aufsichtsbehörde angenommenen Standarddatenschutzklauseln,[13] die von der Kommission gemäß dem Prüfverfahren nach Artikel 93 Absatz 2 genehmigt wurden,[14]
e) genehmigten Verhaltensregeln gemäß Artikel 40 zusammen mit rechtsverbindlichen und durchsetzbaren Verpflichtungen des Verantwortlichen oder des Auftragsverarbeiters in dem Drittland zur Anwendung der geeigneten Garantien, einschließlich in Bezug auf die Rechte der betroffenen Personen, oder
f) einem genehmigten Zertifizierungsmechanismus gemäß Artikel 42 zusammen mit rechtsverbindlichen und durchsetzbaren Verpflichtungen des Verantwortlichen oder des Auftragsverarbeiters in dem Drittland zur Anwendung der geeigneten Garantien, einschließlich in Bezug auf die Rechte der betroffenen Personen.

(3) Vorbehaltlich der Genehmigung durch die zuständige Aufsichtsbehörde können die geeigneten Garantien gemäß Absatz 1 auch insbesondere[15] bestehen in

a) Vertragsklauseln, die zwischen dem Verantwortlichen oder dem Auftragsverarbeiter und dem Verantwortlichen, dem Auftragsverarbeiter oder dem Empfänger[16] der personenbezogenen Daten im Drittland oder der internationalen Organisation vereinbart wurden,[17] oder
b) Bestimmungen, die in Verwaltungsvereinbarungen zwischen Behörden oder öffentlichen Stellen aufzunehmen sind und durchsetzbare und wirksame Rechte für die betroffenen Personen einschließen.[18]

(4) Die Aufsichtsbehörde wendet das Kohärenzverfahren nach Artikel 63 an, wenn ein Fall gemäß Absatz 3 des vorliegenden Artikels vorliegt.

(5) Von einem Mitgliedstaat oder einer Aufsichtsbehörde auf der Grundlage von Artikel 26 Absatz 2 der Richtlinie 95/46/EG erteilte Genehmigungen bleiben so lange gültig, bis sie erforderlichenfalls von dieser Aufsichtsbehörde geändert, ersetzt oder aufgehoben werden. Von der Kommission auf der Grundlage von Artikel 26 Absatz 4 der Richtlinie 95/46/EG erlassene Feststellungen bleiben so lange in Kraft, bis sie erforderlichenfalls mit einem nach Absatz 2 des vorliegenden Artikels erlassenen Beschluss der Kommission geändert, ersetzt oder aufgehoben werden.

Art 46

Erwägungsgründe

(108) Bei Fehlen eines Angemessenheitsbeschlusses sollte der Verantwortliche oder der Auftragsverarbeiter als Ausgleich für den in einem Drittland bestehenden Mangel an Datenschutz geeignete Garantien für den Schutz der betroffenen Person vorsehen. Diese geeigneten Garantien können darin bestehen, dass auf verbindliche interne Datenschutzvorschriften, von der Kommission oder von einer Aufsichtsbehörde angenommene Standarddatenschutzklauseln oder von einer Aufsichtsbehörde genehmigte Vertragsklauseln zurückgegriffen wird. Diese Garantien sollten sicherstellen, dass die Datenschutzvorschriften und die Rechte der betroffenen Personen auf eine der Verarbeitung innerhalb der Union angemessene Art und Weise beachtet werden; dies gilt auch hinsichtlich der Verfügbarkeit von durchsetzbaren Rechten der betroffenen Person und von wirksamen Rechtsbehelfen einschließlich des Rechts auf wirksame verwaltungsrechtliche oder gerichtliche Rechtsbehelfe sowie des Rechts auf Geltendmachung von Schadenersatzansprüchen in der Union oder in einem Drittland. Sie sollten sich insbesondere auf die Einhaltung der allgemeinen Grundsätze für die Verarbeitung personenbezogener Daten, die Grundsätze des Datenschutzes durch Technik und durch datenschutzfreundliche Voreinstellungen beziehen. Datenübermittlungen dürfen auch von Behörden oder öffentlichen Stellen an Behörden oder öffentliche Stellen in Drittländern oder an internationale Organisationen mit entsprechenden Pflichten oder Aufgaben vorgenommen werden, auch auf der Grundlage von Bestimmungen, die in Verwaltungsvereinbarungen – wie beispielsweise einer gemeinsamen Absichtserklärung –, mit denen den betroffenen Personen durchsetzbare und wirksame Rechte eingeräumt werden, aufzunehmen sind. Die Genehmigung der zuständigen Aufsichtsbehörde sollte erlangt werden, wenn die Garantien in nicht rechtsverbindlichen Verwaltungsvereinbarungen vorgesehen sind.

(109) Die dem Verantwortlichen oder dem Auftragsverarbeiter offenstehende Möglichkeit, auf die von der Kommission oder einer Aufsichtsbehörde festgelegten Standard- Datenschutzklauseln zurückzugreifen, sollte den Verantwortlichen oder den Auftragsverarbeiter weder daran hindern, die Standard-Datenschutzklauseln auch in umfangreicheren Verträgen, wie zum Beispiel Verträgen zwischen dem Auftragsverarbeiter und einem anderen Auftragsverarbeiter, zu verwenden, noch ihn daran hindern, ihnen weitere Klauseln oder zusätzliche Garantien hinzuzufügen, solange diese weder mittelbar noch unmittelbar im Widerspruch

zu den von der Kommission oder einer Aufsichtsbehörde erlassenen Standard-Datenschutzklauseln stehen oder die Grundrechte und Grundfreiheiten der betroffenen Personen beschneiden. Die Verantwortlichen und die Auftragsverarbeiter sollten ermutigt werden, mit vertraglichen Verpflichtungen, die die Standard-Schutzklauseln ergänzen, zusätzliche Garantien zu bieten.

Anmerkungen

Die Zulässigkeit der Übermittlung auf Grundlage geeigneter Garantien nach diesem Art 46 steht unter dem Vorbehalt des Art 49 Abs 5, welcher **Einschränkungen nach nationalem Recht zulässt**, wenn „kein Angemessenheitsbeschluss vor[liegt]". **1**

Siehe Art 44 Anm 2 zur Definition des Begriffs „Drittland". **2**

Siehe Art 44 Anm 3 zur Definition des Begriffs „Übermittlung an ein Drittland". **3**

Siehe Art 4 Nr 26 zur Definition des Begriffs „internationale Organisation". **4**

Siehe Art 44 Anm 1 zur Definition des Begriffs „Übermittlung". **5**

Bei Vorliegen der in Abs 2 genannten geeigneten Garantien – wie insbesondere Standardvertragsklauseln (Abs 2 lit c) – ist die internationale Datenübermittlung daher **genehmigungsfrei**. **6**

Die Liste der geeigneten Garantien in Abs 2 lit a bis f, welche eine Genehmigungsfreiheit bewirken, ist abschließend. Alle sonstigen allenfalls geeigneten Garantien unterliegen dem Genehmigungsvorbehalt des Abs 3. **7**

Erwägungsgrund 108 letzter Satz stellt klar, dass nur eine rechtsverbindliche Verwaltungsvereinbarung eine Genehmigungsfreiheit begründet. Besteht keine Rechtsverbindlichkeit, gilt ein Genehmigungsvorbehalt nach Abs 3 lit b. **8**

Verbindliche interne Datenschutzvorschriften begründen nach Abs 2 lit b eine Genehmigungsfreiheit unabhängig davon, welche Aufsichtsbehörde die verbindlichen internen Datenschutzvorschriften genehmigt hat. Diese uneingeschränkte Anerkennung zwischen allen Mitgliedstaaten ist gerechtfertigt, da die Genehmigung gemäß Art 47 Abs 1 unter Anwendung des Kohärenzverfahrens nach Art 63 erfolgt. **9**

10 Die DSGVO verwendet die Begriffe „**Standarddatenschutzklauseln**" („standard data protection clauses") und „**Standardvertragsklauseln**" („standard contractual clauses") als Synonyme für (i) von der Europäischen Kommission oder einer Aufsichtsbehörde veröffentlichte Vertragsmuster, welche das Fehlen eines angemessenen Datenschutzniveaus in einem Drittstaat kompensieren sollen (Abs 2 lit c und d) und (ii) von der Europäischen Kommission oder einer Aufsichtsbehörde veröffentlichte Vertragsmuster für reguläre Auftragsverarbeitervereinbarungen (Art 28 Abs 7 und 8).

11 Die bisher nach Art 26 Abs 4 DS-RL erlassenen Standardvertragsklauseln bleiben weiterhin wirksam (siehe Abs 5 Satz 2). Dies sind Standardvertragsklauseln für Übermittlungen von einem Verantwortlichen an einen Auftragsverarbeiter (Entscheidung 2001/497/EG idF Entscheidung 2004/915/EG) sowie Standardvertragsklauseln für Übermittlungen eines Verantwortlichen an einen anderen Verantwortlichen (Beschluss 2010/87/EU).

12 Nach dem geltenden Recht mancher Mitgliedstaaten bestand eine Genehmigungsfreiheit bei der Verwendung von Standardvertragsklauseln nur, wenn diese ohne jegliche Modifikationen abgeschlossen wurden. Erwägungsgrund 109 Satz 1 führt nunmehr aus, dass Verantwortliche oder Auftragsverarbeiter nicht daran gehindert werden sollen, den Standard-Datenschutzklauseln „weitere Klauseln oder zusätzliche Garantien hinzuzufügen, solange diese weder mittelbar noch unmittelbar im Widerspruch zu den von der Kommission oder einer Aufsichtsbehörde erlassenen Standard-Datenschutzklauseln stehen oder die Grundrechte und Grundfreiheiten der betroffenen Personen beschneiden". Darüber hinaus hält Erwägungsgrund 109 letzter Satz fest, dass „[d]ie Verantwortlichen und die Auftragsverarbeiter […] ermutigt werden [sollten], mit vertraglichen Verpflichtungen, die die Standard-Schutzklauseln ergänzen, zusätzliche Garantien zu bieten." Diesem Zweck entsprechend ist daher davon auszugehen, dass **Modifikationen der Standard-Datenschutzklauseln**, welche das Schutzniveau erhöhen oder zumindest nicht verringern, keinen Genehmigungsvorbehalt begründen, sondern weiterhin unter Abs 2 lit c zu subsumieren sind.

13 Vor ihrer Annahme müssen die in Abs 2 lit d genannten Standarddatenschutzklauseln dem EDSA zur Stellungnahme vorgelegt werden (Art 64 Abs 1 lit d).

Auch nationale Aufsichtsbehörden erhalten nach Abs 2 lit d die Befugnis, **14** Standarddatenschutzklauseln zu erlassen. Die Pflicht zur Vorlage beim EDSA (Art 64 Abs 1 lit d) sowie das Prüfverfahren nach Art 93 Abs 2 stellen jedoch eine gewisse Einheitlichkeit sicher.

Bei der Aufzählung des Abs 3 lit a und b handelt es sich um eine lediglich **15** demonstrative Aufzählung, sodass auch andere geeignete Garantien denkbar wären. Eine Übermittlung auf Grundlage des Abs 3 erfordert jedoch stets die **Genehmigung** der Aufsichtsbehörde.

Siehe Art 4 Nr 9 zur Definition des Begriffs „Empfänger". **16**

Vor Genehmigung der Vertragsklauseln nach Abs 3 lit a sind diese dem **17** EDSA zur Stellungnahme vorzulegen (Art 64 Abs 1 lit e).

Vgl Erwägungsgrund 108 Satz 5, wonach „Datenübermittlungen [...] **18** auch von Behörden oder öffentlichen Stellen an Behörden oder öffentliche Stellen in Drittländern oder an internationale Organisationen mit entsprechenden Pflichten oder Aufgaben vorgenommen werden [dürfen], auch auf der Grundlage von Bestimmungen, die in Verwaltungsvereinbarungen – wie beispielsweise einer gemeinsamen Absichtserklärung –, mit denen den betroffenen Personen durchsetzbare und wirksame Rechte eingeräumt werden, aufzunehmen sind".

Artikel 47
Verbindliche interne Datenschutzvorschriften[1]

(1) Die zuständige Aufsichtsbehörde genehmigt gemäß dem Kohärenzverfahren nach Artikel 63[2] verbindliche interne Datenschutzvorschriften,[3] sofern diese
a) rechtlich bindend sind, für alle betreffenden Mitglieder der Unternehmensgruppe[4] oder einer Gruppe von Unternehmen, die eine gemeinsame Wirtschaftstätigkeit ausüben,[5] gelten und von diesen Mitgliedern durchgesetzt werden, und dies auch für ihre Beschäftigten gilt,
b) den betroffenen Personen ausdrücklich durchsetzbare Rechte in Bezug auf die Verarbeitung ihrer personenbezogenen Daten übertragen und
c) die in Absatz 2 festgelegten Anforderungen erfüllen.
(2) Die verbindlichen internen Datenschutzvorschriften nach Absatz 1 enthalten mindestens folgende Angaben:

a) Struktur und Kontaktdaten[6] der Unternehmensgruppe oder Gruppe von Unternehmen, die eine gemeinsame Wirtschaftstätigkeit ausüben, und jedes ihrer Mitglieder;[7]
b) die betreffenden Datenübermittlungen oder Reihen von Datenübermittlungen einschließlich der betreffenden Arten personenbezogener Daten, Art und Zweck der Datenverarbeitung, Art der betroffenen Personen und das betreffende Drittland beziehungsweise die betreffenden Drittländer;
c) interne und externe Rechtsverbindlichkeit der betreffenden internen Datenschutzvorschriften;
d) die Anwendung der allgemeinen Datenschutzgrundsätze, insbesondere Zweckbindung, Datenminimierung, begrenzte Speicherfristen, Datenqualität, Datenschutz durch Technikgestaltung und durch datenschutzfreundliche Voreinstellungen, Rechtsgrundlage für die Verarbeitung, Verarbeitung besonderer Kategorien von personenbezogenen Daten, Maßnahmen zur Sicherstellung der Datensicherheit und Anforderungen für die Weiterübermittlung an nicht an diese internen Datenschutzvorschriften gebundene Stellen;
e) die Rechte der betroffenen Personen in Bezug auf die Verarbeitung und die diesen offenstehenden Mittel zur Wahrnehmung dieser Rechte einschließlich des Rechts, nicht einer ausschließlich auf einer automatisierten Verarbeitung – einschließlich Profiling – beruhenden Entscheidung nach Artikel 22 unterworfen zu werden sowie des in Artikel 79 niedergelegten Rechts auf Beschwerde bei der zuständigen Aufsichtsbehörde beziehungsweise auf Einlegung eines Rechtsbehelfs bei den zuständigen Gerichten der Mitgliedstaaten und im Falle einer Verletzung der verbindlichen internen Datenschutzvorschriften Wiedergutmachung und gegebenenfalls Schadenersatz zu erhalten;
f) die von dem in einem Mitgliedstaat niedergelassenen Verantwortlichen oder Auftragsverarbeiter übernommene Haftung für etwaige Verstöße eines nicht in der Union niedergelassenen betreffenden Mitglieds der Unternehmensgruppe gegen die verbindlichen internen Datenschutzvorschriften; der Verantwortliche oder der Auftragsverarbeiter ist nur dann teilweise oder vollständig von dieser Haftung befreit, wenn er nachweist, dass der Umstand, durch den der Schaden eingetreten ist, dem betreffenden Mitglied nicht zur Last gelegt werden kann;

g) die Art und Weise, wie die betroffenen Personen über die Bestimmungen der Artikel 13 und 14 hinaus über die verbindlichen internen Datenschutzvorschriften und insbesondere über die unter den Buchstaben d, e und f dieses Absatzes genannten Aspekte informiert werden;
h) die Aufgaben jedes gemäß Artikel 37 benannten Datenschutzbeauftragten oder jeder anderen Person oder Einrichtung, die mit der Überwachung der Einhaltung der verbindlichen internen Datenschutzvorschriften in der Unternehmensgruppe oder Gruppe von Unternehmen, die eine gemeinsame Wirtschaftstätigkeit ausüben, sowie mit der Überwachung der Schulungsmaßnahmen und dem Umgang mit Beschwerden befasst ist;
i) die Beschwerdeverfahren;
j) die innerhalb der Unternehmensgruppe oder Gruppe von Unternehmen, die eine gemeinsame Wirtschaftstätigkeit ausüben, bestehenden Verfahren zur Überprüfung der Einhaltung der verbindlichen internen Datenschutzvorschriften. Derartige Verfahren beinhalten Datenschutzüberprüfungen und Verfahren zur Gewährleistung von Abhilfemaßnahmen zum Schutz der Rechte der betroffenen Person. Die Ergebnisse derartiger Überprüfungen sollten der in Buchstabe h genannten Person oder Einrichtung sowie dem Verwaltungsrat des herrschenden Unternehmens einer Unternehmensgruppe oder der Gruppe von Unternehmen, die eine gemeinsame Wirtschaftstätigkeit ausüben, mitgeteilt werden und sollten der zuständigen Aufsichtsbehörde auf Anfrage zur Verfügung gestellt werden;
k) die Verfahren für die Meldung und Erfassung von Änderungen der Vorschriften und ihre Meldung an die Aufsichtsbehörde;
l) die Verfahren für die Zusammenarbeit mit der Aufsichtsbehörde, die die Befolgung der Vorschriften durch sämtliche Mitglieder der Unternehmensgruppe oder Gruppe von Unternehmen, die eine gemeinsame Wirtschaftstätigkeit ausüben, gewährleisten, insbesondere durch Offenlegung der Ergebnisse von Überprüfungen der unter Buchstabe j genannten Maßnahmen gegenüber der Aufsichtsbehörde;
m) die Meldeverfahren zur Unterrichtung der zuständigen Aufsichtsbehörde über jegliche für ein Mitglied der Unternehmensgruppe oder Gruppe von Unternehmen, die eine

gemeinsame Wirtschaftstätigkeit ausüben, in einem Drittland geltenden rechtlichen Bestimmungen, die sich nachteilig auf die Garantien auswirken könnten, die die verbindlichen internen Datenschutzvorschriften bieten, und

n) geeignete Datenschutzschulungen für Personal mit ständigem oder regelmäßigem Zugang zu personenbezogenen Daten.

(3) Die Kommission kann das Format und die Verfahren für den Informationsaustausch über verbindliche interne Datenschutzvorschriften im Sinne des vorliegenden Artikels zwischen Verantwortlichen, Auftragsverarbeitern und Aufsichtsbehörden festlegen. Diese Durchführungsrechtsakte werden gemäß dem Prüfverfahren nach Artikel 93 Absatz 2 erlassen.

Erwägungsgrund

(110) Jede Unternehmensgruppe oder jede Gruppe von Unternehmen, die eine gemeinsame Wirtschaftstätigkeit ausüben, sollte für ihre internationalen Datenübermittlungen aus der Union an Organisationen derselben Unternehmensgruppe oder derselben Gruppe von Unternehmen, die eine gemeinsame Wirtschaftstätigkeit ausüben, genehmigte verbindliche interne Datenschutzvorschriften anwenden dürfen, sofern diese sämtliche Grundprinzipien und durchsetzbaren Rechte enthalten, die geeignete Garantien für die Übermittlungen beziehungsweise Kategorien von Übermittlungen personenbezogener Daten bieten.

Anmerkungen

1 Verbindliche interne Datenschutzvorschriften sind auch im deutschen Sprachraum besser unter dem Namen „**Binding Corporate Rules**" oder „**BCR**" bekannt. Sie begründen nach Art 46 Abs 2 lit b geeignete Garantien für sämtliche konzerninterne Datenübermittlungen, jedoch nicht für Übermittlungen an konzernexterne Dritte und stellen daher eine Art von Konzernprivileg dar.

Nach Art 70 Abs 1 lit i kann der EDSA Leitlinien, Empfehlungen und bewährte Verfahren zur näheren Bestimmung der in Abs 2 aufgeführten Kriterien und Anforderungen für die Übermittlungen personenbezogener Daten auf Grundlage verbindlicher interner Datenschutzvorschriften erlassen.

Nicht zulässige Übermittlung oder Offenlegung **Art 48**

Die Anwendung des **Kohärenzverfahrens** nach Art 63 iVm Art 64 Abs 1 lit f rechtfertigt die uneingeschränkte Anerkennung der BCR zwischen allen Mitgliedstaaten (siehe Art 46 Rz 9). **2**

Siehe Art 4 Nr 20 zur Definition des Begriffs „verbindliche interne Datenschutzvorschriften". **3**

Siehe Art 4 Nr 19 zur Definition des Begriffs „Unternehmensgruppe". **4**

Siehe Art 4 Rz 49 zur Auslegung des Begriffs der „Gruppe von Unternehmen, die eine gemeinsame Wirtschaftstätigkeit ausüben" und seiner Abgrenzung gegenüber der „Unternehmensgruppe" iSd Art 4 Nr 19. **5**

Siehe Art 13 Rz 7 zur Definition des Begriffs „Kontaktdaten". **6**

Ungeachtet der Bestimmung des Abs 2 lit a, wonach die Kontaktdaten jedes Mitglieds der Gruppe verpflichtender Inhalt der BCR sind, sollte uE im Fall der Eingliederung neuer Gesellschaften in die Gruppe nicht notwendigerweise eine neue Genehmigung erforderlich sein. In der Praxis wird jedoch eine klärende Abstimmung mit der zuständigen Aufsichtsbehörde ratsam sein. **7**

Artikel 48
Nach dem Unionsrecht nicht zulässige Übermittlung oder Offenlegung

Jegliches Urteil eines Gerichts eines Drittlands[1] und jegliche Entscheidung einer Verwaltungsbehörde eines Drittlands, mit denen von einem Verantwortlichen oder einem Auftragsverarbeiter die Übermittlung oder Offenlegung personenbezogener Daten verlangt wird, dürfen unbeschadet anderer Gründe für die Übermittlung gemäß diesem Kapitel jedenfalls nur dann anerkannt oder vollstreckbar werden, wenn sie auf eine in Kraft befindliche internationale Übereinkunft wie etwa ein Rechtshilfeabkommen zwischen dem ersuchenden Drittland und der Union oder einem Mitgliedstaat gestützt sind.[2]

Erwägungsgrund

(115) Manche Drittländer erlassen Gesetze, Vorschriften und sonstige Rechtsakte, die vorgeben, die Verarbeitungstätigkeiten natürlicher und juristischer Personen, die der Rechtsprechung der Mitgliedstaaten unterliegen, unmittelbar zu regeln. Dies kann Urteile von Gerichten und

Entscheidungen von Verwaltungsbehörden in Drittländern umfassen, mit denen von einem Verantwortlichen oder einem Auftragsverarbeiter die Übermittlung oder Offenlegung personenbezogener Daten verlangt wird und die nicht auf eine in Kraft befindliche internationale Übereinkunft wie etwa ein Rechtshilfeabkommen zwischen dem ersuchenden Drittland und der Union oder einem Mitgliedstaat gestützt sind. Die Anwendung dieser Gesetze, Verordnungen und sonstigen Rechtsakte außerhalb des Hoheitsgebiets der betreffenden Drittländer kann gegen internationales Recht verstoßen und dem durch diese Verordnung in der Union gewährleisteten Schutz natürlicher Personen zuwiderlaufen. Datenübermittlungen sollten daher nur zulässig sein, wenn die Bedingungen dieser Verordnung für Datenübermittlungen an Drittländer eingehalten werden. Dies kann unter anderem der Fall sein, wenn die Offenlegung aus einem wichtigen öffentlichen Interesse erforderlich ist, das im Unionsrecht oder im Recht des Mitgliedstaats, dem der Verantwortliche unterliegt, anerkannt ist.

Anmerkungen

1 Siehe Art 44 Anm 2 zur Definition des Begriffs „Drittland".

2 Mangels Anerkennung derartiger Entscheidungen eines Drittlands ist die Rechtmäßigkeit der Offenlegung ausschließlich nach der DSGVO zu prüfen. Insbesondere ist für die Offenlegung eine **Rechtsgrundlage nach Art 6, 9 bzw 10 erforderlich** (zB ein überwiegendes berechtigtes Interesse nach Art 6 Abs 1 UAbs 1 lit f oder eine Notwendigkeit zur Geltendmachung, Ausübung oder Verteidigung von Rechtsansprüchen nach Art 9 Abs 2 lit f).

Artikel 49
Ausnahmen für bestimmte Fälle[1]

(1) Falls weder ein Angemessenheitsbeschluss nach Artikel 45 Absatz 3 vorliegt noch geeignete Garantien nach Artikel 46, einschließlich verbindlicher interner Datenschutzvorschriften,[2] bestehen, ist eine Übermittlung[3] oder eine Reihe von Übermittlungen personenbezogener Daten an ein Drittland[4] oder an eine internationale Organisation[5] nur unter einer der folgenden Bedingungen zulässig:[6]
  a) die betroffene Person hat in die vorgeschlagene Datenübermittlung ausdrücklich eingewilligt,[7,8] nachdem sie über die

für sie bestehenden möglichen Risiken derartiger Datenübermittlungen ohne Vorliegen eines Angemessenheitsbeschlusses und ohne geeignete Garantien unterrichtet wurde,[9]
b) die Übermittlung ist für die Erfüllung eines Vertrags zwischen der betroffenen Person und dem Verantwortlichen oder zur Durchführung von vorvertraglichen Maßnahmen auf Antrag der betroffenen Person erforderlich,[10]
c) die Übermittlung ist zum Abschluss oder zur Erfüllung eines im Interesse der betroffenen Person von dem Verantwortlichen mit einer anderen natürlichen oder juristischen Person geschlossenen Vertrags erforderlich,[11,12]
d) die Übermittlung ist aus wichtigen Gründen des öffentlichen Interesses notwendig,[13]
e) die Übermittlung ist zur Geltendmachung, Ausübung oder Verteidigung von Rechtsansprüchen erforderlich,[14]
f) die Übermittlung ist zum Schutz lebenswichtiger Interessen der betroffenen Person oder anderer Personen erforderlich, sofern die betroffene Person aus physischen oder rechtlichen Gründen außerstande ist, ihre Einwilligung[15] zu geben,
g) die Übermittlung erfolgt aus einem Register, das gemäß dem Recht der Union oder der Mitgliedstaaten zur Information der Öffentlichkeit bestimmt ist und entweder der gesamten Öffentlichkeit oder allen Personen, die ein berechtigtes Interesse nachweisen können, zur Einsichtnahme offensteht,[16] aber nur soweit die im Recht der Union oder der Mitgliedstaaten festgelegten Voraussetzungen für die Einsichtnahme im Einzelfall gegeben sind.[17]

Falls die Übermittlung nicht auf eine Bestimmung der Artikel 45 oder 46 – einschließlich der verbindlichen internen Datenschutzvorschriften – gestützt werden könnte und keine der Ausnahmen für einen bestimmten Fall gemäß dem ersten Unterabsatz anwendbar ist, darf eine Übermittlung an ein Drittland oder eine internationale Organisation nur dann erfolgen, wenn die Übermittlung nicht wiederholt erfolgt, nur eine begrenzte Zahl von betroffenen Personen betrifft, für die Wahrung der zwingenden berechtigten Interessen des Verantwortlichen erforderlich ist, sofern die Interessen oder die Rechte und Freiheiten der betroffenen Person nicht überwiegen, und der Verantwortliche alle Umstände der Datenübermittlung beurteilt und auf der Grundlage dieser Beurteilung geeignete Garantien in Bezug auf den Schutz personenbezogener Daten vorgesehen hat.

Der Verantwortliche setzt die Aufsichtsbehörde von der Übermittlung in Kenntnis.[18] Der Verantwortliche unterrichtet die betroffene Person über die Übermittlung und seine zwingenden berechtigten Interessen; dies erfolgt zusätzlich zu den der betroffenen Person nach den Artikeln 13 und 14 mitgeteilten Informationen.

(2) Datenübermittlungen gemäß Absatz 1 Unterabsatz 1 Buchstabe g dürfen nicht die Gesamtheit oder ganze Kategorien der im Register enthaltenen personenbezogenen Daten umfassen. Wenn das Register der Einsichtnahme durch Personen mit berechtigtem Interesse dient, darf die Übermittlung nur auf Anfrage dieser Personen oder nur dann erfolgen, wenn diese Personen die Adressaten der Übermittlung sind.

(3) Absatz 1 Unterabsatz 1 Buchstaben a, b und c und sowie Absatz 1 Unterabsatz 2 gelten nicht für Tätigkeiten, die Behörden in Ausübung ihrer hoheitlichen Befugnisse durchführen.

(4) Das öffentliche Interesse im Sinne des Absatzes 1 Unterabsatz 1 Buchstabe d muss im Unionsrecht oder im Recht des Mitgliedstaats, dem der Verantwortliche unterliegt, anerkannt sein.

(5) Liegt kein Angemessenheitsbeschluss vor, so können im Unionsrecht oder im Recht der Mitgliedstaaten aus wichtigen Gründen des öffentlichen Interesses ausdrücklich Beschränkungen der Übermittlung bestimmter Kategorien von personenbezogenen Daten an Drittländer oder internationale Organisationen vorgesehen werden. Die Mitgliedstaaten teilen der Kommission derartige Bestimmungen mit.

(6) Der Verantwortliche oder der Auftragsverarbeiter erfasst die von ihm vorgenommene Beurteilung sowie die angemessenen Garantien im Sinne des Absatzes 1 Unterabsatz 2 des vorliegenden Artikels in der Dokumentation gemäß Artikel 30.

Erwägungsgründe

(111) Datenübermittlungen sollten unter bestimmten Voraussetzungen zulässig sein, nämlich wenn die betroffene Person ihre ausdrückliche Einwilligung erteilt hat, wenn die Übermittlung gelegentlich erfolgt und im Rahmen eines Vertrags oder zur Geltendmachung von Rechtsansprüchen, sei es vor Gericht oder auf dem Verwaltungswege oder in außergerichtlichen Verfahren, wozu auch Verfahren vor Regulierungsbehörden zählen, erforderlich ist. Die Übermittlung sollte zudem möglich sein, wenn sie zur Wahrung eines im Unionsrecht oder im Recht eines

Mitgliedstaats festgelegten wichtigen öffentlichen Interesses erforderlich ist oder wenn sie aus einem durch Rechtsvorschriften vorgesehenen Register erfolgt, das von der Öffentlichkeit oder Personen mit berechtigtem Interesse eingesehen werden kann. In letzterem Fall sollte sich eine solche Übermittlung nicht auf die Gesamtheit oder ganze Kategorien der im Register enthaltenen personenbezogenen Daten erstrecken dürfen. Ist das betreffende Register zur Einsichtnahme durch Personen mit berechtigtem Interesse bestimmt, sollte die Übermittlung nur auf Anfrage dieser Personen oder nur dann erfolgen, wenn diese Personen die Adressaten der Übermittlung sind, wobei den Interessen und Grundrechten der betroffenen Person in vollem Umfang Rechnung zu tragen ist.

(112) Diese Ausnahmen sollten insbesondere für Datenübermittlungen gelten, die aus wichtigen Gründen des öffentlichen Interesses erforderlich sind, beispielsweise für den internationalen Datenaustausch zwischen Wettbewerbs-, Steuer- oder Zollbehörden, zwischen Finanzaufsichtsbehörden oder zwischen für Angelegenheiten der sozialen Sicherheit oder für die öffentliche Gesundheit zuständigen Diensten, beispielsweise im Falle der Umgebungsuntersuchung bei ansteckenden Krankheiten oder zur Verringerung und/oder Beseitigung des Dopings im Sport. Die Übermittlung personenbezogener Daten sollte ebenfalls als rechtmäßig angesehen werden, wenn sie erforderlich ist, um ein Interesse, das für die lebenswichtigen Interessen – einschließlich der körperlichen Unversehrtheit oder des Lebens – der betroffenen Person oder einer anderen Person wesentlich ist, zu schützen und die betroffene Person außerstande ist, ihre Einwilligung zu geben. Liegt kein Angemessenheitsbeschluss vor, so können im Unionsrecht oder im Recht der Mitgliedstaaten aus wichtigen Gründen des öffentlichen Interesses ausdrücklich Beschränkungen der Übermittlung bestimmter Kategorien von Daten an Drittländer oder internationale Organisationen vorgesehen werden. Die Mitgliedstaaten sollten solche Bestimmungen der Kommission mitteilen. Jede Übermittlung personenbezogener Daten einer betroffenen Person, die aus physischen oder rechtlichen Gründen außerstande ist, ihre Einwilligung zu erteilen, an eine internationale humanitäre Organisation, die erfolgt, um eine nach den Genfer Konventionen obliegende Aufgabe auszuführen oder um dem in bewaffneten Konflikten anwendbaren humanitären Völkerrecht nachzukommen, könnte als aus einem wichtigen Grund im öffentlichen Interesse notwendig oder als im lebenswichtigen Interesse der betroffenen Person liegend erachtet werden.

(113) Übermittlungen, die als nicht wiederholt erfolgend gelten können und nur eine begrenzte Zahl von betroffenen Personen betreffen, könnten auch zur Wahrung der zwingenden berechtigten Interessen des Verantwortlichen möglich sein, sofern die Interessen oder Rechte und Freiheiten der betroffenen Person nicht überwiegen und der Verantwortliche sämtliche Umstände der Datenübermittlung geprüft hat. Der Verantwortliche sollte insbesondere die Art der personenbezogenen Daten, den Zweck und die Dauer der vorgesehenen Verarbeitung, die Situation im Herkunftsland, in dem betreffenden Drittland und im Endbestimmungsland berücksichtigen und angemessene Garantien zum Schutz der Grundrechte und Grundfreiheiten natürlicher Personen in Bezug auf die Verarbeitung ihrer personenbezogener Daten vorsehen. Diese Übermittlungen sollten nur in den verbleibenden Fällen möglich sein, in denen keiner der anderen Gründe für die Übermittlung anwendbar ist. Bei wissenschaftlichen oder historischen Forschungszwecken oder bei statistischen Zwecken sollten die legitimen gesellschaftlichen Erwartungen in Bezug auf einen Wissenszuwachs berücksichtigt werden. Der Verantwortliche sollte die Aufsichtsbehörde und die betroffene Person von der Übermittlung in Kenntnis setzen.

(114) In allen Fällen, in denen kein Kommissionsbeschluss zur Angemessenheit des in einem Drittland bestehenden Datenschutzniveaus vorliegt, sollte der Verantwortliche oder der Auftragsverarbeiter auf Lösungen zurückgreifen, mit denen den betroffenen Personen durchsetzbare und wirksame Rechte in Bezug auf die Verarbeitung ihrer personenbezogenen Daten in der Union nach der Übermittlung dieser Daten eingeräumt werden, damit sie weiterhin die Grundrechte und Garantien genießen können.

[Erwägungsgrund 115 ist bei Art 48 abgedruckt.]

Anmerkungen

1 Die Zulässigkeit der Übermittlung auf Grundlage einer der Ausnahmebestimmungen dieses Art 47 steht unter dem Vorbehalt des Abs 5, welcher Einschränkungen nach nationalem Recht zulässt, wenn „kein Angemessenheitsbeschluss vor[liegt]".

2 Siehe Art 47.

3 Siehe Art 44 Rz 3 zur Definition des Begriffs „Übermittlung".

| Ausnahmen für bestimmte Fälle | **Art 49** |

Siehe Art 44 Rz 2 zur Definition des Begriffs „Drittland". **4**

Siehe Art 4 Nr 26 zur Definition des Begriffs „internationale Organisa- **5**
tion".

Der EDSA kann zur näheren Bestimmung der Kriterien und Bedingungen **6**
für die Übermittlungen personenbezogener Daten nach Abs 1 Leitlinien,
Empfehlungen und bewährte Verfahren veröffentlichen (Art 70 Abs 1
lit j).

Siehe Art 4 Nr 11 zur Definition des Begriffs „**Einwilligung**" sowie **7**
Art 7 f zu den weiteren Bedingungen der Einwilligung. Über die dort genannten
Voraussetzungen hinaus, muss hinsichtlich einer internationalen
Datenübermittlung eine Einwilligung **ausdrücklich** erfolgen. Insbesondere
das Anklicken einer entsprechend gekennzeichneten Checkbox
im Rahmen eines Online-Registrierungsprozesses ist als ausdrückliche
Erklärung zu beurteilen.

Die Ausnahmeregelung der ausdrücklichen Einwilligung nach Abs 1 **8**
UAbs 1 lit a gilt nicht für Tätigkeiten, die Behörden in Ausübung ihrer
hoheitlichen Befugnisse durchführen (siehe Abs 3).

Mit dem Erfordernis, dass die ausdrückliche Einwilligung nach Abs 1 **9**
UAbs 1 lit a erst nach Unterrichtung über die möglichen Risiken einer
Datenübermittlungen ohne Angemessenheitsbeschlusses oder geeignete
Garantien erfolgt, ist das Erfordernis der Informiertheit der Einwilligung
angesprochen (vgl Art 4 Rz 25). Dies wird es erforderlich machen, vorab
über das Drittland zu informieren, in welches die Daten übermittelt
werden sollen. Ob allerdings über die Identität des Übermittlungsempfängers
informiert werden muss, ist fraglich, zumal diese meist keinen
Einfluss auf das im Drittland bestehende Risiko hat.

Die Ausnahmeregelung der **Erforderlichkeit für die Vertragserfüllung** **10**
bzw für die Durchführung von vorvertraglichen Maßnahmen nach
Abs 1 UAbs 1 lit b gilt naheliegenderweise nicht für Tätigkeiten, die
Behörden in Ausübung ihrer hoheitlichen Befugnisse durchführen (siehe
Abs 3).

Abs 1 UAbs 1 lit c findet im Unterschied zu lit b Anwendung, wenn der **11**
fragliche Vertrag zwar nicht mit der betroffenen Person aber zumindest
in ihrem Interesse geschlossen wurde.

Die Ausnahmeregelung der **Erforderlichkeit für den Abschluss oder** **12**
die Erfüllung eines im Interesse der betroffenen Person geschlossenen

Vertrages nach Abs 1 UAbs 1 lit c gilt naheliegenderweise nicht für Tätigkeiten, die Behörden in Ausübung ihrer hoheitlichen Befugnisse durchführen (siehe Abs 3).

13 Bei dem öffentlichen Interesse iSd Abs 1 UAbs 1 lit d muss es sich gemäß Abs 4 um ein Interesse handeln, welches im Unionsrecht oder im Recht des Mitgliedstaats, dem der Verantwortliche unterliegt, anerkannt ist. Erwägungsgrund 112 Satz 1 nennt als Beispiele wichtiger Gründe des öffentlichen Interesses „den internationalen Datenaustausch zwischen Wettbewerbs-, Steuer- oder Zollbehörden, zwischen Finanzaufsichtsbehörden oder zwischen für Angelegenheiten der sozialen Sicherheit oder für die öffentliche Gesundheit zuständigen Diensten, beispielsweise im Falle der Umgebungsuntersuchung bei ansteckenden Krankheiten oder zur Verringerung und/oder Beseitigung des Dopings im Sport". Ein weiteres Beispiel ist laut Erwägungsgrund 112 letzter Satz die Übermittlung „an eine internationale humanitäre Organisation, die erfolgt, um eine nach den Genfer Konventionen obliegende Aufgabe auszuführen oder um dem in bewaffneten Konflikten anwendbaren humanitären Völkerrecht nachzukommen".

14 Erwägungsgrund 111 Satz 1 stellt klar, dass der Tatbestand der **Notwendigkeit für die Geltendmachung oder Ausübung von bzw Verteidigung gegen Rechtsansprüche** nicht auf gerichtliche Verfahren beschränkt ist, sondern allgemein gilt, „sei es vor Gericht oder auf dem Verwaltungswege oder in außergerichtlichen Verfahren, wozu auch Verfahren vor Regulierungsbehörden zählen". Zum spiegelbildlichen allgemeinen Erlaubnistatbestand für die Verarbeitung sensibler Daten vgl Art 9 Abs 2 lit f.

15 Siehe Art 4 Nr 11 zur Definition des Begriffs „Einwilligung".

16 Ein Register iSd Abs 1 UAbs 1 lit g ist zB das Firmenbuch oder das Grundbuch.

17 Siehe Abs 2.

18 Aus Abs 1 UAbs 2 und UAbs 3 ergeben sich **folgende Voraussetzungen für die ausnahmsweise Zulässigkeit** der Datenübermittlung trotz Fehlens eines Angemessenheitsbeschlusses, angemessener Garantien oder einer der Ausnahmen nach Abs 1 UAbs 1: (i) die Übermittlung erfolgt nicht wiederholt, (ii) es gibt nur eine begrenzte Zahl von betroffenen Personen, (iii) es existieren überwiegende berechtigte Interessen des Verantwortlichen, (iv) der Verantwortliche hat „geeignete Garantien in

Bezug auf den Schutz personenbezogener Daten vorgesehen", (v) der Verantwortliche informiert die Aufsichtsbehörde über die Übermittlung und (vi) der Verantwortliche informiert ad hoc (und nicht im Vorhinein nach Art 13f) die betroffene Person über die Übermittlung und seine zwingenden berechtigten Interessen (vgl auch Erwägungsgrund 113).

Artikel 50
Internationale Zusammenarbeit zum Schutz personenbezogener Daten

In Bezug auf Drittländer[1] und internationale Organisationen[2] treffen die Kommission und die Aufsichtsbehörden geeignete Maßnahmen zur
  a) Entwicklung von Mechanismen der internationalen Zusammenarbeit, durch die die wirksame Durchsetzung von Rechtsvorschriften zum Schutz personenbezogener Daten erleichtert wird,
  b) gegenseitigen Leistung internationaler Amtshilfe bei der Durchsetzung von Rechtsvorschriften zum Schutz personenbezogener Daten, unter anderem durch Meldungen, Beschwerdeverweisungen, Amtshilfe bei Untersuchungen und Informationsaustausch, sofern geeignete Garantien für den Schutz personenbezogener Daten und anderer Grundrechte und Grundfreiheiten bestehen,
  c) Einbindung maßgeblicher Interessenträger in Diskussionen und Tätigkeiten, die zum Ausbau der internationalen Zusammenarbeit bei der Durchsetzung von Rechtsvorschriften zum Schutz personenbezogener Daten dienen,
  d) Förderung des Austauschs und der Dokumentation von Rechtsvorschriften und Praktiken zum Schutz personenbezogener Daten einschließlich Zuständigkeitskonflikten mit Drittländern.

Erwägungsgrund

(116) Wenn personenbezogene Daten in ein anderes Land außerhalb der Union übermittelt werden, besteht eine erhöhte Gefahr, dass natürliche Personen ihre Datenschutzrechte nicht wahrnehmen können und sich insbesondere gegen die unrechtmäßige Nutzung oder Offenlegung dieser

Informationen zu schützen. Ebenso kann es vorkommen, dass Aufsichtsbehörden Beschwerden nicht nachgehen oder Untersuchungen nicht durchführen können, die einen Bezug zu Tätigkeiten außerhalb der Grenzen ihres Mitgliedstaats haben. Ihre Bemühungen um grenzüberschreitende Zusammenarbeit können auch durch unzureichende Präventiv- und Abhilfebefugnisse, widersprüchliche Rechtsordnungen und praktische Hindernisse wie Ressourcenknappheit behindert werden. Die Zusammenarbeit zwischen den Datenschutzaufsichtsbehörden muss daher gefördert werden, damit sie Informationen austauschen und mit den Aufsichtsbehörden in anderen Ländern Untersuchungen durchführen können. Um Mechanismen der internationalen Zusammenarbeit zu entwickeln, die die internationale Amtshilfe bei der Durchsetzung von Rechtsvorschriften zum Schutz personenbezogener Daten erleichtern und sicherstellen, sollten die Kommission und die Aufsichtsbehörden Informationen austauschen und bei Tätigkeiten, die mit der Ausübung ihrer Befugnisse in Zusammenhang stehen, mit den zuständigen Behörden der Drittländer nach dem Grundsatz der Gegenseitigkeit und gemäß dieser Verordnung zusammenarbeiten.

Anmerkungen

1 Siehe Art 44 Rz 2 zur Definition des Begriffs „Drittland".

2 Siehe Art 4 Nr 26 zur Definition des Begriffs „internationale Organisation".

Kapitel VI
Unabhängige Aufsichtsbehörden

Abschnitt 1
Unabhängigkeit

Artikel 51
Aufsichtsbehörde

(1) Jeder Mitgliedstaat sieht vor, dass eine oder mehrere[1] unabhängige Behörden[2] für die Überwachung der Anwendung dieser Verordnung zuständig sind, damit die Grundrechte und Grundfreiheiten natürlicher Personen bei der Verarbeitung geschützt werden und der freie Verkehr personenbezogener Daten in der Union erleichtert wird (im Folgenden „Aufsichtsbehörde").[3,4]

(2) Jede Aufsichtsbehörde leistet einen Beitrag zur einheitlichen Anwendung dieser Verordnung in der gesamten Union. Zu diesem Zweck arbeiten die Aufsichtsbehörden untereinander sowie mit der Kommission gemäß Kapitel VII zusammen.

(3) Gibt es in einem Mitgliedstaat mehr als eine Aufsichtsbehörde, so bestimmt dieser Mitgliedstaat die Aufsichtsbehörde, die diese Behörden im Ausschuss vertritt, und führt ein Verfahren ein, mit dem sichergestellt wird, dass die anderen Behörden die Regeln für das Kohärenzverfahren nach Artikel 63 einhalten.

(4) Jeder Mitgliedstaat teilt der Kommission bis spätestens 25. Mai 2018 die Rechtsvorschriften, die er aufgrund dieses Kapitels erlässt, sowie unverzüglich alle folgenden Änderungen dieser Vorschriften mit.

Erwägungsgründe

(117) Die Errichtung von Aufsichtsbehörden in den Mitgliedstaaten, die befugt sind, ihre Aufgaben und Befugnisse völlig unabhängig wahrzunehmen, ist ein wesentlicher Bestandteil des Schutzes natürlicher Personen bei der Verarbeitung personenbezogener Daten. Die Mitgliedstaaten sollten mehr als eine Aufsichtsbehörde errichten können, wenn

dies ihrer verfassungsmäßigen, organisatorischen und administrativen Struktur entspricht.

Anmerkungen

1 Damit ist zu erwarten, dass es in förderal strukturierten Mitgliedstaaten wie der Bundesrepublik Deutschland weiterhin pro Bundesland und auf Bundesebene (mindestens) eine Aufsichtsbehörde geben wird. Ein (gewisser) Gleichlauf wird insbesondere durch Abs 3 garantiert, siehe dazu auch Erwägungsgrund 119.

2 Der Behördenbegriff ist in der DSGVO nicht näher präzisiert. Änderungen zur bisherigen Rechtslage sind schon im Lichte des terminologischen Gleichlaufs nicht anzunehmen.

3 Die Bestimmung präzisiert Art 16 Abs 2 letzter Satz AEUV, der die Überwachung der Einhaltung datenschutzrechtlicher Vorschriften durch unabhängige Behörden primärrechtlich vorsieht. Siehe auch Art 8 Abs 3 EU-Grundrechtecharta (dort aber: unabhängige Stelle).

4 Zu diesem Zweck ist eine grenzüberschreitende Zusammenarbeit der Aufsichtsbehörden erforderlich, „ohne dass eine Vereinbarung zwischen den Mitgliedstaaten über die Leistung von Amtshilfe oder über eine derartige Zusammenarbeit erforderlich wäre" (Erwägungsgrund 123).

Artikel 52
Unabhängigkeit

(1) Jede Aufsichtsbehörde handelt bei der Erfüllung ihrer Aufgaben und bei der Ausübung ihrer Befugnisse gemäß dieser Verordnung völlig unabhängig.[1,2]

(2) Das Mitglied oder die Mitglieder[3] jeder Aufsichtsbehörde unterliegen bei der Erfüllung ihrer Aufgaben und der Ausübung ihrer Befugnisse gemäß dieser Verordnung weder direkter noch indirekter Beeinflussung von außen und ersuchen weder um Weisung noch nehmen sie Weisungen entgegen.

(3) Das Mitglied oder die Mitglieder der Aufsichtsbehörde sehen von allen mit den Aufgaben ihres Amtes nicht zu vereinbarenden Handlungen ab und üben während ihrer Amtszeit keine andere mit ihrem Amt nicht zu vereinbarende entgeltliche oder unentgeltliche Tätigkeit aus.

Unabhängigkeit **Art 52**

(4) Jeder Mitgliedstaat stellt sicher, dass jede Aufsichtsbehörde mit den personellen, technischen und finanziellen Ressourcen, Räumlichkeiten und Infrastrukturen ausgestattet wird, die sie benötigt, um ihre Aufgaben und Befugnisse auch im Rahmen der Amtshilfe, Zusammenarbeit und Mitwirkung im Ausschuss effektiv wahrnehmen zu können.[4]

(5) Jeder Mitgliedstaat stellt sicher, dass jede Aufsichtsbehörde ihr eigenes Personal auswählt und hat, das ausschließlich der Leitung des Mitglieds oder der Mitglieder der betreffenden Aufsichtsbehörde untersteht.

(6) Jeder Mitgliedstaat stellt sicher, dass jede Aufsichtsbehörde einer Finanzkontrolle unterliegt, die ihre Unabhängigkeit nicht beeinträchtigt und dass sie über eigene, öffentliche, jährliche Haushaltspläne verfügt, die Teil des gesamten Staatshaushalts oder nationalen Haushalts sein können.

Erwägungsgründe

(118) Die Tatsache, dass die Aufsichtsbehörden unabhängig sind, sollte nicht bedeuten, dass sie hinsichtlich ihrer Ausgaben keinem Kontroll- oder Überwachungsmechanismus unterworfen werden bzw. sie keiner gerichtlichen Überprüfung unterzogen werden können.

(119) Errichtet ein Mitgliedstaat mehrere Aufsichtsbehörden, so sollte er mittels Rechtsvorschriften sicherstellen, dass diese Aufsichtsbehörden am Kohärenzverfahren wirksam beteiligt werden. Insbesondere sollte dieser Mitgliedstaat eine Aufsichtsbehörde bestimmen, die als zentrale Anlaufstelle für eine wirksame Beteiligung dieser Behörden an dem Verfahren fungiert und eine rasche und reibungslose Zusammenarbeit mit anderen Aufsichtsbehörden, dem Ausschuss und der Kommission gewährleistet.

(120) Jede Aufsichtsbehörde sollte mit Finanzmitteln, Personal, Räumlichkeiten und einer Infrastruktur ausgestattet werden, wie sie für die wirksame Wahrnehmung ihrer Aufgaben, einschließlich derer im Zusammenhang mit der Amtshilfe und Zusammenarbeit mit anderen Aufsichtsbehörden in der gesamten Union, notwendig sind. Jede Aufsichtsbehörde sollte über einen eigenen, öffentlichen, jährlichen Haushaltsplan verfügen, der Teil des gesamten Staatshaushalts oder nationalen Haushalts sein kann.

Anmerkungen

1 Vgl zur Unabhängigkeit der DSK EuGH 16.10.2012, C-614/10 – *Kommission/Österreich*; vgl auch EuGH 9.3.2010, C-518/07 – *Kommission/Deutschland*.

2 Dass die Aufsichtsbehörde einem Kontroll- oder Überwachungsmechanismus unterworfen oder einer gerichtlichen Überprüfung unterzogen ist, beeinträchtigt ihre Unabhängigkeit nicht (Erwägungsgrund 118).

3 Im Falle einer monokratischen Behörde wie der DSB gibt es lediglich ein „Mitglied".

4 Die neuen Aufgaben der DSB – einschließlich die Durchführung von Verwaltungsstrafverfahren wegen Verletzung der DSGVO – werden es erforderlich machen, die budgetären und personellen Ressourcen der DSB zu erhöhen. Das derzeitige Jahresbudget der DSB beträgt laut brieflicher Auskunft des stellvertretenden Leiteres der DSB lediglich EUR 1.403.000 (Stand 2016).

Artikel 53
Allgemeine Bedingungen für die Mitglieder der Aufsichtsbehörde

(1) Die Mitgliedstaaten sehen vor, dass jedes Mitglied[1] ihrer Aufsichtsbehörden im Wege eines transparenten Verfahrens ernannt wird, und zwar
- vom Parlament,
- von der Regierung,
- vom Staatsoberhaupt[2] oder
- von einer unabhängigen Stelle, die nach dem Recht des Mitgliedstaats mit der Ernennung betraut wird.

(2) Jedes Mitglied muss über die für die Erfüllung seiner Aufgaben und Ausübung seiner Befugnisse erforderliche Qualifikation, Erfahrung und Sachkunde insbesondere im Bereich des Schutzes personenbezogener Daten verfügen.[3]

(3) Das Amt eines Mitglieds endet mit Ablauf der Amtszeit, mit seinem Rücktritt oder verpflichtender Versetzung in den Ruhestand gemäß dem Recht des betroffenen Mitgliedstaats.

(4) Ein Mitglied wird seines Amtes nur enthoben, wenn es eine schwere Verfehlung begangen hat oder die Voraussetzungen für die Wahrnehmung seiner Aufgaben nicht mehr erfüllt.

Allgemeine Bedingungen für Mitglieder der Aufsichtsbehörde **Art 53**

Erwägungsgrund

(121) Die allgemeinen Anforderungen an das Mitglied oder die Mitglieder der Aufsichtsbehörde sollten durch Rechtsvorschriften von jedem Mitgliedstaat geregelt werden und insbesondere vorsehen, dass diese Mitglieder im Wege eines transparenten Verfahrens entweder – auf Vorschlag der Regierung, eines Mitglieds der Regierung, des Parlaments oder einer Parlamentskammer – vom Parlament, der Regierung oder dem Staatsoberhaupt des Mitgliedstaats oder von einer unabhängigen Stelle ernannt werden, die nach dem Recht des Mitgliedstaats mit der Ernennung betraut wird. Um die Unabhängigkeit der Aufsichtsbehörde zu gewährleisten, sollten ihre Mitglieder ihr Amt integer ausüben, von allen mit den Aufgaben ihres Amts nicht zu vereinbarenden Handlungen absehen und während ihrer Amtszeit keine andere mit ihrem Amt nicht zu vereinbarende entgeltliche oder unentgeltliche Tätigkeit ausüben. Die Aufsichtsbehörde sollte über eigenes Personal verfügen, das sie selbst oder eine nach dem Recht des Mitgliedstaats eingerichtete unabhängige Stelle auswählt und das ausschließlich der Leitung des Mitglieds oder der Mitglieder der Aufsichtsbehörde unterstehen sollte.

Anmerkungen

Im Falle einer monokratischen Behörde wie der DSB gibt es lediglich ein „Mitglied". **1**

Die Grundsätze der Bestellung des Leiters oder der Leiterin der DSB **2**
können damit beibehalten werden. Siehe § 36 Abs 1 Satz 2 DSG 2000. Ein Zusammenwirken von Regierung und Staatsoberhaupt wird durch die Formulierung nicht ausgeschlossen.

Die Bestellung einer Person ohne ausreichende Qualifikation, Erfah- **3**
rung und Sachkunde im Bereich des Datenschutzes wird daher nach der DSGVO nicht zulässig sein. Die Anforderungen sind (wohl) höher als die, die ein Datenschutzbeauftragter zu erfüllen hat (siehe dazu Art 37 Abs 5) und umfassen somit mindestens (i) ein abgeschlossenes einschlägigs Studium, (ii) technische Sachkenntnis, (iii) Sonderkenntnisse im Bereich des Datenschutzrechts sowie (iv) Vorerfahrung im Datenschutzrecht und in der Datenschutzaufsicht.

Artikel 54
Errichtung der Aufsichtsbehörde

(1) Jeder Mitgliedstaat sieht durch Rechtsvorschriften Folgendes vor:
a) die Errichtung jeder Aufsichtsbehörde;
b) die erforderlichen Qualifikationen und sonstigen Voraussetzungen für die Ernennung zum Mitglied jeder Aufsichtsbehörde;
c) die Vorschriften und Verfahren für die Ernennung des Mitglieds oder der Mitglieder jeder Aufsichtsbehörde;
d) die Amtszeit des Mitglieds oder der Mitglieder jeder Aufsichtsbehörde von mindestens vier Jahren[1]; dies gilt nicht für die erste Amtszeit nach 24. Mai 2016, die für einen Teil der Mitglieder kürzer sein kann, wenn eine zeitlich versetzte Ernennung zur Wahrung der Unabhängigkeit der Aufsichtsbehörde notwendig ist;
e) die Frage, ob und – wenn ja – wie oft[2] das Mitglied oder die Mitglieder jeder Aufsichtsbehörde wiederernannt werden können;
f) die Bedingungen im Hinblick auf die Pflichten des Mitglieds oder der Mitglieder und der Bediensteten jeder Aufsichtsbehörde, die Verbote von Handlungen, beruflichen Tätigkeiten und Vergütungen während und nach der Amtszeit, die mit diesen Pflichten unvereinbar sind, und die Regeln für die Beendigung des Beschäftigungsverhältnisses.

(2) Das Mitglied oder die Mitglieder und die Bediensteten jeder Aufsichtsbehörde sind gemäß dem Unionsrecht oder dem Recht der Mitgliedstaaten sowohl während ihrer Amts- beziehungsweise Dienstzeit als auch nach deren Beendigung verpflichtet, über alle vertraulichen Informationen, die ihnen bei der Wahrnehmung ihrer Aufgaben oder der Ausübung ihrer Befugnisse bekannt geworden sind, Verschwiegenheit zu wahren.[3] Während dieser Amts- beziehungsweise Dienstzeit gilt diese Verschwiegenheitspflicht insbesondere für die von natürlichen Personen gemeldeten Verstößen[4] gegen diese Verordnung.[5]

Anmerkungen

1   Die fünfjährige Amtszeit für den Leiter oder die Leiterin der DSB nach § 36 Abs 1 Satz 2 DSG 2000 kann daher beibehalten werden.

Zuständigkeit **Art 55**

Auch eine mehrfache Wiederbestellung bleibt damit zulässig (vgl § 36 **2**
Abs 2 Halbsatz 2 DSG 2000).

Vgl auch § 310 Abs 1 StGB. **3**

Übersetzungsfehler. Richtig: Verstöße. **4**

Der EDSA kann Leitlinien, Empfehlungen und bewährte Verfahren zur **5**
Festlegung gemeinsamer Verfahren hinsichtlich Abs 2 veröffentlichen
(Art 70 Abs 1 lit m).

Abschnitt 2
Zuständigkeit, Aufgaben und Befugnisse

Artikel 55
Zuständigkeit[1]

(1) Jede Aufsichtsbehörde[2] ist für die Erfüllung der Aufgaben[3] und die Ausübung der Befugnisse,[4] die ihr mit dieser Verordnung übertragen wurden, im Hoheitsgebiet ihres eigenen Mitgliedstaats zuständig.[5,6]

(2) Erfolgt die Verarbeitung durch Behörden oder private Stellen auf der Grundlage von Artikel 6 Absatz 1 Buchstabe c oder e, so ist die Aufsichtsbehörde des betroffenen Mitgliedstaats zuständig.[7] In diesem Fall findet Artikel 56 keine Anwendung.[8]

(3) Die Aufsichtsbehörden sind nicht zuständig für die Aufsicht über die von Gerichten im Rahmen ihrer justiziellen Tätigkeit vorgenommenen Verarbeitungen.[9]

Erwägungsgründe

(122) Jede Aufsichtsbehörde sollte dafür zuständig sein, im Hoheitsgebiet ihres Mitgliedstaats die Befugnisse auszuüben und die Aufgaben zu erfüllen, die ihr mit dieser Verordnung übertragen wurden. Dies sollte insbesondere für Folgendes gelten: die Verarbeitung im Rahmen der Tätigkeiten einer Niederlassung des Verantwortlichen oder Auftragsverarbeiters im Hoheitsgebiet ihres Mitgliedstaats, die Verarbeitung personenbezogener Daten durch Behörden oder private Stellen, die im öffentlichen Interesse handeln, Verarbeitungstätigkeiten, die Auswirkungen auf betroffene Personen in ihrem Hoheitsgebiet haben, oder Ver-

arbeitungstätigkeiten eines Verantwortlichen oder Auftragsverarbeiters ohne Niederlassung in der Union, sofern sie auf betroffene Personen mit Wohnsitz in ihrem Hoheitsgebiet ausgerichtet sind. Dies sollte auch die Bearbeitung von Beschwerden einer betroffenen Person, die Durchführung von Untersuchungen über die Anwendung dieser Verordnung sowie die Förderung der Information der Öffentlichkeit über Risiken, Vorschriften, Garantien und Rechte im Zusammenhang mit der Verarbeitung personenbezogener Daten einschließen.

(123) Die Aufsichtsbehörden sollten die Anwendung der Bestimmungen dieser Verordnung überwachen und zu ihrer einheitlichen Anwendung in der gesamten Union beitragen, um natürliche Personen im Hinblick auf die Verarbeitung ihrer Daten zu schützen und den freien Verkehr personenbezogener Daten im Binnenmarkt zu erleichtern. Zu diesem Zweck sollten die Aufsichtsbehörden untereinander und mit der Kommission zusammenarbeiten, ohne dass eine Vereinbarung zwischen den Mitgliedstaaten über die Leistung von Amtshilfe oder über eine derartige Zusammenarbeit erforderlich wäre.

Anmerkungen

1 Während die Zuständigkeitsordnung der DS-RL insbesondere in der Interpretation des EuGH regelmäßig zu Parallelzuständigkeiten führt, ist sie dennoch von einer relativ hohen Klarheit gekennzeichnet. Die DSGVO sieht demgegenüber eine überaus **komplexe Zuständigkeitsregelung** vor. Während Art 55 Abs 1 eine allgemeine Zuständigkeit einer Aufsichtsbehörde im Hoheitsgebiet ihres eigenen Mitgliedstaats normiert, regelt Art 56 besondere Zuständigkeiten bei bestimmten grenzüberschreitenden Sachverhalten.

2 Siehe Art 4 Nr 21 iVm Art 51 zur Definition des Begriffs „Aufsichtsbehörde".

3 Siehe Art 57 zu den Aufgaben der Aufsichtsbehörden.

4 Siehe Art 58 zu den Befugnissen der Aufsichtsbehörden.

5 Diese **allgemeine Zuständigkeit gemäß Abs 1** gilt nach Erwägungsgrund 122 „insbesondere für Folgendes": (1) „die **Verarbeitung im Rahmen der Tätigkeiten einer Niederlassung** des Verantwortlichen oder Auftragsverarbeiters im Hoheitsgebiet [des Mitgliedstaats der Aufsichtsbehörde]" (dies entspricht dem Anknüpfungspunkt des Art 4 Nr 1

Zuständigkeit **Art 55**

lit a DS-RL), (2) „die Verarbeitung personenbezogener Daten durch Behörden [des Mitgliedsstaates der Aufsichtsbehörde] oder private Stellen, die im öffentlichen Interesse [dieses Mitgliedstaates] handeln" (vgl Art 55 Abs 2), (3) „Verarbeitungstätigkeiten, die **Auswirkungen auf betroffene Personen [im Hoheitsgebiet der Aufsichtsbehörde]** haben", oder (4) „Verarbeitungstätigkeiten eines Verantwortlichen oder Auftragsverarbeiters ohne Niederlassung in der Union, sofern sie **auf betroffene Personen mit Wohnsitz [im Hoheitsgebiet der Aufsichtsbehörde] ausgerichtet** sind". Insbesondere die alternative Anknüpfung an einerseits der Verarbeitung im Rahmen der Tätigkeiten einer Niederlassung und andererseits den Auswirkungen auf betroffene Personen im Hoheitsgebiet der Aufsichtsbehörde wird in der Praxis häufig dazu führen, dass eine allgemeine Zuständigkeit nach Art 55 gleichzeitig für mehrere Aufsichtsbehörden unterschiedlicher Mitgliedstaaten besteht (vgl zB Art 33 Rz 5).

Eine nach Abs 1 zuständige Aufsichtsbehörde ist **nicht notwendigerweise eine betroffene Aufsichtsbehörde** iSd Art 4 Nr 22: Haben die Verarbeitungstätigkeiten unerhebliche Auswirkungen auf betroffene Personen im Hoheitsgebiet der Aufsichtsbehörde, so ist grundsätzlich eine Zuständigkeit nach Abs 1 gegeben, ohne dass der Tatbestand des Art 4 Nr 22 erfüllt sein muss, zumal Art 4 Nr 22 lit b auf „erhebliche Auswirkungen" abstellt. 6

In den Fällen des Abs 2 ist ausschließlich die Aufsichtsbehörde zuständig, in deren Hoheitsgebiet die Behörde bzw private Einrichtung ihren Sitz hat (vgl Erwägungsgrund 128 Satz 2, wonach in den Fällen des Abs 2 „die Aufsichtsbehörde des Mitgliedstaats, in dem die Behörde oder private Einrichtung ihren Sitz hat, die einzige Aufsichtsbehörde sein [sollte], die dafür zuständig ist, die Befugnisse auszuüben, die ihr mit dieser Verordnung übertragen wurden"). 7

Zu Abs 2 vgl auch Erwägungsgrund 128 Satz 1, wonach „die Vorschriften über die federführende Behörde und das Verfahren der Zusammenarbeit und Kohärenz [...] keine Anwendung finden [sollten], wenn die Verarbeitung durch Behörden oder private Stellen im öffentlichen Interesse erfolgt". 8

Vgl Erwägungsgrund 20, wonach die Aufsichtsbehörden nicht für die Verarbeitung personenbezogener Daten durch **Gerichte im Rahmen ihrer justiziellen Tätigkeit** zuständig sein sollten, „damit die Unabhängigkeit der Justiz bei der Ausübung ihrer gerichtlichen Aufgaben einschließlich 9 ihrer Beschlussfassung unangetastet bleibt". Erwägungsgrund 20 führt weiters aus, dass „mit der Aufsicht über diese Datenverarbeitungsvorgänge [...] besondere Stellen im Justizsystem des Mitgliedstaats betraut werden können, die insbesondere die Einhaltung der Vorschriften dieser Verordnung sicherstellen, Richter und Staatsanwälte besser für ihre Pflichten aus dieser Verordnung sensibilisieren und Beschwerden in Bezug auf derartige Datenverarbeitungsvorgänge bearbeiten sollten".

Artikel 56
Zuständigkeit der federführenden Aufsichtsbehörde[1]

(1) Unbeschadet des Artikels 55 ist die Aufsichtsbehörde der Hauptniederlassung[2] oder der einzigen Niederlassung[3,4] des Verantwortlichen oder des Auftragsverarbeiters[5] gemäß dem Verfahren nach Artikel 60 die zuständige federführende Aufsichtsbehörde für die von diesem Verantwortlichen oder diesem Auftragsverarbeiter durchgeführte grenzüberschreitende Verarbeitung.[6,7,8]

(2) Abweichend von Absatz 1[9] ist jede Aufsichtsbehörde dafür zuständig, sich mit einer bei ihr eingereichten Beschwerde oder einem etwaigen Verstoß gegen diese Verordnung zu befassen, wenn der Gegenstand[10] nur mit einer Niederlassung in ihrem Mitgliedstaat zusammenhängt oder betroffene Personen nur ihres Mitgliedstaats erheblich beeinträchtigt.[11]

(3) In den in Absatz 2 des vorliegenden Artikels genannten Fällen unterrichtet die Aufsichtsbehörde unverzüglich die federführende Aufsichtsbehörde über diese Angelegenheit. Innerhalb einer Frist von drei Wochen nach der Unterrichtung entscheidet die federführende Aufsichtsbehörde, ob sie sich mit dem Fall gemäß dem Verfahren nach Artikel 60 befasst oder nicht, wobei sie berücksichtigt, ob der Verantwortliche oder der Auftragsverarbeiter in dem Mitgliedstaat, dessen Aufsichtsbehörde sie unterrichtet hat, eine Niederlassung hat oder nicht.

(4) Entscheidet die federführende Aufsichtsbehörde, sich mit dem Fall zu befassen, so findet das Verfahren nach Artikel 60 Anwendung. Die Aufsichtsbehörde, die die federführende Aufsichtsbehörde unterrichtet hat, kann dieser einen Beschlussentwurf vorlegen.[12] Die federführende Aufsichtsbehörde trägt diesem Entwurf bei der Ausarbeitung des Beschlussentwurfs nach Artikel 60 Absatz 3 weitestgehend Rechnung.

(5) Entscheidet die federführende Aufsichtsbehörde, sich mit dem Fall nicht selbst zu befassen, so befasst die Aufsichtsbehörde, die die federführende Aufsichtsbehörde unterrichtet hat, sich mit dem Fall gemäß den Artikeln 61 und 62.

(6) Die federführende Aufsichtsbehörde ist der einzige Ansprechpartner[13] der Verantwortlichen oder der Auftragsverarbeiter für Fragen der von diesem Verantwortlichen oder diesem Auftragsverarbeiter durchgeführten grenzüberschreitenden Verarbeitung.[14]

Erwägungsgründe

(124) Findet die Verarbeitung personenbezogener Daten im Zusammenhang mit der Tätigkeit einer Niederlassung eines Verantwortlichen oder eines Auftragsverarbeiters in der Union statt und hat der Verantwortliche oder der Auftragsverarbeiter Niederlassungen in mehr als einem Mitgliedstaat oder hat die Verarbeitungstätigkeit im Zusammenhang mit der Tätigkeit einer einzigen Niederlassung eines Verantwortlichen oder Auftragsverarbeiters in der Union erhebliche Auswirkungen auf betroffene Personen in mehr als einem Mitgliedstaat bzw. wird sie voraussichtlich solche Auswirkungen haben, so sollte die Aufsichtsbehörde für die Hauptniederlassung des Verantwortlichen oder Auftragsverarbeiters oder für die einzige Niederlassung des Verantwortlichen oder Auftragsverarbeiters als federführende Behörde fungieren. Sie sollte mit den anderen Behörden zusammenarbeiten, die betroffen sind, weil der Verantwortliche oder Auftragsverarbeiter eine Niederlassung im Hoheitsgebiet ihres Mitgliedstaats hat, weil die Verarbeitung erhebliche Auswirkungen auf betroffene Personen mit Wohnsitz in ihrem Hoheitsgebiet hat oder weil bei ihnen eine Beschwerde eingelegt wurde. Auch wenn eine betroffene Person ohne Wohnsitz in dem betreffenden Mitgliedstaat eine Beschwerde eingelegt hat, sollte die Aufsichtsbehörde, bei der Beschwerde eingelegt wurde, auch eine betroffene Aufsichtsbehörde sein. Der Ausschuss sollte – im Rahmen seiner Aufgaben in Bezug auf die Herausgabe von Leitlinien zu allen Fragen im Zusammenhang mit der Anwendung dieser Verordnung – insbesondere Leitlinien zu den Kriterien ausgeben können, die bei der Feststellung zu berücksichtigen sind, ob die fragliche Verarbeitung erhebliche Auswirkungen auf betroffene Personen in mehr als einem Mitgliedstaat hat und was einen maßgeblichen und begründeten Einspruch darstellt.

(125) Die federführende Behörde sollte berechtigt sein, verbindliche Beschlüsse über Maßnahmen zu erlassen, mit denen die ihr gemäß dieser Verordnung übertragenen Befugnisse ausgeübt werden. In ihrer Eigenschaft als federführende Behörde sollte diese Aufsichtsbehörde für die enge Einbindung und Koordinierung der betroffenen Aufsichtsbehörden im Entscheidungsprozess sorgen. Wird beschlossen, die Beschwerde der betroffenen Person vollständig oder teilweise abzuweisen, so sollte dieser Beschluss von der Aufsichtsbehörde angenommen werden, bei der die Beschwerde eingelegt wurde.

(126) Der Beschluss sollte von der federführenden Aufsichtsbehörde und den betroffenen Aufsichtsbehörden gemeinsam vereinbart werden und an die Hauptniederlassung oder die einzige Niederlassung des Verantwortlichen oder Auftragsverarbeiters gerichtet sein und für den Verantwortlichen und den Auftragsverarbeiter verbindlich sein. Der Verantwortliche oder Auftragsverarbeiter sollte die erforderlichen Maßnahmen treffen, um die Einhaltung dieser Verordnung und die Umsetzung des Beschlusses zu gewährleisten, der der Hauptniederlassung des Verantwortlichen oder Auftragsverarbeiters im Hinblick auf die Verarbeitungstätigkeiten in der Union von der federführenden Aufsichtsbehörde mitgeteilt wurde.

(127) Jede Aufsichtsbehörde, die nicht als federführende Aufsichtsbehörde fungiert, sollte in örtlichen Fällen zuständig sein, wenn der Verantwortliche oder Auftragsverarbeiter Niederlassungen in mehr als einem Mitgliedstaat hat, der Gegenstand der spezifischen Verarbeitung aber nur die Verarbeitungstätigkeiten in einem einzigen Mitgliedstaat und nur betroffene Personen in diesem einen Mitgliedstaat betrifft, beispielsweise wenn es um die Verarbeitung von personenbezogenen Daten von Arbeitnehmern im spezifischen Beschäftigungskontext eines Mitgliedstaats geht. In solchen Fällen sollte die Aufsichtsbehörde unverzüglich die federführende Aufsichtsbehörde über diese Angelegenheit unterrichten. Nach ihrer Unterrichtung sollte die federführende Aufsichtsbehörde entscheiden, ob sie den Fall nach den Bestimmungen zur Zusammenarbeit zwischen der federführenden Aufsichtsbehörde und anderen betroffenen Aufsichtsbehörden gemäß der Vorschrift zur Zusammenarbeit zwischen der federführenden Aufsichtsbehörde und anderen betroffenen Aufsichtsbehörden (im Folgenden „Verfahren der Zusammenarbeit und Kohärenz") regelt oder ob die Aufsichtsbehörde, die sie unterrichtet hat, den Fall auf örtlicher Ebene regeln sollte. Dabei sollte die federführende Aufsichtsbehörde berücksichtigen, ob der Verantwortliche oder der

Zuständigkeit der federführenden Aufsichtsbehörde **Art 56**

Auftragsverarbeiter in dem Mitgliedstaat, dessen Aufsichtsbehörde sie unterrichtet hat, eine Niederlassung hat, damit Beschlüsse gegenüber dem Verantwortlichen oder dem Auftragsverarbeiter wirksam durchgesetzt werden. Entscheidet die federführende Aufsichtsbehörde, den Fall selbst zu regeln, sollte die Aufsichtsbehörde, die sie unterrichtet hat, die Möglichkeit haben, einen Beschlussentwurf vorzulegen, dem die federführende Aufsichtsbehörde bei der Ausarbeitung ihres Beschlussentwurfs im Rahmen dieses Verfahrens der Zusammenarbeit und Kohärenz weitestgehend Rechnung tragen sollte.

(128) Die Vorschriften über die federführende Behörde und das Verfahren der Zusammenarbeit und Kohärenz sollten keine Anwendung finden, wenn die Verarbeitung durch Behörden oder private Stellen im öffentlichen Interesse erfolgt. In diesen Fällen sollte die Aufsichtsbehörde des Mitgliedstaats, in dem die Behörde oder private Einrichtung ihren Sitz hat, die einzige Aufsichtsbehörde sein, die dafür zuständig ist, die Befugnisse auszuüben, die ihr mit dieser Verordnung übertragen wurden.

[Erwägungsgrund 129 ist bei Art 58 abgedruckt.]

(130) Ist die Aufsichtsbehörde, bei der die Beschwerde eingereicht wurde, nicht die federführende Aufsichtsbehörde, so sollte die federführende Aufsichtsbehörde gemäß den Bestimmungen dieser Verordnung über Zusammenarbeit und Kohärenz eng mit der Aufsichtsbehörde zusammenarbeiten, bei der die Beschwerde eingereicht wurde. In solchen Fällen sollte die federführende Aufsichtsbehörde bei Maßnahmen, die rechtliche Wirkungen entfalten sollen, unter anderem bei der Verhängung von Geldbußen, den Standpunkt der Aufsichtsbehörde, bei der die Beschwerde eingereicht wurde und die weiterhin befugt sein sollte, in Abstimmung mit der zuständigen Aufsichtsbehörde Untersuchungen im Hoheitsgebiet ihres eigenen Mitgliedstaats durchzuführen, weitestgehend berücksichtigen.

(131) Wenn eine andere Aufsichtsbehörde als federführende Aufsichtsbehörde für die Verarbeitungstätigkeiten des Verantwortlichen oder des Auftragsverarbeiters fungieren sollte, der konkrete Gegenstand einer Beschwerde oder der mögliche Verstoß jedoch nur die Verarbeitungstätigkeiten des Verantwortlichen oder des Auftragsverarbeiters in dem Mitgliedstaat betrifft, in dem die Beschwerde eingereicht wurde oder der mögliche Verstoß aufgedeckt wurde, und die Angelegenheit keine erheblichen Auswirkungen auf betroffene Personen in anderen Mitgliedstaaten hat oder haben dürfte, sollte die Aufsichtsbehörde, bei der eine

Beschwerde eingereicht wurde oder die Situationen, die mögliche Verstöße gegen diese Verordnung darstellen, aufgedeckt hat bzw. auf andere Weise darüber informiert wurde, versuchen, eine gütliche Einigung mit dem Verantwortlichen zu erzielen; falls sich dies als nicht erfolgreich erweist, sollte sie die gesamte Bandbreite ihrer Befugnisse wahrnehmen. Dies sollte auch Folgendes umfassen: die spezifische Verarbeitung im Hoheitsgebiet des Mitgliedstaats der Aufsichtsbehörde oder im Hinblick auf betroffene Personen im Hoheitsgebiet dieses Mitgliedstaats; die Verarbeitung im Rahmen eines Angebots von Waren oder Dienstleistungen, das speziell auf betroffene Personen im Hoheitsgebiet des Mitgliedstaats der Aufsichtsbehörde ausgerichtet ist; oder eine Verarbeitung, die unter Berücksichtigung der einschlägigen rechtlichen Verpflichtungen nach dem Recht der Mitgliedstaaten bewertet werden muss.

Anmerkungen

1 **Zur Abgrenzung** der allgemeinen Zuständigkeit nach Art 55 Abs 1, der federführenden Zuständigkeit nach Art 56 Abs 1 und der subsidiären Zuständigkeit nach Art 56 Abs 2: Eine **federführende Zuständigkeit** nach Abs 1 setzt voraus, dass (1) die Hauptniederlassung oder einzige Niederlassung des Verantwortlichen bzw Auftragsverarbeiters im Hoheitsgebiet der Aufsichtsbehörde liegt und (2) eine grenzüberschreitende Verarbeitung (vgl Rz 6) dieses Verantwortlichen bzw Auftragsverarbeiters vorliegt.

Eine **subsidiäre Zuständigkeit** einer Aufsichtsbehörde nach Abs 2 liegt vor, wenn der Tatbestand des Abs 1 erfüllt ist (vgl Rz 9 unten) und der Gegenstand der Beschwerde oder des Verstoßes (1) nur mit einer Niederlassung in einem Mitgliedstaat zusammenhängt oder (2) betroffene Personen nur eines Mitgliedstaats erheblich beeinträchtigt (vgl Rz 10 unten). Ist hingegen der Tatbestand des Abs 1 nicht erfüllt, so gibt es keine federführende Aufsichtsbehörde nach Abs 1, keine subsidiäre Zuständigkeit nach Abs 2 und gilt auch die Beschränkung des Abs 2 nicht. Die Zuständigkeit der Aufsichtsbehörden ergibt sich diesfalls aus der allgemeinen Zuständigkeit des Art 55 Abs 1.

Dies kann zu erheblichen Rechtsunsicherheiten führen, wie die folgenden Fälle illustrieren: ein Verantwortlicher mit einer einzigen, in Deutschland gelegenen Niederlassung (1) nimmt seine gesamte Datenverarbeitung durch einen Auftragsverarbeiter in Österreich vor oder (2) verarbeitet auch Daten österreichischer Betroffener, jedoch ohne

Zuständigkeit der federführenden Aufsichtsbehörde **Art 56**

dass dies „erhebliche Auswirkungen" auf diese Betroffenen hätte oder (3) verarbeitet ausschließlich Daten österreichischer Betroffener, sodass die Verarbeitung ausschließlich für diese erhebliche Auswirkungen hat bzw haben kann.

In keinem der Fälle läge eine „grenzüberschreitende Verarbeitung" iSd Art 4 Nr 23 vor (weder gibt es mehr als eine Niederlassung, noch erhebliche Auswirkungen in mehr als einem Mitgliedstaat), weshalb sich die Zuständigkeit nicht aus Art 56, sondern ausschließlich aus Art 55 Abs 1 ergäbe. In allen drei Fällen ergibt sich eine Zuständigkeit der deutschen Aufsichtsbehörden daraus, dass „die Verarbeitung im Rahmen der Tätigkeiten einer Niederlassung des Verantwortlichen [...] im Hoheitsgebiet ihres Mitgliedstaats" erfolgt (vgl Erwägungsgrund 122). Im ersten Fall ließe sich außerdem eine allgemeine Zuständigkeit der österreichischen Aufsichtsbehörde nach Art 55 Abs 1 dadurch begründen, dass die in Erwägungsgrund 122 genannte Aufzählung zuständigkeitsbegründender Elemente lediglich demonstrativ ist (arg „insbesondere") und daher nach dem weiten Wortlaut des Art 55 Abs 1 auch der Ort der Datenverarbeitung für eine Begründung einer Zuständigkeit ausreichend sein könnte. Für den zweiten und dritten Fall ließe sich eine Zuständigkeit der österreichischen Aufsichtsbehörde sogar unmittelbar aus Erwägungsgrund 122 ableiten, da dieser als Fälle des Art 55 Abs 1 Verarbeitungstätigkeiten nennt, die „Auswirkungen auf betroffene Personen [im] Hoheitsgebiet [der Aufsichtsbehörde] haben", ohne darauf abzustellen, ob es sich um „erhebliche Auswirkungen" handelt. Dies würde dazu führen, dass sowohl die österreichische Aufsichtsbehörde (kraft Ort der Datenverarbeitung bzw Wohnsitz der Betroffenen) als auch eine deutsche Aufsichtsbehörde (kraft Ort der Niederlassung des Verantwortlichen) zuständig wären, ohne dass eine der beiden Aufsichtsbehörden eine federführende Zuständigkeit hätte oder das Verfahren über die Zusammenarbeit nach Art 60 anwendbar wäre.

Ebenso zu einer multiplen allgemeinen Zuständigkeit nach Art 55 Abs 1 kommt es, wenn die Verarbeitungstätigkeit „Auswirkungen auf betroffene Personen" in mehreren Mitgliedstaaten hat (vgl Art 55 Abs 1 iVm Erwägungsgrund 122) aber (i) der Verantwortliche gar keine Niederlassung in der Union hat (diesfalls der Tatbestand des Art 56 Abs 1 nicht erfüllt ist; siehe Rz 2 unten) oder (ii) der Verantwortliche zwar mehrere Niederlassungen, nicht jedoch seine Hauptniederlassung in der Union hat (auch in diesem Fall ist der Tatbestand des Art 56 Abs 1 nicht erfüllt; siehe Rz 4 unten).

Der Zweck der DSGVO, eine einheitliche Vollziehung des Datenschutzrechts sicherzustellen (vgl Erwägungsgrund 10), wird durch die Zuständigkeitsregelung der DSGVO daher nur ungenügend verwirklicht. Vielmehr sind positive und negative, letztlich durch den EuGH zu klärende Kompetenzkonflikte zwischen Datenschutzbehören zu erwarten.

2 Siehe Art 4 Nr 16 zur Definition des Begriffs „**Hauptniederlassung**". Aus dieser ergibt sich, dass (i) ein Verantwortlicher bzw Auftragsverarbeiter begrifflich nur dann eine „Hauptniederlassung" haben kann, wenn er zumindest eine Niederlassung in der Union hat (vgl Art 4 Rz 38 und 45), (ii) der Begriff der „Hauptniederlassung" relativ zur jeweiligen Verarbeitungstätigkeit ist, dh ein Verantwortlicher bzw Auftragsverarbeiter nicht nur eine Hauptniederlassung, sondern abhängig von der betrachteten Verarbeitungstätigkeit unterschiedliche Hauptniederlassungen haben kann (siehe Art 4 Rz 42 und 45), (iii) es für Verantwortliche grundsätzlich keine konzernweite Hauptniederlassung gibt (siehe Art 4 Rz 42), während eine konzernweite Hauptniederlassung für Auftragsverarbeiter sehr wohl möglich ist (siehe Art 4 Rz 44) und (iv) ein Verantwortlicher, welcher seine Entscheidungen hinsichtlich Zwecke und Mittel der Verarbeitung in einer Niederlassung in einem Drittstaat trifft und auch seine Hauptverwaltung in einem Drittstaat hat, keine „Hauptniederlassung" iSd Art 4 Nr 16 lit a hat (Art 4 Rz 40 und 41).

3 Siehe Art 3 Rz 3 zur Definition des Begriffs „Niederlassung".

4 Aus der Formulierung „Aufsichtsbehörde der Hauptniederlassung oder der einzigen Niederlassung" folgt, dass für einen Verantwortlichen bzw Auftragsverarbeiter **ohne Niederlassung in der Union keine federführende Zuständigkeit** bestehen kann, da dieser weder eine Niederlassung (in der Union) noch begrifflich eine „Hauptniederlassung" hat (siehe Art 4 Rz 38). Selbiges ergibt sich auch aus dem Tatbestandselement „grenzüberschreitende Verarbeitung", welches im Ergebnis nur erfüllt sein kann, wenn der Verantwortliche bzw Auftragsverarbeiter eine Niederlassung in der Union hat (siehe Rz 6).

Weiters ergibt sich hinsichtlich eines Verantwortlichen aus der Formulierung „Aufsichtsbehörde der Hauptniederlassung oder der einzigen Niederlassung", dass der Tatbestand des Abs 1 nicht erfüllt ist und daher lediglich eine allgemeine Zuständigkeit nach Art 55 Abs 1 besteht, wenn der Verantwortliche **zwar mehrere Niederlassungen, nicht jedoch seine Hauptniederlassung in der Union hat**. Diese Konstellation ist bei weltweit tätigen IT-Konzernen (zB Cloud Service Providern) häufig gegeben, da typischerweise die Konzernmutter alleine über Mittel und Zwecke der Verarbeitung entscheidet, ihre Hauptverwaltung in den USA hat und ihre Tochtergesellschaften in unterschiedlichen Mitgliedstaaten ausschließlich mit dem Vertrieb und allenfalls der Entwicklung befasst sind.

Dass gerade für die praktisch bedeutsame Konstellation, dass der Verantwortliche mehrere Niederlassungen, nicht jedoch seine Hauptniederlassung in der Union hat, keine federführende Zuständigkeit nach Art 56 Abs 1 gegeben ist, sondern eine typischerweise multiple allgemeine Zuständigkeit nach Art 55 Abs 1, ist einerseits ein Nachteil für derartige Verantwortliche. Andererseits ist es auch ein Nachteil für betroffene Personen, da eine Zuständigkeit aller Aufsichtsbehörden auch leicht dazu führen kann, dass sich keine der Aufsichtsbehörden zuständig fühlt oder es zumindest zu einer sehr uneinheitlichen Vollziehung der DSGVO gegenüber derartigen Verantwortlichen kommt.

Aufgrund der dualen Anknüpfung an der Hauptniederlassung des Verantwortlichen einerseits und des Auftragsverarbeiters andererseits, könnte es nach dem Wortlaut des Art 56 Abs 1 in derselben Sache unterschiedliche federführende Zuständigkeiten für den Verantwortlichen einerseits und den Auftragsverarbeiter andererseits geben. Um dem entgegenzuwirken, sieht Erwägungsgrund 36 vor, dass die **federführende Aufsichtsbehörde des Verantwortlichen die zuständige federführende Aufsichtsbehörde für den gesamten Fall** bleibt; die Aufsichtsbehörde des Mitgliedstaats, in dem der Auftragsverarbeiter seine Hauptniederlassung hat, hat sich als betroffene Aufsichtsbehörde am Verfahren zur Zusammenarbeit nach Art 60 zu beteiligen. 5

Siehe Art 4 Nr 23 zur Definition des Begriffs „**grenzüberschreitende Verarbeitung**". Eine grenzüberschreitende Verarbeitung nach Art 4 Nr 23 ist nur dann gegeben, wenn die Verarbeitung entweder (1) im Rahmen der Tätigkeiten von mehreren, in unterschiedlichen Mitgliedstaaten gelegenen Niederlassungen des Verantwortlichen bzw Auftragsverarbeiters erfolgt (lit a leg cit) oder (2) im Rahmen der Tätigkeiten einer einzelnen in der Union gelegenen Niederlassung eines Verantwortlichen bzw Auftragsverarbeiters erfolgt, jedoch erhebliche Auswirkungen auf betroffene Personen in mehr als einem Mitgliedstaat hat oder haben kann (lit b leg cit). Art 56 Abs 1 (und damit Abs 2) sind daher mangels Vorliegens einer „grenzüberschreitenden Verarbeitung" insbesondere nicht anwendbar auf (1) einen Verantwortlichen bzw Auftragsverarbeiter ohne Niederlassung in der EU oder (2) einen Verantwortlichen bzw Auftrags- 6 verarbeiter mit nur einer Niederlassung in der EU, dessen Verarbeitung keine erhebliche Auswirkungen auf betroffene Personen in mehreren Mitgliedstaaten hat. In diesen Fällen ergibt sich die Zuständigkeit der Aufsichtsbehörden ausschließlich aus Art 55 Abs 1.

7 Art 56 ist nicht anwendbar, wenn die Verarbeitung durch Behörden oder private Stellen auf der Grundlage von **Art 6 Abs 1 lit c oder e** erfolgt (siehe Art 55 Abs 2).

8 Bestehen widersprüchliche Standpunkte zur Frage der federführenden Zuständigkeit, kann nach Art 65 Abs 1 lit b eine **bindende Entscheidung des EDSA** herbeigeführt werden. Hierbei kommt uE auch dem Verantwortlichen bzw Auftragsverarbeiter ein Antragsrecht zu (vgl Art 65 Rz 2).

9 Abs 2 ist im Verhältnis zu Abs 1 eine lex specialis, dh dass **für eine Anwendbarkeit von Abs 2 sämtliche Tatbestandselemente des Abs 1 erfüllt sein müssen.** Hierfür spricht auch Abs 3 Satz 1, wonach eine nach Abs 2 zuständige Behörde die nach Abs 1 zuständige federführende Aufsichtsbehörde zu informieren hat. Im Übrigen ergibt sich dies auch dem Ort der Regelung der subsidiären Zuständigkeit in Art 56 unter der Überschrift „Zuständigkeit der federführenden Aufsichtsbehörde".

10 Die Formulierung des Art 56 Abs 2 ist unglücklich, da nicht eindeutig hervorgeht, ob die beiden alternativen Voraussetzungen „nur mit einer Niederlassung in ihrem Mitgliedstaat zusammenhängt" und „betroffene Personen nur ihres Mitgliedstaats erheblich beeinträchtigt" nur für Verstöße oder aber auch für Beschwerden gelten. Dies wird jedoch aus der Formulierung von Erwägungsgrund 131 klar, der davon spricht, dass „der konkrete Gegenstand einer Beschwerde oder der mögliche Verstoß jedoch nur die Verarbeitungstätigkeiten des Verantwortlichen oder des Auftragsverarbeiters in dem Mitgliedstaat betrifft, in dem die Beschwerde eingereicht wurde oder der mögliche Verstoß aufgedeckt wurde [...]". Die Voraussetzungen gelten somit für einen Verstoß und eine Beschwerde **gleichermaßen.**

11 Ein Fall des Abs 2 liegt nach Erwägungsgrund 127 Satz 1 vor, „wenn es um die Verarbeitung von **personenbezogenen Daten von Arbeitnehmern im spezifischen Beschäftigungskontext** eines Mitgliedstaats geht".

12 Welches nationale Recht bei der Erstellung des Beschlussentwurfs zugrunde zu legen ist, lässt die DSGVO offen. Zur Problematik des fehlenden **Kollisionsrechts** im Allgemeinen siehe ausführlich Art 92 Rz 5.

Dass die **federführende Aufsichtsbehörde gem Abs 6 der einzige Ansprechpartner** des Verantwortlichen bzw Auftragsverarbeiters ist, gilt richtigerweise nur dann, wenn die federführende Aufsichtsbehörde den Fall nach Abs 3 aufgreift. Ansonsten wäre zwar die federführende Aufsichtsbehörde die einzige Ansprechpartnerin des Verantwortlichen bzw Auftragsverarbeiters, würde aber nach dem Wortlaut des Abs 4 das Verfahren über die Zusammenarbeit nach Art 60 keine Anwendung finden und wäre daher das Zusammenwirken der federführenden Aufsichtsbehörde und der subsidiär zuständigen Aufsichtsbehörde ungeregelt; insbesondere wäre unklar, welche Aufsichtsbehörde für die Beschlusserlassung zuständig ist (Art 60 Abs 7, 8 und 9 wären nicht anwendbar). **13**

Siehe Rz 6 zur Definition des Begriffs „grenzüberschreitende Verarbeitung". **14**

Artikel 57
Aufgaben

(1) Unbeschadet anderer in dieser Verordnung dargelegter Aufgaben[1] muss jede Aufsichtsbehörde in ihrem Hoheitsgebiet[2]
  a) die Anwendung dieser Verordnung überwachen und durchsetzen;
  b) die Öffentlichkeit für die Risiken, Vorschriften, Garantien und Rechte im Zusammenhang mit der Verarbeitung sensibilisieren und sie darüber aufklären.[3] Besondere Beachtung finden dabei spezifische Maßnahmen für Kinder;[4]
  c) im Einklang mit dem Recht des Mitgliedsstaats das nationale Parlament, die Regierung und andere Einrichtungen und Gremien über legislative und administrative Maßnahmen zum Schutz der Rechte und Freiheiten natürlicher Personen in Bezug auf die Verarbeitung beraten;
  d) die Verantwortlichen und die Auftragsverarbeiter für die ihnen aus dieser Verordnung entstehenden Pflichten sensibilisieren;
  e) auf Anfrage jeder betroffenen Person Informationen über die Ausübung ihrer Rechte aufgrund dieser Verordnung zur Verfügung stellen und gegebenenfalls zu diesem Zweck mit den Aufsichtsbehörden in anderen Mitgliedstaaten zusammenarbeiten;

f) sich mit Beschwerden einer betroffenen Person oder Beschwerden einer Stelle, einer Organisation oder eines Verbandes gemäß Artikel 80 befassen, den Gegenstand der Beschwerde in angemessenem Umfang untersuchen und den Beschwerdeführer innerhalb einer angemessenen Frist über den Fortgang und das Ergebnis der Untersuchung unterrichten, insbesondere, wenn eine weitere Untersuchung oder Koordinierung mit einer anderen Aufsichtsbehörde notwendig ist;

g) mit anderen Aufsichtsbehörden zusammenarbeiten, auch durch Informationsaustausch, und ihnen Amtshilfe leisten, um die einheitliche Anwendung und Durchsetzung dieser Verordnung zu gewährleisten;

h) Untersuchungen über die Anwendung dieser Verordnung durchführen, auch auf der Grundlage von Informationen einer anderen Aufsichtsbehörde oder einer anderen Behörde;

i) maßgebliche Entwicklungen verfolgen, soweit sie sich auf den Schutz personenbezogener Daten auswirken, insbesondere die Entwicklung der Informations- und Kommunikationstechnologie und der Geschäftspraktiken;

j) Standardvertragsklauseln im Sinne des Artikels 28 Absatz 8 und des Artikels 46 Absatz 2 Buchstabe d festlegen;

k) eine Liste der Verarbeitungsarten erstellen und führen, für die gemäß Artikel 35 Absatz 4 eine Datenschutz-Folgenabschätzung durchzuführen ist;

l) Beratung in Bezug auf die in Artikel 36 Absatz 2 genannten Verarbeitungsvorgänge leisten;

m) die Ausarbeitung von Verhaltensregeln gemäß Artikel 40 Absatz 1 fördern und zu diesen Verhaltensregeln, die ausreichende Garantien im Sinne des Artikels 40 Absatz 5 bieten müssen, Stellungnahmen abgeben und sie billigen;

n) die Einführung von Datenschutzzertifizierungsmechanismen und von Datenschutzsiegeln und -prüfzeichen nach Artikel 42 Absatz 1 anregen und Zertifizierungskriterien nach Artikel 42 Absatz 5 billigen;

o) gegebenenfalls die nach Artikel 42 Absatz 7 erteilten Zertifizierungen regelmäßig überprüfen;

p) die Kriterien für die Akkreditierung einer Stelle für die Überwachung der Einhaltung der Verhaltensregeln gemäß Artikel 41 und einer Zertifizierungsstelle gemäß Artikel 43 abfassen und veröffentlichen;

q) die Akkreditierung einer Stelle für die Überwachung der Einhaltung der Verhaltensregeln gemäß Artikel 41 und einer Zertifizierungsstelle gemäß Artikel 43 vornehmen;
r) Vertragsklauseln und Bestimmungen im Sinne des Artikels 46 Absatz 3 genehmigen;
s) verbindliche interne Vorschriften gemäß Artikel 47 genehmigen;
t) Beiträge zur Tätigkeit des Ausschusses leisten;
u) interne Verzeichnisse über Verstöße gegen diese Verordnung und gemäß Artikel 58 Absatz 2 ergriffene Maßnahmen und
v) jede sonstige Aufgabe im Zusammenhang mit dem Schutz personenbezogener Daten erfüllen.

(2) Jede Aufsichtsbehörde erleichtert das Einreichen von in Absatz 1 Buchstabe f genannten Beschwerden durch Maßnahmen wie etwa die Bereitstellung eines Beschwerdeformulars, das auch elektronisch ausgefüllt werden kann, ohne dass andere Kommunikationsmittel ausgeschlossen werden.

(3) Die Erfüllung der Aufgaben jeder Aufsichtsbehörde ist für die betroffene Person und gegebenenfalls für den Datenschutzbeauftragten unentgeltlich.

(4) Bei offenkundig unbegründeten oder – insbesondere im Fall von häufiger Wiederholung – exzessiven Anfragen kann die Aufsichtsbehörde eine angemessene Gebühr auf der Grundlage der Verwaltungskosten verlangen oder sich weigern, aufgrund der Anfrage tätig zu werden. In diesem Fall trägt die Aufsichtsbehörde die Beweislast für den offenkundig unbegründeten oder exzessiven Charakter der Anfrage.

Erwägungsgründe

(132) Auf die Öffentlichkeit ausgerichtete Sensibilisierungsmaßnahmen der Aufsichtsbehörden sollten spezifische Maßnahmen einschließen, die sich an die Verantwortlichen und die Auftragsverarbeiter, einschließlich Kleinstunternehmen sowie kleiner und mittlerer Unternehmen, und an natürliche Personen, insbesondere im Bildungsbereich, richten.

(133) Die Aufsichtsbehörden sollten sich gegenseitig bei der Erfüllung ihrer Aufgaben unterstützen und Amtshilfe leisten, damit eine einheitliche Anwendung und Durchsetzung dieser Verordnung im Binnenmarkt gewährleistet ist. Eine Aufsichtsbehörde, die um Amtshilfe ersucht hat,

kann eine einstweilige Maßnahme erlassen, wenn sie nicht binnen eines Monats nach Eingang des Amtshilfeersuchens bei der ersuchten Aufsichtsbehörde eine Antwort von dieser erhalten hat.

(134) Jede Aufsichtsbehörde sollte gegebenenfalls an gemeinsamen Maßnahmen von anderen Aufsichtsbehörden teilnehmen. Die ersuchte Aufsichtsbehörde sollte auf das Ersuchen binnen einer bestimmten Frist antworten müssen.

Anmerkungen

1 Andere Aufgaben können sich etwa im Zusammenhang mit der Benachrichtigung eines Betroffenen anlässlich einer Verletzung des Schutzes personenbezogener Daten ergeben (siehe Erwägungsgrund 86), die auch zu einem Tätigwerden der Aufsichtsbehörde „im Einklang mit ihren in dieser Verordnung festgelegten Aufgaben und Befugnissen" führen kann (Erwägungsgrund 87).

2 Hinsichtlich der in Abs 1 genannten anderen Aufgaben ist weiters auf Erwägungsgrund 129 Satz 3 zu verweisen, wonach „die Mitgliedstaaten […] andere Aufgaben im Zusammenhang mit dem Schutz personenbezogener Daten im Rahmen dieser Verordnung festlegen [können]".

3 Damit ist klargestellt, dass eine Aufsichtsbehörde nicht nur reaktiv auf (behauptete) Verletzungen in einem Verfahren agieren kann. Vielmehr ist proaktive Sensibilisierung und Aufklärung Teil des Pflichtenkatalogs. Damit einher geht uE die Gebotenheit der Beantwortung von Fragen zur Anwendung und Auslegung datenschutzrechtlicher Bestimmungen.

4 Siehe Art 6 Rz 10 zur Definition des Begriffs „Kind".

Artikel 58
Befugnisse[1]

(1) Jede Aufsichtsbehörde verfügt über sämtliche folgenden Untersuchungsbefugnisse, die es ihr gestatten,
a) den Verantwortlichen, den Auftragsverarbeiter und gegebenenfalls den Vertreter[2] des Verantwortlichen oder des Auftragsverarbeiters anzuweisen, alle Informationen bereitzustellen, die für die Erfüllung ihrer Aufgaben erforderlich sind,

b) Untersuchungen in Form von Datenschutzüberprüfungen durchzuführen,
c) eine Überprüfung der nach Artikel 42 Absatz 7 erteilten Zertifizierungen durchzuführen,
d) den Verantwortlichen oder den Auftragsverarbeiter auf einen vermeintlichen Verstoß gegen diese Verordnung hinzuweisen,
e) von dem Verantwortlichen und dem Auftragsverarbeiter Zugang zu allen personenbezogenen Daten und Informationen, die zur Erfüllung ihrer Aufgaben notwendig sind, zu erhalten,[3]
f) gemäß dem Verfahrensrecht der Union oder dem Verfahrensrecht des Mitgliedstaats Zugang zu den Geschäftsräumen, einschließlich aller Datenverarbeitungsanlagen und -geräte, des Verantwortlichen und des Auftragsverarbeiters zu erhalten.[4,5]

(2) Jede Aufsichtsbehörde verfügt über sämtliche folgenden Abhilfebefugnisse, die es ihr gestatten,

a) einen Verantwortlichen oder einen Auftragsverarbeiter zu warnen, dass beabsichtigte Verarbeitungsvorgänge voraussichtlich gegen diese Verordnung verstoßen,
b) einen Verantwortlichen oder einen Auftragsverarbeiter zu verwarnen, wenn er mit Verarbeitungsvorgängen gegen diese Verordnung verstoßen hat,[6]
c) den Verantwortlichen oder den Auftragsverarbeiter anzuweisen, den Anträgen der betroffenen Person auf Ausübung der ihr nach dieser Verordnung zustehenden Rechte zu entsprechen,
d) den Verantwortlichen oder den Auftragsverarbeiter anzuweisen, Verarbeitungsvorgänge gegebenenfalls auf bestimmte Weise und innerhalb eines bestimmten Zeitraums in Einklang mit dieser Verordnung zu bringen,
e) den Verantwortlichen anzuweisen, die von einer Verletzung des Schutzes personenbezogener Daten[7] betroffenen Person entsprechend zu benachrichtigen,[8]
f) eine vorübergehende oder endgültige Beschränkung der Verarbeitung, einschließlich eines Verbots, zu verhängen,
g) die Berichtigung oder Löschung von personenbezogenen Daten oder die Einschränkung der Verarbeitung gemäß den Artikeln 16, 17 und 18 und die Unterrichtung der Empfänger,[9] an die diese personenbezogenen Daten gemäß Artikel 17 Absatz 2 und Artikel 19 offengelegt wurden, über solche Maßnahmen anzuordnen,

h) eine Zertifizierung zu widerrufen oder die Zertifizierungsstelle anzuweisen, eine gemäß den Artikel 42 und 43 erteilte Zertifizierung zu widerrufen, oder die Zertifizierungsstelle anzuweisen, keine Zertifizierung zu erteilen, wenn die Voraussetzungen für die Zertifizierung nicht oder nicht mehr erfüllt werden,

i) eine Geldbuße gemäß Artikel 83 zu verhängen, zusätzlich zu oder anstelle von in diesem Absatz genannten Maßnahmen, je nach den Umständen des Einzelfalls,

j) die Aussetzung der Übermittlung von Daten an einen Empfänger in einem Drittland oder an eine internationale Organisation[10] anzuordnen.

(3) Jede Aufsichtsbehörde verfügt über sämtliche folgenden Genehmigungsbefugnisse und beratenden Befugnisse, die es ihr gestatten,

a) gemäß dem Verfahren der vorherigen Konsultation nach Artikel 36 den Verantwortlichen zu beraten,

b) zu allen Fragen, die im Zusammenhang mit dem Schutz personenbezogener Daten stehen, von sich aus oder auf Anfrage Stellungnahmen an das nationale Parlament, die Regierung des Mitgliedstaats oder im Einklang mit dem Recht des Mitgliedstaats an sonstige Einrichtungen und Stellen sowie an die Öffentlichkeit zu richten,

c) die Verarbeitung gemäß Artikel 36 Absatz 5 zu genehmigen, falls im Recht des Mitgliedstaats eine derartige vorherige Genehmigung verlangt wird,

d) eine Stellungnahme abzugeben und Entwürfe von Verhaltensregeln gemäß Artikel 40 Absatz 5 zu billigen,

e) Zertifizierungsstellen gemäß Artikel 43 zu akkreditieren,

f) im Einklang mit Artikel 42 Absatz 5 Zertifizierungen zu erteilen und Kriterien für die Zertifizierung zu billigen,

g) Standarddatenschutzklauseln nach Artikel 28 Absatz 8 und Artikel 46 Absatz 2 Buchstabe d festzulegen,

h) Vertragsklauseln gemäß Artikel 46 Absatz 3 Buchstabe a zu genehmigen,

i) Verwaltungsvereinbarungen gemäß Artikel 46 Absatz 3 Buchstabe b zu genehmigen

j) verbindliche interne Vorschriften gemäß Artikel 47 zu genehmigen.

(4) Die Ausübung der der Aufsichtsbehörde gemäß diesem Artikel übertragenen Befugnisse erfolgt vorbehaltlich geeigneter Garantien einschließlich wirksamer gerichtlicher Rechtsbehelfe und ordnungsgemäßer Verfahren gemäß dem Unionsrecht und dem Recht des Mitgliedstaats im Einklang mit der Charta.

(5) Jeder Mitgliedstaat sieht durch Rechtsvorschriften vor, dass seine Aufsichtsbehörde befugt ist, Verstöße gegen diese Verordnung den Justizbehörden zur Kenntnis zu bringen und gegebenenfalls die Einleitung eines gerichtlichen Verfahrens zu betreiben oder sich sonst daran zu beteiligen, um die Bestimmungen dieser Verordnung durchzusetzen.

(6) Jeder Mitgliedstaat kann durch Rechtsvorschriften vorsehen, dass seine Aufsichtsbehörde neben den in den Absätzen 1, 2 und 3 aufgeführten Befugnissen über zusätzliche Befugnisse verfügt. Die Ausübung dieser Befugnisse darf nicht die effektive Durchführung des Kapitels VII beeinträchtigen.

Erwägungsgrund

(129) Um die einheitliche Überwachung und Durchsetzung dieser Verordnung in der gesamten Union sicherzustellen, sollten die Aufsichtsbehörden in jedem Mitgliedstaat dieselben Aufgaben und wirksamen Befugnisse haben, darunter, insbesondere im Fall von Beschwerden natürlicher Personen, Untersuchungsbefugnisse, Abhilfebefugnisse und Sanktionsbefugnisse und Genehmigungsbefugnisse und beratende Befugnisse, sowie – unbeschadet der Befugnisse der Strafverfolgungsbehörden nach dem Recht der Mitgliedstaaten – die Befugnis, Verstöße gegen diese Verordnung den Justizbehörden zur Kenntnis zu bringen und Gerichtsverfahren anzustrengen. Dazu sollte auch die Befugnis zählen, eine vorübergehende oder endgültige Beschränkung der Verarbeitung, einschließlich eines Verbots, zu verhängen. Die Mitgliedstaaten können andere Aufgaben im Zusammenhang mit dem Schutz personenbezogener Daten im Rahmen dieser Verordnung festlegen. Die Befugnisse der Aufsichtsbehörden sollten in Übereinstimmung mit den geeigneten Verfahrensgarantien nach dem Unionsrecht und dem Recht der Mitgliedstaaten unparteiisch, gerecht und innerhalb einer angemessenen Frist ausgeübt werden. Insbesondere sollte jede Maßnahme im Hinblick auf die Gewährleistung der Einhaltung dieser Verordnung geeignet, erforderlich und verhältnismäßig sein, wobei die Umstände des jeweiligen Einzelfalls zu berücksichtigen sind, das Recht einer jeden

Person, gehört zu werden, bevor eine individuelle Maßnahme getroffen wird, die nachteilige Auswirkungen auf diese Person hätte, zu achten ist und überflüssige Kosten und übermäßige Unannehmlichkeiten für die Betroffenen zu vermeiden sind. Untersuchungsbefugnisse im Hinblick auf den Zugang zu Räumlichkeiten sollten im Einklang mit besonderen Anforderungen im Verfahrensrecht der Mitgliedstaaten ausgeübt werden, wie etwa dem Erfordernis einer vorherigen richterlichen Genehmigung. Jede rechtsverbindliche Maßnahme der Aufsichtsbehörde sollte schriftlich erlassen werden und sie sollte klar und eindeutig sein; die Aufsichtsbehörde, die die Maßnahme erlassen hat, und das Datum, an dem die Maßnahme erlassen wurde, sollten angegeben werden und die Maßnahme sollte vom Leiter oder von einem von ihm bevollmächtigen Mitglied der Aufsichtsbehörde unterschrieben sein und eine Begründung für die Maßnahme sowie einen Hinweis auf das Recht auf einen wirksamen Rechtsbehelf enthalten. Dies sollte zusätzliche Anforderungen nach dem Verfahrensrecht der Mitgliedstaaten nicht ausschließen. Der Erlass eines rechtsverbindlichen Beschlusses setzt voraus, dass er in dem Mitgliedstaat der Aufsichtsbehörde, die den Beschluss erlassen hat, gerichtlich überprüft werden kann.

Anmerkungen

1 Der EDSA kann Leitlinien in Bezug auf die Anwendung der Maßnahmen nach Abs 1 bis 3 veröffentlichen (Art 70 Abs 1 lit k).

2 Siehe Art 4 Nr 17 zur Definition des Begriffs „Vertreter".

3 Die Befugnis nach **Abs 1 lit e** ist spiegelbildlich eine **strafbewehrte Pflicht des Verantwortlichen bzw Auftragsverarbeiters** (siehe Art 83 Abs 5 lit e).

4 Nach Erwägungsgrund 129 Satz 6 sollten „Untersuchungsbefugnisse im Hinblick auf den Zugang zu Räumlichkeiten [...] im Einklang mit besonderen Anforderungen im Verfahrensrecht der Mitgliedstaaten ausgeübt werden, wie etwa dem Erfordernis einer vorherigen richterlichen Genehmigung".

5 Die Befugnis nach **Abs 1 lit f** ist spiegelbildlich eine **strafbewehrte Pflicht des Verantwortlichen bzw Auftragsverarbeiters** (siehe Art 83 Abs 5 lit e).

Siehe Art 83 Rz 3 zu den Voraussetzungen für den Ausspruch einer Verwarnung statt einer Geldbuße. **6**

Siehe Art 4 Nr 12 zur Definition des Begriffs „Verletzung des Schutzes personenbezogener Daten". **7**

Siehe Art 34 Abs 4. **8**

Siehe Art 4 Nr 9 zur Definition des Begriffs „Empfänger". **9**

Siehe Art 4 Nr 26 zur Definition des Begriffs „internationale Organisation". **10**

Artikel 59
Tätigkeitsbericht

Jede Aufsichtsbehörde[1] erstellt einen Jahresbericht[2] über ihre Tätigkeit, der eine Liste der Arten der gemeldeten Verstöße und der Arten der getroffenen Maßnahmen nach Artikel 58 Absatz 2 enthalten kann. Diese Berichte werden dem nationalen Parlament, der Regierung und anderen nach dem Recht der Mitgliedstaaten bestimmten Behörden übermittelt. Sie werden der Öffentlichkeit, der Kommission und dem Ausschuss zugänglich gemacht.[3,4]

Anmerkungen

Auch der Europäische Datenschutzbeauftragte veröffentlicht daher einen Jahresbericht, vgl https://secure.edps.europa.eu/EDPSWEB/edps/cache/offonce/lang/de/EDPS/Publications/AR. **1**

Neben diesen formalen Bericht treten bekanntlich eine Vielzahl informeller öffentlicher Aussagen durch (Leiter von) Aufsichtsbehörden, etwa des Europäischen Datenschutzbeauftragten, https://secure.edps.europa.eu/EDPSWEB/edps/lang/de/EDPS/Publications/Blog_1 oder auch der DSB, http://www.dsb.gv.at/site/6180/default.aspx. **2**

Die Berichte der DSB werden derzeit unter http://www.dsb.gv.at/site/6207/default.aspx veröffentlicht und erscheinen seit 2014 bereits jährlich. **3**

Die Berichte der deutschen Bundes- und Landesdatenschutzbeauftragten sind unter http://www.thm.de/zaftda/ abrufbar. **4**

Kapitel VII
Zusammenarbeit und Kohärenz

Abschnitt 1
Zusammenarbeit[1]

Artikel 60
Zusammenarbeit zwischen der federführenden Aufsichtsbehörde und den anderen betroffenen Aufsichtsbehörden

(1) Die federführende Aufsichtsbehörde arbeitet mit den anderen betroffenen Aufsichtsbehörden[2] im Einklang mit diesem Artikel zusammen und bemüht sich dabei, einen Konsens zu erzielen. Die federführende Aufsichtsbehörde und die betroffenen Aufsichtsbehörden tauschen untereinander alle zweckdienlichen Informationen aus.

(2) Die federführende Aufsichtsbehörde kann jederzeit andere betroffene Aufsichtsbehörden um Amtshilfe gemäß Artikel 61 ersuchen und gemeinsame Maßnahmen gemäß Artikel 62 durchführen, insbesondere zur Durchführung von Untersuchungen oder zur Überwachung der Umsetzung einer Maßnahme in Bezug auf einen Verantwortlichen oder einen Auftragsverarbeiter, der in einem anderen Mitgliedstaat niedergelassen ist.

(3) Die federführende Aufsichtsbehörde übermittelt den anderen betroffenen Aufsichtsbehörden unverzüglich die zweckdienlichen Informationen zu der Angelegenheit. Sie legt den anderen betroffenen Aufsichtsbehörden unverzüglich einen Beschlussentwurf[3] zur Stellungnahme vor und trägt deren Standpunkten gebührend Rechnung.

(4) Legt eine der anderen betroffenen Aufsichtsbehörden innerhalb von vier Wochen, nachdem sie gemäß Absatz 3 des vorliegenden Artikels konsultiert wurde, gegen diesen Beschlussentwurf einen maßgeblichen und begründeten Einspruch[4] ein und schließt sich die federführende Aufsichtsbehörde dem maßgeblichen und begründeten Einspruch nicht an oder ist der Ansicht, dass der Einspruch nicht maßgeblich oder nicht begründet ist, so leitet die federführende Aufsichtsbehörde das Kohärenzverfahren gemäß Artikel 63 für die Angelegenheit ein.

(5) Beabsichtigt die federführende Aufsichtsbehörde, sich dem maßgeblichen und begründeten Einspruch anzuschließen, so legt sie den anderen betroffenen Aufsichtsbehörden einen überarbeiteten Beschlussentwurf zur Stellungnahme vor. Der überarbeitete Beschlussentwurf wird innerhalb von zwei Wochen dem Verfahren nach Absatz 4 unterzogen.

(6) Legt keine der anderen betroffenen Aufsichtsbehörden Einspruch gegen den Beschlussentwurf ein, der von der federführenden Aufsichtsbehörde innerhalb der in den Absätzen 4 und 5 festgelegten Frist vorgelegt wurde, so gelten die federführende Aufsichtsbehörde und die betroffenen Aufsichtsbehörden als mit dem Beschlussentwurf einverstanden und sind an ihn gebunden.

(7) Die federführende Aufsichtsbehörde erlässt den Beschluss und teilt ihn der Hauptniederlassung[5] oder der einzigen Niederlassung[6] des Verantwortlichen oder gegebenenfalls des Auftragsverarbeiters mit und setzt die anderen betroffenen Aufsichtsbehörden und den Ausschuss von dem betreffenden Beschluss einschließlich einer Zusammenfassung der maßgeblichen Fakten und Gründe in Kenntnis. Die Aufsichtsbehörde, bei der eine Beschwerde eingereicht worden ist, unterrichtet den Beschwerdeführer über den Beschluss.

(8) Wird eine Beschwerde abgelehnt oder abgewiesen, so erlässt die Aufsichtsbehörde, bei der die Beschwerde eingereicht wurde, abweichend von Absatz 7 den Beschluss, teilt ihn dem Beschwerdeführer mit und setzt den Verantwortlichen in Kenntnis.[7]

(9) Sind sich die federführende Aufsichtsbehörde und die betreffenden [richtig: betroffenen][8] Aufsichtsbehörden darüber einig,[9] Teile der Beschwerde abzulehnen oder abzuweisen und bezüglich anderer Teile dieser Beschwerde tätig zu werden, so wird in dieser Angelegenheit für jeden dieser Teile ein eigener Beschluss erlassen. Die federführende Aufsichtsbehörde erlässt den Beschluss für den Teil, der das Tätigwerden in Bezug auf den Verantwortlichen betrifft, teilt ihn der Hauptniederlassung oder einzigen Niederlassung des Verantwortlichen oder des Auftragsverarbeiters im Hoheitsgebiet ihres Mitgliedstaats mit und setzt den Beschwerdeführer hiervon in Kenntnis, während die für den Beschwerdeführer zuständige Aufsichtsbehörde den Beschluss für den Teil erlässt, der die Ablehnung oder Abweisung dieser Beschwerde betrifft,[10] und ihn diesem Beschwerdeführer mitteilt und den Verantwortlichen oder den Auftragsverarbeiter hiervon in Kenntnis setzt.

(10) Nach der Unterrichtung über den Beschluss der federführenden Aufsichtsbehörde gemäß den Absätzen 7 und 9 ergreift der Verantwortliche oder der Auftragsverarbeiter die erforderlichen Maßnahmen, um die Verarbeitungstätigkeiten all seiner Niederlassungen in der Union mit dem Beschluss in Einklang zu bringen. Der Verantwortliche oder der Auftragsverarbeiter teilt der federführenden Aufsichtsbehörde die Maßnahmen mit, die zur Einhaltung des Beschlusses ergriffen wurden; diese wiederum unterrichtet die anderen betroffenen Aufsichtsbehörden.

(11) Hat – in Ausnahmefällen – eine betroffene Aufsichtsbehörde Grund zu der Annahme, dass zum Schutz der Interessen betroffener Personen dringender Handlungsbedarf besteht, so kommt das Dringlichkeitsverfahren nach Artikel 66 zur Anwendung.

(12) Die federführende Aufsichtsbehörde und die anderen betroffenen Aufsichtsbehörden übermitteln einander die nach diesem Artikel geforderten Informationen auf elektronischem Wege unter Verwendung eines standardisierten Formats.

Anmerkungen

Da der Tatbestand des Abs 1 am Begriff der federführenden Aufsichtsbehörde anknüpft, ist Art 60 aufgrund seines eindeutigen Wortlauts **nur anwendbar, wenn eine federführende Zuständigkeit nach Art 56 Abs 1 gegeben ist.** **1**

Das Verfahren der Zusammenarbeit sieht überblicksartig Folgendes vor: (1) Die federführende Aufsichtsbehörde muss den **Beschlussentwurf den anderen betroffenen Aufsichtsbehörden unverzüglich zur Stellungnahme vorlegen** und deren Standpunkten gebührend Rechnung tragen (Abs 3), (2) die betroffenen Aufsichtsbehörden können innerhalb von vier Wochen gegen den Beschlussentwurf einen **maßgeblichen und begründeten Einspruch** erheben (Abs 4) und (3) die federführende Aufsichtsbehörde muss ein **Kohärenzverfahren** gemäß Art 63 iVm 65 Abs 1 lit a einleiten, wenn sie sich dem Einspruch nicht anschließt oder den erhobenen Einspruch für nicht maßgeblich oder für unbegründet hält (Abs 4). Beabsichtigt die federführende Aufsichtsbehörde hingegen, sich dem Einspruch anzuschließen, so hat sie nach Abs 5 Satz 1 den anderen betroffenen Aufsichtsbehörden einen überarbeiteten Beschlussentwurf zur Stellungnahme vorzulegen, wobei die anderen betroffenen Aufsichtsbehörden dann innerhalb der verkürzten Frist von zwei Wochen einen Einspruch erheben können (Abs 5 Satz 2).

2 Siehe Art 4 Nr 22 zur Definition des Begriffs „betroffene Aufsichtsbehörde".

3 Nicht geregelt ist die Frage, in welcher **Sprache** die Aufsichtsbehörden miteinander zu kommunizieren haben, insbesondere in welcher Sprache ein Beschlussentwurf nach Abs 3 den betroffenen Aufsichtsbehörden zur Stellungnahme vorzulegen ist. Um die in den Mitgliedstaaten anfallenden Übersetzungskosten zu minimieren, wäre es wünschenswert, dass sich zwischen den Aufsichtsbehörden eine Praxis herausbildet, wonach die federführende Aufsichtsbehörde eine englische Übersetzung des Beschlussentwurfs erstellt und diese allen betroffenen Aufsichtsbehörden vorlegt. Das birgt jedoch das Risiko einer geringeren Problemdurchdringung oder einer Verfälschung des Ergebnisses aufgrund von Sprachproblemen. Alternativ könnten sämtliche Übersetzungstätigkeiten bei dem vom Europäischen Datenschutzbeauftragten bereitgestellten Sekretariat (vgl Art 75 Abs 1) zentralisiert werden (vgl Art 75 Abs 6 lit e).

4 Siehe Art 4 Nr 24 zur Definition des Begriffs „maßgeblicher und begründeter Einspruch".

5 Siehe Art 4 Nr 16 zur Definition des Begriffs „Hauptniederlassung".

6 Siehe Art 3 Rz 3 zur Definition des Begriffs „Niederlassung".

7 Nach der bemerkenswerten Regelung des Abs 8 **ergibt sich die internationale behördliche Zuständigkeit für die Beschlusserlassung erst aus der materiellrechtlichen Beurteilung** des Falles und begründet so einen kollisions- und zuständigkeitsrechtlichen „Catch-22". Allerdings lässt die DSGVO die Frage unbeantwortet, welches nationale Recht bei der Lösung des Falles heranzuziehen ist (zur Frage des Kollisionsrechts im Allgemeinen siehe Art 92 Rz 5).

8 Bei der Formulierung „betreffenden Aufsichtsbehörden" in Abs 9 handelt es sich um einen Übersetzungsfehler. Richtig: heißt es „betroffenen Aufsichtsbehörden" („supervisory authorities concerned").

9 Soweit die Lösung des Falls auch von nationalem Recht abhängt, werden die federführende Aufsichtsbehörde und die betroffenen Aufsichtsbehörden zunächst **Einigkeit über das anwendbare nationale Recht herstellen müssen**. Diese Regelung setzt daher implizit voraus, dass die Frage des anwendbaren nationalen Rechts von jeder Aufsichtsbehörde nach den selben Kriterien, dh unionsautonom bestimmt wird. Denn wenn die Frage des anwendbaren nationalen Rechts nach nationalem (Kollisions-)

Recht beurteilt würde, könnten die Aufsichtsbehörden unterschiedlicher Mitgliedstaaten bei unterschiedlichem Kollisionsrecht regelmäßig keine Einigung darüber erzielen, Teile der Beschwerde abzulehnen oder abzuweisen und bezüglich anderer Teile dieser Beschwerde tätig zu werden. Siehe Art 92 Rz 5 zur Frage des Kollisionsrechts im Allgemeinen.

Bei einer **teilweise stattgebenden und teilweise abweisenden Entscheidung** kommt es daher zu einer **Spaltung der Zuständigkeit**. Dies bedeutet im Ergebnis, dass aufgrund einer Beschwerde, der ein einheitlicher Sachverhalt zugrunde liegt, zwei Entscheidungen ergehen können, die dann bei den Gerichten unterschiedlicher Mitgliedstaaten bekämpft werden. Da sich in beiden Verfahren uU dieselben Vorfragen stellen, sind aufgrund dieser Aufspaltung der Zuständigkeit auch widersprüchliche Entscheidungen in derselben Sache denkbar. 10

Artikel 61
Gegenseitige Amtshilfe

(1) Die Aufsichtsbehörden übermitteln einander maßgebliche Informationen und gewähren einander Amtshilfe, um diese Verordnung einheitlich durchzuführen und anzuwenden, und treffen Vorkehrungen für eine wirksame Zusammenarbeit. Die Amtshilfe bezieht sich insbesondere auf Auskunftsersuchen und aufsichtsbezogene Maßnahmen, beispielsweise Ersuchen um vorherige Genehmigungen und eine vorherige Konsultation, um Vornahme von Nachprüfungen und Untersuchungen.

(2) Jede Aufsichtsbehörde ergreift alle geeigneten Maßnahmen, um einem Ersuchen[1] einer anderen Aufsichtsbehörde unverzüglich und spätestens innerhalb eines Monats nach Eingang des Ersuchens nachzukommen. Dazu kann insbesondere auch die Übermittlung maßgeblicher Informationen über die Durchführung einer Untersuchung gehören.

(3) Amtshilfeersuchen enthalten alle erforderlichen Informationen, einschließlich Zweck und Begründung des Ersuchens. Die übermittelten Informationen werden ausschließlich für den Zweck verwendet, für den sie angefordert wurden.

(4) Die ersuchte Aufsichtsbehörde lehnt das Ersuchen nur ab, wenn
a) sie für den Gegenstand des Ersuchens oder für die Maßnahmen, die sie durchführen soll, nicht zuständig ist[2] oder

b) ein Eingehen auf das Ersuchen gegen diese Verordnung verstoßen würde oder gegen das Unionsrecht oder das Recht der Mitgliedstaaten, dem die Aufsichtsbehörde, bei der das Ersuchen eingeht, unterliegt.

(5) Die ersuchte Aufsichtsbehörde informiert die ersuchende Aufsichtsbehörde über die Ergebnisse oder gegebenenfalls über den Fortgang der Maßnahmen, die getroffen wurden, um dem Ersuchen nachzukommen. Die ersuchte Aufsichtsbehörde erläutert gemäß Absatz 4 die Gründe für die Ablehnung des Ersuchens.

(6) Die ersuchten Aufsichtsbehörden übermitteln die Informationen, um die von einer anderen Aufsichtsbehörde ersucht wurde, in der Regel auf elektronischem Wege unter Verwendung eines standardisierten Formats.

(7) Ersuchte Aufsichtsbehörden verlangen für Maßnahmen, die sie aufgrund eines Amtshilfeersuchens getroffen haben, keine Gebühren. Die Aufsichtsbehörden können untereinander Regeln vereinbaren, um einander in Ausnahmefällen besondere aufgrund der Amtshilfe entstandene Ausgaben zu erstatten.

(8) Erteilt eine ersuchte Aufsichtsbehörde nicht binnen eines Monats nach Eingang des Ersuchens einer anderen Aufsichtsbehörde die Informationen gemäß Absatz 5, so kann die ersuchende Aufsichtsbehörde eine einstweilige Maßnahme im Hoheitsgebiet ihres Mitgliedstaats gemäß Artikel 55 Absatz 1 ergreifen. In diesem Fall wird von einem dringenden Handlungsbedarf gemäß Artikel 66 Absatz 1 ausgegangen, der einen im Dringlichkeitsverfahren angenommenen verbindlichen Beschluss des Ausschuss[3] gemäß Artikel 66 Absatz 2 erforderlich macht.

(9) Die Kommission kann im Wege von Durchführungsrechtsakten Form und Verfahren der Amtshilfe nach diesem Artikel und die Ausgestaltung des elektronischen Informationsaustauschs zwischen den Aufsichtsbehörden sowie zwischen den Aufsichtsbehörden und dem Ausschuss, insbesondere das in Absatz 6 des vorliegenden Artikels genannte standardisierte Format, festlegen. Diese Durchführungsrechtsakte werden gemäß dem in Artikel 93 Absatz 2 genannten Prüfverfahren erlassen.

Anmerkungen

1 Anders als bei der Informationsübermittlung durch die ersuchte Aufsichtsbehörde (vgl dazu Abs 6) ist nicht näher geregelt, in welcher Sprache

Gemeinsame Maßnahmen der Aufsichtsbehörden **Art 62**

und welcher Form die ersuchende Aufsichtsbehörde ihr Ersuchen anzubringen hat. Sinnvollerweise sind Abs 6 und Abs 9 sinngemäß anzuwenden, sodass insbesondere auch ein elektronisches Ersuchen möglich ist.

Hinsichtlich der in Abs 4 lit a angesprochenen Zuständigkeit einer Aufsichtsbehörde wird primär auf Art 55 abzustellen sein. 2

Übersetzungsfehler (richtig: „Ausschusses"). 3

Artikel 62
Gemeinsame Maßnahmen der Aufsichtsbehörden

(1) Die Aufsichtsbehörden führen gegebenenfalls gemeinsame Maßnahmen einschließlich gemeinsamer Untersuchungen und gemeinsamer Durchsetzungsmaßnahmen durch, an denen Mitglieder oder Bedienstete der Aufsichtsbehörden anderer Mitgliedstaaten teilnehmen.

(2) Verfügt der Verantwortliche oder der Auftragsverarbeiter über Niederlassungen[1] in mehreren Mitgliedstaaten oder werden die Verarbeitungsvorgänge voraussichtlich auf eine bedeutende Zahl betroffener Personen in mehr als einem Mitgliedstaat erhebliche Auswirkungen haben, ist die Aufsichtsbehörde jedes dieser Mitgliedstaaten berechtigt, an den gemeinsamen Maßnahmen teilzunehmen. Die gemäß Artikel 56 Absatz 1 oder Absatz 4 zuständige Aufsichtsbehörde lädt die Aufsichtsbehörde jedes dieser Mitgliedstaaten zur Teilnahme an den gemeinsamen Maßnahmen ein und antwortet unverzüglich auf das Ersuchen einer Aufsichtsbehörde um Teilnahme.

(3) Eine Aufsichtsbehörde kann gemäß dem Recht des Mitgliedstaats und mit Genehmigung der unterstützenden Aufsichtsbehörde den an den gemeinsamen Maßnahmen beteiligten Mitgliedern oder Bediensteten der unterstützenden Aufsichtsbehörde Befugnisse einschließlich Untersuchungsbefugnisse übertragen oder, soweit dies nach dem Recht des Mitgliedstaats der einladenden Aufsichtsbehörde zulässig ist, den Mitgliedern oder Bediensteten der unterstützenden Aufsichtsbehörde gestatten, ihre Untersuchungsbefugnisse nach dem Recht des Mitgliedstaats der unterstützenden Aufsichtsbehörde auszuüben. Diese Untersuchungsbefugnisse können nur unter der Leitung und in Gegenwart der Mitglieder oder Bediensteten der einladenden Aufsichtsbehörde ausgeübt werden. Die Mitglieder oder

Bediensteten der unterstützenden Aufsichtsbehörde unterliegen dem Recht des Mitgliedstaats der einladenden Aufsichtsbehörde.

(4) Sind gemäß Absatz 1 Bedienstete einer unterstützenden Aufsichtsbehörde in einem anderen Mitgliedstaat im Einsatz, so übernimmt der Mitgliedstaat der einladenden Aufsichtsbehörde nach Maßgabe des Rechts des Mitgliedstaats, in dessen Hoheitsgebiet der Einsatz erfolgt, die Verantwortung für ihr Handeln, einschließlich der Haftung für alle von ihnen bei ihrem Einsatz verursachten Schäden.[2]

(5) Der Mitgliedstaat, in dessen Hoheitsgebiet der Schaden verursacht wurde, ersetzt diesen Schaden so, wie er ihn ersetzen müsste, wenn seine eigenen Bediensteten ihn verursacht hätten. Der Mitgliedstaat der unterstützenden Aufsichtsbehörde, deren Bedienstete im Hoheitsgebiet eines anderen Mitgliedstaats einer Person Schaden zugefügt haben, erstattet diesem anderen Mitgliedstaat den Gesamtbetrag des Schadenersatzes, den dieser an die Berechtigten geleistet hat.

(6) Unbeschadet der Ausübung seiner Rechte gegenüber Dritten[3] und mit Ausnahme des Absatzes 5 verzichtet jeder Mitgliedstaat in dem Fall des Absatzes 1 darauf, den in Absatz 4 genannten Betrag des erlittenen Schadens anderen Mitgliedstaaten gegenüber geltend zu machen.

(7) Ist eine gemeinsame Maßnahme geplant und kommt eine Aufsichtsbehörde binnen eines Monats nicht der Verpflichtung nach Absatz 2 Satz 2 des vorliegenden Artikels nach, so können die anderen Aufsichtsbehörden eine einstweilige Maßnahme im Hoheitsgebiet ihres Mitgliedstaats gemäß Artikel 55 ergreifen. In diesem Fall wird von einem dringenden Handlungsbedarf gemäß Artikel 66 Absatz 1 ausgegangen, der eine im Dringlichkeitsverfahren angenommene Stellungnahme oder einen im Dringlichkeitsverfahren angenommenen verbindlichen Beschluss des Ausschusses gemäß Artikel 66 Absatz 2 erforderlich macht.

Anmerkungen

1 Siehe Art 3 Rz 3 zur Definition des Begriffs „Niederlassung".

2 Nach Abs 4 iVm dem Amtshaftungsgesetz kommt es so zu einer Haftung für ausländische Organe. Wünschenswert wäre allerdings eine gesetzliche Klarstellung, welchen Rechtsträger diese Haftung trifft.

3 Siehe Art 4 Nr 10 zur Definition des Begriffs „Dritter".

Abschnitt 2
Kohärenz

Artikel 63
Kohärenzverfahren

Um zur einheitlichen Anwendung dieser Verordnung in der gesamten Union beizutragen, arbeiten die Aufsichtsbehörden im Rahmen des in diesem Abschnitt beschriebenen Kohärenzverfahrens untereinander und gegebenenfalls mit der Kommission zusammen.

Erwägungsgrund

(135) Um die einheitliche Anwendung dieser Verordnung in der gesamten Union sicherzustellen, sollte ein Verfahren zur Gewährleistung einer einheitlichen Rechtsanwendung (Kohärenzverfahren) für die Zusammenarbeit zwischen den Aufsichtsbehörden eingeführt werden. Dieses Verfahren sollte insbesondere dann angewendet werden, wenn eine Aufsichtsbehörde beabsichtigt, eine Maßnahme zu erlassen, die rechtliche Wirkungen in Bezug auf Verarbeitungsvorgänge entfalten soll, die für eine bedeutende Zahl betroffener Personen in mehreren Mitgliedstaaten erhebliche Auswirkungen haben. Ferner sollte es zur Anwendung kommen, wenn eine betroffene Aufsichtsbehörde oder die Kommission beantragt, dass die Angelegenheit im Rahmen des Kohärenzverfahrens behandelt wird. Dieses Verfahren sollte andere Maßnahmen, die die Kommission möglicherweise in Ausübung ihrer Befugnisse nach den Verträgen trifft, unberührt lassen.

Artikel 64
Stellungnahme Ausschusses[1]

(1) Der Ausschuss gibt eine Stellungnahme ab, wenn die zuständige Aufsichtsbehörde[2] beabsichtigt, eine der nachstehenden Maßnahmen zu erlassen.[3] Zu diesem Zweck übermittelt die zuständige Aufsichtsbehörde dem Ausschuss den Entwurf des Beschlusses, wenn dieser
    a) der Annahme einer Liste der Verarbeitungsvorgänge dient, die der Anforderung einer Datenschutz-Folgenabschätzung gemäß Artikel 35 Absatz 4 unterliegen,[4]

b) eine Angelegenheit gemäß Artikel 40 Absatz 7 und damit die Frage betrifft, ob ein Entwurf von Verhaltensregeln oder eine Änderung oder Ergänzung von Verhaltensregeln mit dieser Verordnung in Einklang steht,
c) der Billigung der Kriterien für die Akkreditierung einer Stelle nach Artikel 41 Absatz 3 oder einer Zertifizierungsstelle nach Artikel 43 Absatz 3 dient,
d) der Festlegung von Standard-Datenschutzklauseln gemäß Artikel 46 Absatz 2 Buchstabe d und Artikel 28 Absatz 8 dient,
e) der Genehmigung von Vertragsklauseln gemäß Artikels 46 Absatz 3 Buchstabe a dient, oder
f) der Annahme verbindlicher interner Vorschriften im Sinne von Artikel 47 dient.

(2) Jede Aufsichtsbehörde, der Vorsitz[5] des Ausschuss oder die Kommission können beantragen, dass eine Angelegenheit mit allgemeiner Geltung oder mit Auswirkungen in mehr als einem Mitgliedstaat vom Ausschuss geprüft wird, um eine Stellungnahme zu erhalten,[6] insbesondere wenn eine zuständige Aufsichtsbehörde den Verpflichtungen zur Amtshilfe gemäß Artikel 61 oder zu gemeinsamen Maßnahmen gemäß Artikel 62 nicht nachkommt.[7]

(3) In den in den Absätzen 1 und 2 genannten Fällen gibt der Ausschuss eine Stellungnahme zu der Angelegenheit ab, die ihm vorgelegt wurde, sofern er nicht bereits eine Stellungnahme zu derselben Angelegenheit abgegeben hat. Diese Stellungnahme wird binnen acht Wochen mit der einfachen Mehrheit der Mitglieder des Ausschusses angenommen. Diese Frist kann unter Berücksichtigung der Komplexität der Angelegenheit um weitere sechs Wochen verlängert werden.[8] Was den in Absatz 1 genannten Beschlussentwurf angeht, der gemäß Absatz 5 den Mitgliedern des Ausschusses übermittelt wird, so wird angenommen, dass ein Mitglied, das innerhalb einer vom Vorsitz angegebenen angemessenen Frist keine Einwände erhoben hat, dem Beschlussentwurf zustimmt.

(4) Die Aufsichtsbehörden und die Kommission übermitteln unverzüglich dem Ausschuss auf elektronischem Wege unter Verwendung eines standardisierten Formats alle zweckdienlichen Informationen, einschließlich – je nach Fall – einer kurzen Darstellung des Sachverhalts, des Beschlussentwurfs, der Gründe, warum eine solche Maßnahme ergriffen werden muss, und der Standpunkte anderer betroffener Aufsichtsbehörden.

Art 64

(5) Der Vorsitz des Ausschusses unterrichtet unverzüglich auf elektronischem Wege

a) unter Verwendung eines standardisierten Formats die Mitglieder des Ausschusses und die Kommission über alle zweckdienlichen Informationen, die ihm zugegangen sind. Soweit erforderlich stellt das Sekretariat[9] des Ausschusses Übersetzungen der zweckdienlichen Informationen zur Verfügung und

b) je nach Fall die in den Absätzen 1 und 2 genannte Aufsichtsbehörde und die Kommission über die Stellungnahme und veröffentlicht sie.

(6) Die zuständige Aufsichtsbehörde nimmt den in Absatz 1 genannten Beschlussentwurf nicht vor Ablauf der in Absatz 3 genannten Frist an.

(7) Die in Absatz 1 genannte Aufsichtsbehörde trägt der Stellungnahme des Ausschusses s[10] weitestgehend Rechnung und teilt dessen Vorsitz binnen zwei Wochen nach Eingang der Stellungnahme auf elektronischem Wege unter Verwendung eines standardisierten Formats mit, ob sie den Beschlussentwurf beibehalten oder ändern wird; gegebenenfalls übermittelt sie den geänderten Beschlussentwurf.

(8) Teilt die betroffene Aufsichtsbehörde[11] dem Vorsitz des Ausschusses innerhalb der Frist nach Absatz 7 des vorliegenden Artikels unter Angabe der maßgeblichen Gründe mit, dass sie beabsichtigt, der Stellungnahme des Ausschusses insgesamt oder teilweise nicht zu folgen, so gilt Artikel 65 Absatz 1.

Anmerkungen

Übersetzungsfehler; richtig: „Stellungnahme des Ausschusses". Das Stellungnahmeverfahren stellt sich überblicksartig wie folgt dar: Beabsichtigt eine zuständige Behörde, einen Beschluss in den Fällen des Abs 1 lit a bis f zu erlassen, so hat sie dem EDSA den Beschlussentwurf (auf elektronischem Weg in einem standardisierten Format, Abs 4) vorzulegen und dessen Stellungnahme abzuwarten (Abs 6). Der EDSA hat daraufhin innerhalb einer achtwöchigen (auf vierzehn Wochen erstreckbaren) Frist mit einfacher Mehrheit eine Stellungnahme zu beschließen (Abs 3 Satz 2 und 3). Wenn ein Mitglied des EDSA nicht rechtzeitig einen Einwand erhebt, gilt dies als Zustimmung des jeweiligen Mitglieds (Abs 3 Satz 4). Binnen zwei Wochen nach Verabschiedung der Stellungnahme teilt die zuständige Behörde dem EDSA mit, (i) ob sie den Beschluss- 1 entwurf beibehalten oder ändern wird (Abs 7) und (ii) ob sie beabsichtigt, der Stellungnahme insgesamt oder teilweise nicht zu folgen, in welchem Fall ein Streitbeilegungsverfahren nach Art 65 durchzuführen ist (Abs 8). Von der Vorlage des Beschlussentwurfs nach Abs 1 bis Einleitung des Streitbeilegungsverfahrens nach Abs 8 können daher bis zu 16 Wochen vergehen.

Eine Angelegenheit mit allgemeiner Geltung (bedeutet wohl: Bedeutung) oder mit Auswirkungen in mehr als einem Mitgliedstaat kann von jeder Aufsichtsbehörde, dem Vorsitz des EDSA oder der Kommission ebenso einer Stellungnahme zugeführt werden (Abs 2). Diesfalls gilt eine Stimmenthaltung nicht als Zustimmung (Abs 3 Satz 4 e contrario) und es kann kein Streitbeilegungsverfahren eingeleitet werden (Rz 7 unten).

2 Da Art 64 nicht auf eine allfällige federführende Zuständigkeit abstellt, kommt er auch dann zur Anwendung, wenn der Tatbestand des Art 56 Abs 1 nicht erfüllt ist und sich die Zuständigkeit ausschließlich aus Art 55 ergibt.

3 Nach Art 70 Abs 1 lit a hat der EDSA hierbei grundsätzlich **von Amts wegen** vorzugehen („von sich aus").

4 Zur Liste der Verarbeitungsvorgänge, für welche eine Datenschutz-Folgenabschätzung erforderlich ist, siehe auch Art 35 Rz 12.

5 Siehe Art 73 f.

6 Zur allgemeinen Aufgabe des EDSA, Leitlinien, Empfehlungen und bewährte Verfahren zwecks Sicherstellung einer einheitlichen Anwendung der DSGVO zu erlassen, vgl Art 70 Abs 1 lit e.

7 Aufgrund folgender Regelungen ist es uE **zweifelhaft, ob Stellungnahmen nach Abs 2 einer bindenden Entscheidung nach Art 65 zugeführt werden können:** (1) Abs 6 untersagt die Verabschiedung des Beschlussentwurfes durch die zuständige Aufsichtsbehörde vor Ablauf der Frist für die Stellungnahme nur in den Fällen des Abs 1; (2) Abs 7 normiert ausschließlich in Bezug auf Abs 1 eine Pflicht zur Mitteilung, ob die Aufsichtsbehörde gedenkt, der Stellungnahme zu folgen und (3) Abs 8 verweist nur hinsichtlich Abs 7 iVm Abs 1 auf Art 65 Abs 1.

8 Im Rahmen eines Dringlichkeitsverfahrens nach Art 66 ist die Stellungnahme hingegen innerhalb der nicht erstreckbaren Frist von zwei Wochen zu erlassen (Art 66 Abs 4).

Siehe Art 75. **9**

Redaktionsfehler. **10**

Siehe Art 4 Nr 22 zur Definition des Begriffs „betroffene Aufsichts- **11**
behörde".

Artikel 65
Streitbeilegung durch den Ausschuss[1]

(1) Um die ordnungsgemäße und einheitliche Anwendung dieser Verordnung in Einzelfällen sicherzustellen, erlässt der Ausschuss in den folgenden Fällen einen verbindlichen Beschluss:[2]
  a) wenn eine betroffene Aufsichtsbehörde[3] in einem Fall nach Artikel 60 Absatz 4 einen maßgeblichen und begründeten Einspruch[4] gegen einen Beschlussentwurf der federführenden Behörde eingelegt hat oder die federführende Behörde einen solchen Einspruch als nicht maßgeblich oder nicht begründet abgelehnt hat. Der verbindliche Beschluss betrifft alle Angelegenheiten, die Gegenstand des maßgeblichen und begründeten Einspruchs sind, insbesondere die Frage, ob ein Verstoß gegen diese Verordnung vorliegt;[5]
  b) wenn es widersprüchliche Standpunkte dazu gibt, welche der betroffenen Aufsichtsbehörden für die Hauptniederlassung[6] zuständig ist,[7]
  c) wenn eine zuständige Aufsichtsbehörde in den in Artikel 64 Absatz 1 genannten Fällen keine Stellungnahme des Ausschusses einholt oder der Stellungnahme des Ausschusses gemäß Artikel 64 nicht folgt.[8] In diesem Fall kann jede betroffene Aufsichtsbehörde oder die Kommission die Angelegenheit dem Ausschuss vorlegen.

(2) Der in Absatz 1 genannte Beschluss wird innerhalb eines Monats nach der Befassung mit der Angelegenheit mit einer Mehrheit von zwei Dritteln der Mitglieder des Ausschusses angenommen. Diese Frist kann wegen der Komplexität der Angelegenheit um einen weiteren Monat verlängert werden. Der in Absatz 1 genannte Beschluss wird begründet und an die federführende Aufsichtsbehörde und alle betroffenen Aufsichtsbehörden übermittelt und ist für diese verbindlich.

(3) War der Ausschuss nicht in der Lage, innerhalb der in Absatz 2 genannten Fristen einen Beschluss anzunehmen, so nimmt er seinen

Beschluss innerhalb von zwei Wochen nach Ablauf des in Absatz 2 genannten zweiten Monats mit einfacher Mehrheit der Mitglieder des Ausschusses an. Bei Stimmengleichheit zwischen den Mitgliedern des Ausschusses gibt die Stimme des Vorsitzes den Ausschlag.

(4) Die betroffenen Aufsichtsbehörden nehmen vor Ablauf der in den Absätzen 2 und 3 genannten Fristen keinen Beschluss über die dem Ausschuss vorgelegte Angelegenheit an.

(5) Der Vorsitz des Ausschusses unterrichtet die betroffenen Aufsichtsbehörden unverzüglich über den in Absatz 1 genannten Beschluss. Er setzt die Kommission hiervon in Kenntnis. Der Beschluss wird unverzüglich auf der Website des Ausschusses veröffentlicht, nachdem die Aufsichtsbehörde den in Absatz 6 genannten endgültigen Beschluss mitgeteilt hat.

(6) Die federführende Aufsichtsbehörde oder gegebenenfalls die Aufsichtsbehörde, bei der die Beschwerde eingereicht wurde,[9] trifft den endgültigen Beschluss auf der Grundlage des in Absatz 1 des vorliegenden Artikels genannten Beschlusses unverzüglich und spätestens einen Monat, nachdem der Europäische Datenschutzausschuss seinen Beschluss mitgeteilt hat.[10] Die federführende Aufsichtsbehörde oder gegebenenfalls die Aufsichtsbehörde, bei der die Beschwerde eingereicht wurde, setzt den Ausschuss von dem Zeitpunkt, zu dem ihr endgültiger Beschluss dem Verantwortlichen oder dem Auftragsverarbeiter bzw. der betroffenen Person mitgeteilt wird, in Kenntnis. Der endgültige Beschluss der betroffenen Aufsichtsbehörden wird gemäß Artikel 60 Absätze 7, 8 und 9 angenommen. Im endgültigen Beschluss wird auf den in Absatz 1 genannten Beschluss verwiesen und festgelegt, dass der in Absatz 1 des vorliegenden Artikels genannte Beschluss gemäß Absatz 5 auf der Website des Ausschusses veröffentlicht wird. Dem endgültigen Beschluss wird der in Absatz 1 des vorliegenden Artikels genannte Beschluss beigefügt.[11]

Erwägungsgrund

(136) Bei Anwendung des Kohärenzverfahrens sollte der Ausschuss, falls von der Mehrheit seiner Mitglieder so entschieden wird oder falls eine andere betroffene Aufsichtsbehörde oder die Kommission darum ersuchen, binnen einer festgelegten Frist eine Stellungnahme abgeben. Dem Ausschuss sollte auch die Befugnis übertragen werden, bei Streitigkeiten zwischen Aufsichtsbehörden rechtsverbindliche Beschlüsse zu erlassen. Zu diesem Zweck sollte er in klar bestimmten Fällen, in denen

Streitbeilegung durch den Ausschuss **Art 65**

die Aufsichtsbehörden insbesondere im Rahmen des Verfahrens der Zusammenarbeit zwischen der federführenden Aufsichtsbehörde und den betroffenen Aufsichtsbehörden widersprüchliche Standpunkte zu dem Sachverhalt, vor allem in der Frage, ob ein Verstoß gegen diese Verordnung vorliegt, vertreten, grundsätzlich mit einer Mehrheit von zwei Dritteln seiner Mitglieder rechtsverbindliche Beschlüsse erlassen.

Anmerkungen

Das **Streitbeilegungsverfahren stellt sich überblicksartig wie folgt dar**: Der EDSA hat innerhalb der Frist eines Monats (die in komplexen Fällen um einen Monat verlängert werden kann) mit Zweidrittelmehrheit eine Entscheidung zu erlassen (Abs 2); gelingt ihm dies nicht, hat er binnen zwei weiterer Wochen die Entscheidung mit einfacher Mehrheit zu erlassen (Abs 3). Diese Entscheidung ist für die betroffenen Aufsichtsbehörden und die federführende Aufsichtsbehörde bindend und an diese adressiert (Abs 2 Satz 3). Dem Verantwortlichen, dem Auftragsverarbeiter bzw dem Betroffenen ist diese Entscheidung des EDSA dann gemeinsam mit der Entscheidung der zuständigen Aufsichtsbehörde zu übermitteln (Abs 6 letzter Satz) und nachfolgend auf der Website des EDSA zu veröffentlichen (Abs 6). 1

Abs 1 lässt offen, ob der EDSA nur auf Antrag einen verbindlichen Beschluss erlassen kann und wer diesfalls antragsberechtigt ist. Lediglich Abs 1 lit c enthält den Hinweis, dass **jedenfalls eine betroffene Aufsichtsbehörde und die Kommission antragsberechtigt sind**. Art 70 Abs 1 lit a führt demgegenüber aus, dass der EDSA „von sich aus" die „Überwachung und Sicherstellung der ordnungsgemäßen Anwendung dieser Verordnung in den in den Artikeln 64 und 65 genannten Fällen unbeschadet der Aufgaben der nationalen Aufsichtsbehörden" wahrnimmt. 2

Da die Erlassung eines verbindlichen Beschlusses nicht nur im Interesse der Aufsichtsbehörden, sondern auch im Interesse eines Verantwortlichen bzw Auftragsverarbeiters sowie einer betroffenen Person sein kann, sollte jedenfalls auch diesen eine Antragsbefugnis zugestanden werden. Insbesondere ein Beschluss über die Zuständigkeit für eine Hauptniederlassung eines Verantwortlichen bzw Auftragsverarbeiters nach Abs 1 lit b sollte **auch auf Antrag eines solchen Verantwortlichen bzw Auftragsverarbeiters** erlassen werden können.

3 Siehe Art 4 Nr 22 zur Definition des Begriffs „betroffene Aufsichtsbehörde".

4 Siehe Art 4 Nr 24 zur Definition des Begriffs „maßgeblicher und begründeter Einspruch".

5 Aus Abs 1 lit a letzter Satz ergibt sich, dass der EDSA auch nationales Datenschutzrecht auslegen und anwenden wird müssen, welches auf Grundlage einer der zahlreichen Öffnungsklauseln von einem Mitgliedstaat erlassen wurde (siehe Art 92 Rz 4). Dies macht es erforderlich, dass der EDSA als Vorfrage darüber entscheidet, welches nationale Datenschutzrecht anwendbar ist. Da die DSGVO – mit einer Ausnahme (siehe Art 80 Rz 4) – **keine kollisionsrechtlichen Normen** enthält, liegt eine **planwidrige Lücke vor, die im Wege der Analogie zu schließen** ist – siehe hierzu Art 92 Rz 5.

6 Siehe Art 4 Nr 16 zur Definition des Begriffs „**Hauptniederlassung**". Aus dieser Definition ergibt sich, dass (i) ein Verantwortlicher bzw Auftragsverarbeiter begrifflich nur dann eine „Hauptniederlassung" haben kann, wenn er zumindest eine Niederlassung in der Union hat (vgl Art 4 Rz 38 und 45), (ii) der Begriff der „Hauptniederlassung" relativ zur jeweiligen Verarbeitungstätigkeit ist, dh ein Verantwortlicher bzw Auftragsverarbeiter nicht nur eine Hauptniederlassung, sondern abhängig von der betrachteten Verarbeitungstätigkeit unterschiedliche Hauptniederlassungen haben kann (siehe Art 4 Rz 42 und 45), (iii) es für Verantwortliche grundsätzlich keine konzernweite Hauptniederlassung gibt (siehe Art 4 Rz 42), während eine konzernweite Hauptniederlassung für Auftragsverarbeiter sehr wohl möglich ist (siehe Art 4 Rz 44) und (iv) ein Verantwortlicher, welcher seine Entscheidungen hinsichtlich Zwecke und Mittel der Verarbeitung in einer Niederlassung in einem Drittstaat trifft und auch seine Hauptverwaltung in einem Drittstaat hat, keine „Hauptniederlassung" iSd Art 4 Nr 16 lit a hat (Art 4 Rz 40 und 41).

7 Fraglich ist, ob eine **Zuständigkeitsentscheidung** nach Abs 1 lit b nur ergehen kann, wenn der Tatbestand des Art 56 Abs 1 erfüllt ist und daher eine federführende Zuständigkeit feststellbar ist. Dies liegt nahe, da der Beschluss des EDSA nach Abs 2 Satz 3 nur für „die federführende Aufsichtsbehörde und alle betroffenen Aufsichtsbehörden" verbindlich ist. Jedenfalls muss aber eine Hauptniederlassung iSd Art 4 Nr 16 vorliegen (sieh Rz 6).

Streitbeilegung durch den Ausschuss **Art 65**

Eine Zuständigkeitsentscheidung kann – widersprüchliche Standpunkte unterschiedlicher Aufsichtsbehörden vorausgesetzt – uE **auch vom Verantwortlichen bzw Auftragsverarbeiter beantragt** werden (siehe Rz 2 oben).

Aus dem Wortlaut des Abs 1 lit c geht nicht eindeutig hervor, ob neben einer **Stellungnahme nach Art 64 Abs 1** auch eine Stellungnahme nach Art 64 Abs 2 einer **bindenden Entscheidung des EDSA zugeführt werden** kann. Dies ist uE zweifelhaft (siehe Art 64 Rz 7). **8**

Zur der in Abs 6 Satz 1 angesprochenen Zuständigkeit zur Beschlusserlassung siehe Art 60 Abs 7 bis 9. **9**

Ab Einleitung des Verfahrens nach Art 65 können daher zwei Monate (Abs 2) zuzüglich zwei Wochen (Abs 3) bis zur Erlassung des Beschlusses des EDSA sowie ein weiteres Monat bis zur Erlassung des endgültigen Beschlusses der zuständigen Aufsichtsbehörde, somit insgesamt 3 Monate und 2 Wochen vergehen. Im Rahmen eines Dringlichkeitsverfahrens wäre der Beschluss des EDSA hingegen binnen zwei Wochen mit einfacher Mehrheit zu erlassen (Art 66 Abs 4). **10**

Erfolgt (ohne Anwendung des Dringlichkeitsverfahrens nach Art 66) die Streitbeilegung durch den Ausschuss wegen Nichtbeachtung einer Stellungnahme des Ausschusses (Abs 1 lit c), kann der gesamte Entscheidungsprozess ab Vorlage des Beschlussentwurfs (vgl Art 64 Rz 1) mehr als sieben Monate in Anspruch nehmen (exakt 3 Monate und 18 Wochen).

Erfolgt die Streitbeilegung (ohne Anwendung des Dringlichkeitsverfahrens nach Art 66) aufgrund eines Einspruchs einer betroffenen Aufsichtsbehörde gegen den Beschlussentwurf der federführenden Aufsichtsbehörde (Abs 1 lit a), so kann der gesamte Entscheidungsprozess ab Übermittlung des Beschlussentwurfes an die betroffene Aufsichtsbehörde nach Art 60 Abs 3 Satz 2 ca. viereinhalb Monate (exakt drei Monate und sechs Wochen) dauern (vgl Art 60 Abs 4).

Sofern die Entscheidung des EDSA einen Verantwortlichen, einen Auftragsverarbeiter oder den Beschwerdeführer **unmittelbar und individuell betrifft**, können diese Personen binnen zwei Monaten nach Veröffentlichung der betreffenden Entscheidung auf der Website des EDSA nach Art 263 AEUV eine **Nichtigkeitsklage** erheben (siehe Erwägungsgrund 143 Satz 1 und Satz 3). Tun dies diese Personen nicht, darf ein nationales Gericht im Rahmen der Behandlung eines Rechtsbehelfs gegen **11** die Entscheidung der Aufsichtsbehörde (siehe Art 78) den EuGH nicht auf Antrag dieser Personen mit Fragen der Gültigkeit der Entscheidung des EDSA befassen (so ausdrücklich Erwägungsgrund 143 letzter Satz). Erlässt daher die Datenschutzbehörde einen Bescheid auf Grundlage einer Entscheidung des EDSA, so ist der Bescheidadressat gut beraten, sowohl den Bescheid beim BVwG als auch die Entscheidung des EDSA beim EuGH zu bekämpfen (vgl auch Art 78 Rz 5).

Artikel 66
Dringlichkeitsverfahren[1]

(1) Unter außergewöhnlichen Umständen kann eine betroffene Aufsichtsbehörde[2] abweichend vom Kohärenzverfahren nach Artikel 63, 64 und 65 oder dem Verfahren nach Artikel 60 sofort einstweilige Maßnahmen mit festgelegter Geltungsdauer von höchstens drei Monaten treffen, die in ihrem Hoheitsgebiet rechtliche Wirkung entfalten sollen, wenn sie zu der Auffassung gelangt, dass dringender Handlungsbedarf besteht, um Rechte und Freiheiten von betroffenen Personen zu schützen.[3] Die Aufsichtsbehörde setzt die anderen betroffenen Aufsichtsbehörden, den Ausschuss und die Kommission unverzüglich von diesen Maßnahmen und den Gründen für deren Erlass in Kenntnis.

(2) Hat eine Aufsichtsbehörde eine Maßnahme nach Absatz 1 ergriffen und ist sie der Auffassung, dass dringend endgültige Maßnahmen erlassen werden müssen, kann sie unter Angabe von Gründen im Dringlichkeitsverfahren um eine Stellungnahme oder einen verbindlichen Beschluss des Ausschusses ersuchen.

(3) Jede Aufsichtsbehörde kann unter Angabe von Gründen, auch für den dringenden Handlungsbedarf, im Dringlichkeitsverfahren um eine Stellungnahme oder gegebenenfalls einen verbindlichen Beschluss des Ausschusses ersuchen, wenn eine zuständige Aufsichtsbehörde trotz dringenden Handlungsbedarfs keine geeignete Maßnahme getroffen hat, um die Rechte und Freiheiten von betroffenen Personen zu schützen.

(4) Abweichend von Artikel 64 Absatz 3 und Artikel 65 Absatz 2 wird eine Stellungnahme oder ein verbindlicher Beschluss im Dringlichkeitsverfahren nach den Absätzen 2 und 3 binnen zwei Wochen mit einfacher Mehrheit der Mitglieder des Ausschusses angenommen.

Dringlichkeitsverfahren **Art 66**

Erwägungsgründe

(137) Es kann dringender Handlungsbedarf zum Schutz der Rechte und Freiheiten von betroffenen Personen bestehen, insbesondere wenn eine erhebliche Behinderung der Durchsetzung des Rechts einer betroffenen Person droht. Eine Aufsichtsbehörde sollte daher hinreichend begründete einstweilige Maßnahmen in ihrem Hoheitsgebiet mit einer festgelegten Geltungsdauer von höchstens drei Monaten erlassen können.

(138) Die Anwendung dieses Verfahrens sollte in den Fällen, in denen sie verbindlich vorgeschrieben ist, eine Bedingung für die Rechtmäßigkeit einer Maßnahme einer Aufsichtsbehörde sein, die rechtliche Wirkungen entfalten soll. In anderen Fällen von grenzüberschreitender Relevanz sollte das Verfahren der Zusammenarbeit zwischen der federführenden Aufsichtsbehörde und den betroffenen Aufsichtsbehörden zur Anwendung gelangen, und die betroffenen Aufsichtsbehörden können auf bilateraler oder multilateraler Ebene Amtshilfe leisten und gemeinsame Maßnahmen durchführen, ohne auf das Kohärenzverfahren zurückzugreifen.

Anmerkungen

Besteht ein dringender Handlungsbedarf, um Rechte und Freiheiten von betroffenen Personen zu schützen, kann eine betroffene Aufsichtsbehörde **ohne Durchführung eines Kohärenzverfahrens**, dh ohne Einholung einer Stellungnahme des EDSA nach Art 64 oder Streitbeilegung nach Art 65, auf drei Monate befristete einstweilige Maßnahmen treffen (Abs 1). 1

Sofern die Aufsichtsbehörde (i) eine solche einstweilige Maßnahme getroffen hat und (ii) der Ansicht ist, dass dringend eine endgültige Maßnahme erlassen werden müsste, kann sie im Rahmen eines Dringlichkeitsverfahrens unter Anwendung einer lediglich zweiwöchigen Entscheidungsfrist (vgl Abs 4) eine Stellungnahme oder einen verbindlichen Beschluss des EDSA herbeiführen (Abs 2).

Wenn die zuständige Aufsichtsbehörde hingegen trotz Dringlichkeit keine einstweilige Maßnahme nach Abs 1 ergreift, so kann jede andere Aufsichtsbehörde eine Stellungnahme oder einen verbindlichen Beschluss des EDSA unter Anwendung der auf zwei Wochen verkürzten Entscheidungsfrist herbeiführen (Abs 3 und 4).

Siehe Art 4 Nr 22 zur Definition des Begriffs „betroffene Aufsichtsbehörde". 2

3 Dringender Handlungsbedarf iSd Abs 1 besteht „insbesondere wenn eine erhebliche Behinderung der Durchsetzung des Rechts einer betroffenen Person droht" (Erwägungsgrund 137 Satz 1).

Artikel 67
Informationsaustausch

Die Kommission kann Durchführungsrechtsakte von allgemeiner Tragweite zur Festlegung der Ausgestaltung des elektronischen Informationsaustauschs zwischen den Aufsichtsbehörden sowie zwischen den Aufsichtsbehörden und dem Ausschuss, insbesondere des standardisierten Formats nach Artikel 64, erlassen.[1]

Diese Durchführungsrechtsakte werden gemäß dem Prüfverfahren nach Artikel 93 Absatz 2 erlassen.

Anmerkungen

1 Da die **Sprachenfrage** (vgl Art 60 Rz 3) „von allgemeiner Tragweite" für den (elektronischen) Informationsaustausch ist, ist sie uE einer Regelung durch Durchführungsrechtsakte potentiell zugänglich.

Abschnitt 3
Europäischer Datenschutzausschuss

Artikel 68
Europäischer Datenschutzausschuss

(1) Der Europäische Datenschutzausschuss (im Folgenden „Ausschuss") wird als Einrichtung der Union mit eigener Rechtspersönlichkeit eingerichtet.

(2) Der Ausschuss wird von seinem Vorsitz[1] vertreten.

(3) Der Ausschuss besteht aus dem Leiter einer Aufsichtsbehörde jedes Mitgliedstaats und dem Europäischen Datenschutzbeauftragten[2] oder ihren jeweiligen Vertretern.

(4) Ist in einem Mitgliedstaat mehr als eine Aufsichtsbehörde für die Überwachung der Anwendung der nach Maßgabe dieser Verordnung erlassenen Vorschriften zuständig, so wird im Einklang

Europäischer Datenschutzausschuss **Art 68**

mit den Rechtsvorschriften dieses Mitgliedstaats ein gemeinsamer Vertreter benannt.

(5) Die Kommission ist berechtigt, ohne Stimmrecht an den Tätigkeiten und Sitzungen des Ausschusses teilzunehmen. Die Kommission benennt einen Vertreter. Der Vorsitz des Ausschusses unterrichtet die Kommission über die Tätigkeiten des Ausschusses.

(6) In den in Artikel 65 genannten Fällen ist der Europäische Datenschutzbeauftragte nur bei Beschlüssen stimmberechtigt, die Grundsätze und Vorschriften betreffen, die für die Organe, Einrichtungen, Ämter und Agenturen der Union gelten und inhaltlich den Grundsätzen und Vorschriften dieser Verordnung entsprechen.

Erwägungsgrund

(139) Zur Förderung der einheitlichen Anwendung dieser Verordnung sollte der Ausschuss als unabhängige Einrichtung der Union eingesetzt werden. Damit der Ausschuss seine Ziele erreichen kann, sollte er Rechtspersönlichkeit besitzen. Der Ausschuss sollte von seinem Vorsitz vertreten werden. Er sollte die mit der Richtlinie 95/46/EG eingesetzte Arbeitsgruppe für den Schutz der Rechte von Personen bei der Verarbeitung personenbezogener Daten ersetzen. Er sollte aus dem Leiter einer Aufsichtsbehörde jedes Mitgliedstaats und dem Europäischen Datenschutzbeauftragten oder deren jeweiligen Vertretern gebildet werden. An den Beratungen des Ausschusses sollte die Kommission ohne Stimmrecht teilnehmen und der Europäische Datenschutzbeauftragte sollte spezifische Stimmrechte haben. Der Ausschuss sollte zur einheitlichen Anwendung der Verordnung in der gesamten Union beitragen, die Kommission insbesondere im Hinblick auf das Schutzniveau in Drittländern oder internationalen Organisationen beraten und die Zusammenarbeit der Aufsichtsbehörden in der Union fördern. Der Ausschuss sollte bei der Erfüllung seiner Aufgaben unabhängig handeln.

Anmerkungen

Siehe Art 73 f zum Vorsitz des EDSA. **1**

Zur beschränkten Stimmberechtigung des Europäischen Datenschutz- **2**
beauftragten siehe Abs 6.

Artikel 69
Unabhängigkeit

(1) Der Ausschuss handelt bei der Erfüllung seiner Aufgaben oder in Ausübung seiner Befugnisse gemäß den Artikeln 70 und 71 unabhängig.[1]

(2) Unbeschadet der Ersuchen der Kommission gemäß Artikel 70 Absatz 1 Buchstabe b und Absatz 2 ersucht der Ausschuss bei der Erfüllung seiner Aufgaben oder in Ausübung seiner Befugnisse weder um Weisung noch nimmt er Weisungen entgegen.

Anmerkungen

1 Siehe Art 52 zur Unabhängigkeit der einzelnen Aufsichtsbehörden sowie Art 44 Verordnung (EG) Nr 45/2001 zur Unabhängigkeit des Europäischen Datenschutzbeauftragten.

Artikel 70
Aufgaben des Ausschusses

(1) Der Ausschuss stellt die einheitliche Anwendung dieser Verordnung sicher. Hierzu nimmt der Ausschuss von sich aus[1] oder gegebenenfalls auf Ersuchen der Kommission insbesondere folgende Tätigkeiten wahr:
  a) Überwachung und Sicherstellung der ordnungsgemäßen Anwendung dieser Verordnung in den in den Artikeln 64 und 65 genannten Fällen unbeschadet der Aufgaben der nationalen Aufsichtsbehörden;
  b) Beratung der Kommission in allen Fragen, die im Zusammenhang mit dem Schutz personenbezogener Daten in der Union stehen, einschließlich etwaiger Vorschläge zur Änderung dieser Verordnung;
  c) Beratung der Kommission über das Format und die Verfahren für den Austausch von Informationen zwischen den Verantwortlichen, den Auftragsverarbeitern und den Aufsichtsbehörden in Bezug auf verbindliche interne Datenschutzvorschriften;[2]
  d) Bereitstellung von Leitlinien, Empfehlungen und bewährten Verfahren zu Verfahren für die Löschung gemäß Artikel 17 Absatz 2 von Links zu personenbezogenen Daten oder Kopien

Aufgaben des Ausschusses   Art 70

oder Replikationen dieser Daten aus öffentlich zugänglichen Kommunikationsdiensten;

e) Prüfung – von sich aus, auf Antrag eines seiner Mitglieder oder auf Ersuchen der Kommission – von die Anwendung dieser Verordnung betreffenden Fragen und Bereitstellung von Leitlinien, Empfehlungen und bewährten Verfahren zwecks Sicherstellung einer einheitlichen Anwendung dieser Verordnung;[3]

f) Bereitstellung von Leitlinien, Empfehlungen und bewährten Verfahren gemäß Buchstabe e des vorliegenden Absatzes zur näheren Bestimmung der Kriterien und Bedingungen für die auf Profiling beruhenden Entscheidungen gemäß Artikel 22 Absatz 2;[4]

g) Bereitstellung von Leitlinien, Empfehlungen und bewährten Verfahren gemäß Buchstabe e des vorliegenden Absatzes für die Feststellung von Verletzungen des Schutzes personenbezogener Daten und die Festlegung der Unverzüglichkeit im Sinne des Artikels 33 Absätze 1 und 2, und zu den spezifischen Umständen, unter denen der Verantwortliche oder der Auftragsverarbeiter die Verletzung des Schutzes personenbezogener Daten[5] zu melden hat;[6]

h) Bereitstellung von Leitlinien, Empfehlungen und bewährten Verfahren gemäß Buchstabe e des vorliegenden Absatzes zu den Umständen, unter denen eine Verletzung des Schutzes personenbezogener Daten voraussichtlich ein hohes Risiko für die Rechte und Freiheiten natürlicher Personen im Sinne des Artikels 34 Absatz 1 zur Folge hat;[7]

i) Bereitstellung von Leitlinien, Empfehlungen und bewährten Verfahren gemäß Buchstabe e des vorliegenden Absatzes zur näheren Bestimmung der in Artikel 47 aufgeführten Kriterien und Anforderungen für die Übermittlungen personenbezogener Daten, die auf verbindlichen internen Datenschutzvorschriften[8] von Verantwortlichen oder Auftragsverarbeitern beruhen, und der dort aufgeführten weiteren erforderlichen Anforderungen zum Schutz personenbezogener Daten der betroffenen Personen;

j) Bereitstellung von Leitlinien, Empfehlungen und bewährten Verfahren gemäß Buchstabe e des vorliegenden Absatzes zur näheren Bestimmung der Kriterien und Bedingungen für die Übermittlungen personenbezogener Daten gemäß Artikel 49 Absatz 1;

k) Ausarbeitung von Leitlinien für die Aufsichtsbehörden in Bezug auf die Anwendung von Maßnahmen nach Artikel 58 Absätze 1, 2 und 3 und die Festsetzung von Geldbußen gemäß Artikel 83;
l) Überprüfung der praktischen Anwendung der unter den Buchstaben e und f genannten Leitlinien, Empfehlungen und bewährten Verfahren;[9]
m) Bereitstellung von Leitlinien, Empfehlungen und bewährten Verfahren gemäß Buchstabe e des vorliegenden Absatzes zur Festlegung gemeinsamer Verfahren für die von natürlichen Personen vorgenommene Meldung von Verstößen gegen diese Verordnung gemäß Artikel 54 Absatz 2;
n) Förderung der Ausarbeitung von Verhaltensregeln und der Einrichtung von datenschutzspezifischen Zertifizierungsverfahren sowie Datenschutzsiegeln und -prüfzeichen gemäß den Artikeln 40 und 42;
o) Akkreditierung von Zertifizierungsstellen und deren regelmäßige Überprüfung gemäß Artikel 43 und Führung eines öffentlichen Registers der akkreditierten Einrichtungen gemäß Artikel 43 Absatz 6 und der in Drittländern niedergelassenen akkreditierten Verantwortlichen oder Auftragsverarbeiter gemäß Artikel 42 Absatz 7;
p) Präzisierung der in Artikel 43 Absatz 3 genannten Anforderungen im Hinblick auf die Akkreditierung von Zertifizierungsstellen gemäß Artikel 42;[10]
q) Abgabe einer Stellungnahme für die Kommission zu den Zertifizierungsanforderungen gemäß Artikel 43 Absatz 8;
r) Abgabe einer Stellungnahme für die Kommission zu den Bildsymbolen gemäß Artikel 12 Absatz 7;
s) Abgabe einer Stellungnahme für die Kommission zur Beurteilung der Angemessenheit des in einem Drittland oder einer internationalen Organisation gebotenen Schutzniveaus einschließlich zur Beurteilung der Frage, ob das Drittland, das Gebiet, ein oder mehrere spezifische Sektoren in diesem Drittland oder eine internationale Organisation[11] kein angemessenes Schutzniveau mehr gewährleistet. Zu diesem Zweck gibt die Kommission dem Ausschuss alle erforderlichen Unterlagen, darunter den Schriftwechsel mit der Regierung des Drittlands, dem Gebiet oder spezifischen Sektor oder der internationalen Organisation;

t) Abgabe von Stellungnahmen im Kohärenzverfahren gemäß Artikel 64 Absatz 1 zu Beschlussentwürfen von Aufsichtsbehörden, zu Angelegenheiten, die nach Artikel 64 Absatz 2 vorgelegt wurden und um Erlass verbindlicher Beschlüsse gemäß Artikel 65, einschließlich der in Artikel 66 genannten Fälle;

u) Förderung der Zusammenarbeit und eines wirksamen bilateralen und multilateralen Austauschs von Informationen und bewährten Verfahren zwischen den Aufsichtsbehörden;

v) Förderung von Schulungsprogrammen und Erleichterung des Personalaustausches zwischen Aufsichtsbehörden sowie gegebenenfalls mit Aufsichtsbehörden von Drittländern oder mit internationalen Organisationen;

w) Förderung des Austausches von Fachwissen und von Dokumentationen über Datenschutzvorschriften und -praxis mit Datenschutzaufsichtsbehörden in aller Welt;

x) Abgabe von Stellungnahmen zu den auf Unionsebene erarbeiteten Verhaltensregeln gemäß Artikel 40 Absatz 9 und

y) Führung eines öffentlich zugänglichen elektronischen Registers der Beschlüsse der Aufsichtsbehörden und Gerichte in Bezug auf Fragen, die im Rahmen des Kohärenzverfahrens behandelt wurden.

(2) Die Kommission kann, wenn sie den Ausschuss um Rat ersucht, unter Berücksichtigung der Dringlichkeit des Sachverhalts eine Frist angeben.

(3) Der Ausschuss leitet seine Stellungnahmen, Leitlinien, Empfehlungen und bewährten Verfahren an die Kommission und an den in Artikel 93 genannten Ausschuss weiter und veröffentlicht sie.

(4) Der Ausschuss konsultiert gegebenenfalls interessierte Kreise und gibt ihnen Gelegenheit, innerhalb einer angemessenen Frist Stellung zu nehmen. Unbeschadet des Artikels 76 macht der Ausschuss die Ergebnisse der Konsultation der Öffentlichkeit zugänglich.

Anmerkungen

Grundsätzlich ist der EDSA daher gem Abs 1 zu einem **Vorgehen von Amts wegen** verpflichtet. 1

Siehe Art 47. 2

3 Abs 1 lit e ist der zentrale Anknüpfungspunkt für den EDSA, um Leitlinien, Empfehlungen und bewährte Verfahren zu allen Fragen der DSGVO zu veröffentlichen und so eine weitere **Harmonisierung durch Soft Law** herbeizuführen (vgl auch Abs 1 lit f bis j und m, welche jeweils auf Abs 1 lit e verweisen). Ob der EDSA allerdings von dieser Möglichkeit Gebrauch machen wird, ist gänzlich ihm überlassen.

4 Vgl Erwägungsgrund 72.

5 Siehe Art 4 Nr 12 zur Definition des Begriffs „Verletzung des Schutzes personenbezogener Daten".

6 Vgl Erwägungsgrund 88 Satz 1, wonach „bei der detaillierten Regelung des Formats und der Verfahren für die Meldung von Verletzungen des Schutzes personenbezogener Daten [...] die Umstände der Verletzung hinreichend berücksichtigt werden [sollten], beispielsweise ob personenbezogene Daten durch geeignete technische Sicherheitsvorkehrungen geschützt waren, die die Wahrscheinlichkeit eines Identitätsbetrugs oder anderer Formen des Datenmissbrauchs wirksam verringern".

7 Vgl Erwägungsgrund 88 Satz 2, wonach die Regeln und Verfahren nach Abs 1 lit h „den berechtigten Interessen der Strafverfolgungsbehörden in Fällen Rechnung tragen [sollten], in denen die Untersuchung der Umstände einer Verletzung des Schutzes personenbezogener Daten durch eine frühzeitige Offenlegung in unnötiger Weise behindert würde".

8 Siehe Art 47.

9 Der Verweis wurde in der politischen Einigung in den Trialog-Verhandlungen unverändert gelassen, obwohl neben lit e und f zusätzliche lit eingefügt wurden. Hierbei handelt es sich augenscheinlich um einen Redaktionsfehler, sodass davon auszugehen ist, dass der EDSA die praktische Anwendung sämtlicher von ihm verabschiedeten Leitlinien, Empfehlungen und bewährten Verfahren zu überprüfen hat.

10 Siehe Art 64 Abs 1 lit c.

11 Siehe Art 4 Nr 26 zur Definition des Begriffs „internationale Organisation".

Artikel 71
Berichterstattung

(1) Der Ausschuss erstellt einen Jahresbericht über den Schutz natürlicher Personen bei der Verarbeitung in der Union und gegebenenfalls in Drittländern[1] und internationalen Organisationen. Der Bericht wird veröffentlicht und dem Europäischen Parlament, dem Rat und der Kommission übermittelt.[2]

(2) Der Jahresbericht enthält eine Überprüfung der praktischen Anwendung der in Artikel 70 Absatz 1 Buchstabe l[3] genannten Leitlinien, Empfehlungen und bewährten Verfahren sowie der in Artikel 65 genannten verbindlichen Beschlüsse.

Anmerkungen

Dies wird insbesondere die Drittländer betreffen, bei denen ein adäquates Datenschutzniveau konstatiert wurde. Allerdings hat auch die Kommission die Wirkungsweise von Feststellungen zum Schutzniveau in einem Drittland und auch die Wirkungsweise der Adäquanzfeststellungen zu überwachen (vgl Erwägungsgrund 106).   1

Mangels ausdrücklicher Zuständigkeitsregelung liegt die Verantwortung hiefür (wohl) beim Vorsitz.   2

Auch hier ist (wohl) davon auszugehen, dass eine Beschränkung allein auf Buchstabe l nicht gewollt ist, sondern vielmehr die praktische Anwendung der in Art 70 Abs 1 insgesamt vorgesehenen Leitlinien, Empfehlungen und bewährten Verfahren zu überprüfen und darüber zu berichten ist.   3

Artikel 72
Verfahrensweise

(1) Sofern in dieser Verordnung nichts anderes bestimmt ist,[1] fasst der Ausschuss seine Beschlüsse mit einfacher Mehrheit seiner[2] Mitglieder.

(2) Der Ausschuss gibt sich mit einer Mehrheit von zwei Dritteln seiner Mitglieder eine Geschäftsordnung[3] und legt seine Arbeitsweise fest.[4]

Anmerkungen

1 Siehe Abs 2 sowie Art 65 Abs 2.

2 Nicht: anwesenden Mitglieder.

3 Diese hat insbesondere auch Regeln zur Vertraulichkeit zu enthalten (vgl Erwägungsgrund 140 Satz 2, wonach das für das Sekretariat des EDSA tätige Personal des Europäischen Datenschutzbeauftragen „diese Aufgaben ausschließlich gemäß den Anweisungen des Vorsitzes des Ausschusses durchführen und diesem Bericht erstatten [sollte]").

4 Dieses Quorum ist auch bei Änderungen der Geschäftsordnung und Arbeitsweise anzuwenden.

Artikel 73
Vorsitz

(1) Der Ausschuss wählt aus dem Kreis seiner Mitglieder mit einfacher Mehrheit einen Vorsitzenden und zwei stellvertretende Vorsitzende.[1,2]

(2) Die Amtszeit des Vorsitzenden und seiner beiden Stellvertreter beträgt fünf Jahre; ihre einmalige Wiederwahl ist zulässig.

Anmerkungen

1 Der Kreis der Mitglieder des EDSA wird in Art 68 Abs 3 definiert als der Leiter einer Aufsichtsbehörde jedes Mitgliedstaates und der Europäische Datenschutzbeauftragte. Folglich **könnte auch der Europäische Datenschutzbeauftragte zum Vorsitzenden gewählt werden**. Da dieser ohnedies das Sekretariat des EDSA bereitstellt (siehe Art 75 Abs 1), wäre dies einerseits durchaus zweckmäßig. Andererseits kann der Vorsitz ein natürliches Gegengewicht zum Europäischen Datenschutzbeauftragten darstellen, dem ohnehin schon eine über seine Kontrollaufgaben deutlich hinausgehende, durchaus prominente Rolle zugesprochen wird.

2 Neben den in Art 74 genannten Rechten und Pflichten liegt eine weitere Aufgabe in der Vertretung des Ausschusses nach außen (Art 68 Abs 2).

Artikel 74
Aufgaben des Vorsitzes

(1) Der Vorsitz hat folgende Aufgaben:
a) Einberufung der Sitzungen des Ausschusses und Erstellung der Tagesordnungen,
b) Übermittlung der Beschlüsse des Ausschusses nach Artikel 65 an die federführende Aufsichtsbehörde und die betroffenen Aufsichtsbehörden,
c) Sicherstellung einer rechtzeitigen Ausführung der Aufgaben des Ausschusses, insbesondere der Aufgaben im Zusammenhang mit dem Kohärenzverfahren nach Artikel 63.

(2) Der Ausschuss legt die Aufteilung der Aufgaben zwischen dem Vorsitzenden und dessen Stellvertretern in seiner Geschäftsordnung fest.[1]

Anmerkungen

Siehe Art 72 Abs 2 zur Geschäftsordnung des EDSA. **1**

Artikel 75
Sekretariat

(1) Der Ausschuss wird von einem Sekretariat unterstützt, das von dem Europäischen Datenschutzbeauftragten bereitgestellt wird.

(2) Das Sekretariat führt seine Aufgaben ausschließlich auf Anweisung des Vorsitzes des Ausschusses aus.

(3) Das Personal des Europäischen Datenschutzbeauftragten, das an der Wahrnehmung der dem Ausschuss gemäß dieser Verordnung übertragenen Aufgaben beteiligt ist, unterliegt anderen Berichtspflichten als das Personal, das an der Wahrnehmung der dem Europäischen Datenschutzbeauftragten übertragenen Aufgaben beteiligt ist.[1]

(4) Soweit angebracht,[2] erstellen und veröffentlichen der Ausschuss und der Europäische Datenschutzbeauftragte eine Vereinbarung zur Anwendung des vorliegenden Artikels, in der die Bedingungen ihrer Zusammenarbeit festgelegt sind und die für das Personal des Europäischen Datenschutzbeauftragten gilt, das an der Wahrnehmung der dem Ausschuss gemäß dieser Verordnung übertragenen Aufgaben beteiligt ist.

(5) Das Sekretariat leistet dem Ausschuss analytische,[3] administrative und logistische Unterstützung.

(6) Das Sekretariat ist insbesondere verantwortlich für
a) das Tagesgeschäft des Ausschusses,[4]
b) die Kommunikation zwischen den Mitgliedern des Ausschusses, seinem Vorsitz und der Kommission,
c) die Kommunikation mit anderen Organen und mit der Öffentlichkeit,
d) den Rückgriff auf elektronische Mittel für die interne und die externe Kommunikation,
e) die Übersetzung sachdienlicher Informationen,
f) die Vor- und Nachbereitung der Sitzungen des Ausschusses,
g) die Vorbereitung, Abfassung und Veröffentlichung von Stellungnahmen, von Beschlüssen über die Beilegung von Streitigkeiten zwischen Aufsichtsbehörden und von sonstigen vom Ausschuss angenommenen Dokumenten.

Erwägungsgrund

(140) Der Ausschusssollte [richtig: Ausschuss sollte] von einem Sekretariat unterstützt werden, das von dem Europäischen Datenschutzbeauftragten bereitgestellt wird. Das Personal des Europäischen Datenschutzbeauftragten, das an der Wahrnehmung der dem Ausschuss gemäß dieser Verordnung übertragenen Aufgaben beteiligt ist, sollte diese Aufgaben ausschließlich gemäß den Anweisungen des Vorsitzes des Ausschusses durchführen und diesem Bericht erstatten.

Anmerkungen

1 Das für das Sekretariat des EDSA tätige Personal des Europäischen Datenschutzbeauftragen „sollte diese Aufgaben ausschließlich gemäß den Anweisungen des Vorsitzes des Ausschusses durchführen und diesem Bericht erstatten" (Erwägungsgrund 140 Satz 2).

2 Es bleibt also auch hier (vgl Art 73 Rz 1) ergebnisoffen, ob der Europäische Datenschutzbeauftragte auch zugleich den Vorsitz des Ausschusses einnimmt.

3 Gemeint ist damit (wohl) insbesondere juristische Unterstützung durch Recherche der Sach- und Rechtslage.

Es ist dies eine „Catch-all"-Auffangklausel, da es sich bei den in lit b – lit g genannten Tätigkeiten ebenso um Tagegsgeschäft handelt. **4**

Artikel 76
Vertraulichkeit

(1) Die Beratungen des Ausschusses sind gemäß seiner Geschäftsordnung vertraulich, wenn der Ausschuss dies für erforderlich hält.[1]

(2) Der Zugang zu Dokumenten, die Mitgliedern des Ausschusses, Sachverständigen und Vertretern von Dritten[2] vorgelegt werden, wird durch die Verordnung (EG) Nr. 1049/2001 des Europäischen Parlaments und des Rates geregelt.

Anmerkungen

Siehe Art 72 Abs 2 zur Geschäftsordnung des EDSA. **1**

Siehe Art 4 Nr 10 zur Definition des Begriffs „Dritter". **2**

Kapitel VIII
Rechtsbehelfe, Haftung und Sanktionen

Artikel 77
Recht auf Beschwerde bei einer Aufsichtsbehörde

(1) Jede betroffene Person hat unbeschadet eines anderweitigen verwaltungsrechtlichen oder gerichtlichen Rechtsbehelfs[1] das Recht auf Beschwerde bei einer[2] Aufsichtsbehörde, insbesondere in dem Mitgliedstaat ihres Aufenthaltsorts, ihres Arbeitsplatzes oder des Orts des mutmaßlichen Verstoßes, wenn die betroffene Person der Ansicht ist, dass die Verarbeitung der sie betreffenden personenbezogenen Daten gegen diese Verordnung verstößt.

(2) Die Aufsichtsbehörde, bei der die Beschwerde eingereicht wurde, unterrichtet den Beschwerdeführer über den Stand und die Ergebnisse der Beschwerde einschließlich der Möglichkeit eines gerichtlichen Rechtsbehelfs nach Artikel 78.

Erwägungsgrund

(141) Jede betroffene Person sollte das Recht haben, bei einer einzigen Aufsichtsbehörde insbesondere in dem Mitgliedstaat ihres gewöhnlichen Aufenthalts eine Beschwerde einzureichen und gemäß Artikel 47 der Charta einen wirksamen gerichtlichen Rechtsbehelf einzulegen, wenn sie sich in ihren Rechten gemäß dieser Verordnung verletzt sieht oder wenn die Aufsichtsbehörde auf eine Beschwerde hin nicht tätig wird, eine Beschwerde teilweise oder ganz abweist oder ablehnt oder nicht tätig wird, obwohl dies zum Schutz der Rechte der betroffenen Person notwendig ist. Die auf eine Beschwerde folgende Untersuchung sollte vorbehaltlich gerichtlicher Überprüfung so weit gehen, wie dies im Einzelfall angemessen ist. Die Aufsichtsbehörde sollte die betroffene Person innerhalb eines angemessenen Zeitraums über den Fortgang und die Ergebnisse der Beschwerde unterrichten. Sollten weitere Untersuchungen oder die Abstimmung mit einer anderen Aufsichtsbehörde erforderlich sein, sollte die betroffene Person über den Zwischenstand informiert werden. Jede Aufsichtsbehörde sollte Maßnahmen zur Erleichterung der Einreichung von Beschwerden treffen, wie etwa

die Bereitstellung eines Beschwerdeformulars, das auch elektronisch ausgefüllt werden kann, ohne dass andere Kommunikationsmittel ausgeschlossen werden.

Anmerkungen

1 Das **Recht auf eine Beschwerde** bei einer Aufsichtsbehörde steht nach dem eindeutigen Wortlaut des Abs 1 unabhängig vom Recht auf einen gerichtlichen Rechtsbehelf gegen den Verantwortlichen bzw Auftragsverarbeiter (Art 79) zu. Es kommt so zu einem **zweigleisigen Rechtsschutz**.

2 Erwägungsgrund 141 Satz 1 stellt klar, dass eine betroffene Person nur das Recht hat, „bei einer einzigen Aufsichtsbehörde" eine Beschwerde einzureichen. Die selbe Sache kann daher von der betroffenen Person nicht bei mehreren Aufsichtsbehörden anhängig gemacht werden.

Artikel 78
Recht auf wirksamen gerichtlichen Rechtsbehelf gegen eine Aufsichtsbehörde[1]

(1) Jede natürliche oder juristische Person[2] hat unbeschadet eines anderweitigen verwaltungsrechtlichen oder außergerichtlichen Rechtsbehelfs das Recht auf einen wirksamen gerichtlichen Rechtsbehelf gegen einen sie betreffenden rechtsverbindlichen Beschluss einer Aufsichtsbehörde.[3]

(2) Jede betroffene Person hat unbeschadet eines anderweitigen verwaltungsrechtlichen oder außergerichtlichen Rechtbehelfs das Recht auf einen wirksamen gerichtlichen Rechtsbehelf, wenn die nach den Artikeln 55 und 56 zuständige Aufsichtsbehörde sich nicht mit einer Beschwerde befasst oder die betroffene Person nicht innerhalb von drei Monaten über den Stand oder das Ergebnis der gemäß Artikel 77 erhobenen Beschwerde in Kenntnis gesetzt hat.[4]

(3) Für Verfahren gegen eine Aufsichtsbehörde sind die Gerichte des Mitgliedstaats zuständig, in dem die Aufsichtsbehörde ihren Sitz hat.

(4) Kommt es zu einem Verfahren gegen den Beschluss einer Aufsichtsbehörde, dem eine Stellungnahme oder ein Beschluss des Ausschusses im Rahmen des Kohärenzverfahrens vorangegangen ist,[5] so leitet die Aufsichtsbehörde diese Stellungnahme oder diesen Beschluss dem Gericht zu.

Recht auf Rechtsbehelf gegen eine Aufsichtsbehörde **Art 78**

Erwägungsgrund

(143) Jede natürliche oder juristische Person hat das Recht, unter den in Artikel 263 AEUV genannten Voraussetzungen beim Gerichtshof eine Klage auf Nichtigerklärung eines Beschlusses des Ausschusses zu erheben. Als Adressaten solcher Beschlüsse müssen die betroffenen Aufsichtsbehörden, die diese Beschlüsse anfechten möchten, binnen zwei Monaten nach deren Übermittlung gemäß Artikel 263 AEUV Klage erheben. Sofern Beschlüsse des Ausschusses einen Verantwortlichen, einen Auftragsverarbeiter oder den Beschwerdeführer unmittelbar und individuell betreffen, so können diese Personen binnen zwei Monaten nach Veröffentlichung der betreffenden Beschlüsse auf der Website des Ausschusses im Einklang mit Artikel 263 AEUV eine Klage auf Nichtigerklärung erheben. Unbeschadet dieses Rechts nach Artikel 263 AEUV sollte jede natürliche oder juristische Person das Recht auf einen wirksamen gerichtlichen Rechtsbehelf bei dem zuständigen einzelstaatlichen Gericht gegen einen Beschluss einer Aufsichtsbehörde haben, der gegenüber dieser Person Rechtswirkungen entfaltet. Ein derartiger Beschluss betrifft insbesondere die Ausübung von Untersuchungs-, Abhilfe- und Genehmigungsbefugnissen durch die Aufsichtsbehörde oder die Ablehnung oder Abweisung von Beschwerden. Das Recht auf einen wirksamen gerichtlichen Rechtsbehelf umfasst jedoch nicht rechtlich nicht bindende Maßnahmen der Aufsichtsbehörden wie von ihr abgegebene Stellungnahmen oder Empfehlungen. Verfahren gegen eine Aufsichtsbehörde sollten bei den Gerichten des Mitgliedstaats angestrengt werden, in dem die Aufsichtsbehörde ihren Sitz hat, und sollten im Einklang mit dem Verfahrensrecht dieses Mitgliedstaats durchgeführt werden. Diese Gerichte sollten eine uneingeschränkte Zuständigkeit besitzen, was die Zuständigkeit, sämtliche für den bei ihnen anhängigen Rechtsstreit maßgebliche Sach- und Rechtsfragen zu prüfen, einschließt. Wurde eine Beschwerde von einer Aufsichtsbehörde abgelehnt oder abgewiesen, kann der Beschwerdeführer Klage bei den Gerichten desselben Mitgliedstaats erheben. Im Zusammenhang mit gerichtlichen Rechtsbehelfen in Bezug auf die Anwendung dieser Verordnung können einzelstaatliche Gerichte, die eine Entscheidung über diese Frage für erforderlich halten, um ihr Urteil erlassen zu können, bzw. müssen einzelstaatliche Gerichte in den Fällen nach Artikel 267 AEUV den Gerichtshof um eine Vorabentscheidung zur Auslegung des Unionsrechts – das auch diese Verordnung einschließt – ersuchen. Wird darüber hinaus der Beschluss einer Aufsichtsbehörde zur Umsetzung eines Beschlusses des Ausschusses vor

einem einzelstaatlichen Gericht angefochten und wird die Gültigkeit des Beschlusses des Ausschusses in Frage gestellt, so hat dieses einzelstaatliche Gericht nicht die Befugnis, den Beschluss des Ausschusses für nichtig zu erklären, sondern es muss im Einklang mit Artikel 267 AEUV in der Auslegung des Gerichtshofs den Gerichtshof mit der Frage der Gültigkeit befassen, wenn es den Beschluss für nichtig hält. Allerdings darf ein einzelstaatliches Gericht den Gerichtshof nicht auf Anfrage einer natürlichen oder juristischen Person mit Fragen der Gültigkeit des Beschlusses des Ausschusses befassen, wenn diese Person Gelegenheit hatte, eine Klage auf Nichtigerklärung dieses Beschlusses zu erheben – insbesondere wenn sie unmittelbar und individuell von dem Beschluss betroffen war –, diese Gelegenheit jedoch nicht innerhalb der Frist gemäß Artikel 263 AEUV genutzt hat.

Anmerkungen

1 Art 78 gewährt einen wirksamen gerichtlichen Rechtsbehelf nicht nur gegen einen rechtsverbindlichen Beschluss einer Aufsichtsbehörde (Abs 1), sondern auch gegen die (mehr als drei Monate anhaltende) Untätigkeit einer Aufsichtsbehörde (Abs 2).

2 Das **Recht auf wirksamen gerichtlichen Rechtsbehelf gegen eine Aufsichtsbehörde** steht nach Abs 1 jeder natürlichen oder juristischen Person zu, dh sowohl betroffenen Personen als auch Verantwortlichen und Auftragsverarbeitern.

3 Der gerichtliche Rechtsbehelf kann sich **nur gegen einen Beschluss einer Aufsichtsbehörde richten, der gegenüber der den Rechtsbehelf ergreifenden Person Rechtswirkungen entfaltet**. Ein solcher Beschluss betrifft insbesondere „die Ausübung von Untersuchungs-, Abhilfe- und Genehmigungsbefugnissen durch die Aufsichtsbehörde oder die Ablehnung oder Abweisung von Beschwerden" (Erwägungsgrund 143 Satz 5). Der gerichtliche Rechtsbehelf kann sich jedoch nicht gegen „rechtlich nicht bindende Maßnahmen der Aufsichtsbehörden wie von ihr abgegebene Stellungnahmen oder Empfehlungen" wenden (Erwägungsgrund 143 Satz 6).

4 Vgl Erwägungsgrund 141 Satz 1, wonach eine betroffene Person das Recht auf einen wirksamen gerichtlichen Rechtsbehelf gegen eine Aufsichtsbehörde hat, „**wenn die Aufsichtsbehörde auf eine Beschwerde hin nicht tätig wird**" (Säumnisbeschwerde).

Erwägungsgrund 143 stellt klar, dass die zur Überprüfung einer Ent- 5
scheidung einer Aufsichtsbehörde berufenen Gerichte grundsätzlich **an
die Beschlüsse des EDSA gebunden** sind: „Wird [...] der Beschluss einer
Aufsichtsbehörde zur Umsetzung eines Beschlusses des Ausschusses vor
einem einzelstaatlichen Gericht angefochten und wird die Gültigkeit
des Beschlusses des Ausschusses in Frage gestellt, so hat dieses einzelstaatliche Gericht nicht die Befugnis, den Beschluss des Ausschusses
für nichtig zu erklären, sondern es **muss im Einklang mit Artikel 267
AEUV in der Auslegung des Gerichtshofs den Gerichtshof mit der
Frage der Gültigkeit befassen, wenn es den Beschluss für nichtig hält**"
(**Vorabentscheidungsverfahren**; Erwägungsgrund 143 Satz 11).

Eine Vorlage eines Beschlusses des EDSA an den EuGH auf Antrag
einer Verfahrenspartei hat jedoch **zu unterbleiben, „wenn diese Person
Gelegenheit hatte, eine Klage auf Nichtigerklärung dieses Beschlusses
zu erheben** – insbesondere wenn sie unmittelbar und individuell von
dem Beschluss betroffen war –, diese Gelegenheit jedoch nicht innerhalb
der Frist gemäß Artikel 263 AEUV genutzt hat" (Erwägungsgrund 143
letzter Satz; vgl auch Art 65 Rz 11).

Artikel 79
**Recht auf wirksamen gerichtlichen Rechtsbehelf
gegen Verantwortliche oder Auftragsverarbeiter**

(1) Jede betroffene Person hat unbeschadet eines verfügbaren
verwaltungsrechtlichen oder außergerichtlichen Rechtsbehelfs einschließlich des Rechts auf Beschwerde bei einer Aufsichtsbehörde
gemäß Artikel 77 das Recht auf einen wirksamen gerichtlichen Rechtsbehelf, wenn sie der Ansicht ist, dass die ihr aufgrund dieser Verordnung zustehenden Rechte[1] infolge einer nicht im Einklang mit dieser
Verordnung stehenden Verarbeitung ihrer personenbezogenen Daten
verletzt wurden.[2,3]

(2) Für Klagen gegen einen Verantwortlichen oder gegen einen Auftragsverarbeiter sind die Gerichte des Mitgliedstaats zuständig, in dem
der Verantwortliche oder der Auftragsverarbeiter eine Niederlassung[4]
hat.[5] Wahlweise können solche Klagen auch bei den Gerichten des Mitgliedstaats erhoben werden, in dem die betroffene Person[6] ihren Aufenthaltsort hat,[7] es sei denn, es handelt sich bei dem Verantwortlichen
oder dem Auftragsverarbeiter um eine Behörde eines Mitgliedstaats,
die in Ausübung ihrer hoheitlichen Befugnisse tätig geworden ist.[8]

Erwägungsgrund

(145) Bei Verfahren gegen Verantwortliche oder Auftragsverarbeiter sollte es dem Kläger überlassen bleiben, ob er die Gerichte des Mitgliedstaats anruft, in dem der Verantwortliche oder der Auftragsverarbeiter eine Niederlassung hat, oder des Mitgliedstaats, in dem die betroffene Person ihren Aufenthaltsort hat; dies gilt nicht, wenn es sich bei dem Verantwortlichen um eine Behörde eines Mitgliedstaats handelt, die in Ausübung ihrer hoheitlichen Befugnisse tätig geworden ist.

Anmerkungen

1 Die ausschließliche Bezugnahme auf „die [der betroffenen Person] aufgrund dieser Verordnung zustehenden Rechte" in Abs 1 legt den (primärrechtlich uU hinterfragbaren) Schluss nahe, dass eine betroffene Person **nur hinsichtlich der Bestimmungen des Kapitels III der DSGVO** („Rechte der betroffenen Person"; Art 12 bis 23) aktivlegitimiert ist. Um sonstige Verletzungen der DSGVO geltend zu machen, würde es einer betroffenen Person folglich an der Aktivlegitimation fehlen.

2 Die **Frage der Bindung der angerufenen Zivilgerichte an eine Entscheidung der Aufsichtsbehörde** wird in der DSGVO nicht geregelt und muss daher nach nationalem Recht beurteilt werden.

Der Oberste Gerichtshof vertritt in stRsp eine Bindung der Gerichte an rechtskräftige Bescheide der österreichischen Verwaltungsbehörden, mit welchen eine für den Zivilrechtsstreit maßgebliche Vorfrage entschieden wurde, und zwar selbst dann, wenn diese Bescheide fehlerhaft (gesetzwidrig) sein sollten (RIS-Justiz RS0036880, RS0036981, RS0036864; zuletzt 24.11.2015, 1 Ob 127/15f). Der Zivilrichter hat den Bescheid nicht auf seine inhaltliche Richtigkeit zu prüfen (RIS-Justiz RS0036981, RS0036975 [T4], RS0036864; zuletzt 24.11.2015, 1 Ob 127/15f). Allerdings tritt – mit Ausnahme einer allfälligen Gestaltungs- oder Tatbestandswirkung eines Bescheids – für Dritte, die am Verwaltungsverfahren nicht beteiligt waren, keine Bindungswirkung ein (RIS-Justiz RS0121545, zuletzt OGH 12.11.2015, 9 Ob 27/15h).

Im Ergebnis werden die Zivilgerichte daher an die rechtskräftigen Entscheidungen der Datenschutzbehörde und des Bundesverwaltungsgerichts gebunden sein, sofern auch die betroffene Person am Verfahren beteiligt war (vgl im Übrigen OGH 24.11.2015, 1 Ob 127/15f, wonach die außerordentliche Revision an den VwGH kein den Eintritt

Recht auf Rechtsbehelf gegen Verantwortliche　　　　　　　　**Art 79**

der Rechtskraft hemmendes Rechtsmittel ist, sodass ungeachtet einer außerordentliche Revision bereits eine Bindungswirkung eintritt).

Eine Bindung der Zivilgerichte an Beschlüsse ausländischer federführender Aufsichtsbehörden, gegen welche die DSB keinen Einspruch eingelegt hat, ist hingegen zu verneinen (Art 60 Abs 6 e contrario).

Eine Bindung der Zivilgerichte an Beschlüsse des EDSA ist grundsätzlich ebenso zu verneinen (Art 65 Abs 2 letzter Satz iVm Art 288 Abs 4 Satz 2 AEUV). Zur Bindung des BVwG und der Gerichtshöfe des öffentlichen Rechts an Beschlüsse des EDSA, siehe Art 79 Rz 5.

Ist ein präjudizielles Verfahren bei der DSB anhängig, kann das Zivil- **3** gericht das **Zivilverfahren unterbrechen** (§ 190 Abs 1 ZPO). Nach rechtskräftiger Erledigung des Verfahrens vor der DSB ist das Zivilverfahren fortzuführen (§ 190 Abs 3 ZPO). Im Fall eines vor einer ausländischen Aufsichtsbehörde anhängigen präjudiziellen Verfahrens kommt eine Unterbrechung nach § 190 Abs 1 ZPO mangels Bindungswirkung (siehe Rz 2 oben) jedoch grundsätzlich nicht in Betracht.

Siehe Art 3 Rz 3 zur Definition des Begriffs „Niederlassung". **4**

Dieser **allgemeine Gerichtsstand** des Abs 1 geht weit über den all- **5** gemeinen Gerichtsstand des Art 4 Nr 1 EuGVVO hinaus, da juristische Personen nach Art 4 Nr 1 iVm Art 63 Abs 1 EuGVVO nur in jenem Mitgliedstaat geklagt werden können, in dem sich a) ihr satzungsmäßiger Sitz, b) ihre Hauptverwaltung oder c) ihre Hauptniederlassung befindet. Nach Art 79 Abs 2 ist demgegenüber ein allgemeiner Gerichtsstand in jedem Mitgliedstaat gegeben, in dem der Beklagte eine Niederlassung hat, worunter nach Erwägungsgrund 22 sowohl rechtlich unselbstständige als auch rechtlich selbstständige Niederlassungen zu verstehen sind (siehe Art 3 Rz 3). Dies bedeutet insbesondere, dass international tätige Unternehmen in allen Mitgliedstaaten geklagt werden können, in denen sie eine Tochtergesellschaft haben. Dem Kläger wird damit die Möglichkeit des **Forum Shopping** eröffnet.

Dem Wortlaut des Abs 2 ist nicht zu entnehmen, dass der Kläger mit der **6** betroffenen Person ident sein muss. Tatsächlich sprechen überwiegende Gründe dafür, dass der allgemeine Gerichtsstand des Abs 2 Satz 1 sowie der Wahlgerichtsstand des Abs 2 Satz 2 **auch für Klagen einer Datenschutzeinrichtung, -organisationen oder -vereinigung iSd Art 80 Abs 1 anwendbar** sind: Der in Art 80 Abs 1 enthaltene vorbehaltslose Verweis auf Art 79 (siehe Art 80 Rz 1) legt den Schluss nahe, dass die

Gerichtsstände des Art 79 Abs 2 auch für Klagen einer Datenschutzeinrichtung, -organisationen oder -vereinigung Anwendung finden. Schließlich spricht auch Erwägungsgrund 145 nur vom „Kläger" und lässt daher keine Einschränkung auf betroffene Personen erkennen.

7 Bei Abs 2 Satz 2 handelt es sich gegenüber dem allgemeinen Gerichtsstand des Abs 2 Satz 1 (siehe Rz 5 oben) um einen **Wahlgerichtsstand**.

8 Nicht ausdrücklich geregelt ist das Verhältnis zwischen den Gerichtsständen der DSGVO und jenen der EuGVVO. Erwägungsgrund 147 führt lediglich aus, dass „die allgemeinen Vorschriften über die Gerichtsbarkeit, wie sie etwa in der Verordnung (EU) Nr 1215/2012 des Europäischen Parlaments und des Rates enthalten sind, der Anwendung dieser spezifischen Vorschriften nicht entgegenstehen [sollten]". Hieraus könnte abgeleitet werden, dass auch eine Gerichtsstandsvereinbarung nach Art 25 EuGVVO der Anwendung der Gerichtsstände nach der DSGVO „nicht entgegenstehen" sollte, dh die Gerichtsstände des Art 79 Abs 2 **durch Vereinbarung nicht ausgeschlossen werden können**. Andernfalls wäre damit zu rechnen, dass die Gerichtsstände der DSGVO in der Praxis weitestgehend ausgeschlossen würden und eine für den Verantwortlichen vorteilhafte internationale Zuständigkeit durch allgemeine Geschäftsbedingungen vereinbart wird. Das entspricht nicht dem Zweck der Zuständigkeitsregelungen der DSGVO, sodass diese als lex specialis vorgehen und **Art 25 EuGVVO verdrängen**.

Artikel 80
Vertretung von betroffenen Personen

(1) Die betroffene Person hat das Recht, eine Einrichtung, Organisationen oder Vereinigung ohne Gewinnerzielungsabsicht, die ordnungsgemäß nach dem Recht eines Mitgliedstaats gegründet ist, deren satzungsmäßige Ziele im öffentlichem Interesse liegen und die im Bereich des Schutzes der Rechte und Freiheiten von betroffenen Personen in Bezug auf den Schutz ihrer personenbezogenen Daten tätig ist, zu beauftragen, in ihrem Namen eine Beschwerde einzureichen, in ihrem Namen die in den Artikeln 77, 78 und 79[1] genannten Rechte wahrzunehmen[2] und das Recht auf Schadensersatz gemäß Artikel 82 in Anspruch zu nehmen, sofern dieses im Recht der Mitgliedstaaten vorgesehen ist.[3]

Vertretung von betroffenen Personen **Art 80**

(2) Die Mitgliedstaaten können vorsehen, dass jede der in Absatz 1 des vorliegenden Artikels genannten Einrichtungen, Organisationen oder Vereinigungen unabhängig von einem Auftrag der betroffenen Person in diesem Mitgliedstaat[4] das Recht hat, bei der gemäß Artikel 77 zuständigen Aufsichtsbehörde eine Beschwerde einzulegen und die in den Artikeln 78 und 79 aufgeführten Rechte in Anspruch zu nehmen,[5] wenn ihres Erachtens die Rechte einer betroffenen Person gemäß dieser Verordnung infolge einer Verarbeitung verletzt worden sind.

Erwägungsgrund

(142) Betroffene Personen, die sich in ihren Rechten gemäß dieser Verordnung verletzt sehen, sollten das Recht haben, nach dem Recht eines Mitgliedstaats gegründete Einrichtungen, Organisationen oder Verbände ohne Gewinnerzielungsabsicht, deren satzungsmäßige Ziele im öffentlichem Interesse liegen und die im Bereich des Schutzes personenbezogener Daten tätig sind, zu beauftragen, in ihrem Namen Beschwerde bei einer Aufsichtsbehörde oder einen gerichtlichen Rechtsbehelf einzulegen oder das Recht auf Schadensersatz in Anspruch zu nehmen, sofern dieses im Recht der Mitgliedstaaten vorgesehen ist. Die Mitgliedstaaten können vorsehen, dass diese Einrichtungen, Organisationen oder Verbände das Recht haben, unabhängig vom Auftrag einer betroffenen Person in dem betreffenden Mitgliedstaat eine eigene Beschwerde einzulegen, und das Recht auf einen wirksamen gerichtlichen Rechtsbehelf haben sollten, wenn sie Grund zu der Annahme haben, dass die Rechte der betroffenen Person infolge einer nicht im Einklang mit dieser Verordnung stehenden Verarbeitung verletzt worden sind. Diesen Einrichtungen, Organisationen oder Verbänden kann unabhängig vom Auftrag einer betroffenen Person nicht gestattet werden, im Namen einer betroffenen Person Schadenersatz zu verlangen.

[Erwägungsgrund 143 ist bei Art 78 abgedruckt.]

Anmerkungen

Der vorbehaltslose Verweise auf Art 79 legt den Schluss nahe, dass auch die **Gerichtsstände** des Art 79 Abs 2 für Klagen von Datenschutzeinrichtung, -organisationen oder -vereinigung Anwendung finden (siehe Art 79 Rz 6). 1

2 Da die in Abs 1 genannten Rechte einschließlich des Rechts auf eine Beschwerde nach Art 77 und eines gerichtlichen Rechtsbehelfs gegen Verantwortliche bzw Auftragsverarbeiter nach Art 79 „im Namen" der betroffenen Person geltend gemacht werden können, normiert Abs 1 uE **keine gewillkürte Prozessstandschaft** (dh eine Prozessführung im eigenen Namen über fremdes Recht), **sondern eine gerichtliche Vertretungsbefugnis** von Datenschutzeinrichtungen, -organisationen oder -vereinigungen iSd Abs 1.

3 Ob eine Datenschutzeinrichtung, -organisation oder -vereinigung iSd Abs 1 auch das Recht hat, im Namen einer betroffenen Person das Recht auf Schadensersatz in Anspruch zu nehmen, ist daher nach nationalem Recht zu beantworten. Das Recht welches Mitgliedstaates hierfür maßgeblich ist, lässt die DSGVO jedoch offen – insbesondere kämen grds das Recht des Sitzstaates der Datenschutzeinrichtung, -organisation oder -vereinigung, das Recht des Aufenthaltsorts der betroffenen Person sowie die lex fori in Betracht. Zur Frage des Kollisionsrechts siehe ausführlich Art 92 Rz 5.

4 Bei Abs 2 handelt es sich um die **einzige kollisionsrechtliche Bestimmung** der DSGVO. Ob eine Datenschutzeinrichtung, -organisationen oder -vereinigung das Recht hat, unabhängig von einem Auftrag der betroffenen Person bei der zuständigen Aufsichtsbehörde eine Beschwerde einzulegen (Art 77), einen gerichtlichen Rechtsbehelf gegen eine Aufsichtsbehörde zu ergreifen (Art 78) oder gegen einen Verantwortlichen oder Auftragsverarbeiter klagsweise vorzugehen (Art 79), richtet sich nach der **lex fori**.

5 Die **Verbandsklagebefugnis nach Abs 2** schließt das Recht aus, Schadenersatz zu begehren. Erwägungsgrund 142 letzter Satz normiert, dass den Datenschutzeinrichtungen, -organisation oder -vereinigungen iSd Abs 1 nicht gestattet werden kann „unabhängig vom Auftrag einer betroffenen Person […], im Namen einer betroffenen Person Schadensersatz zu verlangen".

Artikel 81
Aussetzung des Verfahrens[1]

(1) Erhält ein zuständiges Gericht in einem Mitgliedstaat Kenntnis von einem Verfahren zu demselben Gegenstand[2] in Bezug auf die Verarbeitung durch denselben Verantwortlichen oder Auftrags-

Aussetzung des Verfahrens **Art 81**

verarbeiter, das vor einem Gericht in einem anderen Mitgliedstaat anhängig ist, so nimmt es mit diesem Gericht Kontakt auf, um sich zu vergewissern, dass ein solches Verfahren existiert.

(2) Ist ein Verfahren zu demselben Gegenstand in Bezug auf die Verarbeitung durch denselben Verantwortlichen oder Auftragsverarbeiter vor einem Gericht in einem anderen Mitgliedstaat anhängig, so kann[3] jedes später angerufene zuständige Gericht das bei ihm anhängige Verfahren aussetzen.

(3) Sind diese Verfahren in erster Instanz anhängig, so kann sich jedes später angerufene Gericht auf Antrag einer Partei auch für unzuständig erklären, wenn das zuerst angerufene Gericht für die betreffenden Klagen zuständig ist und die Verbindung der Klagen nach seinem Recht zulässig ist.[4]

Erwägungsgrund

(144) Hat ein mit einem Verfahren gegen die Entscheidung einer Aufsichtsbehörde befasstes Gericht Anlass zu der Vermutung, dass ein dieselbe Verarbeitung betreffendes Verfahren – etwa zu demselben Gegenstand in Bezug auf die Verarbeitung durch denselben Verantwortlichen oder Auftragsverarbeiter oder wegen desselben Anspruchs – vor einem zuständigen Gericht in einem anderen Mitgliedstaat anhängig ist, so sollte es mit diesem Gericht Kontakt aufnehmen, um sich zu vergewissern, dass ein solches verwandtes Verfahren existiert. Sind verwandte Verfahren vor einem Gericht in einem anderen Mitgliedstaat anhängig, so kann jedes später angerufene Gericht das Verfahren aussetzen oder sich auf Anfrage einer Partei auch zugunsten des zuerst angerufenen Gerichts für unzuständig erklären, wenn dieses später angerufene Gericht für die betreffenden Verfahren zuständig ist und die Verbindung von solchen verwandten Verfahren nach seinem Recht zulässig ist. Verfahren gelten als miteinander verwandt, wenn zwischen ihnen eine so enge Beziehung gegeben ist, dass eine gemeinsame Verhandlung und Entscheidung geboten erscheint, um zu vermeiden, dass in getrennten Verfahren einander widersprechende Entscheidungen ergehen.

[Erwägungsgrund 145 ist bei Art 79 abgedruckt.]

Anmerkungen

1 Eine Aussetzung des Verfahrens nach Art 81 ist uE ausschließlich in nach Art 78 eingeleiteten Verfahren möglich. Aus Erwägungsgrund 144 Satz 1 ergibt sich, dass ausschließlich „ein mit einem Verfahren gegen die Entscheidung einer Aufsichtsbehörde befasstes Gericht" eine Aussetzung des Verfahrens verfügen kann. Art 81 **findet in Zivilverfahren somit keine Anwendung** (in einem Zivilverfahren sind bei Identität des Streitgegenstandes Art 27 EuGVVO und § 233 Abs 1 ZPO bzw bei fehlender Identität des Streitgegenstandes allenfalls § 190 ZPO einschlägig).

2 Zur Frage, wann zwei Verfahren iSd Abs 1 „denselben Gegenstand" haben, führt Erwägungsgrund 144 letzter Satz aus, dass Verfahren „als miteinander verwandt [gelten], wenn zwischen ihnen eine so enge Beziehung gegeben ist, dass eine gemeinsame Verhandlung und Entscheidung geboten erscheint, um zu vermeiden, dass in getrennten Verfahren einander widersprechende Entscheidungen ergehen".

3 Nach Abs 2 **kann** jedes später angerufene zuständige Gericht das bei ihm anhängige Verfahren aussetzen. Ist hingegen derselbe Rechtsverstoß Gegenstand beider Verfahren, **muss** nach dem Grundsatz ne bis in idem eine Aussetzung des Verfahrens erfolgen, um eine Doppelbestrafung zu vermeiden.

4 Abs 3 betrifft Verfahren, die einen unterschiedlichen Rechtsverstoß zum Gegenstand haben. Dies ergibt sich daraus, dass eine Verbindung der Verfahren Voraussetzung für die Verfahrenseinstellung ist.

Artikel 82
Haftung und Recht auf Schadenersatz[1]

(1) Jede Person, der wegen eines Verstoßes gegen diese Verordnung ein materieller[2] oder immaterieller Schaden[3] entstanden ist, hat Anspruch auf Schadenersatz gegen den Verantwortlichen oder gegen den Auftragsverarbeiter.

(2) Jeder an einer Verarbeitung beteiligte Verantwortliche haftet für den Schaden, der durch eine nicht dieser Verordnung entsprechende Verarbeitung[4] verursacht wurde. Ein Auftragsverarbeiter haftet für den durch eine Verarbeitung verursachten Schaden nur dann, wenn er seinen speziell den Auftragsverarbeitern auferlegten Pflichten aus dieser Verordnung nicht nachgekommen ist oder unter

Nichtbeachtung der rechtmäßig erteilten Anweisungen des für die Datenverarbeitung Verantwortlichen oder gegen diese Anweisungen gehandelt hat.

(3) Der Verantwortliche oder der Auftragsverarbeiter wird von der Haftung gemäß Absatz 2 befreit, wenn er nachweist, dass er in keinerlei Hinsicht für den Umstand, durch den der Schaden eingetreten ist, verantwortlich ist.[5]

(4) Ist mehr als ein Verantwortlicher oder mehr als ein Auftragsverarbeiter bzw. sowohl ein Verantwortlicher als auch ein Auftragsverarbeiter an derselben Verarbeitung beteiligt und sind sie gemäß den Absätzen 2 und 3 für einen durch die Verarbeitung verursachten Schaden verantwortlich, so haftet jeder Verantwortliche oder jeder Auftragsverarbeiter für den gesamten Schaden, damit ein wirksamer Schadensersatz für die betroffene Person sichergestellt ist.[6]

(5) Hat ein Verantwortlicher oder Auftragsverarbeiter gemäß Absatz 4 vollständigen Schadenersatz für den erlittenen Schaden gezahlt, so ist dieser Verantwortliche oder Auftragsverarbeiter berechtigt, von den übrigen an derselben Verarbeitung beteiligten für die Datenverarbeitung Verantwortlichen oder Auftragsverarbeitern den Teil des Schadenersatzes zurückzufordern, der unter den in Absatz 2 festgelegten Bedingungen ihrem Anteil an der Verantwortung für den Schaden entspricht.[7]

(6) Mit Gerichtsverfahren zur Inanspruchnahme des Rechts auf Schadenersatz sind die Gerichte zu befassen, die nach den in Artikel 79 Absatz 2 genannten Rechtsvorschriften des Mitgliedstaats zuständig sind.[8]

Erwägungsgründe

(146) Der Verantwortliche oder der Auftragsverarbeiter sollte Schäden, die einer Person aufgrund einer Verarbeitung entstehen, die mit dieser Verordnung nicht im Einklang steht, ersetzen. Der Verantwortliche oder der Auftragsverarbeiter sollte von seiner Haftung befreit werden, wenn er nachweist, dass er in keiner Weise für den Schaden verantwortlich ist. Der Begriff des Schadens sollte im Lichte der Rechtsprechung des Gerichtshofs weit auf eine Art und Weise ausgelegt werden, die den Zielen dieser Verordnung in vollem Umfang entspricht. Dies gilt unbeschadet von Schadenersatzforderungen aufgrund von Verstößen gegen andere Vorschriften des Unionsrechts oder des Rechts der Mitgliedstaaten. Zu einer Verarbeitung, die mit der vorliegenden Verordnung nicht im Ein-

klang steht, zählt auch eine Verarbeitung, die nicht mit den nach Maßgabe der vorliegenden Verordnung erlassenen delegierten Rechtsakten und Durchführungsrechtsakten und Rechtsvorschriften der Mitgliedstaaten zur Präzisierung von Bestimmungen der vorliegenden Verordnung im Einklang steht. Die betroffenen Personen sollten einen vollständigen und wirksamen Schadenersatz für den erlittenen Schaden erhalten. Sind Verantwortliche oder Auftragsverarbeiter an derselben Verarbeitung beteiligt, so sollte jeder Verantwortliche oder Auftragsverarbeiter für den gesamten Schaden haftbar gemacht werden. Werden sie jedoch nach Maßgabe des Rechts der Mitgliedstaaten zu demselben Verfahren hinzugezogen, so können sie im Verhältnis zu der Verantwortung anteilmäßig haftbar gemacht werden, die jeder Verantwortliche oder Auftragsverarbeiter für den durch die Verarbeitung entstandenen Schaden zu tragen hat, sofern sichergestellt ist, dass die betroffene Person einen vollständigen und wirksamen Schadenersatz für den erlittenen Schaden erhält. Jeder Verantwortliche oder Auftragsverarbeiter, der den vollen Schadenersatz geleistet hat, kann anschließend ein Rückgriffsverfahren gegen andere an derselben Verarbeitung beteiligte Verantwortliche oder Auftragsverarbeiter anstrengen.

(147) Soweit in dieser Verordnung spezifische Vorschriften über die Gerichtsbarkeit – insbesondere in Bezug auf Verfahren im Hinblick auf einen gerichtlichen Rechtsbehelf einschließlich Schadenersatz gegen einen Verantwortlichen oder Auftragsverarbeiter – enthalten sind, sollten die allgemeinen Vorschriften über die Gerichtsbarkeit, wie sie etwa in der Verordnung (EU) Nr. 1215/2012 des Europäischen Parlaments und des Rates enthalten sind, der Anwendung dieser spezifischen Vorschriften nicht entgegenstehen.

Anmerkungen

1 Ein Schadenersatzanspruch nach Art 82 setzt voraus: (i) einen materiellen oder immateriellen **Schaden** (Abs 1), (ii) **Rechtswidrigkeit** („eine nicht dieser Verordnung entsprechende Verarbeitung" nach Abs 2); (iii) **Kausalität** (Abs 2) und (iv) **Verschulden**, wobei den Beklagten die Beweislast für das Nichtvorliegen des Verschuldens trifft (Abs 3).

2 Der Begriff des **materiellen Schadens** wird grundsätzlich sowohl positiven Schaden als auch entgangenen Gewinn umfassen.

Der Begriff des **immateriellen Schadens** ist unionsautonom auszulegen 3
und – im Unterschied zu § 33 Abs 1 DSG 2000 – nicht auf Schäden begrenzt, die mit einer Bloßstellung oder einer dieser gleichkommenden
Beeinträchtigung in Zusammenhang stehen.

Vielmehr stellt Erwägungsgrund 146 Satz 3 klar, dass „der Begriff des
Schadens […] im Lichte der Rechtsprechung des Gerichtshofs weit auf
eine Art und Weise ausgelegt werden [sollte], die den Zielen dieser Verordnung in vollem Umfang entspricht."

Nach den Erwägungsgründen 75 und 85 können insbesondere folgende
Umstände zu immateriellen (oder materiellen) Schäden führen: (i) Diskriminierung, (ii) Identitätsdiebstahl oder -betrug, (iii) Rufschädigung,
(iv) der Verlust der Vertraulichkeit von dem Berufsgeheimnis (zB der
ärztlichen Verschwiegenheitspflicht) unterliegenden personenbezogenen
Daten, (iv) die unbefugte Aufhebung der Pseudonymisierung, (v) erhebliche gesellschaftliche Nachteile für die betroffene natürliche Person, (vi)
die rechtswidrige Verarbeitung sensibler oder strafrechtlich relevanter
Daten, (vii) die rechtswidrige Durchführung von Profiling oder (viii)
wenn personenbezogene Daten schutzbedürftiger natürlicher Personen,
insbesondere Daten von Kindern, rechtswidrig verarbeitet werden.

Die Verarbeitung entspricht auch dann nicht der Verordnung und ist 4
daher nach Abs 2 **rechtswidrig**, wenn sie „nicht mit den nach Maßgabe
der vorliegenden Verordnung erlassenen delegierten Rechtsakten und
Durchführungsrechtsakten und Rechtsvorschriften der Mitgliedstaaten
zur Präzisierung von Bestimmungen der vorliegenden Verordnung im
Einklang steht" (Erwägungsgrund 146 Satz 5).

Die Formulierung „für den Umstand, durch den der Schaden eingetreten 5
ist, verantwortlich ist" weicht nur geringfügig von der deutschen Sprachfassung des Art 23 Abs 2 DS-RL ab. In der englischen Sprachfassung
der DS-RL und der DSGVO finden sich diesbezüglich jedoch keine
Änderungen („responsible for the event giving rise to the damage").

Abs 3 normiert daher – wie bereits Art 23 Abs 2 DS-RL – die **Möglichkeit des Beklagten, zu beweisen, dass ihn kein Verschulden trifft**, weil
zB „der Schadenseintritt für den Verantwortlichen […] nicht abwendbar
war, etwa weil er durch höhere Gewalt verursacht wurde" (*Dammann/
Simitis*, EG-Datenschutzrichtlinie [1997] Art 23 Rz 8).

An einem Verschulden fehlt es uE ebenso, wenn dem Verantwortlichen
der Nachweis gelingt, dass er sämtliche nach Art 24 erforderlichen tech-

nischen und organisatorischen Maßnahmen implementiert hat, welche zur Abwendung jenes Risikos erforderlich sind, das im konkreten Fall eingetreten ist (zB wenn trotz angemessener Schulungsmaßnahmen sowie angemessener technischer Maßnahmen zur Erkennung und Verhinderung von Eingabefehlern durch menschliches Versagen ein Datensatz unrichtig eingegeben wurde und dieserart der Grundsatz der Richtigkeit der Daten nach Art 5 Abs 1 lit d verletzt wird).

6 Abs 4 normiert eine **solidarische Haftung** für alle Mittäter. Dies können zB gemeinsam Verantwortliche iSd Art 26 sein oder ein Verantwortlicher und ein Auftragsverarbeiter, welche beide dafür verantwortlich sind, dass in Verletzung von Art 32 keine angemessenen Sicherheitsmaßnahmen implementiert wurden.

Leistet einer der Verantwortlichen oder Auftragsverarbeiter den vollen Schadenersatz, besteht nach Abs 5 ein Regressanspruch.

7 Der **Regressanspruch** nach Abs 5 ist uE mangels gegenteiliger Regelung einer privatautonomen Gestaltung – zB in einem Auftragsdatenverarbeitungsvertrag oder einer Vereinbarung zwischen gemeinsam Verantwortlichen nach Art 26 – zugänglich.

8 Abs 6 iVm Art 79 Abs 2 eröffnet betroffenen Personen die Möglichkeit des **Forum Shopping** (vgl Art 79 Rz 5).

Artikel 83
Allgemeine Bedingungen für die Verhängung von Geldbußen[1]

(1) Jede Aufsichtsbehörde stellt sicher, dass die Verhängung von Geldbußen gemäß diesem Artikel für Verstöße gegen diese Verordnung gemäß den Absätzen 5 und 6 [richtig: Absätzen 4, 5 und 6][2] in jedem Einzelfall wirksam, verhältnismäßig und abschreckend ist.

(2) Geldbußen werden je nach den Umständen des Einzelfalls zusätzlich zu oder anstelle von Maßnahmen nach Artikel 58 Absatz 2 Buchstaben a bis h und i verhängt.[3] Bei der Entscheidung über die Verhängung einer Geldbuße und über deren Betrag wird in jedem Einzelfall Folgendes gebührend berücksichtigt:[4]
  a) Art, Schwere und Dauer des Verstoßes unter Berücksichtigung der Art, des Umfangs oder des Zwecks der betreffenden Verarbeitung sowie der Zahl der von der Verarbeitung be-

troffenen Personen und des Ausmaßes des von ihnen erlittenen Schadens;[5]
b) Vorsätzlichkeit oder Fahrlässigkeit des Verstoßes;
c) jegliche von dem Verantwortlichen oder dem Auftragsverarbeiter getroffenen Maßnahmen zur Minderung des den betroffenen Personen entstandenen Schadens;
d) Grad der Verantwortung des Verantwortlichen oder des Auftragsverarbeiters unter Berücksichtigung der von ihnen gemäß den Artikeln 25 und 32 getroffenen technischen und organisatorischen Maßnahmen;[6]
e) etwaige einschlägige[7] frühere Verstöße des Verantwortlichen oder des Auftragsverarbeiters;
f) Umfang der Zusammenarbeit mit der Aufsichtsbehörde, um dem Verstoß abzuhelfen und seine möglichen nachteiligen Auswirkungen zu mindern;
g) Kategorien personenbezogener Daten, die von dem Verstoß betroffen sind;[8]
h) Art und Weise, wie der Verstoß der Aufsichtsbehörde bekannt wurde, insbesondere ob und gegebenenfalls in welchem Umfang der Verantwortliche oder der Auftragsverarbeiter den Verstoß mitgeteilt hat;
i) Einhaltung der nach Artikel 58 Absatz 2 früher gegen den für den betreffenden Verantwortlichen oder Auftragsverarbeiter in Bezug auf denselben Gegenstand angeordneten Maßnahmen, wenn solche Maßnahmen angeordnet wurden;
j) Einhaltung von genehmigten Verhaltensregeln nach Artikel 40 oder genehmigten Zertifizierungsverfahren nach Artikel 42 und
k) jegliche anderen erschwerenden oder mildernden Umstände im jeweiligen Fall,[9] wie unmittelbar oder mittelbar durch den Verstoß erlangte finanzielle Vorteile oder vermiedene Verluste.

(3) Verstößt ein Verantwortlicher oder ein Auftragsverarbeiter bei gleichen oder miteinander verbundenen Verarbeitungsvorgängen vorsätzlich oder fahrlässig[10] gegen mehrere Bestimmungen dieser Verordnung, so übersteigt der Gesamtbetrag der Geldbuße nicht den Betrag für den schwerwiegendsten Verstoß.[11]

(4) Bei Verstößen gegen die folgenden Bestimmungen werden im Einklang mit Absatz 2 Geldbußen von bis zu 10 000 000 EUR oder im Fall eines Unternehmens[12] von bis zu 2 % seines gesamten welt-

weit erzielten Jahresumsatzes des vorangegangenen Geschäftsjahrs verhängt, je nachdem, welcher der Beträge höher ist:
a) die Pflichten der Verantwortlichen und der Auftragsverarbeiter gemäß den Artikeln 8, 11, 25 bis 39, 42 und 43;
b) die Pflichten der Zertifizierungsstelle gemäß den Artikeln 42 und 43;
c) die Pflichten der Überwachungsstelle gemäß Artikel 41 Absatz 4.

(5) Bei Verstößen gegen die folgenden Bestimmungen werden im Einklang mit Absatz 2 Geldbußen von bis zu 20 000 000 EUR oder im Fall eines Unternehmens[13] von bis zu 4 % seines gesamten weltweit erzielten Jahresumsatzes des vorangegangenen Geschäftsjahrs verhängt, je nachdem, welcher der Beträge höher ist:
a) die Grundsätze für die Verarbeitung, einschließlich der Bedingungen für die Einwilligung, gemäß den Artikeln 5, 6, 7 und 9;
b) die Rechte der betroffenen Person gemäß den Artikeln 12 bis 22;
c) die Übermittlung personenbezogener Daten an einen Empfänger[14] in einem Drittland oder an eine internationale Organisation[15] gemäß den Artikeln 44 bis 49;
d) alle Pflichten gemäß den Rechtsvorschriften der Mitgliedstaaten, die im Rahmen des Kapitels IX erlassen wurden;[16]
e) Nichtbefolgung einer Anweisung oder einer vorübergehenden oder endgültigen Beschränkung oder Aussetzung der Datenübermittlung durch die Aufsichtsbehörde gemäß Artikel 58 Absatz 2 oder Nichtgewährung des Zugangs unter Verstoß gegen Artikel 58 Absatz 1.[17]

(6) Bei Nichtbefolgung einer Anweisung der Aufsichtsbehörde gemäß Artikel 58 Absatz 2 werden im Einklang mit Absatz 2 des vorliegenden Artikels Geldbußen von bis zu 20 000 000 EUR oder im Fall eines Unternehmens[18] von bis zu 4 % seines gesamten weltweit erzielten Jahresumsatzes des vorangegangenen Geschäftsjahrs verhängt, je nachdem, welcher der Beträge höher ist.[19]

(7) Unbeschadet der Abhilfebefugnisse der Aufsichtsbehörden gemäß Artikel 58 Absatz 2 kann jeder Mitgliedstaat Vorschriften dafür festlegen, ob und in welchem Umfang gegen Behörden und öffentliche Stellen,[20] die in dem betreffenden Mitgliedstaat niedergelassen sind, Geldbußen verhängt werden können.

(8) Die Ausübung der eigenen Befugnisse durch eine Aufsichtsbehörde gemäß diesem Artikel muss angemessenen Verfahrensgaran-

tien gemäß dem Unionsrecht und dem Recht der Mitgliedstaaten, einschließlich wirksamer gerichtlicher Rechtsbehelfe und ordnungsgemäßer Verfahren, unterliegen.

(9) Sieht die Rechtsordnung eines Mitgliedstaats keine Geldbußen vor,[21] kann dieser Artikel so angewandt werden, dass die Geldbuße von der zuständigen Aufsichtsbehörde in die Wege geleitet und von den zuständigen nationalen Gerichten verhängt wird, wobei sicherzustellen ist, dass diese Rechtsbehelfe wirksam sind und die gleiche Wirkung wie die von Aufsichtsbehörden verhängten Geldbußen haben. In jeden Fall müssen die verhängten Geldbußen wirksam, verhältnismäßig und abschreckend sein. Die betreffenden Mitgliedstaaten teilen der Kommission bis zum 25. Mai 2018 die Rechtsvorschriften mit, die sie aufgrund dieses Absatzes erlassen, sowie unverzüglich alle späteren Änderungsgesetze oder Änderungen dieser Vorschriften.

Erwägungsgründe

(148) Im Interesse einer konsequenteren Durchsetzung der Vorschriften dieser Verordnung sollten bei Verstößen gegen diese Verordnung zusätzlich zu den geeigneten Maßnahmen, die die Aufsichtsbehörde gemäß dieser Verordnung verhängt, oder an Stelle solcher Maßnahmen Sanktionen einschließlich Geldbußen verhängt werden. Im Falle eines geringfügigeren Verstoßes oder falls voraussichtlich zu verhängende Geldbuße eine unverhältnismäßige Belastung für eine natürliche Person bewirken würde, kann anstelle einer Geldbuße eine Verwarnung erteilt werden. Folgendem sollte jedoch gebührend Rechnung getragen werden: der Art, Schwere und Dauer des Verstoßes, dem vorsätzlichen Charakter des Verstoßes, den Maßnahmen zur Minderung des entstandenen Schadens, dem Grad der Verantwortlichkeit oder jeglichem früheren Verstoß, der Art und Weise, wie der Verstoß der Aufsichtsbehörde bekannt wurde, der Einhaltung der gegen den Verantwortlichen oder Auftragsverarbeiter angeordneten Maßnahmen, der Einhaltung von Verhaltensregeln und jedem anderen erschwerenden oder mildernden Umstand. Für die Verhängung von Sanktionen einschließlich Geldbußen sollte es angemessene Verfahrensgarantien geben, die den allgemeinen Grundsätzen des Unionsrechts und der Charta, einschließlich des Rechts auf wirksamen Rechtsschutz und ein faires Verfahren, entsprechen.

[Erwägungsgrund 149 ist bei Art 84 abgedruckt]

(150) Um die verwaltungsrechtlichen Sanktionen bei Verstößen gegen diese Verordnung zu vereinheitlichen und ihnen mehr Wirkung zu verleihen, sollte jede Aufsichtsbehörde befugt sein, Geldbußen zu verhängen. In dieser Verordnung sollten die Verstöße sowie die Obergrenze der entsprechenden Geldbußen und die Kriterien für ihre Festsetzung genannt werden, wobei diese Geldbußen von der zuständigen Aufsichtsbehörde in jedem Einzelfall unter Berücksichtigung aller besonderen Umstände und insbesondere der Art, Schwere und Dauer des Verstoßes und seiner Folgen sowie der Maßnahmen, die ergriffen worden sind, um die Einhaltung der aus dieser Verordnung erwachsenden Verpflichtungen zu gewährleisten und die Folgen des Verstoßes abzuwenden oder abzumildern, festzusetzen sind. Werden Geldbußen Unternehmen auferlegt, sollte zu diesem Zweck der Begriff „Unternehmen" im Sinne der Artikel 101 und 102 AEUV verstanden werden. Werden Geldbußen Personen auferlegt, bei denen es sich nicht um Unternehmen handelt, so sollte die Aufsichtsbehörde bei der Erwägung des angemessenen Betrags für die Geldbuße dem allgemeinen Einkommensniveau in dem betreffenden Mitgliedstaat und der wirtschaftlichen Lage der Personen Rechnung tragen. Das Kohärenzverfahren kann auch genutzt werden, um eine kohärente Anwendung von Geldbußen zu fördern. Die Mitgliedstaaten sollten bestimmen können, ob und inwieweit gegen Behörden Geldbußen verhängt werden können. Auch wenn die Aufsichtsbehörden bereits Geldbußen verhängt oder eine Verwarnung erteilt haben, können sie ihre anderen Befugnisse ausüben oder andere Sanktionen nach Maßgabe dieser Verordnung verhängen.

(151) Nach den Rechtsordnungen Dänemarks und Estlands sind die in dieser Verordnung vorgesehenen Geldbußen nicht zulässig. Die Vorschriften über die Geldbußen können so angewandt werden, dass die Geldbuße in Dänemark durch die zuständigen nationalen Gerichte als Strafe und in Estland durch die Aufsichtsbehörde im Rahmen eines Verfahrens bei Vergehen verhängt wird, sofern eine solche Anwendung der Vorschriften in diesen Mitgliedstaaten die gleiche Wirkung wie die von den Aufsichtsbehörden verhängten Geldbußen hat. Daher sollten die zuständigen nationalen Gerichte die Empfehlung der Aufsichtsbehörde, die die Geldbuße in die Wege geleitet hat, berücksichtigen. In jeden Fall sollten die verhängten Geldbußen wirksam, verhältnismäßig und abschreckend sein.

Allgemeine Bedingungen für die Verhängung von Geldbußen   Art 83

Anmerkungen

Art 83 enthält in Abs 2 Strafzumessungsgründe, in Abs 3 eine Regelung **1**
zur fallweisen Absorption oder Kumulation der Geldbußen (siehe Rz 11),
aus welcher sich auch der Grundsatz der Verschuldenshaftung ableiten
lässt (siehe Rz 10), und in Abs 4 bis 6 Straftatbestände, wobei für die
Berechnung der Höchststrafen auf den weltweiten Konzernumsatz abzustellen ist (siehe Rz 12 unten). Abs 7 überlässt es jedem Mitgliedstaat
zu entscheiden, ob Geldbußen auch gegen Behörden und öffentliche
Stellen verhängt werden können.

Der EDSA kann Leitlinien in Bezug auf die Festsetzung von Geldbußen
erlassen (Art 70 Abs 1 lit k).

Übersetzungsfehler („infringements of this Regulation referred to in **2**
paragraphs 4, 5 and 6").

Im Falle „eines geringfügigeren Verstoßes" oder „falls [die] voraussicht- **3**
lich zu verhängende Geldbuße eine unverhältnismäßige Belastung für
eine natürliche Person bewirken würde" (Erwägungsgrund 148 Satz 2)
kann **anstelle einer Geldbuße eine Verwarnung** nach Art 58 Abs 2 lit b
ausgesprochen werden.

Bei der Aufzählung der **Strafzumessungsgründe** in Abs 2 handelt es **4**
sich um eine demonstrative Aufzählung (siehe Abs 2 lit k).

Siehe Art 82 Rz 2 und 3 zu den Begriffen des materiellen und immate- **5**
riellen Schadens.

Vom Verantwortlichen implementierte technische und organisatorische **6**
Maßnahmen nach Art 24 sind zwar in Abs 2 lit d nicht genannt, werden
jedoch nach Abs 2 lit k zu berücksichtigen sein.

Das in Abs 2 lit e genannte Tatbestandselement der **Einschlägigkeit** **7**
früherer Verstöße bedeutet, dass ein gewisser sachlicher Zusammenhang zwischen einem früheren Verstoß der DSGVO und dem nunmehr
angelasteten Verstoß bestehen muss, um einen Erschwerungsgrund zu
begründen. Unklar bleibt jedoch, ob hier auch Datenschutzverstöße
zu berücksichtigen sind, die auf Grundlage der bisherigen Rechtslage
begangen und verfolgt wurden.

Entsprechend der Wertung des Unionsgesetzgebers (vgl Art 9 und 10) **8**
wird die Kompromittierung sensibler Daten oder strafrechtlich relevanter
Daten als Erschwerungsgrund zu werten sein.

9 Nach Abs 2 lit k werden zB die **technischen und organisatorischen Maßnahmen nach Art 24**, welche vom Verantwortlichen implementiert wurden, zu berücksichtigen sein.

Werden Geldbußen natürlichen Personen auferlegt, die nicht unternehmerisch tätig sind, „so sollte die Aufsichtsbehörde bei der Erwägung des angemessenen Betrags für die Geldbuße dem allgemeinen Einkommensniveau in dem betreffenden Mitgliedstaat und der wirtschaftlichen Lage der Personen Rechnung tragen" (Erwägungsgrund 150 Satz 4).

10 Nach Abs 3 findet in den dort genannte Fällen das Absorptionsprinzip Anwendung (siehe Rz 11 unten), wenn ein Verantwortlicher bzw Auftragsverarbeiter „vorsätzlich oder fahrlässig" gegen die DSGVO verstößt. Hiermit bringt der Unionsgesetzgeber implizit zum Ausdruck, dass die Verhängung einer Geldbuße ein **Verschulden** in Form des Vorsatzes oder der Fahrlässigkeit voraussetzt.

11 Nach Abs 3 gilt, dass bei mehreren Verstößen hinsichtlich einer oder mehrerer miteinander verbundenen Verarbeitungsvorgängen das **Absorptionsprinzip** zu Anwendung gelangt. Betreffen die Verstöße hingegen unterschiedliche, nicht miteinander verbundene Verarbeitungsvorgänge, so gilt das **Kumulationsprinzip**, dh sind die Geldbußen für jeden der Verstöße zu addieren.

12 Siehe Art 4 Nr 18 zur grundsätzlichen Definition des Begriffs „Unternehmen". Für die Zwecke des Art 83 normiert Erwägungsgrund 150 Satz 3 jedoch, dass „der Begriff ‚Unternehmen' im Sinne der Artikel 101 und 102 AEUV verstanden werden [sollte]", dh der **kartellrechtliche Unternehmensbegriff** heranzuziehen ist.

Für die Zwecke des Art 83 umfasst daher der Begriff des Unternehmens „jede eine wirtschaftliche Tätigkeit ausübende Einrichtung unabhängig von ihrer Rechtsform und der Art ihrer Finanzierung", wobei auf die wirtschaftliche Einheit abzustellen ist, „selbst wenn diese wirtschaftliche Einheit rechtlich aus mehreren natürlichen oder juristischen Personen besteht" (EuGH 11.7.2013, C-440/11P – *Stichting Administratiekantoor Portielje*, Rn 36). Dieser Unternehmensbegriff hat sowohl hinsichtlich der Berechnung der Höchststrafe als auch hinsichtlich der Zurechnung des Datenschutzverstoßes erhebliche Auswirkungen:

Die Höchststrafe nach Abs 4 bis 6 ist entweder ein dort genannter Fixbetrag oder „im Fall eines Unternehmens" ein bestimmter Prozentsatz „seines gesamten weltweit erzielten Jahresumsatzes des vorangegangenen

Geschäftsjahrs". Bei der Berechnung der Höchststrafe ist daher auf den Umsatz des Unternehmens iSd Art 101 f AEUV, dh praktisch gesprochen auf den **weltweiten Konzernumsatz** abzustellen.

Der Unternehmensbegriff hat nach der kartellrechtlichen Rsp des EuGH auch entscheidende Auswirkungen auf die Zurechnung von Verstößen. So besteht nach der Rsp eine Mitverantwortung der Konzernobergesellschaft für wettbewerbswidrige Handlungen der beherrschten Gesellschaft, wenn das den Wettbewerbsverstoß begehende Unternehmen sein Marktverhalten nicht autonom bestimmt, sondern vor allem wegen der wirtschaftlichen und rechtlichen Bindungen im Wesentlichen die Weisungen des herrschenden Unternehmens befolgt hat (EuGH 14.7.1972, C-48/69 – *ICI*, Rn 133; EuGH 25.10.1983, C-107/82 – *AEG*, Rn 49). Bei 100%-igen Tochtergesellschaften besteht eine widerlegliche Vermutung, dass eine solche Situation gegeben ist (EuGH 25.10.1983, C-107/82 – *AEG*, Rn 50; EuGH 19.7.2010, C-628/10 P und C-14/11 P – *Alliance One International*, Rn 46f).

Da die DSGVO zur Frage der Zurechnung keine ausdrückliche Regelung enthält, jedoch zumindest hinsichtlich der Berechnung der Höchststrafe auf den kartellrechtlichen Unternehmensbegriff verweist, besteht aus Sicht eines Verantwortlichen bzw Auftragsverarbeiters ein erhebliches Risiko, dass der kartellrechtliche Unternehmensbegriff auch für die Zurechnung eines Datenschutzverstoßes herangezogen werden könnte. Diesfalls würde in Anwendung der kartellrechtlichen Rsp des EuGH grundsätzlich Folgendes gelten:

Bestimmt das den Datenschutzverstoß begehende Unternehmen seine Verhaltensweise im Bereich des Datenschutzes nicht autonom, sondern befolgt es wegen der wirtschaftlichen und rechtlichen Bindungen im Wesentlichen die Weisungen des herrschenden Unternehmens – was bei einer 100%-igen Tochtergesellschaft widerleglich vermutet wird –, so kann die Geldbuße gegen das herrschende Unternehmen statt das beherrschte Unternehmen verhängt werden. Dies bedeutet, dass in vielen Fällen eine **Haftung der Konzernmuttergesellschaft für Bußgelder** gegeben wäre und sich auch die Strafhöhe nach dem **Gesamtumsatz des Konzerns** berechnet.

Siehe Rz 12 oben. **13**

Siehe Art 4 Nr 9 zur Definition des Begriffs „Empfänger". **14**

15 Siehe Art 4 Nr 26 zur Definition des Begriffs „internationale Organisation".

16 Die Verletzung nationaler Rechtsvorschriften, welche im Anwendungsbereich der DSGVO erlassen wurden, aber nicht unter Kapitel IX („Vorschriften für besondere Verarbeitungssituationen"; Art 85 bis 91) fallen (vgl Art 92 Rz 5), können gemäß Abs 5 lit d grundsätzlich nicht nach Art 83 mit einer Geldbuße geahndet werden, sondern unterliegen den nach Art 84 von jedem Mitgliedstaat zu erlassenden nationalen Sanktionsnormen.

17 Die in Abs 5 lit e genannte Nichtgewährung des Zugangs bezieht sich auf die Pflicht, der Aufsichtsbehörde Zugang zu gewähren zu (i) allen personenbezogenen Daten und Informationen, die zur Erfüllung ihrer Aufgaben notwendig sind (Art 58 Abs 1 lit e) und (ii) den Geschäftsräumen, einschließlich aller Datenverarbeitungsanlagen und -geräte (Art 58 Abs 1 lit f).

18 Siehe Rz 12 oben.

19 Der durch die politische Einigung in den Trialog-Verhandlungen eingefügte Abs 6 ist im Verhältnis zu Abs 5 lit e redundant.

20 Siehe Art 37 Rz 2 zur Definition des Begriffs **„Behörde oder öffentlichen Stelle"**, welcher richtigerweise öffentliche Unternehmen nicht umfasst. Es obliegt daher nicht dem nationalen Gesetzgeber zu entscheiden, ob Geldbußen auch gegen öffentliche Unternehmen verhängt werden können.

21 Abs 9 enthält eine **Sonderregelung für Dänemark und Estland**, da die in Art 83 vorgesehenen Geldbußen nach den Rechtsordnungen dieser Mitgliedstaaten nicht von einer Aufsichtsbehörde verhängt werden können (siehe Erwägungsgrund 150 letzter Satz).

Artikel 84
Sanktionen

(1) Die Mitgliedstaaten legen die Vorschriften über andere Sanktionen für Verstöße gegen diese Verordnung – insbesondere für Verstöße, die keiner Geldbuße gemäß Artikel 83 unterliegen[1] – fest und treffen alle zu deren Anwendung erforderlichen Maßnahmen. Diese Sanktionen müssen wirksam, verhältnismäßig und abschreckend sein.[2]

Sanktionen **Art 84**

(2) Jeder Mitgliedstaat teilt der Kommission bis zum 25. Mai 2018 die Rechtsvorschriften, die er aufgrund von Absatz 1 erlässt, sowie unverzüglich alle späteren Änderungen dieser Vorschriften mit.

Erwägungsgründe

(149) Die Mitgliedstaaten sollten die strafrechtlichen Sanktionen für Verstöße gegen diese Verordnung, auch für Verstöße gegen auf der Grundlage und in den Grenzen dieser Verordnung erlassene nationale Vorschriften, festlegen können. Diese strafrechtlichen Sanktionen können auch die Einziehung der durch die Verstöße gegen diese Verordnung erzielten Gewinne ermöglichen. Die Verhängung von strafrechtlichen Sanktionen für Verstöße gegen solche nationalen Vorschriften und von verwaltungsrechtlichen Sanktionen sollte jedoch nicht zu einer Verletzung des Grundsatzes „ne bis in idem", wie er vom Gerichtshof ausgelegt worden ist, führen.

[Erwägungsgründe 150 und 151 sind bei Art 83 abgedruckt]

(152) Soweit diese Verordnung verwaltungsrechtliche Sanktionen nicht harmonisiert oder wenn es in anderen Fällen – beispielsweise bei schweren Verstößen gegen diese Verordnung – erforderlich ist, sollten die Mitgliedstaaten eine Regelung anwenden, die wirksame, verhältnismäßige und abschreckende Sanktionen vorsieht. Es sollte im Recht der Mitgliedstaaten geregelt werden, ob diese Sanktionen strafrechtlicher oder verwaltungsrechtlicher Art sind.

Anmerkungen

Keiner Geldbuße nach Art 83 unterliegen: (i) Verstöße gegen nationale Rechtsvorschriften, welche im Anwendungsbereich der DSGVO erlassen wurden, aber nicht unter Kapitel IX („Vorschriften für besondere Verarbeitungssituationen"; Art 85 bis 91) fallen (vgl Art 83 Abs 5 lit d); (ii) Verstöße gegen Art 10 und (iii) Verstöße gegen den Grundsatz der Rechenschaftspflicht nach Art 5 Abs 2 iVm Art 24. Insbesondere für diese Verstöße **kann daher das nationale Recht Sanktionen vorsehen.** 1

Unter Achtung des Grundsatzes *ne bis in idem* kann der nationale Gesetzgeber auch strafrechtliche Sanktionen einschließlich der Einziehung der durch die Verstöße erzielten Gewinne vorsehen (Erwägungsgrund 149). 2

Kapitel IX
Vorschriften für besondere Verarbeitungssituationen

Artikel 85
Verarbeitung und Freiheit der Meinungsäußerung und Informationsfreiheit[1]

(1) Die Mitgliedstaaten bringen durch Rechtsvorschriften das Recht auf den Schutz personenbezogener Daten gemäß dieser Verordnung mit dem Recht auf freie Meinungsäußerung und Informationsfreiheit, einschließlich[2] der Verarbeitung zu journalistischen Zwecken und zu wissenschaftlichen, künstlerischen oder literarischen Zwecken, in Einklang.

(2) Für die Verarbeitung, die zu journalistischen Zwecken[3] oder zu wissenschaftlichen, künstlerischen oder literarischen Zwecken erfolgt, sehen die Mitgliedstaaten Abweichungen oder Ausnahmen von Kapitel II (Grundsätze), Kapitel III (Rechte der betroffenen Person), Kapitel IV (Verantwortlicher und Auftragsverarbeiter), Kapitel V (Übermittlung personenbezogener Daten an Drittländer oder an internationale Organisationen), Kapitel VI (Unabhängige Aufsichtsbehörden), Kapitel VII (Zusammenarbeit und Kohärenz) und Kapitel IX (Vorschriften für besondere Verarbeitungssituationen) vor, wenn dies erforderlich ist, um das Recht auf Schutz der personenbezogenen Daten mit der Freiheit der Meinungsäußerung und der Informationsfreiheit in Einklang zu bringen.

(3) Jeder Mitgliedstaat teilt der Kommission die Rechtsvorschriften, die er aufgrund von Absatz 2[4] erlassen hat, sowie unverzüglich alle späteren Änderungsgesetze oder Änderungen dieser Vorschriften mit.

Erwägungsgrund

(153) Im Recht der Mitgliedstaaten sollten die Vorschriften über die freie Meinungsäußerung und Informationsfreiheit, auch von Journalisten, Wissenschaftlern, Künstlern und/oder Schriftstellern, mit dem Recht auf Schutz der personenbezogenen Daten gemäß dieser Verordnung in Einklang gebracht werden. Für die Verarbeitung personenbezogener Daten ausschließlich zu journalistischen Zwecken oder zu

wissenschaftlichen, künstlerischen oder literarischen Zwecken sollten Abweichungen und Ausnahmen von bestimmten Vorschriften dieser Verordnung gelten, wenn dies erforderlich ist, um das Recht auf Schutz der personenbezogenen Daten mit dem Recht auf Freiheit der Meinungsäußerung und Informationsfreiheit, wie es in Artikel 11 der Charta garantiert ist, in Einklang zu bringen. Dies sollte insbesondere für die Verarbeitung personenbezogener Daten im audiovisuellen Bereich sowie in Nachrichten- und Pressearchiven gelten. Die Mitgliedstaaten sollten daher Gesetzgebungsmaßnahmen zur Regelung der Abweichungen und Ausnahmen erlassen, die zum Zwecke der Abwägung zwischen diesen Grundrechten notwendig sind. Die Mitgliedstaaten sollten solche Abweichungen und Ausnahmen in Bezug auf die allgemeinen Grundsätze, die Rechte der betroffenen Person, den Verantwortlichen und den Auftragsverarbeiter, die Übermittlung von personenbezogenen Daten an Drittländer oder an internationale Organisationen, die unabhängigen Aufsichtsbehörden, die Zusammenarbeit und Kohärenz und besondere Datenverarbeitungssituationen erlassen. Sollten diese Abweichungen oder Ausnahmen von Mitgliedstaat zu Mitgliedstaat unterschiedlich sein, sollte das Recht des Mitgliedstaats angewendet werden, dem der Verantwortliche unterliegt. Um der Bedeutung des Rechts auf freie Meinungsäußerung in einer demokratischen Gesellschaft Rechnung zu tragen, müssen Begriffe wie Journalismus, die sich auf diese Freiheit beziehen, weit ausgelegt werden.

Anmerkungen

1 Die Regelung des Art 85 ist bemerkenswert, da der Unionsgesetzgeber die Aufgabe, eine **Grundrechtskonformität der DSGVO herzustellen, an die Mitgliedstaaten delegiert.** Nach Erwägungsgrund 153 Satz 2 hat der nationale Gesetzgeber Ausnahmeregelungen zu schaffen, „wenn dies erforderlich ist, um das Recht auf Schutz der personenbezogenen Daten mit dem Recht auf Freiheit der Meinungsäußerung und Informationsfreiheit, wie es in Artikel 11 der Charta garantiert ist, in Einklang zu bringen".

In grundrechtspolitischer Hinsicht ist nicht einsichtig, weshalb der Unionsgesetzgeber die ihn originär treffende Verantwortung, keine Rechtsakte zu erlassen, welche gegen die GRC verstoßen, an die Mitgliedstaaten delegiert. Kommt ein Mitgliedstaat dieser delegierten Verantwortung nicht nach, stellt sich in Folge die Frage, ob der EuGH einzelne Bestimmungen der DSGVO wegen Verletzung des Art 11 GRC aufheben könnte.

Der **Anwendungsbereich des Abs 1** umfasst daher – im Gegensatz zu Abs 2 – nicht nur die „Verarbeitung zu journalistischen Zwecken und zu wissenschaftlichen, künstlerischen oder literarischen Zwecken", sondern auch die Auflösung sonstiger Kollisionen zwischen dem Grundrecht auf Datenschutz (Art 8 GRC) und dem Grundrecht auf Meinungsäußerung und Informationsfreiheit (Art 11 GRC). **2**

Dass die Regelungsbefugnis der Mitgliedstaaten über Abs 2 hinausgeht, wird auch durch Erwägungsgrund 153 Satz 1 bestätigt, wonach „im Recht der Mitgliedstaaten [...] die Vorschriften über die freie Meinungsäußerung und Informationsfreiheit, auch von Journalisten, Wissenschaftlern, Künstlern und/oder Schriftstellern, mit dem Recht auf Schutz der personenbezogenen Daten gemäß dieser Verordnung in Einklang gebracht werden [sollten]".

Insbesondere der **Begriff des Journalismus ist weit auszulegen** (Erwägungsgrund 156 letzter Satz). **3**

Nach dem Wortlaut des Abs 3 besteht somit keine **Notifikationspflicht** hinsichtlich nationaler gesetzgeberischer Maßnahmen, die sich ausschließlich auf Abs 1 stützen. **4**

Artikel 86
Verarbeitung und Zugang der Öffentlichkeit zu amtlichen Dokumenten

Personenbezogene Daten in amtlichen Dokumenten, die sich im Besitz einer Behörde oder einer öffentlichen Einrichtung oder einer privaten Einrichtung zur Erfüllung einer im öffentlichen Interesse liegenden Aufgabe befinden, können von der Behörde oder der Einrichtung gemäß dem Unionsrecht oder dem Recht des Mitgliedstaats, dem die Behörde oder Einrichtung unterliegt, offengelegt werden, um den Zugang der Öffentlichkeit zu amtlichen Dokumenten mit dem Recht auf Schutz personenbezogener Daten gemäß dieser Verordnung in Einklang zu bringen.[1,2]

Erwägungsgrund

(154) Diese Verordnung ermöglicht es, dass bei ihrer Anwendung der Grundsatz des Zugangs der Öffentlichkeit zu amtlichen Dokumenten berücksichtigt wird. Der Zugang der Öffentlichkeit zu amtlichen Dokumenten kann als öffentliches Interesse betrachtet werden. Personenbezogene Daten in Dokumenten, die sich im Besitz einer Behörde oder einer öffentlichen Stelle befinden, sollten von dieser Behörde oder Stelle öffentlich offengelegt werden können, sofern dies im Unionsrecht oder im Recht der Mitgliedstaaten, denen sie unterliegt, vorgesehen ist. Diese Rechtsvorschriften sollten den Zugang der Öffentlichkeit zu amtlichen Dokumenten und die Weiterverwendung von Informationen des öffentlichen Sektors mit dem Recht auf Schutz personenbezogener Daten in Einklang bringen und können daher die notwendige Übereinstimmung mit dem Recht auf Schutz personenbezogener Daten gemäß dieser Verordnung regeln. Die Bezugnahme auf Behörden und öffentliche Stellen sollte in diesem Kontext sämtliche Behörden oder sonstigen Stellen beinhalten, die vom Recht des jeweiligen Mitgliedstaats über den Zugang der Öffentlichkeit zu Dokumenten erfasst werden. Die Richtlinie 2003/98/EG des Europäischen Parlaments und des Rates lässt das Schutzniveau für natürliche Personen in Bezug auf die Verarbeitung personenbezogener Daten gemäß den Bestimmungen des Unionsrechts und des Rechts der Mitgliedstaaten unberührt und beeinträchtigt diesen in keiner Weise, und sie bewirkt insbesondere keine Änderung der in dieser Verordnung dargelegten Rechte und Pflichten. Insbesondere sollte die genannte Richtlinie nicht für Dokumente gelten, die nach den Zugangsregelungen der Mitgliedstaaten aus Gründen des Schutzes personenbezogener Daten nicht oder nur eingeschränkt zugänglich sind, oder für Teile von Dokumenten, die nach diesen Regelungen zugänglich sind, wenn sie personenbezogene Daten enthalten, bei denen Rechtsvorschriften vorsehen, dass ihre Weiterverwendung nicht mit dem Recht über den Schutz natürlicher Personen in Bezug auf die Verarbeitung personenbezogener Daten vereinbar ist.

Anmerkungen

1   Nach Art 86 „können [personenbezogene Daten] von der Behörde [...] offengelegt werden", um das **Recht auf Zugang zu amtlichen Dokumenten** mit dem Recht auf Datenschutz in Einklang zu bringen. Hiermit wird klargestellt das die **DSGVO einer Gewährung von Zugang**

nicht entgegensteht. Es ist vielmehr Aufgabe des nationalen Gesetzgebers „den Zugang der Öffentlichkeit zu amtlichen Dokumenten und die Weiterverwendung von Informationen des öffentlichen Sektors mit dem Recht auf Schutz personenbezogener Daten in Einklang bringen" (Erwägungsgrund 154 Satz 4).

Zu berücksichtigen ist in diesem Zusammenhang, dass gegenüber einem 2 Mitgliedstaat – wenn dieser im Rahmen der Durchführung des Unionsrechts handelt (vgl Art 51 Abs 1 GRC) – ein **Recht auf Zugang zu Dokumenten unmittelbar aus Art 11 GRC** begründet werden kann. Denn die Rsp des EGMR bejaht ein Grundrecht auf Zugang zu Dokumenten nach Art 10 EMRK, wenn (i) dem Auskunftssuchenden eine gesellschaftliche „Wachhund"-Funktion zukommen, was nicht nur für die Presse, sondern auch für NGOs bejaht wurde; (ii) die begehrten Informationen eine Angelegenheit des öffentlichen Interesses betreffen und (iii) der Auskunftssuchende in der Absicht handelt, die erhaltenen Informationen an die Öffentlichkeit weiterzugeben und hierdurch zum öffentlichen Diskurs beizutragen (EGMR 14.4.2009, *Társaság a Szabadságjogokért ./. Ungarn*, Nr 37374/05; 26.5.2009, *Kenedi ./. Ungarn*, Nr 31475/05; 25.9.2013, *Youth Initiative For Human Rights ./. Serbien*, Nr 48135/06; 28.11.2013, *Österreichische Vereinigung zur Erhaltung, Stärkung und Schaffung eines wirtschaftlich gesunden land- und forstwirtschaftlichen Grundbesitzes ./. Österreich*, Nr 39534/07 = ÖJZ 2014, 326). Diese Rsp des EGMR ist gem Art 52 Abs 3 GRC zur Auslegung des Art 11 GRC heranzuziehen (siehe ausführlich *Feiler*, Informationsfreiheit vs. Datenschutz – Datenschutz als Hemmschuh und Wegbereiter für das Grundrecht auf Zugang zu amtlichen Informationen in *Jahnel* [Hrsg], Jahrbuch Datenschutzrecht 2014 [2014], 55 [61 ff]).

Artikel 87
Verarbeitung der nationalen Kennziffer

Die Mitgliedstaaten können näher bestimmen,[1] unter welchen spezifischen Bedingungen eine nationale Kennziffer oder andere Kennzeichen von allgemeiner Bedeutung[2] Gegenstand einer Verarbeitung sein dürfen. In diesem Fall darf die nationale Kennziffer oder das andere Kennzeichen von allgemeiner Bedeutung nur unter Wahrung geeigneter Garantien für die Rechte und Freiheiten der betroffenen Person gemäß dieser Verordnung verwendet werden.

Anmerkungen

1 Aus der Formulierung „näher bestimmen" („further determine") lässt sich ableiten, dass die Mitgliedstaaten Detailregelungen schaffen können, welche die Bestimmungen der DSGVO ergänzen, jedoch diesen nicht widersprechen dürfen. Es wird jedoch auch deutlich, dass die Vergabe einer nationalen Kennziffer mit der DSGVO grundsätzlich vereinbar sein kann.

2 Weder der Begriff der **„nationalen Kennziffer"** („national identification number") noch jener der **„andern Kennzeichen von allgemeiner Bedeutung"** („any other identifier of general application") werden in der DSGVO definiert. Aus der Überschrift kann uE jedoch abgeleitet werden, dass es sich um Kennziffern bzw Kennzeichen handeln muss, die nur innerhalb der Grenzen des Mitgliedstaates gültig sind und vom Mitgliedstaat selbst vergeben oder zumindest für hoheitliche Zwecke zur Identifikation verwendet werden.

Nicht unter Art 87 zu subsumieren sind daher insbesondere IP-Adressen, Umsatzsteuer-Identifikationsnummern (keine nationale, sondern eine unionsweite Kennziffer nach Art 214 Mehrwertsteuersystem-Richtlinie, 2006/112/EG) oder KFZ-Kennzeichen (Anerkennung in der gesamten Union gem Art 3 der Verordnung [EG] Nr 2411/98).

Stammzahlen iSd § 2 Z 8 E-GovG und Pass- oder Personalausweisnummern nach dem Passgesetz 1992 sind hingegen unter Art 87 zu subsumieren.

Sozialversicherungsnummern sind demgegenüber bereits vom Begriff der Gesundheitsdaten iSd Art 4 Nr 15 umfasst (siehe Art 4 Rz 35), sodass eine Subsumtion unter Art 87 entbehrlich erscheint.

Artikel 88
Datenverarbeitung im Beschäftigungskontext

(1) Die Mitgliedstaaten können durch Rechtsvorschriften oder durch Kollektivvereinbarungen[1] spezifischere Vorschriften[2] zur Gewährleistung des Schutzes der Rechte und Freiheiten hinsichtlich der Verarbeitung personenbezogener Beschäftigtendaten im Beschäftigungskontext,[3] insbesondere für Zwecke der Einstellung, der Erfüllung des Arbeitsvertrags einschließlich der Erfüllung von durch Rechtsvorschriften oder durch Kollektivvereinbarung en [richtig:

Kollektivvereinbarungen][4] festgelegten Pflichten, des Managements, der Planung und der Organisation der Arbeit, der Gleichheit und Diversität am Arbeitsplatz, der Gesundheit und Sicherheit am Arbeitsplatz, des Schutzes des Eigentums der Arbeitgeber oder der Kunden sowie für Zwecke der Inanspruchnahme der mit der Beschäftigung zusammenhängenden individuellen oder kollektiven Rechte und Leistungen und für Zwecke der Beendigung des Beschäftigungsverhältnisses vorsehen.

(2) Diese Vorschriften umfassen angemessene und besondere Maßnahmen zur Wahrung der menschlichen Würde, der berechtigten Interessen und der Grundrechte der betroffenen Person, insbesondere im Hinblick auf die Transparenz der Verarbeitung, die Übermittlung personenbezogener Daten innerhalb einer Unternehmensgruppe[5] oder einer Gruppe von Unternehmen, die eine gemeinsame Wirtschaftstätigkeit ausüben,[6] und die Überwachungssysteme am Arbeitsplatz.

(3) Jeder Mitgliedstaat teilt der Kommission bis zum 25. Mai 2018 die Rechtsvorschriften, die er aufgrund von Absatz 1 erlässt, sowie unverzüglich alle späteren Änderungen dieser Vorschriften mit.

Erwägungsgrund

(155) Im Recht der Mitgliedstaaten oder in Kollektivvereinbarungen (einschließlich 'Betriebsvereinbarungen') können spezifische Vorschriften für die Verarbeitung personenbezogener Beschäftigtendaten im Beschäftigungskontext vorgesehen werden, und zwar insbesondere Vorschriften über die Bedingungen, unter denen personenbezogene Daten im Beschäftigungskontext auf der Grundlage der Einwilligung des Beschäftigten verarbeitet werden dürfen, über die Verarbeitung dieser Daten für Zwecke der Einstellung, der Erfüllung des Arbeitsvertrags einschließlich der Erfüllung von durch Rechtsvorschriften oder durch Kollektivvereinbarungen festgelegten Pflichten, des Managements, der Planung und der Organisation der Arbeit, der Gleichheit und Diversität am Arbeitsplatz, der Gesundheit und Sicherheit am Arbeitsplatz sowie für Zwecke der Inanspruchnahme der mit der Beschäftigung zusammenhängenden individuellen oder kollektiven Rechte und Leistungen und für Zwecke der Beendigung des Beschäftigungsverhältnisses.

Anmerkungen

1 Der Begriff der „**Kollektivvereinbarung**" umfasst neben Kollektivverträgen auch Betriebsvereinbarungen (siehe Erwägungsgrund 155 Satz 1).

2 Die Regelungskompetenz der Mitgliedstaaten im Rahmen des Art 88 ist **äußerst weit**, da die Mitgliedstaaten nicht darauf beschränkt sind, die Bedingungen für die Verarbeitung „näher [zu] bestimmen" (wie es Art 87 vorsieht) oder „in den Grenzen dieser Verordnung" Regelungen zu treffen (wie es noch der Entwurf der Kommission vorsah).

Die einzigen Einschränkungen ergeben sich daraus, dass (1) die nationalen Vorschriften auf die Verarbeitung „personenbezogener Beschäftigtendaten im Beschäftigungskontext" (siehe Rz 3 unten) beschränkt sein müssen und (2) die Anforderungen des Abs 2 einzuhalten sind.

Erwägungsgrund 155 führt aus, dass „insbesondere Vorschriften über die Bedingungen, unter denen personenbezogene Daten im Beschäftigungskontext auf der Grundlage der Einwilligung des Beschäftigten verarbeitet werden dürfen" auf Grundlage des Art 88 erlassen werden können. Auch die **Wirksamkeit der Zustimmung im Beschäftigungskontext** unterliegt damit grundsätzlich den nationalstaatlichen Regelungen.

3 Der Begriff der „personenbezogenen Beschäftigtendaten im Beschäftigungskontext" ist das zentrale Tatbestandselement für die Abgrenzung dieser Regelungszuständigkeit der Mitgliedstaaten. Mangels näherer Definition des Begriffs der **Beschäftigung** durch die DSGVO wird man hierunter grundsätzlich alle beruflichen Tätigkeiten von (i) Dienstnehmer, Lehrlingen und sonstigen Personen, die einer Pflichtversicherung nach § 4 Abs 1 ASVG unterliegen sowie (ii) Beamten subsumieren müssen.

4 Übersetzungsfehler.

5 Siehe Art 4 Nr 19 zur Definition des Begriffs „Unternehmensgruppe".

6 Siehe Art 4 Rz 52 zur Auslegung des Begriffs der „Gruppe von Unternehmen, die eine gemeinsame Wirtschaftstätigkeit ausüben" und seiner Abgrenzung gegenüber der „Unternehmensgruppe" iSd Art 4 Nr 19.

Artikel 89
Garantien und Ausnahmen in Bezug auf die Verarbeitung zu im öffentlichen Interesse liegenden Archivzwecken, zu wissenschaftlichen oder historischen Forschungszwecken und zu statistischen Zwecken[1]

(1) Die Verarbeitung zu im öffentlichen Interesse liegenden Archivzwecken,[2] zu wissenschaftlichen[3] oder historischen[4] Forschungszwecken oder zu statistischen Zwecken[5] unterliegt geeigneten Garantien für die Rechte und Freiheiten der betroffen Person gemäß dieser Verordnung. Mit diesen Garantien wird sichergestellt, dass technische und organisatorische Maßnahmen bestehen, mit denen insbesondere die Achtung des Grundsatzes der Datenminimierung[6] gewährleistet wird. Zu diesen Maßnahmen kann die Pseudonymisierung[7] gehören, sofern es möglich ist, diese Zwecke auf diese Weise zu erfüllen. In allen Fällen, in denen diese Zwecke durch die Weiterverarbeitung, bei der die Identifizierung von betroffenen Personen nicht oder nicht mehr möglich ist, erfüllt werden können, werden diese Zwecke auf diese Weise erfüllt.[8]

(2) Werden personenbezogene Daten zu wissenschaftlichen oder historischen Forschungszwecken oder zu statistischen Zwecken verarbeitet, können vorbehaltlich der Bedingungen und Garantien gemäß Absatz 1 des vorliegenden Artikels im Unionsrecht oder im Recht der Mitgliedstaaten insoweit Ausnahmen von den Rechten gemäß der Artikel 15, 16, 18 und 21[9] vorgesehen werden,[10] als diese Rechte voraussichtlich die Verwirklichung der spezifischen Zwecke unmöglich machen oder ernsthaft beeinträchtigen und solche Ausnahmen für die Erfüllung dieser Zwecke notwendig sind.

(3) Werden personenbezogene Daten für im öffentlichen Interesse liegende Archivzwecke verarbeitet, können vorbehaltlich der Bedingungen und Garantien gemäß Absatz 1 des vorliegenden Artikels im Unionsrecht oder im Recht der Mitgliedstaaten insoweit Ausnahmen von den Rechten gemäß der Artikel 15, 16, 18, 19, 20 und 21 vorgesehen werden,[11] als diese Rechte voraussichtlich die Verwirklichung der spezifischen Zwecke unmöglich machen oder ernsthaft beeinträchtigen und solche Ausnahmen für die Erfüllung dieser Zwecke notwendig sind.

(4) Dient die in den Absätzen 2 und 3 genannte Verarbeitung gleichzeitig einem anderen Zweck, gelten die Ausnahmen nur für die Verarbeitung zu den in diesen Absätzen genannten Zwecken.

Erwägungsgründe

(156) Die Verarbeitung personenbezogener Daten für im öffentlichen Interesse liegende Archivzwecke, zu wissenschaftlichen oder historischen Forschungszwecken oder zu statistischen Zwecken sollte geeigneten Garantien für die Rechte und Freiheiten der betroffenen Person gemäß dieser Verordnung unterliegen. Mit diesen Garantien sollte sichergestellt werden, dass technische und organisatorische Maßnahmen bestehen, mit denen insbesondere der Grundsatz der Datenminimierung gewährleistet wird. Die Weiterverarbeitung personenbezogener Daten zu im öffentlichen Interesse liegende Archivzwecken, zu wissenschaftlichen oder historischen Forschungszwecken oder zu statistischen Zwecken erfolgt erst dann, wenn der Verantwortliche geprüft hat, ob es möglich ist, diese Zwecke durch die Verarbeitung von personenbezogenen Daten, bei der die Identifizierung von betroffenen Personen nicht oder nicht mehr möglich ist, zu erfüllen, sofern geeignete Garantien bestehen (wie z. B. die Pseudonymisierung von personenbezogenen Daten). Die Mitgliedstaaten sollten geeignete Garantien in Bezug auf die Verarbeitung personenbezogener Daten für im öffentlichen Interesse liegende Archivzwecke, zu wissenschaftlichen oder historischen Forschungszwecken oder zu statistischen Zwecken vorsehen. Es sollte den Mitgliedstaaten erlaubt sein, unter bestimmten Bedingungen und vorbehaltlich geeigneter Garantien für die betroffenen Personen Präzisierungen und Ausnahmen in Bezug auf die Informationsanforderungen sowie der Rechte auf Berichtigung, Löschung, Vergessenwerden, zur Einschränkung der Verarbeitung, auf Datenübertragbarkeit sowie auf Widerspruch bei der Verarbeitung personenbezogener Daten zu im öffentlichen Interesse liegende Archivzwecken, zu wissenschaftlichen oder historischen Forschungszwecken oder zu statistischen Zwecken vorzusehen. Im Rahmen der betreffenden Bedingungen und Garantien können spezifische Verfahren für die Ausübung dieser Rechte durch die betroffenen Personen vorgesehen sein – sofern dies angesichts der mit der spezifischen Verarbeitung verfolgten Zwecke angemessen ist – sowie technische und organisatorische Maßnahmen zur Minimierung der Verarbeitung personenbezogener Daten im Hinblick auf die Grundsätze der Verhältnismäßigkeit und der Notwendigkeit. Die Verarbeitung personenbezogener Daten zu wissenschaftlichen Zwecken sollte auch anderen einschlägigen Rechtsvorschriften, beispielsweise für klinische Prüfungen, genügen.

(157) Durch die Verknüpfung von Informationen aus Registern können Forscher neue Erkenntnisse von großem Wert in Bezug auf weit ver-

breiteten Krankheiten wie Herz- Kreislauferkrankungen, Krebs und Depression erhalten. Durch die Verwendung von Registern können bessere Forschungsergebnisse erzielt werden, da sie auf einen größeren Bevölkerungsanteil gestützt sind. Im Bereich der Sozialwissenschaften ermöglicht die Forschung anhand von Registern es den Forschern, entscheidende Erkenntnisse über den langfristigen Zusammenhang einer Reihe sozialer Umstände zu erlangen, wie Arbeitslosigkeit und Bildung mit anderen Lebensumständen. Durch Register erhaltene Forschungsergebnisse bieten solide, hochwertige Erkenntnisse, die die Basis für die Erarbeitung und Umsetzung wissensgestützter politischer Maßnahmen darstellen, die Lebensqualität zahlreicher Menschen verbessern und die Effizienz der Sozialdienste verbessern können. Zur Erleichterung der wissenschaftlichen Forschung können daher personenbezogene Daten zu wissenschaftlichen Forschungszwecken verarbeitet werden, wobei sie angemessenen Bedingungen und Garantien unterliegen, die im Unionsrecht oder im Recht der Mitgliedstaaten festgelegt sind.

(158) Diese Verordnung sollte auch für die Verarbeitung personenbezogener Daten zu Archivzwecken gelten, wobei darauf hinzuweisen ist, dass die Verordnung nicht für verstorbene Personen gelten sollte. Behörden oder öffentliche oder private Stellen, die Aufzeichnungen von öffentlichem Interesse führen, sollten gemäß dem Unionsrecht oder dem Recht der Mitgliedstaaten rechtlich verpflichtet sein, Aufzeichnungen von bleibendem Wert für das allgemeine öffentliche Interesse zu erwerben, zu erhalten, zu bewerten, aufzubereiten, zu beschreiben, mitzuteilen, zu fördern, zu verbreiten sowie Zugang dazu bereitzustellen. Es sollte den Mitgliedstaaten ferner erlaubt sein vorzusehen, dass personenbezogene Daten zu Archivzwecken weiterverarbeitet werden, beispielsweise im Hinblick auf die Bereitstellung spezifischer Informationen im Zusammenhang mit dem politischen Verhalten unter ehemaligen totalitären Regimen, Völkermord, Verbrechen gegen die Menschlichkeit, insbesondere dem Holocaust, und Kriegsverbrechen.

(159) Diese Verordnung sollte auch für die Verarbeitung personenbezogener Daten zu wissenschaftlichen Forschungszwecken gelten. Die Verarbeitung personenbezogener Daten zu wissenschaftlichen Forschungszwecken im Sinne dieser Verordnung sollte weit ausgelegt werden und die Verarbeitung für beispielsweise die technologische Entwicklung und die Demonstration, die Grundlagenforschung, die angewandte Forschung und die privat finanzierte Forschung einschließen. Darüber hinaus sollte sie dem in Artikel 179 Absatz 1 AEUV festgeschriebenen Ziel, einen

europäischen Raum der Forschung zu schaffen, Rechnung tragen. Die wissenschaftlichen Forschungszwecke sollten auch Studien umfassen, die im öffentlichen Interesse im Bereich der öffentlichen Gesundheit durchgeführt werden. Um den Besonderheiten der Verarbeitung personenbezogener Daten zu wissenschaftlichen Forschungszwecken zu genügen, sollten spezifische Bedingungen insbesondere hinsichtlich der Veröffentlichung oder sonstigen Offenlegung personenbezogener Daten im Kontext wissenschaftlicher Zwecke gelten. Geben die Ergebnisse wissenschaftlicher Forschung insbesondere im Gesundheitsbereich Anlass zu weiteren Maßnahmen im Interesse der betroffenen Person, sollten die allgemeinen Vorschriften dieser Verordnung für diese Maßnahmen gelten.

(160) Diese Verordnung sollte auch für die Verarbeitung personenbezogener Daten zu historischen Forschungszwecken gelten. Dazu sollte auch historische Forschung und Forschung im Bereich der Genealogie zählen, wobei darauf hinzuweisen ist, dass diese Verordnung nicht für verstorbene Personen gelten sollte.

(161) Für die Zwecke der Einwilligung in die Teilnahme an wissenschaftlichen Forschungstätigkeiten im Rahmen klinischer Prüfungen sollten die einschlägigen Bestimmungen der Verordnung (EU) Nr. 536/2014 des Europäischen Parlaments und des Rates gelten.

(162) Diese Verordnung sollte auch für die Verarbeitung personenbezogener Daten zu statistischen Zwecken gelten. Das Unionsrecht oder das Recht der Mitgliedstaaten sollte in den Grenzen dieser Verordnung den statistischen Inhalt, die Zugangskontrolle, die Spezifikationen für die Verarbeitung personenbezogener Daten zu statistischen Zwecken und geeignete Maßnahmen zur Sicherung der Rechte und Freiheiten der betroffenen Personen und zur Sicherstellung der statistischen Geheimhaltung bestimmen. Unter dem Begriff „statistische Zwecke" ist jeder für die Durchführung statistischer Untersuchungen und die Erstellung statistischer Ergebnisse erforderliche Vorgang der Erhebung und Verarbeitung personenbezogener Daten zu verstehen. Diese statistischen Ergebnisse können für verschiedene Zwecke, so auch für wissenschaftliche Forschungszwecke, weiterverwendet werden. Im Zusammenhang mit den statistischen Zwecken wird vorausgesetzt, dass die Ergebnisse der Verarbeitung zu statistischen Zwecken keine personenbezogenen Daten, sondern aggregierte Daten sind und diese Ergebnisse oder personenbezogenen Daten nicht für Maßnahmen oder Entscheidungen gegenüber einzelnen natürlichen Personen verwendet werden.

(163) Die vertraulichen Informationen, die die statistischen Behörden der Union und der Mitgliedstaaten zur Erstellung der amtlichen europäischen und der amtlichen nationalen Statistiken erheben, sollten geschützt werden. Die europäischen Statistiken sollten im Einklang mit den in Artikel 338 Absatz 2 AEUV dargelegten statistischen Grundsätzen entwickelt, erstellt und verbreitet werden, wobei die nationalen Statistiken auch mit dem Recht der Mitgliedstaaten übereinstimmen müssen. Die Verordnung (EG) Nr. 223/2009 des Europäischen Parlaments und des Rates enthält genauere Bestimmungen zur Vertraulichkeit europäischer Statistiken.

Anmerkungen

Während Abs 1 im Wesentlichen die **Grundsätze der Datenminimierung und Speicherbegrenzung** wiedergibt, ermöglichen es Abs 2 und 3 den Mitgliedstaaten Ausnahmeregelungen hinsichtlich bestimmter Betroffenenrechte zu erlassen: **1**

Der Anwendungsbereich des Abs 2 ist auf Verarbeitungen zu (i) wissenschaftlichen oder historischen Forschungszwecken und (ii) statistischen Zwecken beschränkt und ermöglicht Ausnahmen von den Rechten auf Information, Löschung, Auskunft, Berichtigung, Einschränkung der Verarbeitung und Widerspruch.

Abs 3 gilt demgegenüber für im öffentlichen Interesse liegende Archivzwecke und ermöglicht über Abs 2 hinaus auch Ausnahmen von den Rechten auf Mitteilung an Dritte (Art 19) und Datenübertragbarkeit (Art 20).

Zur Rechtmäßigkeit der Verarbeitung **sensibler Daten** für im öffentlichen Interesse liegende Archivzwecke oder für wissenschaftliche und historische Forschungszwecke oder statistische Zwecke ist anzumerken, dass sich diese auch aus nationalem Recht ergeben kann (Art 9 Abs 2 lit j). Der **Zweckbindungsgrundsatz** steht einer Weiterverarbeitung von personenbezogenen Daten für im öffentlichen Interesse liegende Archivzwecke, für wissenschaftliche oder historische Forschungszwecke oder für statistische Zwecke jedenfalls nicht entgegen (Art 5 Abs 1 lit b Halbsatz 2), sodass hier auch Zweckänderungen möglich sind. Das ist, gerade vor dem Hintergrund des durchaus weit zu fassenden Wissenschaftsbegriffs (vgl Rz 3), eine sehr erhebliche Einschränkung des Zweckbindungsgrundsatzes.

Für die **Einwilligung** in die Teilnahme an wissenschaftlichen Forschungstätigkeiten im Rahmen klinischer Prüfungen sind jedoch die einschlägigen Bestimmungen der Verordnung (EU) Nr 536/2014 zu beachten (vgl Erwägungsgrund 161). Außerhalb des Anwendungsbereichs der genannten Verordnung (also insbesondere außerhalb von clinical trials) ist nunmehr eine zweckändernde Datenverarbeitung zum Zwecke der Erforschung einer wissenschaftlichen medizinische Frage auch ohne Einwilligung des Betroffenen zulässig.

2 Der Begriff der „**Archivzwecke**" umfasst insbesondere „die Bereitstellung spezifischer Informationen im Zusammenhang mit dem politischen Verhalten unter ehemaligen totalitären Regimen, Völkermord, Verbrechen gegen die Menschlichkeit, insbesondere dem Holocaust, und Kriegsverbrechen" (Erwägungsgrund 158 Satz 3).

Hinsichtlich der Verarbeitung personenbezogener Daten zu Archivzwecken ist zu berücksichtigen, dass Daten, welche sich auf Verstorbene beziehen, keine personenbezogenen Daten sind (Art 4 Rz 2; vgl auch Erwägungsgrund 158 Satz 1).

3 Der Begriff der „**wissenschaftlichen Forschungszwecke**" „sollte weit ausgelegt werden" (Erwägungsgrund 159 Satz 2) umfasst insbesondere (i) klinische Prüfungen (Erwägungsgrund 156 letzter Satz), (ii) Forschungen im Bereich der öffentlichen Gesundheit (Erwägungsgrund 157 Satz 1 und 2; Erwägungsgrund 159 Satz 4), (iii) sozialwissenschaftliche Forschung (vgl Erwägungsgrund 157 Satz 3 und 4) sowie (iv) „technologische Entwicklung und die Demonstration, die Grundlagenforschung, die angewandte Forschung und die privat finanzierte Forschung" (Erwägungsgrund 159 Satz 2). Es ist damit insbesondere nicht schädlich, wenn die Forschung an einer Einrichtung des privaten Rechts betrieben wird.

4 Der Begriff der „**historischen Forschungszwecke**" umfasst insbesondere „Forschung im Bereich der Genealogie" (Erwägungsgrund 160 Satz 2).

5 Unter dem Begriff „**statistische Zwecke**" ist nach Erwägungsgrund 162 Satz 3 „jeder für die Durchführung statistischer Untersuchungen und die Erstellung statistischer Ergebnisse erforderliche Vorgang der Erhebung und Verarbeitung personenbezogener Daten zu verstehen", wobei nach Erwägungsgrund 162 Satz 5 folgende weitere Voraussetzungen zu erfüllen sind: (1) „die Ergebnisse der Verarbeitung zu statistischen Zwecken [sind] keine personenbezogenen Daten, sondern aggregierte Daten" und

(2) „diese Ergebnisse oder personenbezogenen Daten [werden] nicht für Maßnahmen oder Entscheidungen gegenüber einzelnen natürlichen Personen verwendet".

Erwägungsgrund 162 Satz 4 stellt schließlich klar, dass die Weiterverwendung der statistischen Ergebnisse nicht nur für wissenschaftliche Forschungszwecke zulässig ist.

Siehe Art 5 Abs 1 lit c zu dem in Abs 1 genannten Grundsatz der Datenminimierung. **6**

Siehe Art 4 Nr 5 zur Definition des Begriffs „Pseudonymisierung". **7**

Abs 1 letzter Satz wiederholt den in Art 5 Abs 1 lit e normierten **Grundsatz der Speicherbegrenzung**. Nach Erwägungsgrund 156 Satz 3 hat der Verantwortliche die Einhaltung des Grundsatzes der Speicherbegrenzung jedoch vor der Weiterverarbeitung aktiv zu prüfen. **8**

Zur **Beschränkung des Rechts auf Widerspruch** bei der Verarbeitung personenbezogener Daten zu wissenschaftlichen oder historischen Forschungszwecken oder zu statistischen Zwecken nach Abs 2 siehe auch Art 21 Abs 6. **9**

Nach Art 14 Abs 5 lit b kann weiters die Pflicht zur Information nach Art 14 („Informationspflicht, wenn die personenbezogenen Daten nicht bei der betroffenen Person erhoben wurden") unter den dort genannten Voraussetzungen eingeschränkt werden (vgl Erwägungsgrund 156 Satz 5: „Es sollte den Mitgliedstaaten erlaubt sein, unter bestimmten Bedingungen und vorbehaltlich geeigneter Garantien für die betroffenen Personen Präzisierungen und Ausnahmen in Bezug auf die Informationsanforderungen […] vorzusehen"). **10**

Weiters ist nach Art 17 Abs 3 lit d unter den dort genannten Voraussetzungen eine Beschränkung des Rechts auf Löschung möglich.

Zu den weiters bestehenden **Möglichkeiten, die Informationspflichten nach Art 14 sowie das Recht auf Löschung nach Art 17 einzuschränken**, siehe Rz 10 oben. **11**

Artikel 90
Geheimhaltungspflichten

(1) Die Mitgliedstaaten können die Befugnisse der Aufsichtsbehörden im Sinne des Artikels 58 Absatz 1 Buchstaben e und f gegenüber den Verantwortlichen oder den Auftragsverarbeitern, die nach Unionsrecht oder dem Recht der Mitgliedstaaten oder nach einer von den zuständigen nationalen Stellen erlassenen Verpflichtung dem Berufsgeheimnis oder einer gleichwertigen Geheimhaltungspflicht[1] unterliegen, regeln,[2] soweit dies notwendig und verhältnismäßig ist, um das Recht auf Schutz der personenbezogenen Daten mit der Pflicht zur Geheimhaltung in Einklang zu bringen. Diese Vorschriften gelten nur in Bezug auf personenbezogene Daten, die der Verantwortliche oder der Auftragsverarbeiter bei einer Tätigkeit erlangt oder erhoben hat, die einer solchen Geheimhaltungspflicht unterliegt.

(2) Jeder Mitgliedstaat teilt der Kommission bis zum 25. Mai 2018 die Vorschriften mit, die er aufgrund von Absatz 1 erlässt, und setzt sie unverzüglich von allen weiteren Änderungen dieser Vorschriften in Kenntnis.

Erwägungsgrund

(164) Hinsichtlich der Befugnisse der Aufsichtsbehörden, von dem Verantwortlichen oder vom Auftragsverarbeiter Zugang zu personenbezogenen Daten oder zu seinen Räumlichkeiten zu erlangen, können die Mitgliedstaaten in den Grenzen dieser Verordnung den Schutz des Berufsgeheimnisses oder anderer gleichwertiger Geheimhaltungspflichten durch Rechtsvorschriften regeln, soweit dies notwendig ist, um das Recht auf Schutz der personenbezogenen Daten mit einer Pflicht zur Wahrung des Berufsgeheimnisses in Einklang zu bringen. Dies berührt nicht die bestehenden Verpflichtungen der Mitgliedstaaten zum Erlass von Vorschriften über das Berufsgeheimnis, wenn dies aufgrund des Unionsrechts erforderlich ist.

Anmerkungen

1 Beispielhaft sind die Geheimhaltungspflichten der **Rechtsanwälte** (§ 9 Abs 2 RAO), der **Notare** (§ 37 Abs 1 NO), der **Ärzte** und ihrer Hilfspersonen (§ 54 Abs 1 ÄrzteG) sowie der **Wirtschaftsprüfer und Steuerberater** (§ 91 Wirtschaftstreuhandberufsgesetz) zu nennen.

Möglige derartige Maßnahmen wären zB (i) bei freien Berufen die 2
verpflichtende Beiziehung eines Mitglieds der Standesvertretung (vgl
§ 23a RL-BA zu Hausdurchsuchungen bei Rechtsanwälten) oder (ii)
die Möglichkeit eine Versiegelungsantrag zu stellen (vgl § 112 StPO).

Artikel 91
Bestehende Datenschutzvorschriften von Kirchen und religiösen Vereinigungen oder Gemeinschaften

(1) Wendet eine Kirche oder eine religiöse Vereinigung oder Gemeinschaft in einem Mitgliedstaat zum Zeitpunkt des Inkrafttretens dieser Verordnung umfassende Regeln zum Schutz natürlicher Personen bei der Verarbeitung an, so dürfen diese Regeln weiter angewandt werden, sofern sie mit dieser Verordnung in Einklang gebracht werden.[1]

(2) Kirchen und religiöse Vereinigungen oder Gemeinschaften, die gemäß Absatz 1 umfassende Datenschutzregeln anwenden, unterliegen der Aufsicht durch eine unabhängige Aufsichtsbehörde, die spezifischer Art sein kann, sofern sie die in Kapitel VI niedergelegten Bedingungen erfüllt.

Erwägungsgrund

(165) Im Einklang mit Artikel 17 AEUV achtet diese Verordnung den Status, den Kirchen und religiöse Vereinigungen oder Gemeinschaften in den Mitgliedstaaten nach deren bestehenden verfassungsrechtlichen Vorschriften genießen, und beeinträchtigt ihn nicht.

Anmerkungen

Das **Decretum Generale** über den Datenschutz in der Katholischen 1
Kirche in Österreich (Amtsblatt der Österreichischen Bischofskonferenz, Nr 52 vom 15. September 2010, II. 1., verfügbar unter http://www.bischofskonferenz.at/dl/LnuMJKJKKkNKMJqx4KoJK/Amtsblatt_52.pdf) und die **Evangelische Datenschutzordnung** (Kirchengesetz der Evangelischen Kirche A.u.H.B., ABl Nr 195/1994, 214/1994, 156/1995, 207/1998, 199/2002, 36/2006, 95/2008, 201/2008, 231/2011, 209/2012 und 7/2015) sind uE als „umfassende Regeln zum Schutz natürlicher Personen bei der Verarbeitung" iSd Abs 1 anzusehen und daher **weiter anzuwenden**.

Kapitel X
Delegierte Rechtsakte und Durchführungsrechtsakte

Artikel 92
Ausübung der Befugnisübertragung[1]

(1) Die Befugnis zum Erlass delegierter Rechtsakte wird der Kommission unter den in diesem Artikel festgelegten Bedingungen übertragen.

(2) Die Befugnis zum Erlass delegierter Rechtsakte gemäß Artikel 12 Absatz 8 und Artikel 43 Absatz 8[2] wird der Kommission auf unbestimmte Zeit ab dem 24. Mai 2016 übertragen.[3,4,5]

(3) Die Befugnisübertragung gemäß Artikel 12 Absatz 8 und Artikel 43 Absatz 8 kann vom Europäischen Parlament oder vom Rat jederzeit widerrufen werden. Der Beschluss über den Widerruf beendet die Übertragung der in diesem Beschluss angegebenen Befugnis. Er wird am Tag nach seiner Veröffentlichung im Amtsblatt der Europäischen Union oder zu einem im Beschluss über den Widerruf angegebenen späteren Zeitpunkt wirksam. Die Gültigkeit von delegierten Rechtsakten, die bereits in Kraft sind, wird von dem Beschluss über den Widerruf nicht berührt.

(4) Sobald die Kommission einen delegierten Rechtsakt erlässt, übermittelt sie ihn gleichzeitig dem Europäischen Parlament und dem Rat.

(5) Ein delegierter Rechtsakt, der gemäß Artikel 12 Absatz 8 und Artikel 43 Absatz 8 erlassen wurde, tritt nur in Kraft, wenn weder das Europäische Parlament noch der Rat innerhalb einer Frist von drei Monaten nach Übermittlung dieses Rechtsakts an das Europäische Parlament und den Rat Einwände erhoben haben oder wenn vor Ablauf dieser Frist das Europäische Parlament und der Rat beide der Kommission mitgeteilt haben, dass sie keine Einwände erheben werden. Auf Veranlassung des Europäischen Parlaments oder des Rates wird diese Frist um drei Monate verlängert.

Erwägungsgründe

(166) Um die Zielvorgaben dieser Verordnung zu erfüllen, d.h. die Grundrechte und Grundfreiheiten natürlicher Personen und insbesondere ihr Recht auf Schutz ihrer personenbezogenen Daten zu schützen und den freien Verkehr personenbezogener Daten innerhalb der Union zu gewährleisten, sollte der Kommission die Befugnis übertragen werden, gemäß Artikel 290 AEUV Rechtsakte zu erlassen. Delegierte Rechtsakte sollten insbesondere in Bezug auf die für Zertifizierungsverfahren geltenden Kriterien und Anforderungen, die durch standardisierte Bildsymbole darzustellenden Informationen und die Verfahren für die Bereitstellung dieser Bildsymbole erlassen werden. Es ist von besonderer Bedeutung, dass die Kommission im Zuge ihrer Vorbereitungsarbeit angemessene Konsultationen, auch auf der Ebene von Sachverständigen, durchführt. Bei der Vorbereitung und Ausarbeitung delegierter Rechtsakte sollte die Kommission gewährleisten, dass die einschlägigen Dokumente dem Europäischen Parlament und dem Rat gleichzeitig, rechtzeitig und auf angemessene Weise übermittelt werden.

(167) Zur Gewährleistung einheitlicher Bedingungen für die Durchführung dieser Verordnung sollten der Kommission Durchführungsbefugnisse übertragen werden, wenn dies in dieser Verordnung vorgesehen ist. Diese Befugnisse sollten nach Maßgabe der Verordnung (EU) Nr. 182/2011 des Europäischen Parlaments und des Rates ausgeübt werden. In diesem Zusammenhang sollte die Kommission besondere Maßnahmen für Kleinstunternehmen sowie kleine und mittlere Unternehmen erwägen.

Anmerkungen

1 Nach Art 92 hat die Europäische Kommission die jederzeit widerrufliche (siehe Abs 3) Befugnis, bestimmte delegierter Rechtsakte zu erlassen (siehe Abs 2), wobei **sowohl dem Rat als auch dem Europäischen Parlament im Ergebnis ein Vetorecht zukommt** (Abs 4 und 5)

2 Die Europäische Kommission hat daher nach Abs 2 lediglich die alleinige Befugnis zur Erlassung zweier im Gesamtkontext relativ unbedeutender delegierter Rechtsakte: (i) zur Informationserteilung durch Bildsymbole nach Art 12 Abs 8 und (ii) zu Anforderungen für Zertifizierungsverfahren nach Art 43 Abs 8.

Nach dem Legislativvorschlag der Europäischen Kommission hätte die **3** DSGVO der Europäischen Kommission hingegen 26 unterschiedliche Kompetenzen zur Erlassung von Durchführungsverordnungen eingeräumt (vgl *Feiler*, Der Vorschlag der Europäischen Kommission für eine Datenschutz-Grundverordnung der EU, MR-Int 2011, 127 [127]). Dies wurde von manchen als Machtkonzentration zugunsten der Kommission kritisiert (so zB *Engel/Gmain*, Die EU-Datenschutz-Grundverordnung: Was sich ändert, was bleibt – Teil II, jusIT 2013, 178 [180]). Im Laufe des Legislativprozesses wurde die Anzahl der Kompetenztatbestände vom EP auf zehn und schließlich auf die nunmehr in Art 86 Abs 2 genannten zwei Tatbestände reduziert. Demgegenüber wurden die legislativen Kompetenzen der Mitgliedstaaten von lediglich drei im Legislativvorschlag der Europäischen Kommission (vgl *Feiler*, aaO) drastisch erhöht (siehe Rz 4 unten).

Den beiden Kompetenztatbeständen der Europäischen Kommission **4** zur Erlassung von Durchführungsverordnungen stehen insbesondere folgende **Zuständigkeiten der nationalen Gesetzgeber (Öffnungsklauseln)** gegenüber, Fragen des Datenschutzrechts im Anwendungsbereich der DSGVO zu regeln (zum fehlenden Kollisionsrecht siehe Rz 5 unten):

i. Nach Art 8 Abs 1 („Bedingungen für die Einwilligung eines Kindes in Bezug auf Dienste der Informationsgesellschaft") ist die Verarbeitung von personenbezogenen Daten eines Kindes, welches das 16. Lebensjahr noch nicht vollendet hat, auf der Grundlage einer Einwilligung grundsätzlich nur zulässig, wenn diese Einwilligung vom Erziehungsberechtigten (oder mit Zustimmung des Erziehungsberechtigten durch das Kind) erteilt wird. Abweichend hiervon **kann jeder Mitgliedstaat die Altersgrenze auf 15, 14 oder 13 Jahre senken** (Art 8 Abs 1 UAbs 2).

ii. Nach Art 9 Abs 2 lit a („Verarbeitung besonderer Kategorien personenbezogener Daten") ist die Verarbeitung sensibler Daten grundsätzlich zulässig, wenn die betroffene Person ausdrücklich eingewilligt hat, „es sei denn, nach [...] dem Recht der Mitgliedstaaten kann das [grundsätzliche Verbot der Verarbeitung besonderer Kategorien personenbezogener Daten nach Art 9 Abs 1] durch die Einwilligung der betroffenen Person nicht aufgehoben werden". Dies bedeutet, dass die **Wirksamkeit der Einwilligung zur Verarbeitung sensibler Daten** stets auch nach nationalem Recht zu prüfen ist.

iii. Nach Art 9 Abs 2 lit b ist die Verarbeitung sensibler Daten weiters zulässig, wenn sie erforderlich ist, „damit der Verantwortliche oder die betroffene Person die ihm bzw ihr aus dem **Arbeitsrecht und dem Recht der sozialen Sicherheit und des Sozialschutzes** erwachsenden Rechte ausüben und seinen bzw ihren diesbezüglichen Pflichten nachkommen kann, soweit dies nach [...] dem Recht der Mitgliedstaaten oder einer Kollektivvereinbarung nach dem Recht der Mitgliedstaaten, das geeignete Garantien für die Grundrechte und die Interessen der betroffenen Person vorsieht, zulässig ist".
iv. Nach Art 9 Abs 2 lit j ist – vorbehaltlich anderer Rechtsgrundlagen nach Art 9 Abs 2 – die Verarbeitung sensibler Daten für im öffentlichen Interesse liegende **Archivzwecke oder für wissenschaftliche und historische Forschungszwecke oder statistische Zwecke** nur auf Grundlage des nationalen Rechts (oder Unionsrechts) zulässig.
v. Nach Art 9 Abs 5 können die Mitgliedstaaten für die Verarbeitung **genetischer Daten, biometrischer Daten oder Gesundheitsdaten** „zusätzliche Bedingungen, einschließlich Beschränkungen, einführen oder aufrechterhalten".
vi. Nach Art 10 darf die Verarbeitung von „**personenbezogener Daten über strafrechtliche Verurteilungen und Straftaten** oder damit zusammenhängende Sicherungsmaßregeln" nur „unter behördlicher Aufsicht vorgenommen werden oder wenn dies nach dem Unionsrecht oder dem Recht der Mitgliedstaaten, das geeignete Garantien für die Rechte und Freiheiten der betroffenen Personen vorsieht, zulässig ist". Ob und inwieweit strafrechtlich relevante Daten verarbeitet werden dürfen, wird sich daher in den meisten Fällen erst auf der Basis des nationalen Rechts klären lassen.
vii. Nach Art 22 Abs 1 („Automatisierte Entscheidungen im Einzelfall einschließlich Profiling") hat jede betroffene Person grundsätzlich das Recht, „nicht einer ausschließlich auf einer **automatisierten Verarbeitung – einschließlich Profiling – beruhenden Entscheidung** unterworfen zu werden, die ihr gegenüber rechtliche Wirkung entfaltet oder sie in ähnlicher Weise erheblich beeinträchtigt". Dies gilt nach Abs 2 lit b leg cit nicht, wenn die Entscheidung „aufgrund von Rechtsvorschriften der [...] der Mitgliedstaaten, denen der Verantwortliche unterliegt, zulässig ist und diese Rechtsvorschriften angemessene Maßnahmen zur Wahrung der Rechte und Freiheiten sowie der berechtigten Interessen der betroffenen Person enthalten".
viii. Nach Art 23 („Beschränkungen") können Mitgliedstaaten durch Legislativmaßnahmen, „die Pflichten und Rechte gemäß den Ar-

Ausübung der Befugnisübertragung **Art 92**

tikeln 12 bis 22 und Artikel 34", dh **sämtliche Betroffenenrechte**, beschränken, sofern eine solche Beschränkung in einer demokratischen Gesellschaft zur Erreichung bestimmter in Art 23 Abs 1 genannter Ziele notwendig und verhältnismäßig ist. Besonders weitgehend sind folgende in Abs 1 leg cit genannten Ziele: i) der „Schutz **sonstiger wichtiger Ziele des allgemeinen öffentlichen Interesses** der Union oder eines Mitgliedstaats, insbesondere eines wichtigen wirtschaftlichen oder finanziellen Interesses der Union oder eines Mitgliedstaats, etwa im Währungs-, Haushalts- und Steuerbereich sowie im Bereich der öffentlichen Gesundheit und der sozialen Sicherheit" (Art 23 Abs 1 lit e); ii) der „**Schutz der betroffenen Person oder der Rechte und Freiheiten anderer Personen**" (Art 23 Abs 1 lit i) und iii) „die **Durchsetzung zivilrechtlicher Ansprüche**" (Art 23 Abs 1 lit j). Art 23 gestattet es den Mitgliedstaaten daher insbesondere datenschutzrechtliche Grundrechtskonflikte im nationalen Recht zu regeln.

ix. Nach Art 36 Abs 1 hat ein Verantwortlicher eine vorherige Konsultation der zuständigen Aufsichtsbehörde grundsätzlich nur dann einzuleiten, wenn aus einer Datenschutz-Folgenabschätzung gemäß Art 35 hervorgeht, dass die Verarbeitung ein hohes Risiko zur Folge hätte. Hiervon abweichend sieht Art 36 Abs 5 vor, dass „Verantwortliche durch das Recht der Mitgliedstaaten verpflichtet werden [können], bei der Verarbeitung zur Erfüllung einer im öffentlichen Interesse liegenden Aufgabe, einschließlich der Verarbeitung zu Zwecken der sozialen Sicherheit und der öffentlichen Gesundheit, die Aufsichtsbehörde zu konsultieren und deren **vorherige Genehmigung** einzuholen".

x. Nach Art 37 besteht die Pflicht zu Bestellung eines Datenschutzbeauftragten für einen Verantwortlichen oder einen Auftragsverarbeiter nur in sehr eingeschränkten Fällen (siehe Art 37 Abs 1 lit a bis c). Dessen ungeachtet, ist ein **Datenschutzbeauftragter verpflichtend** zu bestellen, wenn dies nach dem Recht eines Mitgliedstaates vorgesehen ist (Art 37 Abs 4).

xi. Nach Art 83 Abs 7 kann jeder Mitgliedstaat „Vorschriften dafür festlegen, ob und in welchem Umfang **gegen Behörden und öffentliche Stellen**, die in dem betreffenden Mitgliedstaat niedergelassen sind, **Geldbußen verhängt werden können.**"

xii. Nach Art 88 Abs 1 können die Mitgliedstaaten „durch Rechtsvorschriften oder durch Kollektivvereinbarungen spezifischere Vorschriften zur Gewährleistung des Schutzes der Rechte und Freiheiten hinsichtlich der **Verarbeitung personenbezogener Beschäftigtendaten im Beschäftigungskontext** [...] vorsehen".

xiii. Nach Art 80 Abs 1 hat eine betroffene Person nur dann das Recht, eine **Datenschutzorganisation zu beauftragen, das Recht auf Schadenersatz in ihrem Namen auszuüben**, wenn dies das nationale Recht vorsieht.

xiv. Nach Art 80 Abs 2 können die Mitgliedstaaten vorsehen, dass eine **Datenschutzorganisation „unabhängig von einem Auftrag der betroffenen Person** in diesem Mitgliedstaat das Recht hat", bei der zuständigen Aufsichtsbehörde eine Beschwerde einzulegen (Art 77), einen gerichtlichen Rechtsbehelf gegen eine Aufsichtsbehörde zu ergreifen (Art 78) und gegen einen Verantwortlichen oder Auftragsverarbeiter klagsweise vorzugehen (Art 79).

5 Ein äußerst bemerkenswertes Defizit der DSGVO ist, dass sie mit einer einzigen Ausnahme (siehe Art 80 Rz 4) **keine Kollisionsnormen** enthält. Die DSGVO lässt es daher grundsätzlich offen, welches nationale Datenschutzrecht anzuwenden ist. Dieses Defizit ist darauf zurückzuführen, dass die DSGVO nach dem Entwurf der Europäischen Kommission noch eine vollständige Rechtsvereinheitlichung erzielt hätte (vgl *Knyrim*, Die Datenschutz-Grundverordnung: Entwicklung und Anwendungsbereich (Teil I), Dako 2015, 32 [33]) und Kollisionsregeln über das anwendbare Recht daher nicht mehr für erforderlich gehalten wurden (vgl *Lachmayer*, Zur Reform des europäischen Datenschutzes – Eine erste Analyse des Entwurfs der Datenschutz-Grundverordnung, ÖJZ 2012/92, 841 [842]). Art 94 Abs 1 sieht daher vor, dass die DS-RL aufgehoben wird, ohne dass die Kollisionsnorm des Art 4 DS-RL in Geltung belassen wird (vgl Art 94 Rz 1).

Soweit eine federführende Zuständigkeit nach Art 56 Abs 1 gegeben ist, handelt es sich hierbei um eine **planwidrige Lücke:**

Erstens sieht Art 60 Abs 4 vor, dass der EDSA in der Sache bindend zu entscheiden hat, wenn sich die federführende und eine betroffene Aufsichtsbehörde über den Inhalt eines Beschlusses nicht einigen können und die betroffene Aufsichtsbehörde daher einen Einspruch erhebt, welchem sich die federführende Behörde nicht anschließt (vgl Art 65 Abs 1 lit a). Der EDSA wird daher als Vorfrage darüber entscheiden müssen, welches nationale Datenschutzrecht anwendbar ist (siehe Art 65 Rz 5).

Zweitens sieht Art 60 Abs 8 vor, dass die internationale Zuständigkeit zur Erlassung des Beschlusses von der materiellrechtlichen Lösung des

Falles abhängt, was gleichsam zu einem kollisions- und zuständigkeitsrechtlichen „Catch-22" führt (siehe Art 60 Rz 7).

Die Frage des anwendbaren nationalen Datenschutzrechts ist daher in den Fällen einer federführenden Zuständigkeit nach Art 56 Abs 1 nicht den nationalen Gesetzgebern überlassen, sondern muss aus dem Unionsrecht heraus beantwortet werden. Da die DSGVO – mit einer Ausnahme (siehe Art 80 Rz 4) – wie gezeigt keine kollisionsrechtlichen Normen enthält, liegt somit eine planwidrige Lücke vor, die durch Analogie zu schließen ist.

Da die **planwidrige Lücke nur bei Vorliegen einer federführenden Zuständigkeit** nach Art 56 Abs 1 vorliegt, ist in diesem Fall uE zur Klärung der Frage des anwendbaren nationalen Datenschutzrechts eine **Analogie zur Zuständigkeitsordnung der DSGVO** vorzunehmen. Es ist daher das nationale Datenschutzrecht jenes Mitgliedstaates für einen Verantwortlichen bzw einen Auftragsverarbeiter maßgeblich, dessen Aufsichtsbehörde nach Art 56 Abs 1 federführend zuständig ist. Das Datenschutzrecht eines anderen Mitgliedstaates sollte nur dann maßgeblich sein, wenn die Voraussetzungen für eine subsidiäre Zuständigkeit nach Art 56 Abs 2 vorliegen, dh wenn der Gegenstand der Beschwerde bzw des Verstoßes (1) nur mit einer Niederlassung in einem einzigen Mitgliedstaat zusammenhängt oder (2) betroffene Personen nur in einem einzigen Mitgliedstaat erheblich beeinträchtigt. Hiervon abweichend sollte die Anwendbarkeit nationaler arbeitsrechtlicher Normen (insbesondere §§ 89 Z 1 und 4, 91 Abs 2, 96, 96a ArbVG, § 10 AVRAG) jedoch stets nach Rom I-VO beurteilt werden.

Besteht hingegen **keine federführende Zuständigkeit** (insbesondere, wenn der Verantwortliche keine Niederlassung in der Union hat oder keine grenzüberschreitende Verarbeitung iSd Art 4 Nr 23 vorliegt), so liegt **keine planwidrige Lücke** vor und obliegt es daher dem nationalen Gesetzgeber zu regeln, wann das Datenschutzrecht welches Mitgliedstaates anzuwenden ist. Auf die Rom II-VO kann grundsätzlich nicht zurückgegriffen werden, da diese zum einen nicht für verwaltungsrechtliche Angelegenheiten gilt (Art 1 Abs 1 Rom II-VO) und zum anderen außervertragliche Schuldverhältnisse aus der Verletzung der Privatsphäre oder der Persönlichkeitsrechte ausdrücklich aus ihrem Anwendungsbereich ausnimmt (Art 1 Abs 2 lit g Rom II-VO).

Für österreichische Verwaltungsbehörden gilt der Grundsatz, dass nur inländisches Verwaltungsstrafrecht anzuwenden ist (siehe *Lewisch/Fister/*

Weilguni, VStG [2013] § 2 Rz 2). Zivilgerichte werden nach den Grundsätzen des IPRG anzuknüpfen haben und daher insbesondere Rück- und Weiterverweisungen nach § 5 IPRG zu berücksichtigen haben. Diese unterschiedliche Anknüpfung durch Verwaltungsbehörden einerseits und Zivilgerichte andererseits ist freilich wenig zweckmäßig, da sie zu unterschiedlichen Entscheidungen in derselben Sache führen kann.

Artikel 93
Ausschussverfahren

(1) Die Kommission wird von einem Ausschuss unterstützt. Dieser Ausschuss ist ein Ausschuss im Sinne der Verordnung (EU) Nr. 182/2011.

(2) Wird auf diesen Absatz Bezug genommen,[1] so gilt Artikel 5 der Verordnung (EU) Nr. 182/2011.

(3) Wird auf diesen Absatz Bezug genommen,[2] so gilt Artikel 8 der Verordnung (EU) Nr. 182/2011 in Verbindung mit deren Artikel 5.

Erwägungsgründe

(168) Für den Erlass von Durchführungsrechtsakten bezüglich Standardvertragsklauseln für Verträge zwischen Verantwortlichen und Auftragsverarbeitern sowie zwischen Auftragsverarbeitern; Verhaltensregeln; technische Standards und Verfahren für die Zertifizierung; Anforderungen an die Angemessenheit des Datenschutzniveaus in einem Drittland, einem Gebiet oder bestimmten Sektor dieses Drittlands oder in einer internationalen Organisation; Standardschutzklauseln; Formate und Verfahren für den Informationsaustausch zwischen Verantwortlichen, Auftragsverarbeitern und Aufsichtsbehörden im Hinblick auf verbindliche interne Datenschutzvorschriften; Amtshilfe; sowie Vorkehrungen für den elektronischen Informationsaustausch zwischen Aufsichtsbehörden und zwischen Aufsichtsbehörden und dem Ausschuss sollte das Prüfverfahren angewandt werden.

(169) Die Kommission sollte sofort geltende Durchführungsrechtsakte erlassen, wenn anhand vorliegender Beweise festgestellt wird, dass ein Drittland, ein Gebiet oder ein bestimmter Sektor in diesem Drittland oder eine internationale Organisation kein angemessenes Schutzniveau gewährleistet, und dies aus Gründen äußerster Dringlichkeit erforderlich ist.

Ausschussverfahren **Art 93**

Anmerkungen

Eine **Bezugnahme auf Abs 2 erfolgt durch** (i) Art 28 Abs 7 (Erlass von 1
Standardvertragsklauseln für reguläre Auftragsverarbeiterverträge); (ii)
Art 40 Abs 9 (Beschluss über die allgemeine Gültigkeit von Verhaltensregeln in der ganzen Union); (iii) Art 43 Abs 9 (Durchführungsrechtsakte zu technischen Standards für Zertifizierungsverfahren und Datenschutzsiegel und -prüfzeichen sowie Mechanismen zur Förderung und
Anerkennung dieser Zertifizierungsverfahren und Datenschutzsiegel
und -prüfzeichen); (iv) Art 45 Abs 3 (Angemessenheitsbeschluss); (v)
Art 45 Abs 5 UAbs 1 (Aussetzung eines Angemessenheitsbeschlusses);
(vi) Art 46 Abs 2 lit c (Erlass von Standardvertragsklauseln für Datenübermittlungen an Drittländer oder internationale Organisationen);
(vii) Art 46 Abs 2 lit d (Genehmigung nationaler Standardvertragsklauseln für Datenübermittlungen an Drittländer oder internationale
Organisationen); (viii) Art 47 Abs 3 (Festlegung des Formats und der
Verfahren für den behördlichen Informationsaustausch bei BCR); (xi)
Art 61 Abs 9 (Form und Verfahren der Amtshilfe und die Ausgestaltung
des behördlichen Informationsaustauschs) und (x) Art 67 Abs 2 (Elektronischer Informationsaustauschs zwischen den Aufsichtsbehörden).

Eine **Bezugnahme auf Abs 3 erfolgt durch** Art 45 Abs 5 UAbs 2 (dring- 2
liche Aussetzung eines Angemessenheitsbeschlusses; vgl Erwägungsgrund 169).

Kapitel XI
Schlussbestimmungen

Artikel 94
Aufhebung der Richtlinie 95/46/EG

(1) Die Richtlinie 95/46/EG wird mit Wirkung vom 25. Mai 2018 aufgehoben.[1,2]

(2) Verweise auf die aufgehobene Richtlinie gelten als Verweise auf die vorliegende Verordnung.[3] Verweise auf die durch Artikel 29 der Richtlinie 95/46/EG eingesetzte Gruppe für den Schutz von Personen bei der Verarbeitung personenbezogener Daten gelten als Verweise auf den kraft dieser Verordnung errichteten Europäischen Datenschutzausschuss.

Erwägungsgründe

(170) Da das Ziel dieser Verordnung, nämlich die Gewährleistung eines gleichwertigen Datenschutzniveaus für natürliche Personen und des freien Verkehrs personenbezogener Daten in der Union, von den Mitgliedstaaten nicht ausreichend verwirklicht werden kann, sondern vielmehr wegen des Umfangs oder der Wirkungen der Maßnahme auf Unionsebene besser zu verwirklichen ist, kann die Union im Einklang mit dem in Artikel 5 des Vertrags über die Europäische Union (EUV) verankerten Subsidiaritätsprinzip tätig werden. Entsprechend dem in demselben Artikel genannten Grundsatz der Verhältnismäßigkeit geht diese Verordnung nicht über das für die Verwirklichung dieses Ziels erforderliche Maß hinaus.

(171) Die Richtlinie 95/46/EG sollte durch diese Verordnung aufgehoben werden. Verarbeitungen, die zum Zeitpunkt der Anwendung dieser Verordnung bereits begonnen haben, sollten innerhalb von zwei Jahren nach dem Inkrafttreten dieser Verordnung mit ihr in Einklang gebracht werden. Beruhen die Verarbeitungen auf einer Einwilligung gemäß der Richtlinie 95/46/EG, so ist es nicht erforderlich, dass die betroffene Person erneut ihre Einwilligung dazu erteilt, wenn die Art der bereits erteilten Einwilligung den Bedingungen dieser Verordnung entspricht,

so dass der Verantwortliche die Verarbeitung nach dem Zeitpunkt der Anwendung der vorliegenden Verordnung fortsetzen kann. Auf der Richtlinie 95/46/EG beruhende Entscheidungen bzw. Beschlüsse der Kommission und Genehmigungen der Aufsichtsbehörden bleiben in Kraft, bis sie geändert, ersetzt oder aufgehoben werden.

(172) Der Europäische Datenschutzbeauftragte wurde gemäß Artikel 28 Absatz 2 der Verordnung (EG) Nr. 45/2001 konsultiert und hat am 7. März 2012 eine Stellungnahme abgegeben [ABl. C 192 vom 30.6.2012, S. 7].

Anmerkungen

1   Die in Abs 1 normierte **Aufhebung der DS-RL gilt ohne Vorbehalt**, sodass auch die Kollisionsnorm des Art 4 DS-RL mit 25. Mai 2018 außer Kraft tritt.

2   Siehe Art 4 Rz 29 zur Frage der Fortgeltung von Einwilligungen, welche unter der DS-RL erteilt wurden.

3   Zum Beispiel ist der Verweis in Art 5 Abs 3 TK-DS-RL als Verweis auf die DSGVO zu verstehen.

Artikel 95
Verhältnis zur Richtlinie 2002/58/EG

Diese Verordnung erlegt natürlichen oder juristischen Personen in Bezug auf die Verarbeitung in Verbindung mit der Bereitstellung öffentlich zugänglicher elektronischer Kommunikationsdienste in öffentlichen Kommunikationsnetzen in der Union keine zusätzlichen Pflichten auf, soweit sie besonderen in der Richtlinie 2002/58/EG festgelegten Pflichten unterliegen, die dasselbe Ziel verfolgen.[1]

Erwägungsgrund

(173) Diese Verordnung sollte auf alle Fragen des Schutzes der Grundrechte und Grundfreiheiten bei der Verarbeitung personenbezogener Daten Anwendung finden, die nicht den in der Richtlinie 2002/58/EG des Europäischen Parlaments und des Rates bestimmte Pflichten, die dasselbe Ziel verfolgen, unterliegen, einschließlich der Pflichten des Verantwortlichen und der Rechte natürlicher Personen. Um das Verhältnis zwischen der vorliegenden Verordnung und der Richtlinie 2002/58/EG

klarzustellen, sollte die Richtlinie entsprechend geändert werden. Sobald diese Verordnung angenommen ist, sollte die Richtlinie 2002/58/EG einer Überprüfung unterzogen werden, um insbesondere die Kohärenz mit dieser Verordnung zu gewährleisten.

Anmerkungen

Das Abgrenzungskriterium der Verfolgung desselben Ziels würde zu erheblichen Rechtsunsicherheiten bei der Anwendung der DSGVO führen, weshalb auf eine rechtzeitige Novellierung der TK-DS-RL, 2002/58/EG idF 2009/136/EG, zu hoffen ist. **1**

Folgende Bestimmungen der DSGVO verfolgen jedoch mit hoher Wahrscheinlichkeit dieselben Ziele wie Bestimmungen der TK-DS-RL und sind daher auf Anbieter öffentlich zugänglicher elektronischer Kommunikationsdienste nicht anwendbar: Art 32 (vgl Art 4 Abs 1 und 1a TK-DS-RL), Art 33 (vgl Art 4 Abs 3 UAbs 1) und Art 34 (vgl Art 4 Abs 3 UAbs 2).

Artikel 96
Verhältnis zu bereits geschlossenen Übereinkünften

Internationale Übereinkünfte, die die Übermittlung personenbezogener Daten an Drittländer oder internationale Organisationen[1] mit sich bringen, die von den Mitgliedstaaten vor dem 24. Mai 2016 abgeschlossen wurden und die im Einklang mit dem vor diesem Tag geltenden Unionsrecht stehen, bleiben in Kraft, bis sie geändert, ersetzt oder gekündigt werden.

Anmerkungen

Siehe Art 4 Nr 26 zur Definition des Begriffs „internationale Organisation". **1**

Artikel 97
Berichte der Kommission

(1) Bis zum 25. Mai 2020 und danach alle vier Jahre legt die Kommission dem Europäischen Parlament und dem Rat einen Bericht über die Bewertung und Überprüfung dieser Verordnung vor. Die Berichte werden öffentlich gemacht.

(2) Im Rahmen der Bewertungen und Überprüfungen nach Absatz 1 prüft die Kommission insbesondere die Anwendung und die Wirkungsweise
 a) des Kapitels V über die Übermittlung personenbezogener Daten an Drittländer oder an internationale Organisationen[1] insbesondere im Hinblick auf die gemäß Artikel 45 Absatz 3 der vorliegenden Verordnung erlassenen Beschlüsse sowie die gemäß Artikel 25 Absatz 6 der Richtlinie 95/46/EG erlassenen Feststellungen,
 b) des Kapitels VII über Zusammenarbeit und Kohärenz.

(3) Für den in Absatz 1 genannten Zweck kann die Kommission Informationen von den Mitgliedstaaten und den Aufsichtsbehörden anfordern.

(4) Bei den in den Absätzen 1 und 2 genannten Bewertungen und Überprüfungen berücksichtigt die Kommission die Standpunkte und Feststellungen des Europäischen Parlaments, des Rates und anderer einschlägiger Stellen oder Quellen.

(5) Die Kommission legt erforderlichenfalls geeignete Vorschläge zur Änderung dieser Verordnung vor und berücksichtigt dabei insbesondere die Entwicklungen in der Informationstechnologie und die Fortschritte in der Informationsgesellschaft.

Anmerkungen

[1] Siehe Art 4 Nr 26 zur Definition des Begriffs „internationale Organisation".

Artikel 98
Überprüfung anderer Rechtsakte der Union zum Datenschutz

Die Kommission legt gegebenenfalls Gesetzgebungsvorschläge zur Änderung anderer Rechtsakte der Union zum Schutz personenbezogener Daten vor, damit ein einheitlicher und kohärenter Schutz natürlicher Personen bei der Verarbeitung sichergestellt wird. Dies betrifft insbesondere die Vorschriften zum Schutz natürlicher Personen bei der Verarbeitung solcher Daten durch die Organe, Einrichtungen, Ämter und Agenturen der Union und zum freien Verkehr solcher Daten.[1]

Anmerkungen

Dies gilt insbesondere für Verordnung (EG) Nr 45/2001 des Europäischen Parlaments und des Rates vom 18. Dezember 2000 zum Schutz natürlicher Personen bei der Verarbeitung personenbezogener Daten durch die Organe und Einrichtungen der Gemeinschaft und zum freien Datenverkehr. **1**

Artikel 99
Inkrafttreten und Anwendung

(1) Diese Verordnung tritt am zwanzigsten Tag nach ihrer Veröffentlichung im Amtsblatt der Europäischen Union in Kraft.[1]
(2) Sie gilt ab dem 25. Mai 2018.

Anmerkungen

Die DSGVO wurde am 4. Mai 2016 im ABl veröffentlicht und **trat daher am 24. Mai 2016 in Kraft**. Sofern keine Übergangsverschriften erlassen werden, **gilt bis zum 24. Mai 2018 bisheriges Datenschutzrecht und ab dem 25. Mai 2018 die DSGVO**, dh es muss gegebenenfalls „über Nacht" umgestellt werden. **1**

Stichwortverzeichnis

Absorptionsprinzip 350
Accountability
  s *Rechenschaftspflicht*
Adäquanzbeschluss
  s *Angemessenheitsbeschluss*
AGB s *Allgemeine Geschäftsbedingungen*
Akten s *Papierakten*
Aktivlegitimation 334
Allgemeine Geschäftsbedingungen 13
Amtshilfe 301
Angemessenheitsbeschluss 244
– Überblick 33
Anonymisierung 72
Anwendungsbereich, persönlicher 5, 50
Anwendungsbereich, räumlicher 6, 55
Anwendungsbereich, sachlicher 4, 50
– Household Exemption 5, 54
Archivzwecke 363
– Begriff 368
– gesetzliche Grundlage 114
– Informationspflicht 138
– Löschungsrecht 148
– Speicherbegrenzung 87
– Zweckbindungsgrundsatz 87, 367
Audit
– bei Auftragsverarbeitern 32, 190
– beim Verantwortlichen 177
Aufsichtsbehörde 269
– Amtshilfe 301
– Aufgaben 287
– Befugnisse 290
– Begriff 65

– Dringlichkeitsverfahren 314
– Errichtung 274
– gemeinsame Maßnahmen 303
– Informationsaustausch mit anderen Aufsichtsbehörden 316
– Kohärenzverfahren 305
– Mitglieder 272
– Tätigkeitsbericht 295
– Unabhängigkeit 270
– Zusammenarbeit mit 195
Aufsichtsbehörde, betroffene
– Begriff 65
– Einspruchsrecht 299
– Zusammenarbeit mit federführender Aufsichtsbehörde 299
Aufsichtsbehörde, federführende
– einziger Ansprechpartner 287
– Zusammenarbeit mit betroffenen Aufsichtsbehörden 299
– Zuständigkeit 278
Auftragsverarbeiter 185
– als Normadressat 59
– Auswahl 31
– Begriff 62
– Pflichten 59
Auftragsverarbeitervereinbarung 31
Auskunftsanordnung, behördliche 75
Auskunftsrecht 143
– Entgelt 146
– Fristen 145
– Präzisierungsobliegenheit 145
– Überblick 17
Ausschuss s *Europäischer Datenschutzausschuss*
Ausschussverfahren 380
Aussetzung des Verfahrens 338

Stichwortverzeichnis

Backup 201
BCR s *Datenschutzvorschriften, verbindliche interne*
Behörde oder öffentlichen Stelle
– Begriff 223
Beobachten 61
Berichtigungsrecht 147
– Mitteilungspflicht 156
– Überblick 18
Berufsgeheimnis 370
Beschäftigung (Begriff) 362
Beschäftigungskontext 360
– internationale behördliche Zuständigkeit 286
Beschwerderecht 330
– Rechtsbehelf gegen Aufsichtsbehörde 332
– Säumnisbeschwerde 332
Betriebsvereinbarung 119, 362
Betroffenenrechte
– Beschränkungen 169
– gerichtliche Durchsetzung 40
– Überblick 17
Betroffenheit, unmittelbare und individuelle 313
Beweislast 176
Beweislastumkehr 343
Bildsymbole 129
Binding Corporate Rules
s *Datenschutzvorschriften, verbindliche interne*
Bindungswirkung 334

Checkbox 78, 119
Compliance-Programm 20

Data Breach Notification
s *Verletzung des Schutzes personenbezogener Daten*
Data Protection Policy
s *Datenschutzstrategie*
Dateisystem
– Begriff 62
– sachlicher Anwendungsbereich 50

Daten, besondere Kategorien personenbezogener
s *Daten, sensible*
Daten, biometrische 63
– als sensible Daten 79
– Begriff 63
Daten, daktyloskopische
s *Fingerabdruckdaten*
Dateneigentum 5
Datenexport s *Übermittlung, internationale*
Daten, genetische 119
– Begriff 63
Datenminimierung (Grundsatz) 9, 87
– Verhältnis zu Betroffenenrechten 122
Daten, öffentliche 113
Daten, personenbezogene
– Begriff 61
Datenportabilität s *Datenübertragbarkeit, Recht auf*
Datenquellen 139
– Dokumentation 142, 146
Datenschutzausschuss s *Europäischer Datenschutzausschuss*
Datenschutzbeauftragter
– Aufgaben 26, 227
– Berichterstattung an Geschäftsleitung 226
– externer 225
– Kündigungsschutz 226
– Öffnungsklausel 224
– persönliche Voraussetzungen 26, 224
– Rechtsanwalt als 226
– Sanktionen 228
– Stellung 26
– Teilzeit 227
– verpflichtende Bestellung 25
– Verschwiegenheitspflicht 226
– Weisungsfreiheit 226
Datenschutzbeauftragter, Benennung 221
Datenschutzbeauftragtet
– Stellung 225

Datenschutzbehörde
  s *Aufsichtsbehörde*
Datenschutz durch datenschutzfreundliche Voreinstellungen s *Voreinstellungen, datenschutzfreundliche*
Datenschutz durch Technik 180
– Maßnahmen 180
– Überblick 21
Datenschutzerklärung 16
– Kind 128
– Sprache 128
Datenschutz-Folgenabschätzung 208
– Erforderlichkeit 23
– für alte Verarbeitungsvorgänge 214
– Inhalt 24
– Re-Evaluierung 216
– Risikobewertung 215
– schwarze Liste 215
– weiße Liste 215
Datenschutzhinweis
  s *Datenschutzerklärung*
Datenschutzniveau, adäquates 250
Datenschutzorganisation 336
– Gerichtsstand 337
– Verbandsklagebefugnis 338
– Vertretungsbefugnis 338
Datenschutz-Richtlinie
– Aufhebung 383
Datenschutzsiegel, Europäisches 237
Datenschutzstrategie 20, 177
Datenschutzvorschriften, verbindliche interne 255
– Begriff 64
– Genehmigungsfreiheit internationaler Übermittlungen 253
Daten, sensible
– Begriff 3
– Profiling 168
– Rechtsgrundlage 11
– Rechtsgrundlage für Verarbeitung 112

Datensicherheit 196
– Begriff 199
– Standards 27
– Überblick 27
– verpflichtende Maßnahmen 27
Daten, strafrechtlich relevante 10, 121
Datenübermittlung, internationale
  s *Übermittlung, internationale*
Datenübertragbarkeit
– Überblick 17
Datenübertragbarkeit, Recht auf 156
Datenverkehr, internationaler
  s *Übermittlung, internationale*
Dienst der Informationsgesellschaft
– Begriff 85
Direktwerbung 18
– Widerspruch 162
Dringlichkeitsverfahren 314
Dritter
– Begriff 63
Drittland
– Begriff 242
– *s auch Übermittlung, internationale* 242
Durchführungsrechtsakt 373

Einschränkung der Verarbeitung
– Begriff 62, 154
– Überblick 18
Einschränkung der Verarbeitung, Recht auf 152
– Mitteilungspflicht 156
Einspruch, maßgeblicher und begründeter 299
– Begriff 65
Einwilligung
– Abhängigkeit von Vertrag 108
– als Rechtsgrundlage 94
– ausdrücklich 112, 265
– Bedingungen 106
– Begriff 63
– Beweislast 78, 107
– Formpflicht 78
– freiwillig 75

- für den bestimmten Fall 76
- gesondert zu verschiedenen Verarbeitungsvorgängen 76
- in internationale Übermittlung 265
- in Kenntnis der Sachlage 76
- in Zweckänderung 105
- Kind 14, 109
- konkludent 77
- nach DSG 2000 und Fortgeltung 14, 78
- Überblick 12
- Widerruf 107
- Widerrufsbelehrung 107
Einzelentscheidung 166
Empfänger
- Begriff 62
Entscheidung, automatisierte 163
- sensible Daten 168
Entscheidungen, automatisierte
- Überblick 19
ePrivacy Directive s *TKG-DS-RL*
Erhebung bei der betroffenen Person
- Begriff 132
Erwartungen, vernünftige 103, 106
Europäischer Datenschutzausschuss 316
- Aufgaben 318
- Aufgaben des Vorsitzes 325
- Jahresbericht 323
- Sekretariat 325
- Stellungnahme 305
- Stellungnahmeverfahren 307
- Streitbeilegung 309
- Streitbeilegungsverfahren 311
- Unabhängigkeit 318
- Verfahrensweise 323
- Vertraulichkeit 327
- Vorsitz 324
Europäischer Datenschutzbeauftragte 317
Europäisches Datenschutzsiegel 237
EWR-Abkommen 59
expectation of privacy, reasonable
 s *Erwartungen, vernünftige*

Fingerabdruckdaten 79
Forschungszwecke 363
- gesetzliche Grundlage 114
- historische (Begriff) 368
- Informationspflicht 138
- Löschungsrecht 148
- Speicherbegrenzung 87
- Widerspruch 163, 369
- wissenschaftliche (Begriff) 368
- Zweckbindungsgrundsatz 87, 367
Forum Shopping
- internationale behördliche Zuständigkeit 38
- internationale gerichtliche Zuständigkeit 41, 335
Fotos s *Gesichtsbilder*
Freiwilligkeit 75

GASP s *Gemeinsamen Außen- und Sicherheitspolitik*
Geheimhaltungspflichten
 s *Berufsgeheimnis*
Geldbuße 344
- Haftung der Konzernmutter 40
- Strafzumessungsgründe 349
- Überblick 38
- Umsatzberechnung 40
- Verschulden 350
Geltungsbeginn 387
Geltungsbereich
 s *Anwendungsbereich*
Gemeinsamen Außen- und Sicherheitspolitik 54
gemeinsam Verantwortliche 181
Gerichtsstand, allgemeiner 335
Gesichtsbilder 79
Gesundheit, öffentliche 114
- Begriff 120
Gesundheitsdaten
- als sensible Daten 112
- Begriff 64
Gesundheitsvorsorge 113
Grundfreiheiten 50
Grundrecht auf Datenschutz 50

Grundsätze der Datenverarbeitung 87
– Überblick 8
Gruppe von Unternehmen, die eine gemeinsame Wirtschaftstätigkeit ausüben 84

Haftung
– solidarische 344
– verwaltungsstrafrechtliche s *Geldbuße*
– zivilrechtliche s *Schadenersatz*
Haftungsprivilegien 55
Hauptniederlassung 284
– Begriff 64
– behördliche Zuständigkeit 37
– Beispiele für Verantwortliche 82
– im Konzern eines Auftragsverarbeiters 83
– im Konzern eines Verantwortlichen 80
Hauptverwaltung (Begriff) 80
Household Exemption 5, 54

Informationsfreiheit 355
Informationspflicht
– bei Erhebung bei betroffener Person 130
– für Erhebungen nach DSG 2000 133
– gemeinsam Verantwortliche 182
– Transparenz 125
– Überblick 14, 139
– Widerspruch 162
Informationspflicht bei Erhebung bei Dritten 136
Inkrafttreten 387
Inlandsvertreter s *Vertreter*
Integrität und Vertraulichkeit (Grundsatz) 10, 91
Interesse, berechtigtes
– als Rechtsgrundlage 94
– Beispiele 102
Interesse, lebenswichtiges 94, 113
Interesse, öffentliches 94, 266

Journalismus (Begriff) 357
Kategorien personenbezogener Daten, besondere s *Daten, sensible*
Kennziffer, nationale (Begriff) 359
Kerntätigkeit (Begriff) 223
Kind
– Begriff 104
– Einwilligung 14, 109
– Interessensabwägung 94
– Profiling 167
– Widerruf der Einwilligung 151
Kirche 371
Klagsrecht 333
Kleinstunternehmen sowie kleine und mittlere Unternehmen
– Begriff 232
Kohärenzverfahren 305
Kollektivvereinbarung 119, 362
Kollektivvertrag 119, 362
Kollisionsrecht, fehlendes 378
– Analogieschluss 379
– planwidrige Lücke 312, 378
– Überblick 8
Kompetenzkonflikt 38
Konsultation, vorherige 216
– alte Verarbeitungsvorgänge 219
– Überblick 24
Kontaktdaten 140
– Begriff 133
Konzernumsatz 351
Koppelungsverbot, einwilligungsbezogenes 13
Kumulationsprinzip 40, 350

Layered Privacy Notice 16, 127
Löschungsrecht 147
– Mitteilungspflicht 156
– Überblick 18

Maßnahmen, technische und organisatorische
– Begriff 176
– Überblick 199
Meinungsäußerung, freie 355

Nachweispflicht 92, 177
Nasciturus 71
Netze, soziale 54
Nichtigkeitsklage 313, 333
Niederlassung
- Begriff 58
- im Rahmen der Tätigkeiten 58

Öffnungsklausel 7
- Liste der wichtigsten 375
- zur Beschränkung der Betroffenenrechte 171
One-Stop-Shop 38
onward transfer
  s *Weiterübermittlung*
Organisation, internationale
- Begriff 66
- Datenübermittlung an 33
Outsourcing 31

Papierakten 53, 73
Person, betroffene
- als Verantwortlicher der eigenen Daten 74
- Begriff 61
Personen, juristische
- Personenbezug 71
Privacy by Default s *Voreinstellungen, datenschutzfreundliche*
Privacy by Design s *Datenschutz durch Technik*
Privacy Impact Assessment
  s *Datenschutz-Folgenabschätzung*
Privacy Notice
  s *Datenschutzerklärung*
Privacy Policy
  s *Datenschutzstrategie*
Privacy Shield 34, 250
Profiling 163
- Begriff 62
- Kind 167
- sensible Daten 168
- Überblick 19
- Widerspruch 162, 167

Pseudonymisierung
- Begriff 62
- Zweckbindung 96

Rechenschaftspflicht 175
- Begriff 92
- Compliance-Programm 20
- Genese 93
- Nachweispflicht 177
- persönlicher Anwendungsbereich 91, 175
- technische und organisatorische Maßnahmen 176
- Überblick 10
Recht auf Zugang zu amtlichen Dokumenten 358
Rechtmäßigkeit (Grundsatz) 8, 89
Rechtsakt, delegierter 373
Rechtsgrundlage für die Verarbeitung
- personenbezogene Daten 94
- sensible Daten 112
- strafrechtlich relevante Daten 121
- Überblick 10
Regressanspruch 344
Religionsgemeinschaft 371
Richtigkeit (Grundsatz) 9, 87
Risikobewertung
- Datenschutz durch Technik 180
- Datenschutz-Folgenabschätzung 24, 215
- Datensicherheit 27, 198
- Rechenschaftspflicht 175
- vorherige Konsultation 219

Sanktionen nach nationalem Recht 352
Säumnisbeschwerde 332
Schadenersatz 340
- Beweislastumkehr für Verschulden 343
- Haftungsvoraussetzungen 342
- Rechtswidrigkeit 343
- Überblick 40
Schaden, immaterieller 343

Schaden, materieller 342
Sicherheit s *Datensicherheit*
Sicherheit, nationale 54, 171
Sicherheitsverletzung s *Verletzung des Schutzes personenbezogener Daten*
Soft Law 322
Sozialversicherungsnummer 79
- Zweckbeschränkung 119
Speicherbegrenzung (Grundsatz) 9, 88
Sprachenfrage 300, 316
Standardvertragsklauseln
- Begriff 191
- Intra-EU 191
Standardvertragsklauseln für internationale Datenübermittlungen 254
- Modifikationen 254
- Überblick 34
Statistik s *Zwecke, statistische*
Stellungnahmeverfahren 307
Strafe s *Geldbuße*
Strafzumessungsgründe 349
Streitbeilegungsverfahren 311
Subauftragsverarbeiter 189
- Auftragsdatenverarbeitervereinbarung 32

TK-DS-RL
- Verhältnis zur DSGVO 384
TOMs s *Maßnahmen, technische und organisatorische*
Transparenz (Grundsatz) 8, 89, 125
Treu und Glauben (Grundsatz) 8, 89

Übermittlung an ein Drittland 243
Übermittlung (Begriff) 242
Übermittlung, internationale
- Angemessenheitsbeschluss 244
- Einwilligung 265
- Genehmigungsfreiheit 253
- Genehmigungsvorbehalt 35, 255
- Meldepflicht 35

- Melde- und Genehmigungsfreiheit 33, 249
- Prüfungsschema 33
- Überblick 33
Unternehmen
- Begriff 64
- Begriff für Zwecke der Geldbuße 350
Unternehmensgruppe (Begriff) 64

Verantwortliche, gemeinsam 181
- Abgrenzung zu Übermittlung 31
- Informationspflichten 182
- verpflichtende Vereinbarung 30
Verantwortlicher
- Begriff 62
- natürliche Person für eigene Daten 74
Verarbeitung (Begriff) 61
Verarbeitung, grenzüberschreitende 285
- Begriff 65
Verarbeitungstätigkeit (Begriff) 194
Verarbeitungszwecke
  s *Zwecke der Verarbeitung*
Verbandsklage 41, 338
Verfahrensverzeichnis s *Verzeichnis von Verarbeitungstätigkeiten*
Vergessenwerden, Recht auf 150
Verhaltensregeln 228
- Überwachung 233
Verletzung des Schutzes personenbezogener Daten
- Begriff 63, 78
- Dokumentationspflicht 30, 204
- Meldung an Aufsichtsbehörde 28, 201
- Meldung an betroffene Personen 29, 205
- Überblick 28
Verordnung, hinkende 8
Verschlüsselung 204
- Zweckbindung 96
Verstorbene 71

Vertragserfüllung
- als angemessene Garantie für internationale Übermittlungen 265
- als Rechtsgrundlage 94
Vertreter 182
- Begriff 64
Vertretung von betroffenen Personen durch Organisation
  s *Datenschutzorganisation*
Verzeichnis von Verarbeitungstätigkeiten 192
- Ausnahmen 22
- für Auftragsverarbeiter 23
- für Verantwortliche 22
- Überblick 21
Videoüberwachung 215
Vorabentscheidungsverfahren 333
Voreinstellungen, datenschutzfreundliche 180
- Überblick 21

Wahlgerichtsstand 336
Weiterübermittlung 243
Whistleblowing 10, 121
Widerruf 107
Widerrufsbelehrung 107
Widerspruch
- Überblick 18
Widerspruchsrecht 160
- Direktwerbung 162
- Informationspflicht 162
- Profiling 162, 167
- Rechtsfolge der Ausübung 161

Zertifizierung 235
Zertifizierungsstelle 237
Zusammenarbeit, internationale 267
Zuständigkeit, internationale behördliche
- allgemeine Zuständigkeit 36, 276
- federführende Zuständigkeit 36, 282
- Forum Shopping 38
- für die Beschlusserlassung 300
- Kompetenzkonflikt 38
- Kraft Entscheidung des EDSA 312
- subsidiäre Zuständigkeit 282
- Überblick 36
Zuständigkeit, internationale gerichtliche
- allgemeiner Gerichtsstand 335
- Forum Shopping 41, 335
- Wahlgerichtsstand 336
- Zuständigkeitsvereinbarung 336
Zustimmung s *Einwilligung*
Zweckbestimmung
  s *Zweckfestlegung*
Zweckbindung (Grundsatz) 9, 90
- Einwilligung 105
- Kompatibilität der Zwecke 105
Zwecke der Verarbeitung
- Eindeutigkeit 90
- Festlegung s *Zweckfestlegung*
- Kompatibilität 105
- Legitimität 90
Zwecke, statistische 363
- Begriff 368
- gesetzliche Grundlage 114
- Informationspflicht 138
- Löschungsrecht 148
- Widerspruch 163, 369
- Zweckbindungsgrundsatz 367
Zweckfestlegung
- Grundsatz 9, 89
- Verantwortlichenstellung 73
- Zeitpunkt 90

Das Gesamtwerk des Klassikers zum österreichischen Vergaberecht inklusive der neuen 6. Lieferung

Schramm/Aicher/Fruhmann (Hrsg)
Bundesvergabegesetz 2006

Kommentar
5238 Seiten, Loseblatt
Gesamtwerk, inkl 6. Lieferung
ISBN 978-3-7046-5902-6
im Abo/zur Fortsetzung € 698,–*
ohne Fortsetzung € 1048,–

6. Lieferung, 260 Seiten
ISBN 978-3-7046-7266-7
Erscheinungsdatum: 22.12.2016
€ 109,–

*Mindestabnahme von zwei weiteren Lieferungen. Gilt bis auf Widerruf. Versandkostenfrei bestellen auf: **www.verlagoesterreich.at**

Die 6. Lieferung des Klassikers zum österreichischen Vergaberecht bietet den bewährt umfassenden Einblick in die wesentlichen Neuerungen im Vergaberecht.

Umfassend neu kommentiert wurden alle wichtigen Bestimmungen der BVergG-Novelle 2015 („kleine Novelle"):

- Europäisches und internationales Vergaberecht sowie Nationale Rechtsgrundlagen
- Begriffsbestimmung Subunternehmer
- § 79 Inhalt der Ausschreibungsunterlagen
- § 83 Subunternehmerleistungen
- § 236 Inhalt der Ausschreibungsunterlagen für Sektorenauftraggeber
- § 240 Subunternehmerleistungen für Sektorenauftraggeber

Tel: +43-1-680 14-122   order@verlagoesterreich.at
Fax: +43-1-680 14-140   www.verlagoesterreich.at

■■■■ VERLAG
■■ ÖSTERREICH

Ein Leitfaden aus steuer-, gesellschafts- und zivilrechtlicher Sicht

Leitner
Praxisleitfaden Umgründungen
Einbringung, Zusammenschluss und Realteilung aus steuer-, gesellschafts- und zivilrechtlicher Sicht

Praxisliteratur
244 Seiten, broschiert
ISBN 978-3-7046-7366-4
Erscheinungsdatum: 10.8.2016

€ 58,–
Versandkostenfrei in Österreich bei Onlinebestellung auf:
www.verlagoesterreich.at

Dieses Buch liefert einen systematischen, praxisorientierten Überblick über die zentralen steuerrechtlichen, gesellschaftsrechtlichen und zivilrechtlichen Hindernisse auf dem Weg zu einer erfolgreichen Umgründung. Um den Praxisbezug zu verstärken, werden Tipps rund um die größten Hindernisse gesondert hervorgehoben und durch zahlreiche Beispiele untermauert.

Das Buch wendet sich in erster Linie an Berater, die eine Umgründung durch Einbringung, Zusammenschluss oder Realteilung begleiten. Die Unternehmensumgründung verbindet, wie wenig andere Tätigkeitsbereiche, Rechtsmaterien unterschiedlicher Art zu einem Ganzen. Steuerrechtliche, gesellschaftsrechtliche und zivilrechtliche Fragen greifen ineinander und führen – je nach Blickwinkel – mitunter zu unterschiedlichen Ergebnissen. Dieses Handbuch soll dabei helfen, die Hindernisse auf dem Weg zu einer erfolgreichen Umgründung zu überspringen.

Tel: +43-1-680 14-122   order@verlagoesterreich.at
Fax: +43-1-680 14-140   www.verlagoesterreich.at